UMA NOVA ESTRATÉGIA EM FOCO: O PROGRAMA DE SAÚDE DA FAMÍLIA – identificando as suas características no cenário do SUS

Dados Internacionais de Catalogação na Publicação (CIP)
(Câmara Brasileira do Livro, SP, Brasil)

Cianciarullo, Tamara Iwanow
Uma nova estratégia em foco: o programa de saúde da família: identificando as suas características no cenário do SUS / Tamara Iwanow Cianciarullo, Gilberto Tadeu Reis da Silva, Isabel Cristina Kowal Olm Cunha. — São Paulo : Ícone, 2005.

Bibliografia.
ISBN 85-274-0851-1

1. Família - Saúde 2. Medicina social - Brasil 3. Política médica - Brasil 4. Programa Saúde da Família (Brasil) 5. Saúde pública - Brasil 6. Sistema Único de Saúde (Brasil) I. Silva, Gilberto Tadeu Reis da. II. Cunha, Isabel Cristina Kowal Olm. III. Título.

05-8277 CDD-362.820981

Índices para catálogo sistemático:

1. Programação Saúde da Família : Sistema Único de Saúde : Brasil : Bem-estar social 362.820981

Tamara Iwanow Cianciarullo
Gilberto Tadeu Reis da Silva
Isabel Cristina Kowal Olm Cunha

UMA NOVA ESTRATÉGIA EM FOCO: O PROGRAMA DE SAÚDE DA FAMÍLIA – identificando as suas características no cenário do SUS

Ícone
editora

Capa
Meliane Moraes

Diagramação
Andréa Magalhães da Silva

Revisão
Rosa Maria Cury Cardoso

ÍCONE EDITORA LTDA.
Rua Anhanguera, 56 – Barra Funda
CEP 01135-000 – São Paulo – SP
Tel./Fax.: (11) 3392-7771
www.iconelivraria.com.br
e-mail: iconevendas@yahoo.com.br
editora@editoraicone.com.br

Perfil dos Organizadores

Tamara Iwanow Cianciarullo – Enfermeira; Doutora em Sociologia da Saúde; Professora Titular da Universidade de São Paulo; Professora Titular de Universidade Federal de Santa Catarina (1987-2002); Coordenadora dos Programas MINTER do Programa de Pós-Graduação da UFSC (1998-2002); Consultora em projetos de organização de sistemas de saúde em âmbito nacional e internacional; Coordenadora do Projeto de Políticas Públicas financiado pela (Fundação de amparo à Pesquisa do Estado de São Paulo (FAPESP): "Saúde da Família: avaliação da nova estratégia assistencial no cenário das políticas públicas"; Professora Titular do Programa de Mestrado Acadêmico em Enfermagem da Universidade Guarulhos.

Isabel Cristina Kowal Olm Cunha – Enfermeira; Doutora em Saúde Pública na área da Administração Hospitalar, pela Universidade de São Paulo; Professora Titular e Diretora da Faculdade de enfermagem da Universidade de Santo Amaro; Professora Adjunta do Departamento de Enfermagem da Universidade Federal de São Paulo; responsável pelas atividades do grupo de pesquisadores e técnicos vinculados à Universidade de Santo Amaro, no Projeto: "Saúde da Família: avaliação da nova estratégia assistencial no cenário das políticas públicas".

Gilberto Tadeu Reis da Silva – Enfermeiro; Doutor em Enfermagem pela Universidade Federal de São Paulo; Gerente Administrativo do Campus Itaquera da Faculdade Santa Marcelina; Coordenador do Curso de Pós-graduação em Educação e Formação em Saúde; Conselheiro Municipal de Saúde representando o Segmento das Instituições de Ensino Privado e Institutos de Pesquisa privados do Município de São Paulo; Coordenador das atividades dos pesquisadores e técnicos da Faculdade Santa Marcelina no Projeto "Saúde da Família: avaliação da nova estratégia assistencial no cenário das políticas públicas".

Perfil dos Autores

Aline Ferreira Maciel – Acadêmica do 3º ano do Curso de Graduação em Enfermagem da Faculdade Santa Marcelina-Itaquera.

Ana Aparecida Sanches Bersusa – Enfermeira; Mestra em Enfermagem pela Escola de Enfermagem da Universidade de São Paulo. Pesquisadora Científica III do Instituto de Saúde da SES-SP.

Celina Castagnari Marra – Enfermeira; Doutora em Enfermagem pela Universidade Federal de São Paulo; Professora Adjunta da Universidade Federal de São Paulo; Professora Titular da Universidade de Santo Amaro.

Cristina Yang Wang – Acadêmica do 3º ano do Curso de Graduação em Enfermagem da Faculdade Santa Marcelina-Itaquera.

Dulce Maria Rosa Gualda – Obstetriz; Doutora em Enfermagem; Professora Titular do Departamento de Enfermagem Materno-Infantil e Psiquiátrica da Escola de Enfermagem da Universidade de São Paulo; Vice-coordenadora do Projeto Saúde da Família: avaliação da nova estratégia assistencial no cenário das políticas públicas, financiado pela FAPESP.

Egle de Lourdes Fontes Jardim Okazaki – Enfermeira; Mestra em Saúde Materno-Infantil da Universidade de Santo Amaro; Doutoranda em Psicopedagogia da UNISA; Enfermeira da Prefeitura de São Paulo; Docente da Faculdade de Enfermagem da Universidade de Santo Amaro.

Elizabeth Fujimori – Enfermeira; Doutora em Saúde Pública pela Faculdade de Saúde Pública da Universidade de São Paulo; Professora Associada do Departamento de Enfermagem em Saúde Coletiva da Escola de Enfermagem da Universidade de São Paulo.

Evelin Cristiane Ribas – Acadêmica do Curso de Enfermagem da Faculdade de Enfermagem da Universidade de Santo Amaro.

Gislaine Cardoso Alves – Psicóloga; Colaboradora do Projeto de Políticas Públicas – Faculdade Santa Marcelina- Itaquera.

Hogla Cardozo Murai – Enfermeira; Doutora em Saúde Pública pela Faculdade de Saúde Pública da Universidade de São Paulo; Professora Titular da Faculdade de Enfermagem da Universidade de Santo Amaro na área de Saúde Coletiva.

Íris Mendes Campos de Araújo – Acadêmica do 3º ano do Curso de Graduação em Enfermagem da Faculdade Santa Marcelina-Itaquera.

Irmã Luiza Vanz – Religiosa; Enfermeira; Vice-diretora da Faculdade Santa Marcelina- Campus Itaquera; Diretora da Escola de formação de Profissionais da Saúde "Sophia Marchetti".

Jane de Eston Armond – Médica; Doutora em Saúde Pública pela Faculdade de Saúde Pública da USP; Coordenadora de Saúde da Subprefeitura Capela do Socorro; Docente da Faculdade de Medicina e Faculdade de Fisioterapia da Universidade de Santo Amaro.

Juliana Monique dos Santos – Acadêmica do Curso de Enfermagem da Faculdade de Enfermagem da Universidade de Santo Amaro.

Júlio Litvoc – Médico; Doutor pela Faculdade de Medicina da Universidade de São Paulo; Professor Doutor do Departamento de Medicina Preventiva das Faculdade de Medicina da Universidade de São Paulo.

Kathia de Carvalho Cunha – Enfermeira; Doutora em Enfermagem pela Escola de Enfermagem da Universidade de São Paulo; pós-doutora em

Administração pela Faculdade de Economia e Administração da Universidade de São Paulo; Docente da Faculdade Santa Marcelina – Campus Itaquera; Coordenadora do Grupo I do Projeto Saúde da Família: avaliação da nova estratégia assistencial no cenário das políticas públicas.

Leandro Augusto de Souza – Enfermeiro; Especialista em Administração Hospitalar e Sistemas de Saúde pela Fundação Getúlio Vargas; Docente da disciplina de Gerenciamento da Assistência de Enfermagem; Coordenador do Ensino Clínico da Faculdade Santa Marcelina.

Luciana Alessandra de Morais Abdalla – Acadêmica do 3º ano do Curso de Graduação em Enfermagem da Faculdade Santa Marcelina-Itaquera.

Maria Inez Burini Chaccur – Enfermeira; Doutora em Enfermagem pela Escola de Enfermagem da Universidade de São Paulo; Docente da Faculdade de Enfermagem Santa Marcelina.

Merielle Santos da Silva – Acadêmica do Curso de Enfermagem da Faculdade de Enfermagem da Universidade de Santo Amaro.

Miako Kimura – Professora Livre-docente do Departamento de Enfermagem Médico-Cirúrgica da Escola de Enfermagem da Universidade de São Paulo; Coordenadora do Grupo de estudos sobre qualidade de Vida da Escola de Enfermagem da USP.

Patrícia da Silva Vicente – Acadêmica do Curso de Enfermagem da Faculdade de Enfermagem da Universidade de Santo Amaro.

Patrícia Tello Fonseca – Acadêmica do Curso de Enfermagem da Faculdade de Enfermagem da Universidade de Santo Amaro.

Patrícia de Oliveira dos Santos – Acadêmica do Curso de Enfermagem da Faculdade de Enfermagem da Universidade de Santo Amaro.

Paulo Cobellis Gomes – Enfermeiro; Professor Doutor na Faculdade Santa Marcelina e Gestor de Ensino e Pesquisa da FASM – Campus Itaquera.

Renato Ohara – Enfermeiro; Especialista em Gerenciamento de Unidades e Serviços de Enfermagem pela Fundação Getúlio Vargas; Docente da Disciplina de Gerenciamento da Assistência de Enfermagem e Coordenador do ensino Clínico da Faculdade Santa Marcelina.

Rosa Kasue Koda D'Amaral – Enfermeira; Mestre em Saúde Pública pela Faculdade de Saúde Pública da Universidade de São Paulo; Docente da Faculdade de Enfermagem da Universidade de Santo Amaro.

Roselena Bazilli Bergamasco – Enfermeira; Doutora em Enfermagem pela Escola de Enfermagem da Universidade de São Paulo; Docente do Departamento de Enfermagem Materno-Infantil da Escola de Enfermagem da Universidade de São Paulo.

Ruth Natália Teresa Turrini – Enfermeira; Doutora em Saúde Pública pela Faculdade de Saúde Pública da Universidade de São Paulo; Professora Doutora do Departamento de Enfermagem Médico-Cirúrgica da Escola de Enfermagem da Universidade de São Paulo; Vice-coordenadora do Programa de Pós-graduação em Enfermagem na Saúde do Adulto (PROESA) da Escola de Enfermagem da Universidade de São Paulo.

Silvia Regina Fescher Failde – Acadêmica do 3º ano do Curso de Graduação em Enfermagem da Faculdade Santa Marcelina-Itaquera.

Sonia Regina Leite de Almeida Prado – Enfermeira; Doutoranda da Escola de Enfermagem da Universidade de São Paulo; Vice-Diretora e docente da Faculdade de Enfermagem de Santo Amaro; Assessora Técnica na área de Enfermagem da Coordenadoria de Saúde da Capela do Socorro da Secretaria Municipal de São Paulo.

Vera Lúcia Conceição de Gouveia Santos – Enfermeira; Professora Doutora do Departamento da Escola de Enfermagem da Universidade de São Paulo.

Vitória Helena Cunha Espósito – Educadora; Professora Titular da Pontifícia Universidade Católica de São Paulo; Coordenadora do Projeto de Pesquisa Formação como Ação Educativa: uma questão interdisciplinar? CEPE-PUC/SP.

Viviane Bozolan Porto – Bióloga; Colaboradora do Projeto de Políticas Públicas; Faculdade Santa Marcelina – Itaquera.

Yeda Aparecida de Oliveira Duarte – Enfermeira; Doutora em Enfermagem pela Escola de Enfermagem da Universidade de São Paulo; Professora Doutora do Departamento de Enfermagem Médico-Cirúrgica da Escola de Enfermagem da Universidade de São Paulo; Coordenadora do Curso de Especialização em Atendimento Domiciliar e Coordenadora do Programa de Gerenciamento da Saúde do Idoso.

Índice

APRESENTAÇÃO

Saúde da Família - Avaliação da nova estratégia assistencial no cenário das políticas públicas

Tamara Iwanow Cianciarullo

Introdução

Esta obra caracteriza o compromisso social dos pesquisadores, docentes e técnicos de diferentes instituições de ensino superior e de assistência à saúde, visando à divulgação dos resultados de um Projeto de Avaliação do Programa/Estratégia de Saúde da Família, desenvolvido em duas áreas do Município de São Paulo, financiado pela FAPESP. (Projeto Políticas Públicas - 00/01957-7) no período de 2000-2004.

Entre os diferentes modos de ver e avaliar o PSF, ou melhor a Estratégia da Saúde da Família, optamos pela inserção, desenvolvimento e execução de atividades relacionadas aos processos de avaliação em serviços de saúde, onde pesquisadores, técnicos, alunos e parceiros, mobilizaram-se com vistas a um processo de inserção/imersão nos processos assistenciais vigentes em duas regiões do Município de São Paulo, objetivando a uma avaliação das experiências assistenciais vivenciadas pelos atores sociais de modo a identificar possibilidades, restrições e oportunidades inovadoras produzidas pela nova estratégia.

Neste período de quatro anos, houve um sensível acréscimo na literatura disponibilizada sobre a saúde da família, como por exemplo os manuais de enfermagem e de condutas médicas, publicadas pelo IDS, USP e Ministério da Saúde, em 2001.

O Ministério da Saúde imprimiu uma cartilha de dezenove páginas, denominada "Abrindo a Porta para a Dona Saúde entrar", sem especificação do ano de impressão, mas com algumas orientações sobre o que é e como funciona o PSF, incluindo aspectos importantes para a sua implantação, caracterizando desta forma a sua intencionalidade: orientação aos gestores.

Outra importante publicação nesta área, versa sobre o desempenho do agente comunitário, um dos principais atores sociais do PSF. (Silva, J. A. & Dalamaso, A. S. W., 2002.)

Uma recente publicação do Tribunal de Contas da União (Brasil, 2002), onde se define o objeto da avaliação, a justificativa, a metodologia (estudo de caso) nos estados do Ceará, Pernambuco, Alagoas e Paraíba, que representam cerca de 47% dos recursos do PSF e que possuem o maior número de ESF instaladas, é disponibilizada aos interessados no assunto.

Um mesmo instrumento foi aplicado junto aos coordenadores estaduais e municipais do PSF, aos enfermeiros, médicos e beneficiários do programa, num total de 344 questionários. Não foram definidos os perfis dos "pesquisadores". Como resultados desta análise o TCU destacou: a elevada rotatividade e a dificuldade na contratação dos médicos das ESF, decorrentes dentre outros motivos, da insatisfação com a precariedade do vínculo contratual de trabalho, excesso de atendimentos, dificuldade no acesso ao local de trabalho e as falhas no sistema de referência e contra-referência; o excessivo número de famílias atendido pelas equipes, quando apenas 27% dos agentes comunitários de saúde não ultrapassam o limite recomendado; a falta sistemática de medicamentos, principalmente daqueles destinados ao controle de doenças crônicas, o fato da fiscalização, do monitoramento e da avaliação do programa não ser sistemática; a falta de treinamento para os gestores, principalmente por ocasião de mudança nos governos estaduais e municipais. Diante destes achados, o TCU sugere as seguintes medidas: transferência de recursos para os municípios, num percentual mínimo estabelecido, visando sua aplicação no PSF; estudo de novo parâmetro máximo de cobertura de pessoas para cada ESF; elaboração de material ilustrativo sobre a filosofia do PSF a ser divulgado pelos Agentes Comunitários de Saúde (ACS); divulgação do papel do agente comunitário de saúde;

reterritorialização visando à diminuição da sobrecarga de trabalho dos ACS; criação de centrais de marcação de consultas; diminuição das faltas de medicamentos; fomento à conscientização dos gestores municipais e estaduais sobre a importância da informatização das USF; produção de rotinas padronizadas para análise dos dados do SIAB.

Como se percebe o discurso da avaliação em todos os segmentos governamentais continua o mesmo, sem critérios e sem estratégias adequadas para um contínuo aprimoramento do capital humano, de avaliação dos processos de trabalho e principalmente dos resultados alcançados pelas ações propostas pelo PSF em suas dimensões conceituais.

Seguindo esta linha de propostas e implantação de sistemas de controle, a Prefeita de São Paulo, em outubro de 2002, estabelece por meio da Portaria 3830/2002-SMS-G, o Sistema Municipal de Auditoria em Saúde, definindo as respectivas competências, sem no entanto estabelecer os instrumentos e processos necessários a esta atividade.

Assim, parece estar demonstrada a preocupação das autoridades e de pesquisadores, em relação ao processo de avaliação do atendimento à saúde da população, por meio do PSF, tanto no contexto nacional quanto local, no qual se insere este projeto.

Ainda em relação à importância da realização e apresentação dos resultados deste projeto, há que se destacar a questão das diversas abordagens encontradas na literatura internacional referentes ao desenvolvimento de pesquisas interdisciplinares e interinstitucionais na área da saúde e que foram publicadas no livro Saúde na Família e na Comunidade. (Cianciarullo, T. I. *et al.*, 2002.)

Articulação dos Participantes

Este projeto articula-se a uma nova visão mundial, onde são privilegiadas as relações multiprofissionais, interinstitucionais e transdisciplinares, vinculadas aos processos de educação, pesquisa e assistência à saúde, representadas pelos docentes das universidades participantes (USP, UNISA e FASM), pelos pesquisadores destas universidades e de outras instituições, pelos técnicos das unidades QUALIS, USF, UBS e do Laboratório de Epidemiologia e Estatística (LEE) do Instituto Dante Pazzanese, com um importante aporte de conhecimentos específicos direcionados para uma imediata aplicação no presente projeto.

Em que pese a origem e a formação diversificada de cada um dos pesquisadores em termos de sua profissão e experiência prévia, participação em outros grupos de pesquisa, vinculação a programas de pós-graduação (especialização, mestrado e doutorado) e a outros projetos institucionais, há que se destacar o compromisso de todos os convocados para as reuniões e atividades programadas, respeitando-se as demais atividades de cada professor e de cada pesquisador e técnico.

Há que se destacar, que a cada mudança ou indicação de novo gestor na área municipal, há que se estabelecer um novo tipo de relacionamento com os gestores indicados, apresentando-se, discutindo-se e planejando todos os passos do projeto re-apresentado aos novos participantes.

As mudanças no governo local, influenciaram alguns propósitos e alteraram alguns pressupostos, sem no entanto, prejudicar o projeto como um todo.

O calendário de reuniões, foi obedecido em sua maior parte e acreditamos que, apesar das distâncias e dos diferentes espaços geográficos e organizacionais, assistenciais e educacionais, todos os participantes foram altamente produtivos em suas atividades e publicações.

Além das reuniões de rotina para discussão do andamento dos subprojetos, das reuniões agendadas pelos Grupos para análise das atividades específicas de coleta de dados, inserção e análise, foram socializados os resultados parciais do estudo, em setembro de 2003, com um público atuante na área de abrangência do PSF, o que demandou um conjunto de atividades organizacionais ainda mais intenso, onde cada gestor de um subprojeto, atuou como coordenador.

Esta atividade, pouco usual em nosso cenário acadêmico, gerou importantes contribuições para a finalização deste Projeto.

Atividades dos Grupos Constituídos

Todos os grupos foram constituídos por docentes, técnicos e alunos, e desenvolveram suas atividades no contexto da programação. Assim, cada um dos Grupos, supervisionou, acompanhou a inserção dos dados nos sistemas específicos e elaborou a sua parte do relatório, fazendo uso das estatísticas produzidas pelo LEE (Laboratório de Epidemiologia e Estatística do Dante Pazzanese), a seguir sumarizadas:

Grupo I

O Grupo I, foi o responsável pela elaboração e definição dos instrumentos e métodos de coleta de dados sobre as formas de atuação e funcionamento do PSF e das UBS. São os responsáveis pelos seguintes enfoques:

Sistema Único de Saúde: uma realidade em modelos assistenciais distinto.

As autoras apresentam um breve relato sobre a evolução das políticas públicas no Município de São Paulo e configuram as duas áreas do estudo.

O Cenário de geração e viabilização do Projeto de Saúde da Família: a construção da história da Unidade de Saúde da Família do A. E. Carvalho.

Os autores, fazem uma primorosa e rigorosa composição histórica do Projeto Qualis, desde a sua implantação, até o perfil consolidado atual da Unidade, incluindo as percepções de saúde da família referidas pelos integrantes da equipe da saúde da família, obtidas por meio de depoimentos, destacando-se as notas obtidas pelos agentes comunitários de saúde.

Grupo II

Os membros deste grupo, responsabilizaram-se pelos dados relativos à saúde da criança, obtidos por meio de instrumentos desenvolvidos especialmente para esta finalidade. As duas áreas foram analisadas exaustivamente gerando possibilidades de comparação importante, apresentadas nos textos:

- A construção de indicadores e elaboração dos instrumentos de avaliação da assistência à criança.
- A avaliação da assistência à criança em cenários que apresentam modelos assistenciais distintos.

Grupo III

Este Grupo responsabilizou-se pela análise da assistência à gestante, produzindo três textos, sendo o primeiro direcionado para a construção de instrumentos, o segundo para a análise das entrevistas realizadas com gestantes e o terceiro para a análise dos procedimentos

- A construção de indicadores e elaboração dos instrumentos de avaliação da assistência à criança.
- Entrevistando gestantes em cenários que apresentam modelos assistenciais distintos: SUS e SUS/PSF.
- Avaliando procedimentos realizados durante o atendimento pré-natal em cenários que apresentam modelos assistenciais distintos: SUS e SUS/PSF.

Outro aspecto a destacar, foi a indicação da Coordenadora Geral do Projeto, a convite da Federación Panamericana de Profesionales de Enfermería e da OMS/OPAS para participar na qualidade de assessora do Projeto "Lineamientos y directrices para la mejoria de la calidad de la atención de enfermería em el proceso de gestación de bajo riesgo em América Latina", elaborando critérios e diretrizes para o processo de avaliação deste tipo de assistência.

Grupo IV

Este Grupo responsabilizou-se pela elaboração de todos os instrumentos, estratégias de seleção e abordagem dos idosos e de suas famílias, e do relatório referente ao subprojeto de avaliação da assistência prestada aos idosos nas áreas estudadas:

- Avaliando a assistência ao idoso no cenário das políticas públicas.
- Avaliação de funcionalidade em gerontologia.
- Estudo comparativo do perfil sócio-demográfico e utilização do serviço de saúde pela população idosa residente em duas áreas do Município de São Paulo.

Grupo V

Os instrumentos utilizados neste estudo, parecem propiciar condições favoráveis para uma nova concepção metodológica articulada em torno da instrumentalização adequada deste tipo de estudo em contextos familiares. O Grupo produziu os seguintes textos:

- Avaliação em saúde.
- Qualidade de vida e avaliação em saúde.
- Programa de saúde da família e qualidade de vida: resultados da aplicação de um instrumento estruturado.

Uma outra dimensão dos trabalhos realizados foi importante para o alcance dos objetivos do Grupo de Pesquisadores: a questão da ação educativa no contexto de uma avaliação institucional. Esta abordagem, permitiu não apenas um direcionamento e a orientação competente para os alunos, mas principalmente ofereceu um ambiente propício ao seu desenvolvimento como futuros pesquisadores.

Um dos aspectos que nos parece mais importante, é a questão da participação de alunos de graduação em projetos desta natureza e amplitude. Nossa experiência pregressa, confirma que, alunos de graduação, quando envolvidos em projetos de pesquisa precocemente, tendem a publicar mais e a buscar modos de desenvolvimento do conhecimento de forma sistematizada. Assim, estimulamos a participação de alunos, mesmo sob a forma de "técnicos de apoio" incorporando-os aos processos produtivos de publicações.

- Preceptoria, humanização e ação educativa: perspectiva Biraghiana.
- Pesquisando e aprendendo.
- Vivência de acadêmicas e profissionais da Faculdade Santa Marcelina. (FASM).
- Vivência dos alunos no trabalho de campo na Zona Sul de São Paulo.

Como se pode perceber pelos relatos, a realidade é diferente do planejamento e coube aos alunos (bolsistas), juntamente com os coordenadores dos Grupos, explorar e buscar novas estratégias para solucionar os problemas. Mas todas, sem exceção foram extremamente profissionais em todos os momentos e ocasiões.

Importante é destacar que esta coordenação respeitou a identidade específica de cada pesquisador e de cada instituição, observadas as diretrizes gerais do Projeto, que foram alvo de aprovação conjunta.

Análise do Alcance dos Objetivos Propostos

Relacionados aos princípios do PSF

1. *Realizar o diagnóstico relativo ao processo de implementação da estratégia do PSF na região de atuação da FASM/Itaquera, em termos das facilidades e dificuldades encontradas, visando à sua adequação as necessidades das famílias, subsidiando a reformulação das práticas inadequadas.*

O Grupo I, caracterizou o SUS e descreveu todo o processo de implantação do PSF no Brasil (desde 1993) e em São Paulo (Qualis, 1995), baseando-se em textos e relatos encontrados na literatura, nos documentos oficiais e complementados pelas entrevistas realizadas com os responsáveis pela implementação do PSF na Zona Leste do Município de São Paulo. Parcerias são destacadas em sua importância e os atores sociais (líderes comunitários, profissionais e políticos) reconhecidos pela sua atuação, além do destaque para as facilidades e dificuldades encontradas neste novo cenário.

Os espaços geográficos e equipamentos sociais são apresentados e detalhados, nas dimensões de sua influência sobre a saúde da população, incluindo os recursos humanos, a caracterização dos processos de trabalho, a produtividade, as percepções da equipe de saúde da família da área e as avaliações dos usuários sobre a assistência recebida na Unidade de Saúde da Família.

Estes textos certamente servirão de subsídio e suporte para o desenvolvimento de estratégias de implantação, implementação de práticas operativas e de avaliação destes processos.

2. *Identificar as formas de articulação do PSF com a estrutura vigente local e a substituição das práticas convencionais de assistência pelo novo processo de trabalho centrado na vigilância da saúde.*

O capítulo "O cenário de geração e viabilização do projeto de saúde da família: a construção da história da Unidade de Saúde da Família A. E. Carvalho" responde a este objetivo em termos das parcerias estabelecidas, dos processos de trabalho implementados, das vantagens e desvantagens do modelo percebidas pelos usuários e servidores e documentados formalmente.

3. *Caracterizar os membros da equipe de saúde da família e suas competências.*

O elenco dos profissionais que participaram da implantação do programa e da sua implementação, bem como os processos de trabalho estão descritos no item 2.

4. ***Identificar como operam os programas específicos de saúde observados nas áreas de estudo, dentre os propostos pelo Ministério da Saúde: criança de 0 a 5 anos; gestante e idoso. Definir os critérios de avaliação, construir instrumentos de análise, aplicação e avaliação de uso.***

Em relação à criança – apresenta-se exposto no capítulo "Avaliação da assistência em instituições com modelos assistenciais distintos: SUS e SUS/PSF".

Dentre os diferentes aspectos abordados há que se distinguir a documentação dos parâmetros clássicos estabelecidos pelo Ministério da Saúde nas duas áreas de assistência estudadas (com e sem PSF). São significantes as diferenças encontradas no registro de dados de identificação e antropometria das crianças realizadas nas unidades, destacando-se que na unidade sem-PSF, estas anotações são realizadas por profissionais de nível médio e na unidade com-PSF, por médicos e enfermeiros. Caracteriza-se neste contexto, a necessidade de estudos relacionados aos processos de educação continuada ou permanente.

As anotações referentes à avaliação nutricional, ao desenvolvimento neuropsicomotor, vacinação, alimentação e estado mórbido anterior, também apresentam significantes diferenças nas duas unidades.

Há que se destacar ainda a falta de registro dos diagnósticos e de enfermagem nas duas unidades estudadas. No entanto, os registros das condutas médicas e de enfermagem são significativamente melhores na unidade com-PSF.

Em relação à idade da primeira consulta da criança, a unidade com-PSF consegue assegurá-la antes do segundo mês de vida, o que representa um grande avanço na assistência à criança.

Não houve diferença no número de consultas médicas, mas houve uma diferença significativa no número de consultas de enfermagem na unidade com-PSF, possibilitando práticas importantes relacionadas aos processos de cuidar.

Podemos destacar aqui a necessidade de estudos futuros relacionados ao acompanhamento das mães ou das cuidadoras, fazendo uso (ou não) das orientações/condutas indicadas nos seus respectivos domicílios.

Em relação à gestante – apresenta-se exposto nos capítulos referentes às entrevistas realizadas com as gestantes e na documentação dos procedimentos.

Observou-se que, de uma maneira geral os registros considerados como completos foram identificados na área de Itaquera (com PSF), como também o maior tempo gasto com consulta, fato que favorece o registro em prontuário.

No entanto, em relação aos registros relacionados ao exame físico das gestantes como: determinação do peso, controle de pressão arterial, medida da altura uterina, ausculta dos batimentos cardiofetais, determinação da idade gestacional, data da última menstruação e determinação de data provável do parto, a área de Santo Amaro (sem PSF) demonstra melhor desempenho.

Alguns aspectos desta análise, sugerem necessidade de outros estudos, direcionados para as competências específicas dos profissionais que atuam nas áreas, suas especialidades e principalmente os processos de treinamento aos quais têm acesso e estímulo.

Outro aspecto a ser analisado em estudos futuros, corresponde aos processos de controle e responsabilidade profissional pela documentação e responsabilidade pelos resultados das ações e condutas prescritas.

Em relação ao idoso – os resultados são apresentados no capítulo "Estudo comparativo do perfil sócio-demográfico e utilização do serviço de saúde pela população idosa residente em duas áreas do Município de São Paulo".

Os idosos de Itaquera (com PSF) têm à sua disposição uma melhor adequação numérica de profissional/habitante assistido, embora o número de consultas de rotina foi mais freqüente na população idosa de Santo Amaro (sem PSF).

Os idosos de Itaquera (com PSF) receberam maior número de orientações verbais sobre os respectivos problemas de saúde. Medicações foram prescritas e atendidas mais na área de Santo Amaro (sem PSF), do que em Itaquera (com PSF).

Detectou-se uma maior facilidade de acesso às consultas no próprio serviço em que são cadastrados, entre os entrevistados da área de

Santo Amaro (sem PSF), mas a resolutividade declarada pelos dois grupos foi semelhante.

A evolução dos tratamentos foi acompanhada em retornos com intervalos de tempo menores (semanais) entre os idosos de Itaquera (com PSF) do que na área de Santo Amaro (mensais), determinados provavelmente pelas ações dos agentes comunitários de saúde.

Destaque deve ser dado ao maior índice de aprovação entre as categorias profissionais e ocupacionais, aos agentes comunitários de saúde, demonstrando a importância percebida pelos usuários do PSF.

Os serviços de recepção (acolhimento), foram os que produziram índices de menor satisfação entre os usuários das duas áreas estudadas.

Um indicador a ser destacado e significativo, foi a aprovação à atuação do enfermeiro na área de Itaquera (com PSF).

Relacionados à capacitação de recursos humanos

1. Identificar os mecanismos utilizados para a capacitação.

O capítulo "Cenário de geração e viabilização do Projeto de Saúde da Família: a construção da história da Unidade de Saúde da Família do A. E. Carvalho", apresenta nos depoimentos obtidos dos entrevistados, os principais "modos" de treinamento utilizados nas fase iniciais do processo de implantação, bem como a inserção na comunidade.

Acreditamos que hoje com a implantação da Política de Educação e Desenvolvimento para o SUS, por meio dos Pólos de Educação Permanente em Saúde, proposta pelo Departamento de Gestão e Educação na Saúde (DEGES), do Ministério da Saúde, com "a proposição e formulação de políticas relativas à formação, ao desenvolvimento profissional e à educação permanente dos trabalhadores da saúde em todos os níveis de escolaridade; à capacitação de profissionais de outras áreas em saúde, dos movimentos sociais e da população, para favorecer a articulação intersetorial, incentivar a participação e o controle social no setor da saúde; a interação com a escola básica no tocante aos conhecimentos sobre saúde para a formação da consciência sanitária", embora muito ampla em seus fins, já contribui sensivelmente com a adequação do "capital humano" a esta nova proposta assistencial o Programa de Saúde da Família, com os cursos de capacitação e formação em Saúde da Família (especialização e residência).

Esta capacitação certamente, diminuirá as lacunas entre a formação dos profissionais vigente na maioria das IES e as necessidades dos usuários dos Programas de Saúde da Família. Por outro lado, uma iniciativa encontra-se em desenvolvimento, referente à formação dos médicos, por meio do PROMED, incentivando e promovendo importantes mudanças nas estruturas curriculares nos cursos de graduação.

Há que se visualizar possibilidades de outros cursos de graduação na área da saúde obterem os mesmos benefícios e suporte para promover mudanças no cenário da educação superior.

2. *Identificar os vínculos interinstitucionais, as estratégias e os resultados obtidos.*

Todos estes aspectos, incluindo as facilidades e dificuldades no âmbito das políticas, são apresentados no capítulo: "Cenário de geração e viabilização do projeto de saúde da família: a construção da história da Unidade de Saúde da Família do A. E. Carvalho".

Relacionados à qualidade de vida dos membros das famílias

O capítulo "O programa de Saúde da Família e Qualidade de Vida: resultados da aplicação de um instrumento estruturado" contempla os objetivos estabelecidos.

Relacionados especificadamente aos gestores de serviços públicos

Os resultados deste projeto, além de terem sido disponibilizados parcialmente aos participantes do Seminário realizado em setembro de 2003, quando foram convidados os gestores dos serviços de saúde de São Paulo, terão disponibilizados os resultados por meio desta publicação, onde além dos instrumentos desenvolvidos, os resultados obtidos e as considerações decorrentes da análise estarão disponibilizados para uso no cotidiano.

Além desta forma de divulgação no âmbito dos gestores da saúde, este grupo de pesquisadores pretende atender a uma solicitação de gestores de outros municípios circunvizinhos disponibilizando os resultados e desenvolvendo um novo projeto, desta vez orientado para os agentes comunitários de saúde, seus processos de seleção, treinamento, capacitação e desenvolvimento de tecnologias leves.

Relacionados aos aspectos acadêmicos

1. *Criar um acervo bibliográfico e documental sobre o PSF.*

Durante todo processo de planejamento, desenvolvimento e análise dos resultados deste projeto, e durante as reuniões realizadas, foram sendo socializados artigos, livros e textos referentes às temáticas de interesse, visando a sua incorporação aos acervos das instituições envolvidas, incluindo a publicação de um livro e de artigos em Revista da FASM.

2. ***Manter um banco de dados sobre a saúde e qualidade de vida dos membros das famílias nos territórios estudados.***

Os bancos de dados especialmente criados e desenvolvidos para este trabalho, estão disponibilizados para posterior utilização pelos pesquisadores em suas respectivas unidades.

Sabemos que estes dados poderão ser úteis por muitos anos para efeitos de comparação e subsídio para novos projetos na área. Quando desenvolvemos em 1989 um projeto na área da saúde da mulher (NAAM) sob a forma de projeto integrado do CNPq, os bancos de dados alimentaram estudos durante um prazo de cerca de cinco anos, e fundamentam estudos comparativos até os dias de hoje.

3. ***Subsidiar a criação de programas interdisciplinares de especialização e mestrado profissionalizante em Saúde da Família, aderentes à realidade do Estado de São Paulo e disponibilizados para outras regiões.***

A FASM mantém um curso de especialização em Saúde da Família multidisciplinar. Outros programas deverão ser criados nos próximos anos, compreendendo o Programa de Saúde da Família, nas Universidades de Santo Amaro e de Guarulhos.

4. *Elaborar e disponibilizar padrões, critérios e indicadores específicos para o PSF.*

Os resultados deste trabalho poderão ser adaptados para quaisquer outros cenários, guardadas as devidas dimensões, visto que os instrumentos desenvolvidos para este projeto, caracterizam os critérios dos programas específicos de saúde da criança (incluindo o AIDPI), das gestantes e dos idosos articulados aos princípios e diretrizes do Programa de Saúde da Família.

5. *Construir e validar um instrumento de análise relativo à qualidade de vida dos membros das famílias.*

Optamos pela utilização de um instrumento já validado de Ferrans e Powers, em função da sua utilização simplificada e das dimensões definidas em âmbito da percepção e da satisfação individual.

6. *Publicar textos e artigos em revistas profissionais em âmbito nacional e internacional.*

Além do livro publicado (Saúde na família e na comunidade – 2002) diversos artigos foram publicados na revista da Faculdade Santa Marcelina. v. 3, nº 3 (especial) por membros participantes do Projeto.

Uma das pesquisadoras (Dra. Roselena Bergamasco) foi convidada a apresentar o resumo deste trabalho na Universidade de Montreal para um grupo de docentes interessados em projetos de família. O tema foi: Family health – evaluation of new strategies in Public Health, em 30 de setembro de 2004.

7. *Promover reuniões de avaliação do projeto com a participação de convidados especialistas nacionais e internacionais.*

Foi realizado um Seminário para apresentação e discussão dos resultados parciais do Projeto com a participação de alunos, docentes, técnicos de saúde entre outros profissionais com uma importante participação de gestores e pesquisadores da área.

8. *Implementar grupos multidisciplinares de estudos em PSF, visando à disponibilização dos resultados deste projeto e a sedimentação do PSF/ESF em outros cenários.*

Em relação à continuidade das atividades grupais, foi criado um Grupo de Estudos de Avaliação de Serviços de Saúde, inscrito no Diretório dos Grupos de Pesquisa no Brasil, do CNPq, com cerca de trinta membros e com duas linhas de pesquisa: Avaliação de serviços e Programas de Saúde e Qualidade de Vida.

Assim, esperamos continuar a desenvolver estudos e trabalhos na área da avaliação de serviços de saúde e no desenvolvimento de instrumentos e critérios de avaliação, buscando agregar valor às iniciativas interinstitucionais de pesquisa, educação e assistência.

Referências Bibliográficas

BRASIL – TRIBUNAL DE CONTAS DA UNIÃO – Avaliação do Programa de Saúde da Família – PSF/ Brasília: TCU, Secretaria da Fiscalição e Avaliação de Programas do Governo, 2002.

BRASIL, MINISTÉRIO DA SAÚDE – Abrindo a porta para a Dona Saúde entrar. Programa de Saúde da Família.

BRASIL. MINISTÉRIO DA SAÚDE – Política de Educação e Desenvolvimento para o SUS: caminhos para a Educação Permanente em Saúde. Secretaria de Gestão do Trabalho e da Educação na Saúde. Brasília, 2004. 66 p.

CIANCIARULLO, T. I.; GUALDA, D. M. R.; SILVA, G. T. R.; CUNHA, I. C. K. O. Saúde na Família e na Comunidade. São Paulo. Robe Editorial, 2002. 398 p.

Manual de Condutas Médicas – Instituto para o Desenvolvimento da Saúde. Universidade de São Paulo. Ministério da Saúde. Brasília: Ministério da Saúde, 2002.

Manual de Enfermagem – Instituto para o Desenvolvimento da Saúde. Universidade de São Paulo. Ministério da Saúde. Brasília: Ministério da Saúde, 2001.

SILVA, J. A.; DALMASO, A. S. W. Agente Comunitário de Saúde: o ser, o saber e o fazer. Rio de Janeiro: Editora Fiocruz, 2002.

A Questão do Desenvolvimento do Conhecimento na Saúde - O PSF no Cenário Atual

Tamara Iwanow Cianciarullo

"O mundo divide-se cada vez mais entre a parte que é capaz de produzir conhecimento próprio e a outra que o copia. É impossível formular e manter projeto próprio de desenvolvimento sem manejo adequado do conhecimento." (Demo, 2000)

Introdução

A questão do desenvolvimento do conhecimento tem sido um forte componente nas discussões e publicações dos profissionais que atuam nas mais diversas áreas em âmbito nacional e internacional. (Cianciarullo, 2001; Cavalcanti *et al.*, 2001); Cianciarullo & Cornetta, 2002; Guerra, 2002; Wickramasinghe *et al.*, 2005).

Enfermeiras como Carper, em 1978 já se preocupavam em analisar e descrever padrões de conhecimento visando a uma classificação e descrição de conjuntos específicos, que facilitassem a compreensão do significado do conhecimento e sua importância no cenário cuidativo.

Atualmente, uma recente obra, publicada nos Estados Unidos da América, apresenta um conjunto de abordagens sobre a gestão do conhecimento na área da saúde, desenvolvendo conceitos passíveis de serem utilizados na área da saúde. Dentre os autores procedentes de diferentes países como Estados Unidos, Austrália, Holanda, Japão, Nova Zelândia e Inglaterra, destaca-se o trabalho de dois brasileiros da Universidade Vale do Rio dos Sinos (UNISINOS), que apresentam um estudo referente à análise do planejamento estratégico do conhecimento em oito hospitais (Cunha e Paiva, 2005).

Na área das políticas públicas, ainda não encontramos estudos referentes aos processos de gestão do conhecimento, fato que indica a necessidade de estudos direcionados para este enfoque.

O Projeto de Políticas Públicas, apresentado por um grupo de professores procedentes de três instituições de ensino superior (IES), a saber, da Universidade de São Paulo (Escola de Enfermagem, Faculdade de Saúde Pública e Faculdade de Medicina), da Universidade Santo Amaro (Faculdade de Enfermagem), da Faculdade Santa Marcelina – Itaquera, e de técnicos da área da saúde de diferentes Distritos do Município de São Paulo, foi desenvolvido em 1999 visando ao atendimento do Edital nº 2 de Políticas Públicas da FAPESP, sendo aprovado em 2000 sob o nº 00/01957-7.

Desde o início das atividades de planejamento, os membros das IES participantes, definiram um processual de planejamento objetivando uma participação coletiva no sentido de "avaliar uma nova estratégia voltada para a saúde da família (PSF), implementada no Estado de São Paulo, à luz de Programas do Ministério da Saúde vigentes, por meio de indicadores de estrutura, processo e resultados, obtidos a partir da avaliação dos princípios básicos estabelecidos para a implantação e operacionalização da estratégia: a alocação e utilização de recursos específicos, a capacitação dos recursos humanos, a gestão dos sistemas de informação e dos indicadores de qualidade de vida dos membros das famílias".

Pretendia-se descrever, compreender e avaliar, os "novos" processos de trabalho instituídos para o atendimento à população por meio do Programa da Saúde da Família, implantado desde 1994. A grande dúvida era, se seria possível encontrar diferenças entre os clientes membros de famílias assistidas pelo novo Programa (PSF) e aqueles que eram ainda atendidos nas Unidades Básicas no modelo tradicional de atenção oferecida pelo SUS.

O que levou um grupo de pesquisadores/docentes/técnicos a imaginar tal proeza, foi a "ênfase" dada aos processuais inovadores da nova proposta pela mídia e um Relatório produzido pelo Ministério da Saúde em 1999 (BRASIL, 1999).

Neste Relatório, o Ministério da Saúde descreve uma pesquisa visando a avaliação do funcionamento do PSF, fundamentada na necessidade de mensurar o grau de aproximação entre a equipe do PSF e a população. Esta foi realizada no período de abril a julho do mesmo ano, abrangendo 24 estados com 1.219 municípios e 3.119 equipes de PSF, implantadas até dezembro de 1998. O método de investigação utilizado empregou três instrumentos de coleta de dados, aplicados por meio de entrevistas semi-estruturadas aos coordenadores estaduais do PSF, aos Secretários Municipais de Saúde e às equipes de PSF. Não foram disponibilizados os instrumentos pela Internet, mas versavam sobre os seguintes aspectos: motivação e organização das secretarias estaduais e municipais para a implantação do programa; organização e responsabilidades das coordenações; critérios de priorização e incentivos; processos e avaliação do funcionamento; composição das equipes; recrutamento e seleção dos profissionais; investimentos municipais para a garantia da implantação do programa; atividades e condições de trabalho; opinião dos coordenadores, secretários e equipes sobre os benefícios do programa para a população; e dificuldades enfrentadas.

A região Sudeste apresentou o maior índice de respostas (78,6%) por parte das equipes de PSF e dos secretários da região (87,7%). Em três estados as coordenações do PACS e PSF não eram únicas. Foram encontradas dezesseis categorias profissionais de nível superior, participantes das equipes de coordenação estadual. A categoria dos enfermeiros esteve presente em 41% dos membros das equipes, seguida da categoria das assistentes sociais (24%). Em relação aos critérios de priorização dos municípios para a implantação das equipes de PSF, treze estados informaram não fazer uso de critérios para a priorização, pulverizando-se as demais respostas por diferentes enfoques. A maior parte (83,6%) dos municípios pesquisados, recebeu suporte das coordenadorias estaduais para a implantação do Sistema de Informações da Atenção Básica (SIAB) e para a capacitação das equipes de saúde da família (79,5%).

Um aspecto importante em relação à inovação introduzida nos serviços locais, tanto pelo PACS quanto pelo PSF, seria a elaboração e utilização de protocolos clínicos, com vistas à orientação e padronização das atividades das equipes; este aspecto merece uma atenção redobrada, tendo em vista que, no estudo citado, 67% das coordenadorias respondeu que ainda não possuíam protocolos clínicos nem estavam em processo de elaboração, destacando-se alguns coordenadores que referiram "ainda não sentir necessidade dos protocolos".

A análise dos resultados da investigação indicou que se deve prosseguir nesta direção, pois há necessidade de estudar, não apenas os processos de trabalho e atividades das coordenadorias e equipes, mas principalmente a relação existente entre os processos utilizados e os resultados alcançados, sob a ótica dos usuários dos serviços que oferecem este tipo de atenção centrada na família.

Há que se destacar então, a possibilidade dos serviços locais estarem fazendo uso de normas e rotinas pregressas, empregadas no modelo de atenção tradicional, mais adequadas aos processos de trabalho vinculados aos indivíduos do que às famílias. Este é um dos aspectos que mereceu destaque no projeto ora descrito, vinculando-se ao enfoque da avaliação da qualidade da assistência oferecida e executada pelo PSF.

As ações desenvolvidas pelas equipes de Saúde da Família foram apresentadas no estudo realizado pelo Ministério da Saúde como responsáveis pelo aumento acentuado de todas as atividades, e entendidas como indícios da ampliação do acesso da população aos serviços de saúde conseguida pelo PSF. Já a observação do tipo de atividade desenvolvida sinalizou aspectos relativos à qualidade da atenção à saúde oferecida pelas equipes.

Estas afirmações foram, de certa forma, consideradas pelos pesquisadores/docentes/técnicos, como simplistas e levaram ao questionamento sobre a maneira unidirecional (sem ouvir os usuários, principais avaliadores destes aspectos) utilizada pelos mentores da pesquisa, para proceder a tais afirmativas.

Este é um outro aspecto que seria contemplado pelo projeto ora apresentado: além de elaborar critérios específicos para a avaliação do PSF, articulados aos outros programas vigentes, pretende-se criar indicadores de processos e de resultados aderentes à realidade vivenciada pelos próprios usuários.

Concomitantemente, ao estudarmos áreas de abrangência fora do contexto do PSF, poderíamos comparar se estas ofertas e acessos estavam realmente sendo utilizados e de que forma influenciavam ou não, a qualidade de vida percebida pelas pessoas que compõem estas famílias. A esse propósito, vale lembrar o encontrado por SANNA (1991), quando constatou que o acesso ao serviço de saúde era um dos indicadores mais valorizados pelos consumidores dos serviços de um ambulatório de Pediatria, devidamente secundado pela resolutividade.

Outro aspecto a ser destacado é a questão da medição da qualidade de vida dos usuários (membros das famílias e usuários atendidos pelo novo Programa (PSF) e pelo SUS tradicional).

Considerando a importância dos gastos com a saúde no cenário das políticas públicas, principalmente em função das múltiplas formas de utilização do capital humano, da incorporação dos avanços tecnológicos, tanto administrativos quanto clínicos e que constituem um importante aporte aos gastos governamentais, a ênfase na atenção primária torna-se imprescindível.

A produção de conhecimento nos processos de gestão de programas e estratégias inovadoras no cenário da saúde, configura uma nova temática na área, a gestão do conhecimento, um modelo emergente, interdisciplinar, que abrange todos os aspectos do conhecimento no contexto de uma instituição, incluindo a criação, classificação de velhas e novas práticas e processos de trabalho, modos de disponibilização de informações incluindo a sua socialização, as estruturas existentes, os processos de trabalho, os resultados obtidos e de como estas atividades promovem a aprendizagem e a inovação nos cenários em que se desenvolvem ou são aplicadas.

O conhecimento na área da saúde, localiza-se na mente dos que atuam na área (gestores, colaboradores, servidores), na própria organização (clínica, instituto, hospital, unidade básica de saúde), nos documentos e nos computadores em uso. Esta diversidade de localização do conhecimento, exige um tipo de organização que promova a possibilidade de acesso às informações mais relevantes ou de maior intensidade de utilização. Como se pode perceber, o enfoque principal fixa-se no componente humano, referido por diversos autores como "capital intelectual".

O Centro de Referência em Inteligência Empresarial da COPPE/ UFRJ, refere-se aos "capitais do conhecimento" com quatro componentes que devem ser considerados para a efetiva gestão do conhecimento de uma organização: o capital ambiental, o capital estrutural, o capital intelectual e o capital de relacionamento (CAVALCANTE, M.; GOMES, E.; PEREIRA, A.)

O capital ambiental é definido como o conjunto de fatores que descreve o ambiente onde a organização está inserida. São fatores expressos pelo conjunto das características sócio-econômicas da região (nível de escolaridade, distribuição de renda, taxa de natalidade etc.), pelos aspectos legais, valores éticos e culturais, pelos aspectos governamentais e pelos aspectos financeiros. Alguns destes aspectos são destacados e apresentados na seção I desta obra, onde se destacam as condições de vida e saúde da população residente nas duas áreas, objeto do estudo realizado: Artur Alvim e A.E. Carvalho, sendo a primeira caracterizada pelo modelo tradicional de atenção básica e a segunda pelo PSF, implementado há cerca de cinco anos.

O Capital estrutural, definido como um conjunto de sistemas administrativos, conceitos, modelos, rotinas, programas de computador, caracterizando a infra-estrutura necessária para o funcionamento dos

Programas e da estratégia. Além disso, em cada uma das seções destinadas à discussão dos resultados, há um processo descritivo das condições e estruturas encontradas em cada um dos serviços de saúde objeto deste estudo.

O desempenho de uma organização é em geral, afetado pela estabilidade ou instabilidade política de um país ou de uma região. (Cavalcante, Gomes, Pereira, 2001). Neste estudo, as mudanças políticas (indicação de novos gestores) ocorridas nos cenários de decisão do SUS e do SUS/PSF, alteraram alguns dos prazos definidos para a realização do estudo, sem no entanto comprometê-lo. Houve também a preocupação de explicar a realidade vivenciada pelos "atores sociais" no contexto da nova estratégia, como se pode verificar no capítulo: O cenário da geração e viabilização do projeto de saúde da família – a construção da história da Unidade de Saúde da Família A. E. Carvalho.

O capital intelectual, refere-se à capacidade, à habilidade, à experiência e ao conhecimento formal das pessoas que integram uma instituição. As competências essenciais são definidas como o conjunto de habilidades e tecnologias que permite à organização oferecer benefícios ao cliente. Em nosso estudo, estas competências foram desenvolvidas a partir da identificação de talentos e de programas de treinamento específicos, incorporando além dos profissionais inicialmente previstos outros que demonstravam um específico domínio sobre o seu "fazer", contribuindo de maneira indelével para o sucesso do Projeto, como se pode verificar em publicação apresentada pelo Grupo: Saúde na Família e na Comunidade em 2002.

O capital de relacionamento é aquele que valoriza e incentiva o estabelecimento de alianças estratégicas com diversos atores de diferentes cenários, visando sedimentar sua imagem e ampliar sua presença neste mesmo cenário. A adesão ao Projeto aqui apresentado, é um dos aspectos que caracterizam uma nova tipologia de relacionamento na saúde: docentes, pesquisadores, técnicos, servidores e usuários estabelecendo relações produtivas visando ao processo de documentação da avaliação da atenção básica.

Cabe destacar a importância de tal iniciativa, principalmente em função da cultura acadêmica e assistencial, que não valorizava a transdisciplinaridade e a interinstitucionalidade no desenvolvimento de projetos de pesquisa ou outros de natureza social.

Os Editais de Políticas Públicas da FAPESP, definiram e sedimentaram avanços nesta direção.

A geração de novos conhecimentos no cenário da saúde

Os novos conhecimento originam-se de pessoas vivenciando novas experiências, processos e testando novos instrumentos e ou tecnologias.

O Programa de Saúde da Família, atualmente visualizado como uma estratégia, nos permite compreender, analisar e documentar os novos conhecimentos gerados pelos velhos e novos atores deste cenário: os "antigos" profissionais com novas atribuições e os "novos" atores profissionais: os Agentes Comunitários de Saúde, com suas diversificadas atividades que fundamentam ou devem servir de base para a tomada de decisões relacionadas às atividades programadas das Equipes de Saúde da Família.

Acreditamos que a classificação de Davenport & Prusak (1998) adaptada por Guerra (2002), nos proporciona uma visão importante para compreendermos os componentes básicos do conhecimento neste novo cenário da saúde pública brasileira.

Os componentes básicos do conhecimento apresentados por estes autores são: experiência, verdade fundamental, complexidade, discernimento, normas práticas e intuição, valores e crenças da organização, neste caso do Sistema Único de Saúde (SUS) e do Programa de Saúde da Família (PSF).

A experiência, é tudo aquilo que as pessoas absorvem em cursos e na leitura de livros e manuais, nos estágios "sombra" e no aprendizado informal. No cenário da saúde, esta experiência é gerada por meio de estágios supervisionados, por meio de treinamento específico ou por meio de acompanhamento de servidores mais experientes no início do processo de trabalho na instituição ou no programa. As atividades preconizadas para as equipes de saúde da família, constituem uma nova experiência para todos os seus componentes, mas principalmente para os agentes comunitários de saúde. Há que se destacar a sua profissionalização e a amplitude de suas atribuições, que certamente merecem estudos mais aprofundados e abrangentes.

A verdade fundamental, é aquilo que realmente é importante em um fato consumado ou em um procedimento. Este é um novo enfoque que precisa de uma abordagem corajosa dos profissionais da área da saúde acostumados a seguirem normas e rotinas "perenes" e pouco ou quase nunca revisadas. A atuação dos profissionais no contexto das famílias, exige novos conhecimentos específicos de atuação e abordagem do cliente neste novo cenário, fora do tradicional contexto de atendimento ao cliente individual, na Unidade Básica de Saúde, onde se estabelecem as regras e normas "pétreas". A "casa" ou o "lar" das pessoas atendidas pelo PSF, tem suas normas estabelecidas pelo cliente, ou seja há um novo tipo de relação e "ritual" a ser seguido e que não é submetido ao parecer do profissional da saúde. A "experiência" desenvolvida no cotidiano das visitas executadas pelos agentes comunitários de saúde e por outros profissionais, é que irá propiciar condições para se identificar o que funciona e o que não funciona no processual definido para a visita ao domicílio, bem como os indicativos de outras atividades decorrentes desta.

A complexidade, é caracterizada pela forma de lidar com o conhecimento para a solução dos problemas. Decide-se melhor quando se tem mais informações, mas também é necessário que estas sejam pertinentes ao problema que se quer resolver. Um dos aspectos mais relevantes da complexidade do conhecimento, é que as pessoas que detêm o conhecimento pertinente ao problema em questão, sabem identificar quando não o possuem ou quando lhes falta algo para tomar uma decisão. Assim, a realização contínua de estudos relacionados a esta nova estratégia poderá suprir as necessidades de aquisição de novos conhecimentos fundamentais para esta nova prática.

O discernimento define a evolução do conhecimento. Na área da saúde, as normas, rotinas e procedimentos, sempre foram aplicadas sem o processo de revisão sistematizada. Poucas instituições, definiam tempo e espaço para a revisão de procedimentos estabelecidos. Novos conhecimentos gerados, exigem novas maneiras de trabalhar e executar "velhas" atividades. Além de serem objeto de avaliações contínuas em diferentes cenários de aplicação, visando à sua incorporação às "boas práticas" na saúde das famílias.

Normas práticas e intuição, ajudam a compreender como os problemas podem ser solucionados. Os profissionais da área da saúde para resolver problemas novos ou encontrados em diferentes situações, têm um conhecimento adquirido em vivência própria anterior ou vivenciada por outrem. As normas práticas, caracterizam-se por padrões baseados em experiências anteriores (Guerra, 2002). A intuição por sua vez, é uma forma de percepção indireta por meio do inconsciente, incorporando idéias e associações que o inconsciente acrescenta às percepções do mundo exterior.

Valores e crenças da organização, direcionam as ações das pessoas que desenvolvem seu trabalho e constroem a história da instituição. Atuam como filtros que encorajam ou desencorajam a acumulação de diversos tipos de conhecimento (Leonard-Barton, citado por Guerra, 2002). As crenças e valores implicados na nova estratégia de atenção à família, fortalecidos pelos significados atribuídos à importância da família na cultura brasileira, orientam e deveriam fortalecer os novos compromissos dos profissionais com a comunidade atendida pelas equipes de saúde da família.

Mudança de paradigma

O PSF produziu uma mudança ampla no cenário da atenção à saúde no Brasil, favorecendo a possibilidade de se considerar a realidade última como a base das ações direcionadas para a saúde, localizadas o mais "perto" possível da vivência e da experiência dos seus atores.

A complexidade desta nova estrutura "vivencial", onde profissionais e membros das famílias assistidas, expõem suas necessidades e expectativas, fora "das paredes" e da "proteção" das unidades básicas de saúde e "dentro" da casa dos usuários dos serviços, exige a realização de estudos que subsidiem a definição das novas estruturas ou a reformulação das existentes, reorientem os novos processos de trabalho e os modos de inserção nos cenários comunitários e, principalmente, forneçam diretrizes para uma avaliação competente dos resultados desta nova estratégia.

Referências Bibliográficas

BRASIL. MINISTÉRIO DA SAÚDE. Secretaria de Assistência à Saúde. Coordenação de Atenção Básica – Avaliação da implantação e funcionamento do Programa de Saúde da Família – PSF. (Relatório Preliminar). Brasília, 1999. 72 p.

CIANCIARULLO, T. I. O conhecimento e a pesquisa na saúde. *In:* CIANCIARULLO, T. I.; CORNETTA,V. K. *Saúde, desenvolvimento e globalização* – um desafio para os gestores do terceiro milênio. Editora Ícone, São Paulo, 2002, pp. 337-342.

CIANCIARULLO, T. I. O desenvolvimento do conhecimento na enfermagem: padrões de conhecimento e sua importância para o cuidar. *In:* CIANCIARULLO, T. I.; GUALDA, D. M. R.; MELLEIRO, M. M.; ANABUKI, M. H. *Sistema de assistência de enfermagem:* evolução e tendências. Ícone Editora, São Paulo, 2001, pp. 15-28.

CIANCIARULLO, T. I. A avaliação do sistema de assistência de enfermagem como base do desenvolvimento do conhecimento na enfermagem. *In:* CIANCIARULLO, T. I.; GUALDA, D. M. R.; MELLEIRO, M. M.; ANABUKI, M. H. *Sistema de assistência de enfermagem:* evolução e tendências. Ícone Editora, São Paulo, 2001, pp. 293-302.

DEMO, P. Política social do conhecimento – sobre futuros do combate à pobreza. Petrópolis, Rio de Janeiro. Vozes, 2000.

GUERRA, R. S. Gestão do conhecimento e gestão pela qualidade. Belo Horizonte, FUMEC/FACE, 2002, pp. 31-42.

SANNA, M. C. Avaliação da assistência ambulatorial de enfermagem segundo a percepção do cliente. São Paulo, 2000. Dissertação (Mestrado) – Escola de Enfermagem. Universidade de São Paulo, 105 p.

WICKRAMASINGHE, N.; GUPTA, J. N. D.; SHARMA, S. K. Creating knowledge-based healthcare organizations. London. Idea Group Co. 2005, pp. 1-13.

O Cenário

Capítulo 1

Sistema Único de Saúde: uma realidade em modelos assistenciais distintos

Hogla Cardozo Murai
Sônia Regina Leite de Almeida Prado
Rosa Kazue Koda D'Amaral
Jane de Eston Armond

A complexidade da avaliação tendo como objeto a atenção básica à saúde impõe grandes desafios na sua realização, havendo necessidade de se formular uma concepção ampla para sustentar este processo. Entendida como uma ferramenta de gestão, a avaliação deve possibilitar a percepção das mudanças e constituir instrumento de suporte ao processo decisório.

Este capítulo apresenta o contexto político-assistencial da saúde no Município de São Paulo e os cenários locais, onde foi desenvolvido o projeto interinstitucional denominado "Saúde da Família – Avaliação da nova estratégia assistencial no cenário das Políticas Públicas", financiado pela Fundação de Amparo à Pesquisa do Estado de São Paulo (Fapesp 2000-2004). O objetivo geral desse amplo projeto é avaliar a nova estratégia proposta pelo Ministério da Saúde, Programa de Saúde da Família (PSF), por meio de indicadores de estrutura, processo e resultado, obtidos a partir da avaliação dos princípios básicos estabelecidos para sua implantação e operacionalização: a alocação e utilização de recursos específicos; a capacitação dos recursos humanos; a gestão dos sistemas de informação e dos indicadores de saúde e qualidade de vida dos membros das famílias (CIANCIARULLO, 2002).

O início do projeto ocorreu em um momento histórico no qual o Município de São Paulo, por questões políticas, encontrava-se num momento de transição, onde a municipalização ainda não havia sido desencadeada, retardando o processo de descentralização, estabelecido como uma das estratégias de implantação do SUS. Foi um período no qual os serviços municipais de saúde não estavam orientados pela lógica do Sistema Único de Saúde (SUS) e portanto não estavam direcionados e organizados para atender às diretrizes e princípios contidos no mesmo. Em 2001, houve uma retomada da gestão da saúde na cidade, com o município tomando para si a responsabilidade pela rede de serviços, priorizando a mudança no modelo de atenção básica à saúde e estabelecendo o PSF como estratégia em direção à mudança do modelo assistencial (SÃO PAULO, 2001).

Nesse contexto, inicia-se efetivamente a municipalização da atenção básica de saúde em São Paulo, propiciando a ampliação do PSF, o qual até então, estava implantado de forma incipiente em algumas regiões isoladas do município, sob a gestão do Estado.

Tendo em vista que a questão fundamental desta avaliação deve ser a reorientação para um modelo assistencial coerente com os princípios da atenção primária, para avaliar o impacto do Programa de Saúde da Família na atenção à saúde tomou-se como ponto de partida os principais grupos etários do ciclo vital, ou seja, a criança, a mulher/gestante e o idoso.

Pensar políticas públicas como "governo em ação" torna o tema mais próximo da realidade local. As políticas públicas traduzidas em programas de saúde da criança, da mulher, do adulto, do trabalhador, do idoso constituem o cotidiano dos serviços de saúde, mormente os que compõem a rede básica de saúde. Por isso mesmo, freqüentemente a dimensão de que o que se opera através deles é a mudança da realidade dos cidadãos e não apenas o atendimento da demanda que se apresenta à porta, se perde. Emergir esta dimensão constitui um dos objetivos desta pesquisa.

É fundamental que se explicite quais eram as políticas públicas vigentes em 2003 para criança, gestante e idosos, objeto central deste estudo. O binômio materno-infantil é prioridade expressa nas políticas públicas brasileiras desde a década de 1960. O Programa de Atenção Integral à Saúde da Mulher, criado em 1983 pelo Ministério da Saúde antecedeu a criação do SUS e sua consolidação foi favorecida na vigência dele. O direito à vida, ao atendimento humanizado, a garantia de acesso às ações de prevenção e a assistência ao parto são alguns de seus principais compromissos. Em relação à criança, o direito a vida e a prevenção de riscos compõem o eixo das ações programáticas para o acompanhamento do crescimento e desenvolvimento, prevenção e recuperação de doenças, identificação de determinantes ambientais e biológicos de agravos, incluindo as ações de combate à violência e qualquer espécie de exploração do menor. Os idosos, por se constituir em grupo demográfico mais recente no Brasil, surgiu como demanda para políticas públicas somente na última década. A integralidade, intersetorialidade e a garantia de acesso à assistência norteiam as políticas estabelecidas para este grupo etário.

A implantação do SUS por si só já cumpriria alguns dos compromissos abraçados pelas políticas para cada um destes grupos. A garantia de acesso universal à assistência à saúde, a prevenção de doenças, a identificação e redução de riscos e determinantes de agravos, a integralidade e resolutividade são definidores do SUS (BRASIL, 1990). Entretanto, passados mais de dez anos da criação do novo sistema, velhos problemas para a operacionalização das políticas públicas persistem.

As condições de vida desfavoráveis à saúde resultam num perfil de demanda marcada pela presença de doenças e a incapacidade para o atendimento oportuno torna esta clientela dependente cada vez mais de recursos tecnológicos de diagnóstico e tratamento mais sofisticados e caros. O empobrecimento da população e a sua inserção cada vez mais freqüente no mercado informal deslocam, adicionalmente, a população, antes usuária da rede de serviços de saúde privada (convênios de empresas e seguros saúde privados), para o contingente populacional SUS-dependente. Esses e outros fatores restritores ao pleno atendimento das políticas públicas voltadas à criança, à gestante e aos idosos podem ser identificados na caracterização da população potencialmente usuária das duas unidades de saúde que constituíram campo para o presente estudo.

A UBS Jardim Icaraí está geograficamente localizada no Distrito Administrativo Cidade Dutra, Zona Sul do Município de São Paulo, muito próxima ao limite com o Distrito Administrativo Grajaú e sua clientela procede dos dois distritos. As condições de vida e saúde da população residente no Distrito Administrativo Grajaú foram descritas no primeiro livro desta série, destacando-se pelas desigualdades sociais em relação a outras áreas do mesmo município. A pobreza, a carência de vagas em creches públicas, a insuficiência de leitos hospitalares, a mortalidade precoce e por causas violentas foram alguns dos indicadores utilizados para o delineamento daquela realidade.

Neste capítulo a caracterização das condições de vida e saúde da população residente no Distrito Administrativo Cidade Dutra será abordada de modo comparativo à da população residente no Distrito Administrativo Artur Alvim, Zona Leste de São Paulo, onde está situada a Unidade de Saúde da Família A. E. Carvalho, também cenário desta pesquisa.

A conformação da população residente nas duas áreas mostra que no Distrito Administrativo Cidade Dutra o percentual de crianças e adolescentes é ligeiramente mais elevado do que em Artur Alvim. Na faixa etária seguinte, que corresponde aos adultos, esta diferença desaparece e a partir dos 60 anos a proporção é quase 40% maior na Zona Leste. Portanto, no que se refere à distribuição por idade excetuando-se a faixa etária acima de 60 anos, as duas populações se equivalem (SÃO PAULO, 2004 - A).

A análise mais detalhada de cada grupo etário, correspondente aos ciclos vitais que serão estudados como alvo das políticas públicas nos dois modelos assistenciais, torna possível vislumbrar algumas diferenças entre as duas áreas. A proporção de nascidos vivos é semelhante nas duas áreas, assim como a freqüência de nascimentos de bebês com baixo peso, a pontuação do APGAR no 5º minuto de vida, a incidência de malformação congênita, de partos gemelares e de mães com idades inferiores a 20 anos. Analisando-se os dados referentes ao tipo de parto observa-se que o percentual de partos cirúrgicos é um pouco mais alto em Artur Alvim (52,9%) do que em Cidade Dutra (49,3%) e o número de mulheres que fizeram sete ou mais consultas de pré-natal foi maior na Zona Leste correspondendo a 60,3% do total dos nascidos vivos, do que na Zona Sul que foi de 56,7%.

As características das mães dos nascidos vivos apontam para uma maior escolaridade entre residentes de Artur Alvim onde 3,32% destas mulheres tinham freqüentado a escola de zero a três anos. No distrito Cidade Dutra este índice foi de 60,2%. O estado civil foi analisado como indicador de estrutura das famílias e neste sentido observou-se que na Zona Sul havia mais mães solteiras do que na Zona Leste (52,6 e 48,6% respectivamente), enquanto as casadas e ou em união consensual representaram 37,4% e 47,9%. (SÃO PAULO, 2004 -A).

A análise dos dados de mortalidade acentua as diferenças entre as duas áreas. O padrão de mortalidade antes dos dez anos de vida é muito semelhante, idade a partir da qual as curvas começam a se distinguir. Artur Alvim apresenta uma curva fortemente ascendente de 30 a 70 anos ao passo que em Cidade Dutra a aceleração das mortes ocorre a partir dos dez anos, mantendo-se cinco a dez pontos percentuais acima da curva de Artur Alvim até os 49 anos. A partir daí, verifica-se uma inflexão da curva, caracterizando a área como típica de mortalidade precoce (Gráfico 1).

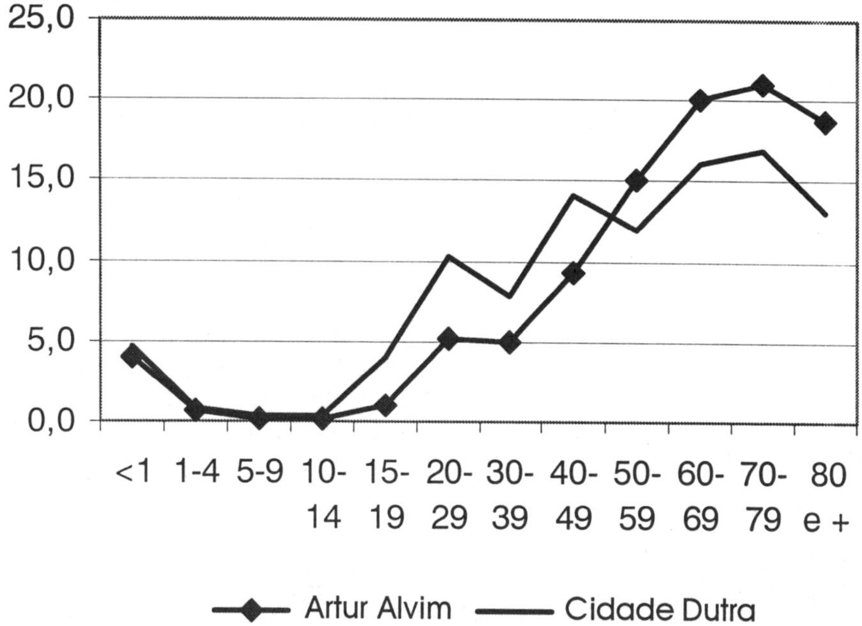

Gráfico 1 - Distribuição dos óbitos segundo faixa etária e Distrito Administrativo de residência, São Paulo, 2003.
Fonte: PROAIM-TABNET 2003.

Verificando-se a distribuição das mortes segundo a causa, as doenças do aparelho circulatório são as mais freqüentes nas duas áreas representando 33,3% em Artur Alvim e 30,4% em Cidade Dutra do total de mortes em 2003, destacando-se neste capítulo as mortes por doenças isquêmicas do coração e infarto agudo do miocárdio.

O perfil de violência urbana se evidencia em Cidade Dutra onde a segunda posição na freqüência de mortes é ocupada pelas causas externas. Os 186 óbitos registrados sob este código foram 2,9 vezes mais freqüentes do que em Artur Alvim e deles 74,1% decorreram de agressões. Em Artur Alvim, as agressões representaram 55,5%, as quedas 17,5 e os acidentes de trânsito contribuíram com 12,6% dessas mortes.

No Distrito Administrativo Cidade Dutra a freqüência de mortes por causa ficou ordenada por doenças do aparelho circulatório, causas externas, neoplasias, e doenças do aparelho respiratório. Em Artur Alvim esta ordem foi doenças do aparelho circulatório, seguido de neoplasias, doenças do aparelho respiratório e as causas externas aparecendo na quarta posição. Entre as neoplasias, a contribuição dos tumores ginecológicos foi maior em mulheres residentes em Cidade Dutra e as mortes devidas à gravidez, parto e puerpério representaram 0,6 % do total de mortes de Artur Alvim e 0,3% das de Cidade Dutra.

Embora numericamente menos expressivas, as mortes por doenças infecciosas apontam para outro diferencial entre esses dois cenários. Em Cidade Dutra, dos 54 óbitos (5,41%) registrados nesse capítulo 11 foram por tuberculose, que são mortes evitáveis, e 14 por AIDS. Em Artur Alvim a tuberculose foi a causa de dois dos 27 óbitos (4,08%) e a AIDS dez. Estes números podem indicar a diferença de acesso e de resolutividade dos serviços nas duas áreas (SÃO PAULO, 2004 - A).

No que se refere às condições vida, alguns indicadores disponibilizados em nível de agregação de subprefeitura, oferecem uma visão geral das duas regiões. O índice de analfabetismo é maior na região da Capela do Socorro onde se insere Cidade Dutra com 6,81% das pessoas com 15 anos e mais. A taxa de evasão escolar nesta área é de 0,76% e a proporção de chefes de família com escolaridade igual ou menor que oito anos é de 37,02%. Na Penha, subprefeitura a qual pertence Artur Alvim tem taxa de analfabetismo de 3,76%, a taxa de evasão escolar é 1,48% e a proporção de chefes de família com ensino fundamental completo é de 49,97% (SÃO PAULO, 2004- B).

No conjunto de indicadores utilizados pela Prefeitura do Município de São Paulo para traduzir e comparar a qualidade de vida nos diferentes Distritos Administrativos de residência, Artur Alvim e Cidade Dutra disputam posições desconfortáveis conforme apresentado na Tabela 1.

Tabela 1 - Distribuição dos índices de qualidade de vida segundo área de residência e tipo de indicador, São Paulo, 2003.

Indicador	**Artur Alvim**	**Cidade Dutra**
Índice de Desenvolvimento Humano	0,546	0,469
Índice de Exclusão Social	-0,425	-0,543
Índice de Violência	0,444	0,322
Índice Composto Juvenil	0,36	0,30

Fonte: Sumário de Dados do Município – Secretaria Municipal de Governo do Município de São Paulo - 2004.

O índice de Exclusão Social expresso em números que variam de (-1) a (+1) indica a baixa qualidade de vida nas duas áreas e as coloca entre as piores do município. O índice de violência, calculado a partir do número de homicídios em cada 100 mil habitantes, com valores entre zero e um, apontam para a situação mais grave no Distrito de Cidade Dutra, já discutida anteriormente.

O índice Composto Juvenil, que mede a qualidade de vida e a inserção social levando em conta o percentual de jovens na população do distrito, gravidez na adolescência, homicídios de jovens, lazer, mobilidade, exclusão da rede de ensino e renda média familiar, aponta para a falta de oportunidade que a população jovem enfrenta nos dois Distritos Administrativos. Com valores atribuídos entre zero e um, Artur Alvim e Cidade Dutra alcançaram o primeiro um terço da pontuação possível para este índice. Junto com o índice de desenvolvimento humano, um indicador adaptado o IDH da Organização das Nações Unidas que leva em conta a mortalidade infantil, o grau de alfabetização e o rendimento dos chefes de família, este conjunto de indicadores mostram que estas duas áreas têm sobre seu território populações carentes, dependentes do poder público na forma de serviços e de benefícios diretos ou indiretos. São parcelas da população desprovidas de recursos financeiros, culturais e de lazer. São áreas cuja semelhança só se diferencia na gravidade e não no evento. São, principalmente, pessoas para as quais as políticas públicas são a garantia de acesso à cidadania.

O Sistema Único de Saúde é uma das respostas às necessidades até aqui descritas e se efetiva mediante modelos assistenciais diferentes. Em Artur Alvim o Programa de Saúde da Família, implantado e em funcionamento desde 1998 permite que se compare em estrutura, processo e resultados com o modelo hegemônico tradicional de assistir à saúde tendo a Unidade Básica de Saúde – UBS como porta de entrada do Sistema.

A UBS deve atender a uma demanda universal, de forma equânime e integral, com resolutividade esperada de 80,0% das intercorrências, deve contar com um sistema de referência e contra-referência com serviços de especialidades e internação (BERTUSSI *et al.*, 2001). Não pode ser pensada apenas como lugar para atendimento de problemas de saúde de menor complexidade (BRASIL,1999), mas como instituição responsável pelo acompanhamento programático de grupos considerados prioritários segundo a lógica do risco, realizando vigilância à saúde em seu território. A ela compete também estabelecer uma relação política com a comunidade, com outros níveis do setor saúde e com instituições e organizações extra-setoriais (BOTAZZO, 1999). Incluída na relação política com a comunidade está a incorporação da participação popular mediante a ação do conselho gestor.

A UBS Jardim Icaraí, instalada em prédio próprio, construído em alvenaria em dois pisos, com acesso livre de barreiras para deficientes, salas amplas e bem iluminadas, fácil acesso por avenidas e transporte coletivo, é uma dessas portas do SUS no Distrito Administrativo Cidade Dutra (Figura 1).

Figura 1. UBS Jardim Icaraí.

Para responder por uma área de abrangência que acolhe mais de 41.000 habitantes, conta com uma equipe de 33 funcionários, 18 deles de nível universitário, sendo 11 médicos. A demanda espontânea que a ela recorre recebeu em 2003, uma média mensal de 1.975 consultas médicas, 1.840 doses de vacina/mês no esquema de rotina, colheu e ou encaminhou 919 exames complementares por mês (SIA-SUS, 2003).

O atendimento à mulher gestante eleita uma das áreas prioritárias, está em processo de sistematização da assistência de enfermagem com intervenções em grupo coordenadas por enfermeira e realização de consulta de enfermagem no primeiro atendimento (Figura 2).

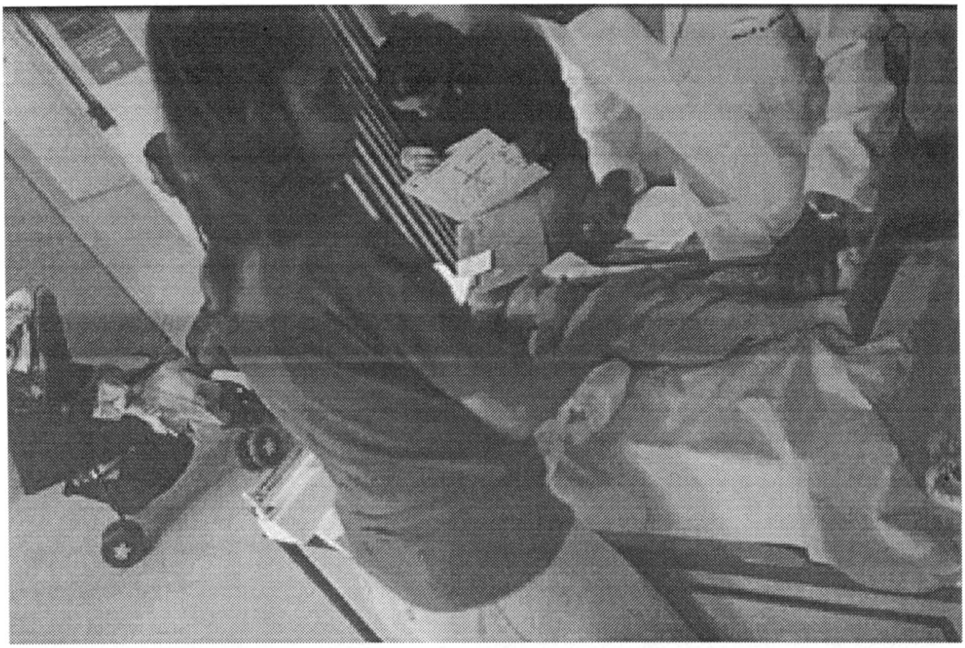

Figura 2. Grupo de Puericultura.

A criança, principal alvo do programa de imunização, é captada no seu primeiro contato com o serviço, no momento da vacinação com BCG no primeiro mês de vida e inserida no grupo de puericultura. Nele, as mães são orientadas e estimuladas para o aleitamento materno, crescimento e desenvolvimento, esquema de vacinação e acompanhamento médico nos primeiros anos de vida (Figuras 3, 4 e 5).

Aos idosos, demanda majoritária em saúde do adulto, são oferecidos atendimentos em grupos de orientação de hipertensão e diabetes, consultas médicas em clínica geral e vacinação anual contra gripe.

A UBS conta com um conselho gestor atuante e mantém parcerias com organizações não governamentais e projetos intersetoriais de interesse em sua área de abrangência. O projeto Capela Saudável, o maior de todos, envolve equipe de saúde e comunidade local representada por várias associações comunitárias em busca da melhoria da qualidade de vida da população.

Mesmo assim, o descompasso entre a missão atribuída a UBS e o contingente de recursos humanos disponível compromete a qualidade da ação, dificultando a manutenção de programas de qualificação de pessoal e de avaliação do serviço. O reflexo desta realidade se evidencia na avaliação das políticas públicas aplicadas a grupos prioritários em modelos assistenciais distintos, objeto desta pesquisa.

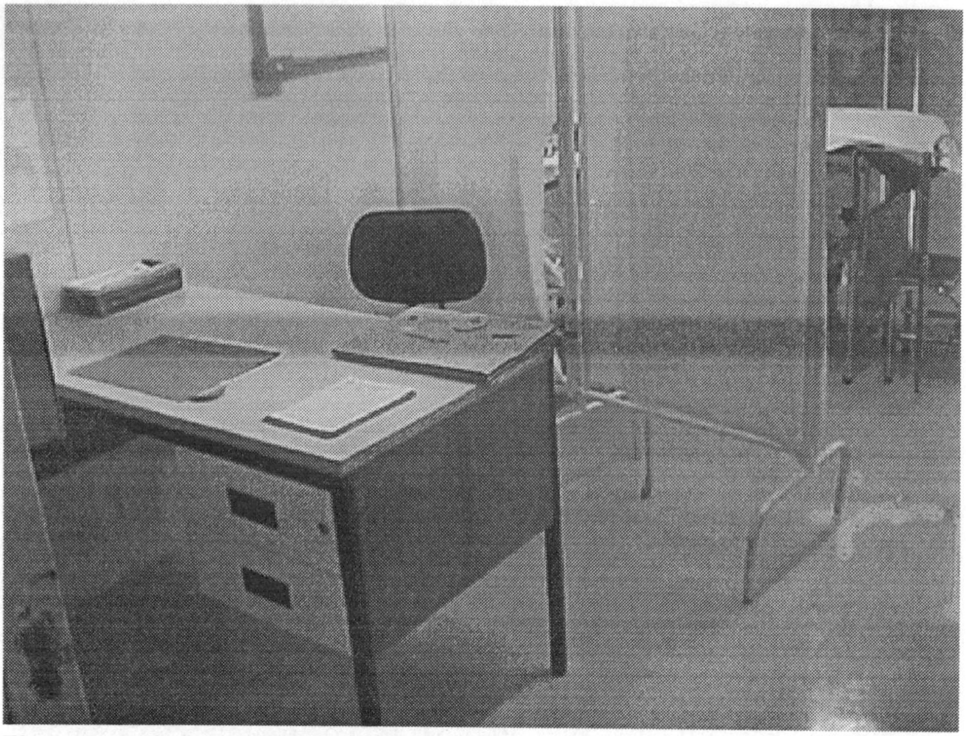

Figura 3. Assistência à Saúde da Mulher.

Figura 4. Grupos de promoção à Saúde.

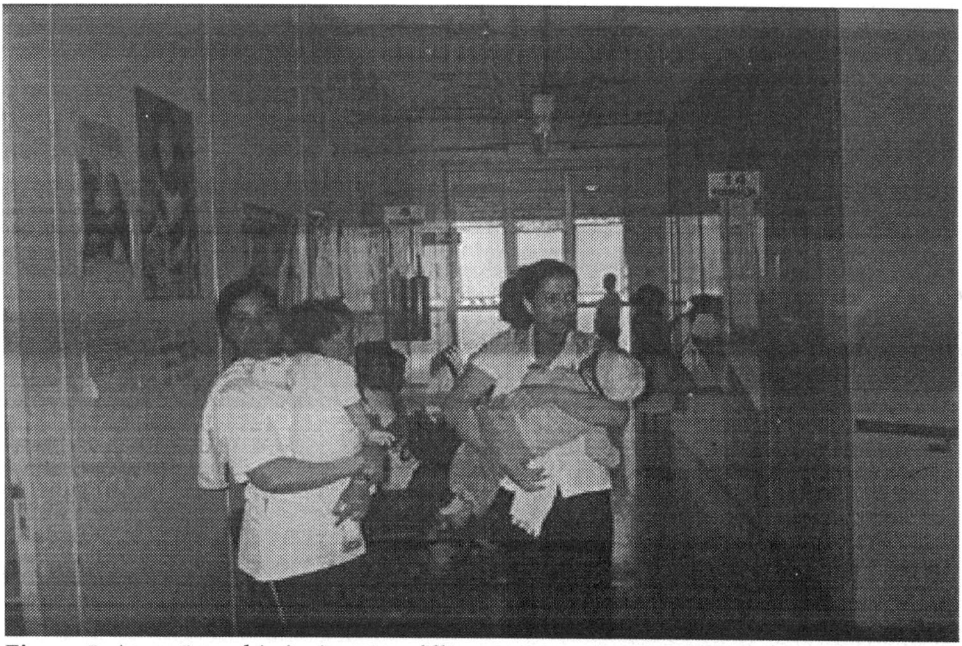

Figura 5. Atenção ao binômio mãe e filho.

Referências Bibliográficas

BERTUSSI, D. C.; OLIVEIRA, M. S. M.; LIMA, J. V. C. A unidade básica de saúde no contexto do sistema de saúde. *In:* ANDRADE, S. F.; SOARES, D. A.; CORDONI JUNIOR, L. [org.] *Bases da Saúde Coletiva*. Londrina: Editora UEL, 2001.

BOTAZZO, C. *Unidade básica de saúde: a porta de entrada do sistema revisitada*. Bauru: Edusc, 1999.

BRASIL. Ministério da Saúde. Secretaria de Políticas de Saúde. Departamento de atenção Básica. *Manual para organização da atenção básica*. Brasília: DAS/Coordenadoria de desenvolvimento de práticas de Atenção Básica, 1999.

BRASIL. Ministério da Saúde. Secretaria de Políticas de Saúde. Departamento de atenção Básica. *Cadernos de Atenção Básica: a implementação da Unidade de Saúde da Família*. Brasília: DAS/Coordenadoria de desenvolvimento de práticas de Atenção Básica, 2000.

BRASIL. Ministério da Saúde. Secretaria Nacional de Assistência à Saúde/SNAS. *ABC do SUS: Doutrinas e Princípios*. Brasília, 1990.

CIANCIARULLO, T. I. *et. al. Saúde na família e na comunidade*. São Paulo: Robe Editorial, 2002.

SÃO PAULO (SP). Secretaria Municipal da Saúde, Diretrizes gerais para SMS. Documento n° 2. Diário Oficial do Município. São Paulo, 2001.

SÃO PAULO (SP - A). Secretaria Municipal de Saúde.Tabelas *on-line*. Disponível em <http://portal.prefeitura.sp.gov.br/secretarias/saúde> [2004, agosto].

SÃO PAULO (SP - B). Secretaria Municipal de Governo. Sumário de dados. Disponível em: <http://portal.prefeitura.sp.gov.br/secretarias/governo> [2004, agosto].

Capítulo 2

O Cenário de Geração e Viabilização do Projeto de Saúde da Família: a construção da história da Unidade de Saúde da Família do A. E. Carvalho

Káthia de Carvalho Cunha
Leandro Augusto de Souza
Renato Ohara

> *"O envolvimento dos trabalhadores com a construção de projetos e de processos de trabalho etc., mobiliza paixões ao obrigá-los a encarar o 'princípio de realidade' e as incertezas do futuro, criando novas marcas sobre o mundo." (CAMPOS, 2000, p. 133).*

Este capítulo foi estruturado com o objetivo de resgatar e sistematizar informações representativas do processo de construção coletiva do Projeto de Saúde da Família, focando a estratégia que o viabilizou denominada de Projeto QUALIS, na Unidade Básica de Saúde do A.E. Carvalho, Coordenadoria de Vila Matilde, Distrito de Saúde de Artur Alvim, Zona Leste da cidade de São Paulo. Enquanto processo coletivo foi sendo gerado pelas idéias, práticas e saberes de muitos profissionais e da própria comunidade, que, juntos, se engajaram e o vivenciaram, em diferentes momentos, deixando a contribuição, essência para o aprimoramento da trajetória em construção. O trabalho dos autores foi limitado, como sempre o é, às dimensões que a eles puderam ser desveladas, ficando sempre a certeza de que, muitas outras facetas não captadas compuseram o cotidiano, agregando as especificidades e a riqueza que, na realidade, se traduziram pela certeza da relevância de todos os atores e de todas as suas ações. O capítulo foi estruturado a partir do estudo de informações obtidas em análise documental, entrevista, questionário e em depoimento com profissionais, usuários e líderes comunitários que participaram decisivamente do processo decisório e de sua implementação.

Programa de Saúde da Família e Projeto Qualis: a história, o processo e as relações de trabalho introduzidas

> *"O importante é advertir que a resposta que o homem dá a um desafio não muda só a realidade com a qual se confronta: a resposta muda o próprio homem, cada vez um pouco mais, e sempre de modo diferente. ... No ato mesmo de responder aos desafios que lhe apresenta seu contexto de vida, o homem se cria, se realiza como sujeito, porque esta resposta exige dele reflexão, crítica, invenção, eleição, decisão, organização, ação... todas essas coisas pelas quais se cria a pessoa e que fazem dela um ser não somente <u>adaptado</u> à realidade e aos outros, mas <u>integrado</u>" (FREIRE, 1980, p. 37).*

Por meio da Portaria nº 692, o Ministério da Saúde, por volta de 1993, inicia a implementação do Programa de Saúde da Família-PSF, no Brasil:

> "Propondo o conceito de interiorização do SUS, os formuladores do PSF, permitiram relembrar o antigo Programa de Interiorização das Ações de Saúde e Saneamento no Nordeste (Piass), na década de 1970, sobre medicina simplificada em nível federal... A referida portaria veio como resposta e normalização ao documento elaborado por um grupo de trabalho, no próprio ministério

em dezembro de 1993, no qual se observa: O Programa de Saúde da Família – PSF, tem como propósito colaborar decisivamente na organização do Sistema Único de Saúde – SUS e na municipalização da integralidade e participação da comunidade. Atenderá prioritariamente os 32 milhões de brasileiros incluídos no Mapa da Fome do IPEA, expostos a maior risco de adoecer e morrer e na sua maioria sem acesso permanente aos serviços de saúde. ... o PSF prioriza as ações de proteção e prevenção à saúde dos indivíduos e da família, tanto adultos como crianças, sadios ou doentes, de forma integral e contínua... Esperamos que o PSF seja uma contribuição para o desenvolvimento dos sistemas locais de saúde, promovendo a atenção primária de boa qualidade e a participação da comunidade na construção do setor saúde, que aponte para um novo paradigma: a qualidade da vida" (VASCONCELLOS, 1998, pp. 155-6).

O Programa de Saúde da Família – PSF, introduzido em 1994, em Quixadá - Ceará, que se estendeu no mesmo ano para 54 outros municípios, de pequeno e médio portes, no Nordeste do Brasil, evidenciou resultados positivos nos indicadores dos resultados da assistência prestada como redução de óbitos por diarréia e doenças respiratórias e imunopreveníveis, de internações de menores de cinco anos, de mortalidade materna com aumento do aleitamento materno exclusivo. Essa avaliação levou o Ministério da Saúde – MS a introduzir a estratégia do Programa de Saúde da Família na cidade de São Paulo, em 1995. Como o governo municipal, naquele momento, estava viabilizando uma outra estratégia para organização dos serviços de saúde, por meio de Cooperativas Médicas e do Plano de Assistência à Saúde – PAS, o MS formalizou uma parceria com a Casa de Saúde Santa Marcelina e o Governo Estadual da qual derivou o Projeto Qualidade Integral em Saúde – Projeto Qualis, estratégia de reorganização das práticas em saúde, sem vínculo com o Sistema Municipal de Saúde. Qualis foi então a denominação do Programa de Saúde da Família - PSF do Ministério da Saúde, na cidade de São Paulo, Zona Leste, no período de abril de 1996 a junho de 1999. O MS, com essa parceria, por meio do Projeto Qualis, proporcionou o fortalecimento do Sistema Único de Saúde – SUS. O Projeto Qualis contemplou uma população adscrita em área de abrangência superior à média daquela da maioria dos municípios brasileiros (SANTOS, 2001, pp. 1-6).

Santos (2001, pp. 108-114) destaca os relatos expressivos representativos do processo complexo que se construía com o início da parceria, por meio das falas respectivamente da Irmã Thereza Lorenzzoni, Superintendente da Casa de Saúde Santa Marcelina – Itaquera e do Dr. José da Silva Guedes, Secretário de Saúde do Estado:

> "As primeiras dificuldades ... eu creio que foram sentidas tanto pela Secretaria quanto pela instituição Santa Marcelina. Era um projeto novo, desconhecido e exigia muita confiança de ambas as partes e o pessoal do Santa... da Secretaria; eu imagino a dificuldade que o secretário José Guedes teve ao fazer essa integração, essa parceria porque, o pessoal da Secretaria não acreditava no Projeto, e muito menos na parceria. E então o Guedes teve que enfrentar o desafio dessa esperança e dessa fé na parceria".

> "...o Santa Marcelina, não sei exatamente há quantos anos, mas ele tinha estabelecido alguns pequenos postos de atendimento na comunidade, tentando inclusive levar pra fora do seu hospital uma parte da clientela. ... Então sair pra fora dos muros do hospital era uma coisa que a gente sabia que a entidade tinha interesse, e tava preparada para fazer. Então isso nos dava uma certa tranqüilidade de que nós não teríamos um desvio do modelo para que o hospital predominasse no formato da assistência. Isso era uma preocupação, isto é, como é que eu vou fazer uma articulação com uma entidade... se o meu modelo é pra sair de hospital e a entidade de repente é mentalmente hospitalar, e tudo o mais. Então acho que a gente escolheu o parceiro certo, ou teve sorte que o parceiro certo estivesse presente numa área geográfica que realmente era importante de trabalhar..."

Nesses dois fragmentos de falas transcritas, fica simbolizada a forte convicção de respeito e de credibilidade que lastrearam o início do estabelecimento da parceria entre o Estado e a Casa de Saúde Santa Marcelina.

A Irmã Thereza Lorenzzoni destaca, nessa fase de estabelecimento da parceria, a força emanada da Drª Rosa Maria Barros dos Santos, que assumia a Coordenação Municipal do Projeto:

> "...E aí a Drª Rosa com seu estímulo, o seu jeito de trabalhar, sempre procurando integrar as equipes ... Ela foi perseguindo

paulatinamente cada meta, perseguindo a implantação do Qualis, em cada unidade e empolgando a população que vendo o Projeto funcionar, se dirigia ao governador Mário Covas pedindo a multiplicação do Qualis, porque o Qualis estava levando mesmo a saúde à família, tão sonhada e tão almejada na população que não tinha onde se socorrer..." (SANTOS, 2001, p. 126).

Em seu depoimento dado exclusivamente para compor este cenário a Drª Rosa Maria Barros dos Santos, reporta-se ao início da caminhada:

> "...Eu fui chamada para participar de um grupo, para a elaboração de um novo projeto ... que começa em 1995, a partir de agosto, com o Dr. Gerson e Drª Eliana Dourado... Nós escrevemos esse projeto... Em dezembro de 1995 é assinado o Termo com o Ministério da Saúde, entre a Irmã Maria Thereza Lorenzzoni e o Ministro Dr. Adib Jatene. Assinam o termo de compromisso já do Programa definido como de Saúde da Família. Em janeiro de 1996 tem a passagem do recurso de Ministério da Saúde, para as Irmãs Marcelinas, para o projeto que seria chamado de Projeto QUALIS. Ele (o Dr. Adib) tinha visto uma experiência no Nordeste, com saúde da família, no Ceará... ficou muito impressionado com ... a redução drástica da mortalidade infantil, da pneumonia, a questão da diarréia, e, impressionado com o acompanhamento das pessoas da equipe de saúde, conhecendo até nome e sobrenome das pessoas... Ele veio então procurar pelo Dr. Paulo Maluf, na época, nosso prefeito, para que o município, também participasse desse Projeto. O Dr. Paulo ... já estava preparando as cooperativas médicas que seriam as grandes organizadoras do PAS. ... Bom, como não deu certo com o Prefeito, ele procurou o Mário Covas e o Dr. José da Silva Guedes, que era o nosso Secretário Estadual da Saúde. ... O Dr. Adib colocou a necessidade de ser ter uma parceira que ... viabilizasse a contratação das equipes nos moldes que o Ministério propunha, ou seja, no mínimo constituídas de médico generalista, enfermeira generalista, dois auxiliares de enfermagem, e quatro agentes comunitários de saúde. Além do que, a figura do agente comunitário de saúde era um grande problema administrativo, porque não existia essa figura, na Secretaria, o auxiliar de enfermagem, tudo bem. E aí entrou o Santa Marcelina na história".

As intencionalidades e o comprometimento com uma estratégia que efetivamente respondesse aos problemas de saúde da população evidenciam-se nas motivações que originaram o Projeto na cidade de São Paulo. A negociação, para que a oportunidade transformasse em possibilidade, foi habilmente planejada e desenvolvida para que a operacionalização fosse legitimada. Primeiro a efetivação da parceria, depois a conquista da credibilidade por parte da comunidade:

> "... Nisso entrava o contrato de casas, compra de equipamentos, contrato de pessoal, treinamento de pessoal e toda filosofia do Santa que era considerada muito interessante porque o eixo da filosofia das Marcelinas é a questão da educação. Então isso foi muito valorizado. E a partir daí então as Irmãs aceitaram... no último dia de dezembro foi assinado... Então começaram as implantações... A comunidade ficou muito agressiva em alguns locais... achavam que aquilo era o PAS disfarçado. ...Existia o PAS do Dr. Paulo Maluf e agora era o PAS do Dr. Mário Covas? Parte da comunidade que era de uma linha mais do PT, estava mobilizada para ser contra o PAS. ... Naquele exato momento era uma parte da esquerda se posicionando contra o Projeto que parecia ser cópia do PAS. ... Então foi por aí que nós fomos conversar com essa Comunidade, nas igrejas, nas missas, onde tinha, pedíamos permissão ao padre para falar da nossa missão, para visitar o território".

A história da implantação do Projeto em nove Unidades que antecederam à Unidade de Saúde da Família do A.E. Carvalho é mencionada no depoimento da Drª Rosa:

> " Cada equipe teria que ter mil famílias cadastradas, ou seja você vai trabalhar em um sistema para o qual você planeja, quantas pessoas poderão ser atendidas, o que você vai precisar comprar de medicamentos, estudando epidemiologicamente essas pessoas, a morbidade ...fazer um trabalho realmente riquíssimo. Quais eram os movimentos dessa comunidade, quais eram os pontos difíceis, e aí você pensar não só a doença. Foram 9 Unidades ... do QUALIS onde não existia nada, nós procuramos essas comunidades mais desassistidas mesmo, ou áreas de invasão... Mas começou a aparecer o sucesso desse projeto. A população assistida gostava muito, tinha o médico 8 horas por dia, a enfer-

meira 8 horas por dia. E isso começou a se espalhar. E nós tentávamos chegar às vinte e sete equipes propostas pelo Ministério.

A compreensão dos movimentos diferenciados, que acabaram por se articular para viabilização da implantação do Projeto na Unidade A.E. Carvalho, fica evidenciada quando se compõe a realidade por meio do conjunto de informações dos depoimentos de outros atores, fundamentais nesse processo, como é o caso da Líder Comunitária dessa área de abrangência, Justelita Ribeiro dos Santos, do Dr. Henrique Sebastião Francé e da segunda Gerente que assumiu a Unidade, pós implantação do Projeto, Ruth Coelho de Beluche.

A líder comunitária da área de abrangência da UBS A.E. Carvalho, Dona Justelita Ribeiro dos Santos, em seu depoimento caracteriza as lutas em prol da resolução dos problemas vivenciados pela comunidade do A. E. Carvalho:

> "Eu comecei o trabalho como líder de comunidade em 75. ... a gente via naquela época as coisas acontecerem na saúde muito ruim, não tinha vacina, não tinha Posto de Saúde, não tinha projeto de construção de saúde pública. ...começamos ir atrás do Dr. Adib Jatene, Secretário da Saúde do Estado... não fomos atendidos porque a polícia não deixou nem conversar com ele. Fomos uma segunda vez, ele não deixou, terceira vez a polícia também não deixou. ...Teve um dia que nós chegamos na Av. Doutor Arnaldo e a polícia falou: – vocês aqui mais outra vez? ... Daí veio um bilhete de lá de cima, mandando a gente entrar. Naqueles dias a rubéola matava as crianças, paralisia infantil, sem vacina durante a gravidez, ... era sarampo, catapora, uma calamidade. ... Aí começamos a luta aqui no A.E. Carvalho e Jardim Nordeste pela construção de um Posto de Saúde. ... Aí o Governo falou assim: que nós tínhamos direito ao Posto de Saúde se nós achassemos uma área de bem-comum. E aí o que aconteceu? E aonde encontrar essa área de bem-comum? Isso aqui era um campo de futebol. ... Olha eu vou te contar: fui jurada a morte... Ganhei a parada. Quando entrou o finado Dr. Mário Covas no governo do Estado, foi sair a Unidade e começou o Qualis... Nas primeiras reuniões do Qualis, estavam presentes a Drª Rosa Maria Barros dos Santos, a Irmã Drª Monique Bourget, o Dr. Guedes, o Dr. Francé, ...era um grupo de técnicos e a população. ...Aí que implantou o Projeto Qualis aqui com Ambulatório de Especialidades. E aí vem, o que

foi uma coisa muito boa, a parceria com as Marcelinas. Qualquer coisa no Hospital, eu sou a primeira a estar na frente. O Hospital Santa Marcelina é o Hospital das Clínicas que nós temos na região. É o segundo Hospital das Clínicas, se fecha esse hospital, aonde é que vai o povo? E por duas vezes eu estive nessa luta junto com as Irmãs. O momento mais importante pra comunidade foi a construção do Posto. Depois foi a implantação do projeto Qualis. Foram as duas coisas mais importantes. Primeiramente a construção do prédio próprio. O segundo momento foi a implantação do Qualis.

Nesse breve relato, Dona Justelita desvela a busca desencadeada pela comunidade por melhor assistência à saúde na área, a visão da parceria estabelecida e a importância percebida do Projeto Qualis para as famílias.

Para Freire (1995, p. 111) esse processo de construção da cidadania caracterizado pela Dona Justelita pode ser entendido como:

> *"uma das qualidades que desenvolvemos em nós, no processo que se foi tornando histórico-social e no qual começamos a nos tornar bichos-gentes – mulheres e homens – foi a capacidade de olhar curiosamente, indagadoramente, o mundo em volta, contemplá-lo, assustar-nos, com o que preparávamos para mais tarde nos ´espantar` diante dele, atuar sobre ele e perceber coisas ao atuar, ao olhar, ao contemplar. Aprender coisas sobre elas porque fazendo-as, ao mudar o mundo em torno. É a este processo de mudar, de transformar o mundo natural de que emergimos, de que decorre a criação do mundo da cultura e da história que, feito por nós, nos faz e refaz, que venho chamando escrever o mundo antes mesmo de dizermos a palavra e muito antes ainda de escrevê-la".*

Mas é no depoimento do Dr. Henrique Sebastião Francé, Diretor do Núcleo Regional de Saúde III, da Zona Leste, em 1995, que se obtém a perspectiva histórica mais remota da construção dos movimentos na saúde que originaram projetos assistenciais nessa área, estendida para a Zona Leste da cidade, até a perspectiva do Programa de Saúde da Família na Unidade do A.E. Carvalho.

Nós viemos pra cá em 75... éramos 14 médicos: eu, o Natalini, o Feldman, ... viemos para Cangaíba, começamos o atendimento médico, ... estamos até hoje lá, fazendo trabalho voluntário há 29 anos. E aí nós começamos o trabalho de educação em saúde. ...Nós começamos o trabalho em saúde pela Pastoral de saúde. Nós temos dois filmes importantes que retratam essa época: Um caso comum e A luta do povo. ...Todo mundo da saúde devia ver, porque tem o primórdio do PSF. Um pouco dessa história, vai ser contada por esse livro: Zona Leste meu amor, da Cida Costa ... Enfim, nós viemos em 75 e dividimos em dois grupos: um grupo do Cangaíba e outro do Jardim Nordeste, ligado a Igreja Pastoral. ...Formamos a Associação Popular de Saúde, que existe até hoje, e lá, o Néder, o Roberto Gouveia e o Eduardo Jorge (Diretor do Posto de Itaquera) integraram o Movimento Popular de Saúde. Esses dois grupos começaram a trabalhar para a comunidade. Então, daí nasceu o Movimento Popular da Saúde, já falávamos em agente popular de saúde, em educação em saúde... E a luta pelo Posto de Saúde é a primeira... A primeira Assembléia Popular de Saúde foi na igreja do Cangaíba, o Dr. Adib Jatene era o Secretário de Estado da Saúde, o Paulo Maluf era o governador. Em 1978, nós fizemos a primeira reunião em que já se reivindicava o Posto de Saúde pro Cangaíba, mas era a primeira reunião. Nela estava todo mundo, ... era época de ditadura. Nós temos filme sobre isso, temos fotos. E aí nós começamos a encontrar com a Dona Justelita, no A.E. Carvalho. Num período pequeno, nós fizemos atendimento lá, eu participei desse atendimento, nós fazíamos palestra sobre saúde, nas escolas, colégios, mas, houve o movimento contra a carestia, chamado Movimento do Custo de Vida, pelo congelamento dos gêneros de primeira necessidade. E a Dona Justelita já estava engajada nisso. Nós participamos de uma luta pelo farol na Avenida Campanela, perto do Posto de Saúde. Participou a Socorro Abreu e o Luis Momesso (dois Professores), esse povo todo foi brigando por saúde. Daí ela ficou mais ligada ao Neder e ao Roberto Gouveia. Aí depois, é que entra a história do Centro de Saúde do A.E. Carvalho, pois em 1995, eu assumo como Diretor do Núcleo Regional de Saúde III, da Zona Leste... A construção do Centro de Saúde estava pela metade. Fizemos várias reuniões com o Dr. Guedes, na época Secretário da Saúde, ... com a Dona Justelita. Tínhamos conversado com o Dr. Adib Jatene, Ministro de Saúde, no Hospital Santa Marcelina... ainda não era a questão do PSF, era a questão da construção do Posto que era prioridade... O Centro de Saúde do A.E. Carvalho era uma coisa pequenininha, três cômodos, tinha um médico que ia lá. Muito difícil mesmo. E do outro lado tinha a construção do Posto de Saúde, totalmente parada. O Dr. Guedes deu prioridade para terminar a construção, conseguiu dinheiro do Fundo Estadual de Saúde, que não foi repassado para a Prefeitura, porque o Maluf introduziu o PAS ... E aí então no final de 95, tínhamos médico de família aqui, começamos a reunir com a Drª Rosa Maria Barros dos Santos. Então o PSF começou em maio de 96. Fomos até o Dr. Guedes e negociamos o início do PSF na Unidade que já estava terminada. Queríamos transformar aquela Unidade em Unidade de Saúde da Família, inclusive com Ambulatório de Especialidades. Então foi uma vitória daquele povo... A Dona Justelita então participou do movimento pela construção, pela carestia, das reuniões, desde a primeira reunião de saúde, das palestras, da luta pelo farol da Campanela, ... Quando eu entro mais tarde como gestor do SUS, foi em 95, é preciso destacar o mérito do Vereador Adriano Diogo. ... Eu era gestor do SUS, mas quem sabe mais propriamente sobre o início do PSF na Unidade são a Irmã Drª Monique Bourget e a Drª Rosa Maria Barros dos Santos. Eu participei da discussão sobre o fato de ter o PSF, de ter um Ambulatório de Especialidades, que tipo de Especialidades, tudo isso nós discutimos juntos. ...No momento do QUALIS, muita gente não percebeu o papel, a supervisão era maior e a própria Casa de Saúde Santa Marcelina como parceira, ...tinha uma participação efetiva. Era uma relação muito próxima. O Santa Marcelina tinha experiência nisso. ...Porque o QUALIS foi no A.E. Carvalho né? Porque foi na Zona Leste, que teve o QUALIS? Isso é interessante. Nós levamos muita gente pra Oitava Conferência Nacional de Saúde. A comunidade participava muito nessa história do controle social que hoje é participação popular. Tínhamos Conselho de Saúde em cada lugar ... fizemos o Encontro Popular de Saúde, em 68, na Câmara, foi a primeira vez que o povo entrou na Câmara Municipal de Saúde. Já falávamos dos minipostos e de um agente popular de saúde...que aliás, nós estávamos querendo preparar... íamos politizando e discutindo a saúde... Começamos a filmar aqui no Hospital e a gente passava esses filmes, nas escolas, creches, nas ruas, nos bairros, nas favelas. ... Os agentes entendiam e lutavam pela saúde na Zona Leste, graças a esse movimento pela participação popular em saúde. Ainda não se falava em médico de família. ... E a discussão de onde implantar o PSF partiu das questões "onde precisa" e "onde tem apoio popular". Porque não era o especialista, era o generalista, não era o pediatra, o ginecologista, o clínico geral, isso era um problema. Aceitar que o agente entre na casa. Aí o Eduardo Jorge entra como Secretário Municipal da Saúde e ajuda também a implantar. ...Você não faz isso fácil. ...Tinha condições subjetivas e o apoio da comunidade era importante. Tinha uma história pregressa de luta conjunta que sustentou a implantação do PSF.

A Drª Rosa descreve algumas decisões, em outras instâncias, que viabilizaram a mudança da Unidade do A.E. Carvalho para o prédio novo e a idéia de compatibilizar um Ambulatório de Especialidades que seria referências para as outras Unidades:

> Nesse processo aí, no A.E. Carvalho, que era uma Unidade tradicional, em uma casa muito pequena, desconfortável, um local totalmente inadequado, ... nós fomos chamadas para fazer avaliação...pelo Dr. José da Silva Guedes ... estudar os Recursos Humanos e a possibilidade de, no momento em que a Unidade estivesse se mudando para o prédio novo, que estava em fase final de construção, ser uma Unidade QUALIS. A Drª Eliana Dourado propunha que essa Unidade abrigasse também o Ambulatório de Especialidades. ... A gente sofisticou o máximo para ter a maior resolutividade na Unidade. ... Algumas Unidades tinham acima de 90% de resolutividade dos problemas. Mas quando precisava do especialista, aí a coisa começava a ficar complicada. ... Então essa posição da Dra. Eliana Dourado, achei extremamente feliz, essa idéia dela de fazermos uma Unidade QUALIS no novo prédio do A.E. Carvalho, agregando o Ambulatório de Especialidades. E a partir daí nós fomos, analisar esses funcionários e ver quem teria o perfil para compor essa nova Unidade. ... E aí começamos, quando o prédio ficou pronto, nós fizemos a inauguração ... E foi dessa maneira que nasceu a Unidade do A.E. Carvalho, ... Foi nossa primeira Unidade com dentistas ... Da escolha das pessoas a começar a fazer a instalação do projeto, comprar equipamentos, foram seis meses no máximo. ... Agora, a Dona Justelita, toda essa questão da construção da Unidade nova, foi ela que mobilizou essa comunidade, exigindo que se construísse uma

Unidade, que aquela era inadequada, que não comportava e não podia atender bem a população. Ela participou da discussão dos horários dos profissionais, do alcance da ação desses profissionais de saúde... Ela mobilizou a comunidade para exigir que fosse uma Unidade QUALIS. Ela inclusive participava com a comunidade e se mobilizava para não deixar roubar o material da Unidade. ... A essa altura ela já estava encantada com o QUALIS.

A Unidade de Saúde da Família do A.E. Carvalho recebeu esse nome por questões circunstanciais esclarecidas no depoimento da segunda gerente da Unidade, pós-implantação do Projeto Qualis, a enfermeira Ruth Coelho de Beluche:

> "O Antonio Esteves de Carvalho era um fazendeiro e sua fazenda, nessa área, foi loteada por causa da chegada do metrô. O que é interessante é que na comunidade existe o hábito de perguntar: você é filho de quem? Com jeito de interior, porque eles têm uma história de conhecimento prévio entre as famílias. O metrô foi chegando e mudando a concepção de vida dos moradores...O metrô, para a Unidade, constitui-se numa barreira geográfica... A velocidade da vinda do metrô coincidiu com a velocidade das mudanças sentidas na comunidade. O Bairro se mesclou muito rapidamente, as várias etnias que se misturaram e o crescimento acelerado e desordenado concorreram para formação de favelas, hoje formadas dentro da área de abrangência da Unidade, em decorrência da invasão. A comunidade se ressentiu disso e "perdeu" a sua identidade".

Esse histórico da área de abrangência da Unidade compõe parte das informações sobre o perfil da comunidade.

Ao mesmo tempo em que a Drª Rosa caracteriza a origem da idéia do Ambulatório de Especialidades na Unidade como conquista pela maior resolutividade dos problemas de saúde da população, a gerente Ruth relata facetas do processo de trabalho vigente na Unidade decorrentes da coexistência do PSF com o Ambulatório de Especialidades:

> Eu comecei a trabalhar na Unidade do A.E. Carvalho em março de 1999. A Unidade tinha sido inaugurada em setembro de 1998, ... fui a segunda gerente. ...Eu entrei na Unidade percebendo um desafio muito grande. A Unidade tinha 4 equipes de PSF e também o Ambulatório de Especialidades. Então o desafio era

esse: gerenciar uma Unidade que na verdade era "mista". Eu poderia denominá-la como? Como PSF, a estratégia estava voltada para a atenção básica, mas eu tinha um Ambulatório de Especialidades para gerenciar. Como aquelas equipes conviviam com o Ambulatório de Especialidades? O desafio continuava: como ter um Ambulatório de Especialidades, dentro do Programa de Saúde da Família? Isso seria possível? Como pensar em Ambulatório de Especialidades médicas sem deixar de atender a integralidade? Como seria isso? A questão de pensar família, na Especialidade ... você tinha um convite à especialização médica e isto seria sinônimo de pensar fragmentadamente? Nós tínhamos médicos oftalmologistas, dermatologistas, cardiologistas, ginecologistas/obstetras (atendendo sempre ao pré-natal de alto-risco) e ainda otorrinolaringologistas e uma neurologista. Nessa Unidade tínhamos também o desafio da saúde bucal. Seu quadro comportava 4 dentistas, 1 THD e 4 ACD´s tornando-a uma UBS de alta complexidade. ... Havia, assim, um denominador comum entre os funcionários: a postura de convivência numa Unidade, reconhecida como (se fosse) uma Unidade Escola, um Centro de Saúde Escola e isso nos ajudou demais. ...os alunos da FASM, sempre estiveram presentes... Os alunos do terceiro e quinto anos da Faculdade de Medicina da Santa Casa, com o Dr. Paulo Seixas... aproveitávamos a presença dos preceptores e fazíamos discussões sobre a percepção dos alunos em relação a essas situações... a possibilidade ... de repensar essa prática. ...Existia então naquela época um ambiente de Unidade Escola, um ambiente acadêmico, que nos ajudava a pensar. Convivemos também com Conselho Popular de Saúde do A.E. Carvalho que fazia parte, nesta época, dos 168 Conselhos do Movimento de Saúde da Zona Leste, que é antigo, nós aprendíamos junto com a comunidade que era bem articulada, reivindicando pra valer os seus direitos, uma comunidade muito exigente. Mas nós tratamos de sair fazendo "parcerias", buscando a intersetorialidade. Um dos nossos grandes parceiros foi o SESI ... pode realizar sua meta de participação da comunidade, com nossa parceria, planejamento e co-responsabilização. As agentes acompanhavam tudo, sempre muito presentes ! Nossa área de abrangência acolhia áreas muito carentes, pois a UBS era neste então, ladeada por duas favelas e sendo 25% da população composta de jovens adultos, tornou-se necessário e urgente tivéssemos uma proposta de atividade para envolver estes jovens. ... Nós não podíamos declarar o combate às drogas ou à violência. Então trabalhávamos a violência de maneira indireta, reunindo para fazer música. Os jovens são extremamente exigentes. ...Nós aproveitávamos os momentos para o planejamento familiar e prevenção de DST. Durante nossas reuniões de planejamento distribuíamos preservativos e conversávamos assuntos desta natureza... Era um desafio encaminhar as questões, até porque a comunidade local era considerada "dormitório". ... Era necessário que trabalhássemos aos sábados e domingos, porque nós queríamos promover e prevenir riscos de doenças nesta população trabalhadora antes que tivéssemos de trabalhar as doenças e/ou seqüelas, atendendo assim um dos grandes objetivos da atenção básica. Então a Unidade era freqüentemente aberta para atividades nos finais de semana, esses atendimentos eram planejados por áreas ou micro-áreas. Mas, voltando ao Programa de Saúde da Família, para nós a questão da Territorialização era fundamental, mas para a população nem sempre; eles não aceitavam muito bem porque havia um limite geográfico de atendimento, então foi quando começaram as discussões sobre o "Acolhimento" que trazia o grave desafio: definir o fluxo de atendimento para as pessoas que não estavam cadastradas. Definir o quê fazer. Volto a lembrar que a Unidade era singular por atender as 27 demais Unidades Saúde da Família nas Especialidades médicas do Ambulatório. Então havia um movimento que a própria comunidade não entendia muito, porque via a Unidade cheia de pessoas que não eram cadastradas. A Comunidade também exigia um Pronto Atendimento, eles queriam saber quando ficassem doentes onde iriam ser socorridas. ...Isso requeria explicações, compreensão, entendimento da proposta mas... e a dor, e a febre e a carência de atenção? Quem vai acolher ? Explicar o PSF, explicar as Especialidades, ter médicos presentes na Unidade e não poder disponibilizá-los para todos os atendimentos. Que significado tinha o Pronto Atendimento para nós (técnicos) e para a população? Realmente os encaminhamentos eram desafiadores. Nós tínhamos a referência do Nhocuné, do Santa Marcelina, mas nem sempre tínhamos vazão para todas as nossas urgências. Realizamos entre os gerentes QUALIS uma proposta de gerenciamento conjunto das vagas disponibilizadas do Ambulatório de Especialidades designando uma cota percentual de vagas por especialidade para cada uma das 27 UBSF (Unidade Básica Saúde da

Família). A divisão das vagas era equivalente ao número de equipes que a Unidade tinha. Os gerentes das Unidades é que faziam a nossa agenda de atendimento especializado. A comunidade havia lutado muito para implantação do PSF e a aceitação foi boa. A princípio eles tiveram muito entusiasmo, depois quando perceberam os limites diários na Unidade, decepcionaram-se. O questionamento que não queria calar era: – Como participar de um Projeto de Saúde que quer me atender quando não estou doente? Então começaram as discussões sobre quando então o PSF atende? Para a população, as pessoas serem atendidas quando estavam saudáveis... era muito novo! A população achava que seria um atendimento a qualquer momento, mas pelo médico, todavia ser atendido por uma equipe em que o enfermeiro podia fazer uma consulta, que o auxiliar de enfermagem poderia conversar com eles e fazer o "acolhimento" de suas queixas. Era cultural o entendimento que não deviam vir a Unidade quando estavam saudáveis e não tinham queixas. Não podiam compreender o porquê da preocupação com o que eles estavam comendo e com a maneira deles viverem, seus hábitos etc...? Por que esse tipo de preocupação? Era uma das perguntas silenciosas: – Você está preocupado em perguntar se eu estou empregado ou não, por quê? Por que você está cuidando da minha vida? Nós estávamos entrando em um "espaço vital" deles. Isso foi intensamente conversado, eram questões básicas discutidas nas áreas, nos Centros comunitários. Aquele era um projeto que para dar certo precisava ser "extramuros" e aí novamente eu me lembro os alunos, que potencializavam o nosso trabalho em criatividade, paciente e com alegria. Os alunos trabalhavam muito porque entendiam rapidamente essa "novidade". ...A presença dos preceptores nos propiciava esses momentos de reflexão fundamentais para a retro-alimentação das experiências vivenciadas no cotidiano.

Nessa descrição, fica evidente como o Projeto pensado passou a ser operacionalizado e as demandas evidenciadas no cotidiano, bem como os processos construídos, no coletivo, para supri-las. A Irmã Monique Bourget detalha outros aspectos por ela acompanhados na supervisão do Projeto Qualis:

"O Projeto QUALIS foi crescendo, sendo implantado nas Unidades, e...o A.E. Carvalho foi a décima Unidade. ... O interessante na questão do A.E. Carvalho é que foi reivindicada pela comunidade... a UBS fechada ... estava sem funcionar já há algum tempo. Alguns líderes, como a Dona Justelita lutaram, porque eles, em dado momento ... influenciados pelo movimento desencadeado pelo PT, acreditaram que o QUALIS era o PAS das Marcelinas. Foi um momento marcante, absurdo, para todos porque o Conselho de Saúde, que estava tentando trabalhar a favor do povo, na verdade acabava bloqueando o Projeto de trabalho com os agentes comunitários. Então essa questão era muito complicada, uma questão política que interferiu. Quando foi decidido pela mudança da Unidade para o novo prédio, surgiu a questão do que fazer com os funcionários que eram do Estado? A gente tinha tido as experiências anteriores no Santa Rita, no Fanganiello, no Silva Teles, e foi complicado, especificamente no Fanganiello, em que houve diferenças muito marcantes. A Drª Rosa Maria Barros dos Santos participou da seleção junto com o pessoal da Secretaria e foi a Unidade em que mais permaneceram funcionários. A festa de inauguração foi uma das maiores. Era a primeira Unidade a ter saúde bucal, teve um teatro, o que envolveu toda a comunidade. Mas foi um tanto complexo o andamento das atividades, no início. A Vera assumiu a gerência da Unidade ... tentou fazer essa relação com a comunidade, ... porque a comunidade queria um atendimento mais rápido e não prestigiou tanto o Serviço. Chegavam na Unidade e não entendiam que outros usuários estavam sendo atendidos no Ambulatório de Especialidades. A questão da medicação... será que deveria ser distribuída naquela Unidade? Ou ir para a Unidade que tinha referenciado? O acolhimento acabou se dando de uma forma mais complicada. A Ruth Beluche assume a gerência, recebe residentes e alunos de enfermagem e tenta harmonizar. O Movimento Popular começa então a se apaziguar um pouco, a lutar junto conosco. ... Nessa fase, já havia uma reflexão melhor. Os especialistas iam nas Unidades... para conhecer as equipes, os profissionais e discutir os encaminhamentos... passamos a estudar o absenteísmo e verificamos que o maior absenteísmo era do próprio A.E. Carvalho. Os referendados das Unidades mais distantes compareciam, os do A.E. Carvalho, muitas vezes, faltavam. Esse trabalho se concretizou com a gerência da Drª Otília. A Drª Rosa Maria Barros dos Santos lidava mais com a questão do Conselho Municipal, com a dimensão política, pois o Projeto emergiu direto da Secretaria e gerou muitos questionamentos com os quais ela lidou, pelo fato dele ter circulado fora das instâncias formais. Eu acompanhava mais o processo de trabalho, a seleção e a capacitação dos médicos. Dos quatro primeiros médicos que assumiram, três eram das nossas Unidades e foram promovidos para o A.E. Carvalho que era uma Unidade mais central. Mas houve uma seleção daqueles melhor preparados. Contudo, no início as equipes não eram coesas, as relações não estavam bem compreendidas. A Ruth acabou facilitando essa discussão técnica nas equipes, estimulou a análise dos dados. A Drª Rosa Barros assumiu a coordenação do Projeto, a gestão política do projeto. Algumas reuniões iniciais foram polêmicas, conturbadas, mas foram sendo discutidas as questões relevantes e as relações foram evoluindo. Até hoje, a única Unidade do Programa que tem Especialidades é o A.E. Carvalho. Hoje, essa proposta de PSF não é priorizada pela Prefeitura. Quanto ao processo de trabalho, há questões importantes relacionadas ao acompanhamento, à supervisão, articulação e melhoria das ações. A coordenação do Projeto e as diferentes gerências desempenharam um papel muito diferenciado nesse Processo de Trabalho que teve momentos na sua construção de maior ou menor organização, articulação e de resultados diferenciados também. Mas a construção entre pares, profissionais, comunidade teve momentos de muito carinho e afinidade importantes com os quais se teceram as relações com outras entidades da comunidade.

A Unidade de Saúde da Família do A.E. Carvalho: cenário

Figura 1. A localização da Unidade de Saúde da Família A.E. Carvalho no mapa de São Paulo. São Paulo, 2004.
Fonte (Imagem adaptada): http://portal.prefeitura.sp.gov.br/secretarias/saude/coordenadorias/0001
Imagem obtida em 29 de novembro de 2005.

A USF A.E. Carvalho localiza-se na Zona Leste da cidade de São Paulo, conforme evidenciado no mapa da Figura 1.

A Unidade de Saúde da Família A.E. Carvalho, inaugurada em 14 de setembro de 1998, localiza-se na Rua Japani, 07 CEP: 08220-130, seus telefones são (11) 6143-3400/ 6141-3351/ 6280-5480. Pertence ao Distrito de Saúde de Vila Matilde e Distrito Administrativo de Artur Alvim. A sua área de abrangência inclui o bairro do A.E. Carvalho e o Parque Paineiras, com aproximadamente 100.000 moradores (Figura 2).

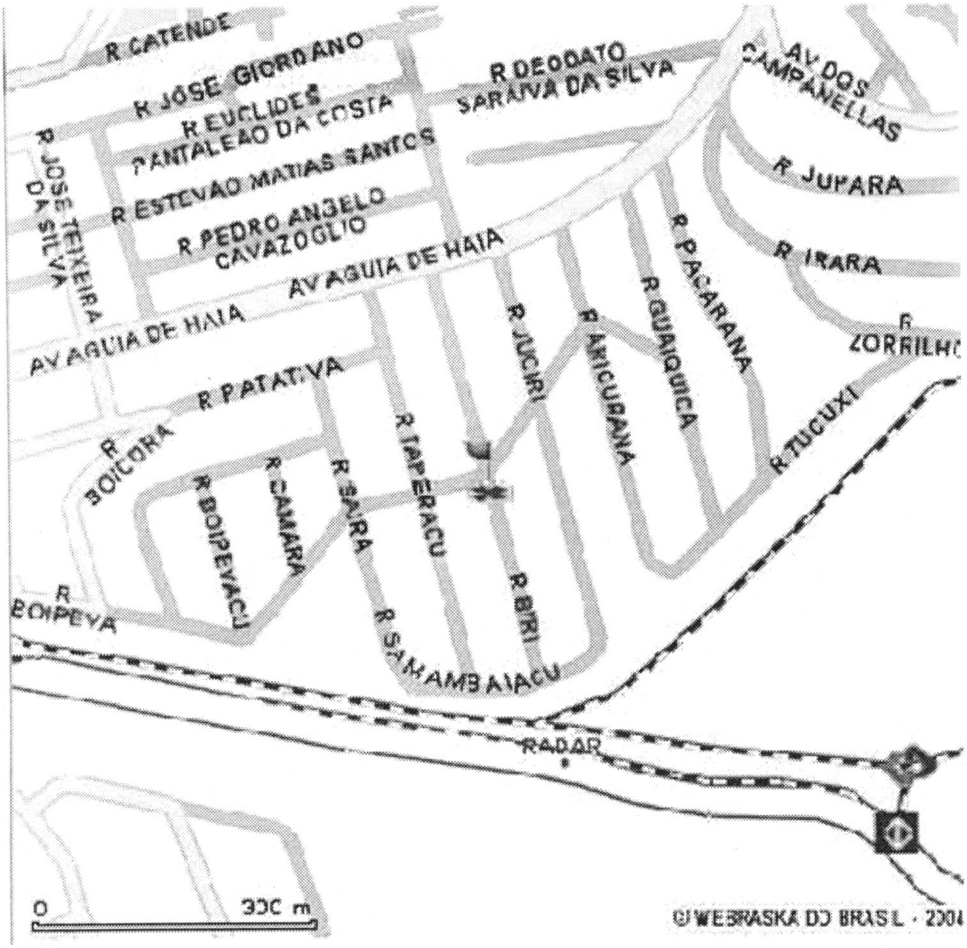

Figura 2. O mapa da região vizinha em que se insere a Unidade A.E. Carvalho. São Paulo, 2004.
Fonte: www.guiamais.com.br
Imagem obtida em 04 de agosto de 2004.

A USF A.E. Carvalho tem 3.774 famílias cadastradas, totalizando 14.082 usuários, sendo 6.650 do sexo masculino e 7.432 do sexo feminino, atendidos por quatro equipes e 70 funcionários.

A USF A.E. Carvalho não está situada próxima a depósito de lixo, indústria ruidosa que atrapalhe as atividades, grandes armazéns, oficinas e depósitos de materiais inflamáveis, bem como não tem cursos de água na região de sua abrangência.

Existem 4 consultórios médicos, 2 de enfermagem, 2 dentários, 1 sala administrativa, corredores de espera, 1 sala para educação em saúde, 1 sala de medicação, inalação e curativos, 1 sala de esterilização de materiais, 1 sala de coleta, 1 expurgo, recepção e arquivo, são 4 os corredores de acesso, há 1 farmácia, 1 almoxarifado, 2 sanitários femininos e 2 masculinos, 1 copa-cozinha e 1 depósito para lixo externo. Embora a equipe improvise e tente melhorar o acesso e as condições de acolhimento e de permanência dos usuários na Unidade, algumas características da planta física não atendem aos padrões e critérios recomendados para assistência à saúde em Unidades de Saúde, havendo algumas inadequações quanto ao fluxo e área disponível.

Na Unidade há água fria, iluminação e ventilação naturais e artificiais, os pisos e paredes são laváveis, há rampa com corrimão, extintores de incêndio e telamento nas janelas. Nas paredes há exposição de pinturas e fotografias bem como de informações relacionadas à educação em saúde e demais atividades.

Nessa área de abrangência da unidade existem 3.060 pessoas cobertas por planos de saúde, o que representa 21,73% do total de pessoas residentes na área.

O abastecimento de água por rede pública ocorre para 99,72% da população, sendo que 0,05% dispõe de poço e 0,23% de outros.

96,61% moram em residência de tijolo, 0,08 de taipa revestida, 0,05 % de taipa não revestida, 2,02 % de madeira e 0,59% de material aproveitado, ficando ainda 0,65% com outras opções.

65,61% têm água tratada na residência, 1,94% utiliza-se da fervura antes do consumo, 11,09% utiliza-se da cloração e 21,36% consome a água sem tratamento.

99,53% têm energia elétrica nas residências.

98,16% dispõem de coleta pública para o lixo produzido, 0,13% queima e enterra e 1,71% mantém a céu aberto.

Quanto ao destino de fezes e urina, 89,55% disponibiliza do sistema de esgoto, 0,67% de fossa e 9,78% de céu aberto.

O processo de trabalho na Unidade A.E. Carvalho é desenvolvido por quatro equipes de Saúde da Família e demais profissionais que assumem o Ambulatório de Especialidades. O processo de trabalho foca a transformação do modelo de assistência à saúde individual para familiar, entendendo a família como o conjunto de pessoas que desfrutam de um espaço coletivamente e estabelecem relações de cuidado, de uma rotina diária e de sobrevivência caracterizada pelo suporte interpessoal, em prol da melhoria da qualidade de vida e da resolução dos problemas vivenciados no cotidiano.

A vulnerabilidade a riscos nessa área de abrangência caracteriza-se também por fatores tais como condições precárias de moradia, em que existe a possibilidade de desabamento, disposição inadequada de resíduos gerados nas moradias, córrego em que é desprezada parte do lixo doméstico, esgoto a céu aberto, cães que perambulam na área, agravos decorrentes de violência intra e extradomiciliar e a presença do narcotráfico. A existência de duas favelas na área e de um Conjunto Habitacional Cingapura compõe o cenário em que se situa a USF A.E. Carvalho.

O acesso a Instituições Hospitalares não é viabilizado diretamente pelas linhas de transporte que servem a área, caso típico do acesso ao Hospital Alexandre Zaio.

Áreas públicas de lazer são insuficientes. Existe uma Escola Estadual que contempla o ensino da 5ª a 8ª séries, não havendo atendimento às demandas para a 1ª até a 4ª série. Há ainda 1 EMEI e 1 Creche Municipal.

O processo de trabalho na Unidade atende à demanda programada usualmente pelo Programa de Saúde da Família, à demanda espontânea, via acolhimento, às ações educativas viabilizadas por meio dos grupos, tanto na Unidade, como na área de abrangência. São realizadas visitas domiciliares, para acamados e recém-nascidos.

Na Unidade (Figura 3), o processo de trabalho completava-se, em 2003, com a assistência viabilizada no Ambulatório de Especialidades em Neurologia, Cardiologia, Otorrinolaringologia e Oftalmologia. Nessas quatro Especialidades eram absorvidos os usuários referenciados por 28 Unidades de Saúde Qualis e de mais 10 Unidades do Distrito. Apenas em 2004 iniciaram os atendimentos de Ginecologia, Obstetrícia e Dermatologia.

O processo de trabalho da equipe de saúde bucal foca as ações de promoção visando à redução da incidência das doenças bucais e ao atendimento às necessidades odontológicas das famílias cadastradas. As ações da Saúde Bucal são desenvolvidas no coletivo e no individual. Ainda integrando o processo de trabalho da Unidade eram realizados exames eletrocardiograma, colposcopia e de ultrasonografia, (esse último com uma média de 480 exames mensais) cuja demanda vinha das 28 Unidades Qualis e das 10 outras Unidades do Distrito.

O planejamento da assistência pela equipe de Saúde da Família emerge dos problemas identificados por qualquer membro da equipe. As discussões ocorrem diariamente em cada equipe.

A assistência é viabilizada também por meio de parceria com o SESI, que mantém crianças vinculadas ao Projeto Esporte Solidário; com o Clube dos 30; com o Clube Artur Alvim, com a Igreja Assembléia de Deus, com a Sociedade Amigos do A.E. Carvalho e MOVA, em 7 núcleos na região. Os moradores e profissionais integram o Conselho Popular de Saúde e o Movimento de Saúde da Zona Leste.

O processo e as relações de trabalho são mérito das discussões no Conselho Gestor da Unidade que se compõe de dois representantes dos funcionários (eleitos), dois representantes da Instituição (gerente e Chefe Administrativo), e quatro representantes eleitos pela população.

Para aprimoramento do processo de trabalho investe-se na capacitação dos profissionais de Saúde da Família, como é o caso da Educação Permanente para os Auxiliares de Enfermagem, agentes comunitários e pessoal de limpeza e do GERUS para o gerente da Unidade. Em educação continuada, há uma média de 8 horas ao mês. De reuniões diárias entre as equipes há uma média de 20 horas mensais.

Figura 3. Foto da Unidade de Saúde da Família A.E. Carvalho. São Paulo, 2004. Foto obtida em junho de 2004.

Quadro 1. Caracterização dos recursos humanos da Unidade A.E. Carvalho, em 2003. São Paulo, 2004.

Categoria	**Número de Profissionais**
Médica	Previsto: 4 médicos Existente: 4 médicos das equipes de saúde da família com 40 horas semanais e 8 médicos especialistas com 12 horas semanais
Gerente/Diretor	Previsto: 1 Existente: 1 com 40 horas semanais
Enfermeira	Previsto: 4 Existente: 4 enfermeiras com 40 horas semanais
Psicóloga	Previsto: 1 Existente: 0
Nutricionista	Previsto: 1 Existente: 0
Assistente social	Previsto: 1 Existente: 0
Educadora	Previsto: 1 Existente: 0
Auxiliar de Enfermagem	Previsto: 16 Existente: 20 auxiliares de enfermagem 16 aux. das equipes de SF com 40 horas semanais 4 aux. do Ambulatório de Especialidades com 30 horas semanais
ACS	Previsto: 20 Existente: 20 acs com 40 horas semanais
Dentista	Previsto: 2 Existente: 2 com 30 horas semanais
Auxiliar administrativo	Previsto: 4 Existente: 9 com 40 horas semanais
ACD	Previsto: 4 Existente: 4 com 30 horas semanais
THD	Previsto: 1 Existente: 1 com 40 horas semanais
Atendente da recepção	Previsto: 0 Existente: 0
Atendente da farmácia	Previsto: 0 Existente: 0
Funcionários da limpeza	Previsto: 4 Existente: 4 com 40 horas semanais
Outros (2) Quais: Fisioterapeuta e Fonoaudiólogo	Previsto: 2 Existente: 2 com 12 horas semanais

Quadro 2. Caracterização dos processos de trabalho da Unidade A.E. Carvalho, 2003. São Paulo, 2004.

Características do processo de trabalho referentes ao último mês	
Atendimento ao idoso no mês anterior	357 usuários idosos
Atendimento ao adulto hipertenso no mês anterior	382 usuários hipertensos
Atendimento ao adulto diabético no mês anterior	97 usuários diabéticos
Atendimento ao adulto em saúde mental	Não existe
Atendimento à mulher no mês anterior	109 usuárias mulheres
Atendimento à criança no mês anterior	396 usuários de 0 a 4 anos
Outros	-
Tipo de agendamento	Pelas ACS ou diretamente na Unidade
Uso de senhas	Inexiste
Tempo médio de espera entre o dia do agendamento até o dia da consulta da Mulher	Não determinado
Tempo médio de espera entre o dia do agendamento até o dia da consulta da Criança	Não determinado
Tempo médio de espera entre o dia do agendamento até o dia da consulta do Idoso	Não determinado
Sistema de referência e contra-referência operacionalizado	Inexiste
Convocação dos faltosos	Pelas ACS nas residências

Quanto aos aspectos organizacionais do processo de trabalho da Unidade, existem diretrizes e objetivos organizacionais utilizados pelas equipes no planejamento de suas ações. São estabelecidas metas para cada equipe, como por exemplo o número de visitas ao mês e o número de grupos acompanhados. Esse processo de trabalho gera uma certa rotina, sendo os procedimentos e normas sempre discutidos e deliberados em reuniões das equipes. Há flexibilidade quanto às funções por categoria profissional nas equipes. A gerente da Unidade faz a supervisão e coordena as reuniões em que as equipes avaliam sua prática e os indicadores importantes para seu redirecionamento e aperfeiçoamento. As informações sobre as atividades desenvolvidas na Unidade são registradas no Sistema de Informação- SIAB, o que gera dados para os tratamentos estatísticos acompanhados e analisados pelas equipes e na época pela Coordenação do Projeto Qualis. Os prontuários dos usuários circulam entre a Recepção, a Sala de Arquivo dos mesmos, os consultórios e salas de atendimento e de reuniões.

No mês de setembro/outubro de 2003, o Sistema de Informação de Atenção Básica-SIAB, registrava o número de usuários demonstrado no Quadro 3.

Quadro 3. Consolidado de usuários cadastrados no SIAB, em outubro de 2003, na Unidade A.E. Carvalho. São Paulo, 2004.

Sexo	Faixa Etária (anos)										
	<1 ano	1-4	5-6	7-9	10-14	15-19	20-39	40-49	50-59	> 60	Total
Masculino	96	503	270	370	520	583	2.362	780	515	651	6.650
Feminino	93	495	260	354	510	653	2.585	930	661	891	7.432
Número de pessoas	189	998	530	724	1.030	1.236	4.947	1.710	1.176	1.542	14.082

Fonte: SIAB, outubro de 2003.

Em um período de 30 dias corridos, em mês anterior à coleta de dados, as informações, alimentadas no SIAB e nos livros de registro da Unidade, caracterizavam 3.921 usuários matriculados entre 4 a 6 anos e usuários homens entre 6 a 60 anos. Esse contingente de usuários não compunha o grupo de crianças usuárias de 0 a 4 anos, o de mulheres e o de idosos, mas integrava o número total de usuários cadastrados na Unidade. Ou seja, somavam-se às 1.187 crianças de 0 a 4 anos, 7.432 mulheres e 1.542 idosos cadastrados. Não havia informação sobre faltosos, contudo, eles ou seus familiares eram localizados pelos agentes comunitários de saúde-ACS, durante visitas às residências e reorientados para dar continuidade à assistência na Unidade. Foram realizadas 1.372 consultas médicas, 40 internações, 3.231 visitas pelos ACS. Naquele momento existiam 6 grupos de crianças, 2 de mulheres e 8 de idosos em atividade regular na Unidade. Havia usuários participando das Oficinas de Artesanato, todas às quartas-feiras, às 14 horas; de Terapia Comunitária, todas as segundas-feiras, às 14 horas; de Ginástica Chinesa- Liang Kong, de segundas às sextas-feiras, às 8 horas; de Caminhada com a Terceira Idade, de segundas, quartas e sextas às 7 horas; de Grupos Educativos sobre Planejamento Familiar na primeira segunda-feira do mês, às 14 horas; de Grupo de Gestante e de Massagem Shantalla, na última sexta-feira de cada mês, às 14 horas; de Grupo Antropométrico, em julho e dezembro, nas férias escolares; de Grupo de Puericultura, uma vez ao mês; de Grupo de Adolescentes, trimestralmente; de Grupo de Colesterol; de Grupo odonto-bebê, semestralmente; de Grupo de Escovação, diário; de Grupo de Prevenção do

Câncer Bucal, anualmente; de Grupo de Idosos; de Grupo de Saúde da Mulher, na primeira segunda-feira de cada mês, às 9 horas; de Grupo de Hipertenso e Diabético, às quartas-feiras, às 14 horas; e de Grupo do Projeto "Segundo tempo", em parceria com o SESI, para acompanhamento de crianças de 7 a 10 anos, com apoio da Secretaria do Esporte e Educação.

No mês setembro/outubro de 2003, foram realizadas 152 consultas de puericultura; 79 atendimentos de pré-natal; 30 exames de prevenção de câncer cérvico-uterino; 5 atendimentos de DST/AIDS; 97 atendimentos a diabéticos; 382 atendimentos para hipertensos; 11 para tuberculose; 56 encaminhamentos às especialidades; 20 atendimentos à urgências e emergências. Nesse mesmo período, de setembro a outubro de 2003, existiam 475 diabéticos cadastrados; 1.832 hipertensos cadastrados; 7 tuberculosos cadastrados; 1 hanseniano cadastrado. A média de visitas por família nesse período foi de 0,83%. O número de nascidos vivos foi de 18, sendo 16 pesados ao nascer; 2 nascidos vivos com peso inferior a 2500g; não houve óbito em menor de 1 ano; nem em mulheres em idade fértil, ou por violência. 100% das crianças estavam com as vacinas em dia.

Para evidenciar a tendência da produtividade na USF A.E. Carvalho, são mostrados quadros, com informações referentes ao ano de 2002. Essas informações dão subsídio para uma análise comparativa com a produtividade obtida por meio da coleta de dados deste estudo referente ao período de 2003.

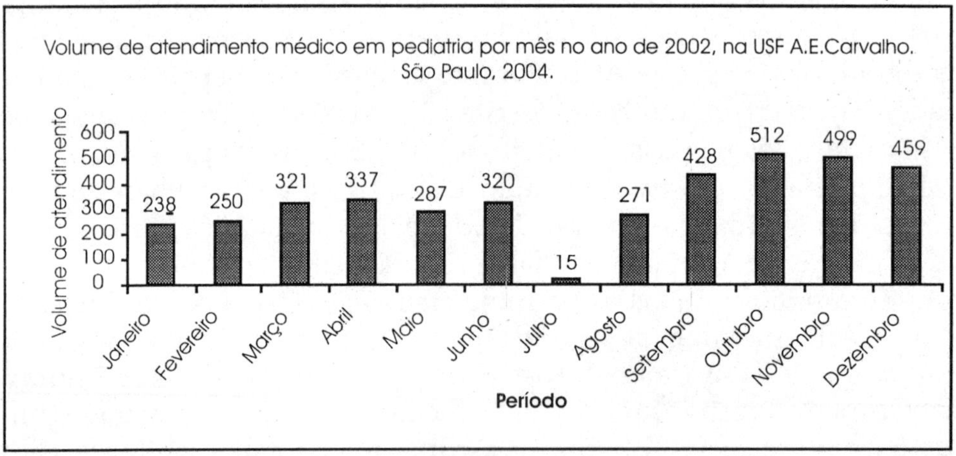

Figura 4. Volume de atendimento médico em pediatria, por mês, no ano de 2002, na USF A.E. Carvalho. São Paulo, 2004.

Pela Figura 4 identifica-se que o mês com maior volume de atendimento médico em pediatria na referida Unidade foi o de outubro, sendo que em julho, mesmo sendo inverno e tendo alta propensão à incidência de IVAS, houve o menor volume de atendimento em pediatria.

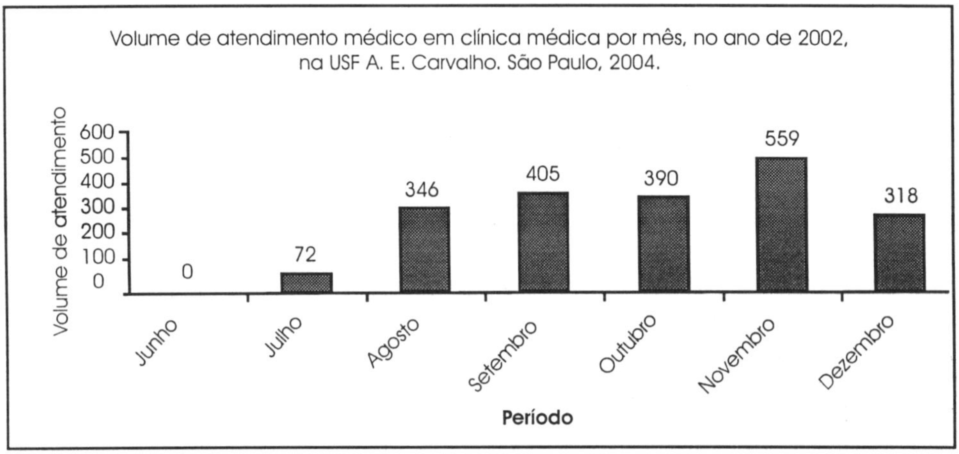

Figura 5. Volume de atendimento médico em clínica médica, por mês, no ano de 2002, na USF A.E. Carvalho. São Paulo, 2004.

Pela Figura 5 identifica-se o maior volume de atendimento médico em clínica médica no mês de novembro, sendo que o menor volume ocorreu em julho.

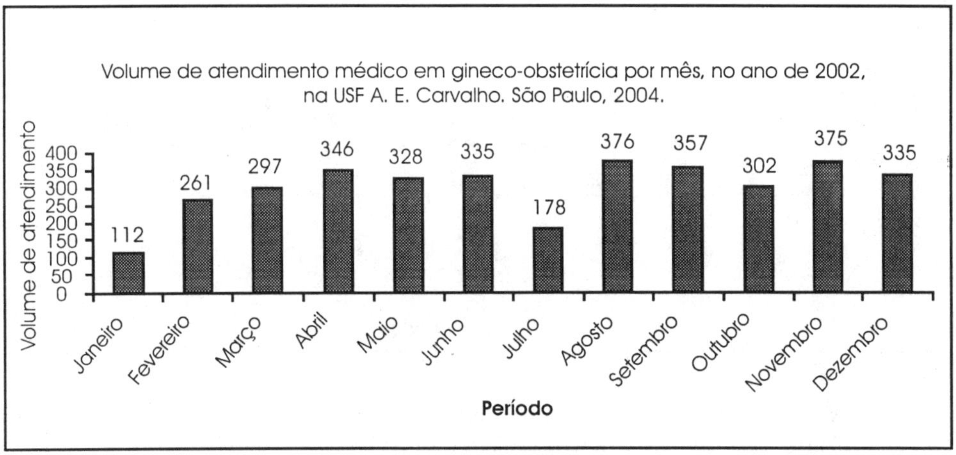

Figura 6. Volume de atendimento médico em gineco-obstetrícia, por mês, no ano de 2002, na USF A.E. Carvalho. São Paulo, 2004.

Pela Figura 6 fica evidenciado que o maior volume de atendimento médico em gineco-obstetrícia deu-se em agosto de 2002, sendo que o menor volume ocorreu em janeiro.

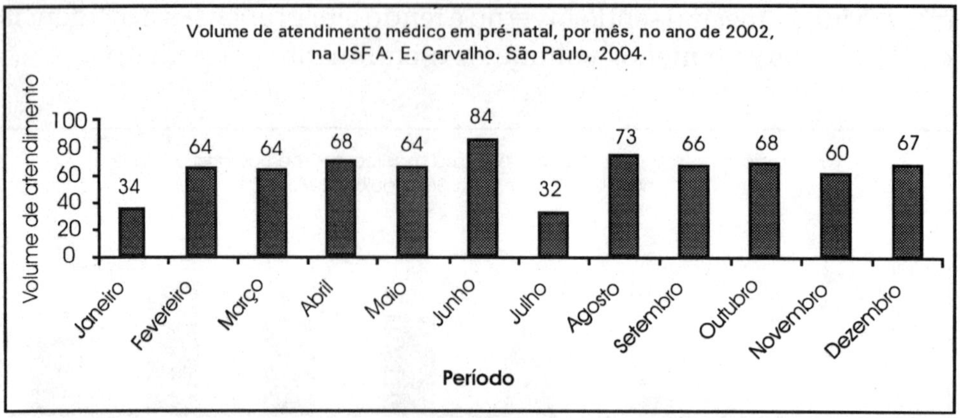

Figura 7. Volume de atendimento médico em pré-natal, por mês, no ano de 2002, na USF A.E. Carvalho. São Paulo, 2004.

Pela Figura 7 pode-se observar que no mês de junho de 2002 prestou-se o maior volume de atendimento médico em pré-natal, sendo que no mês de julho houve o menor volume de atendimento na área.

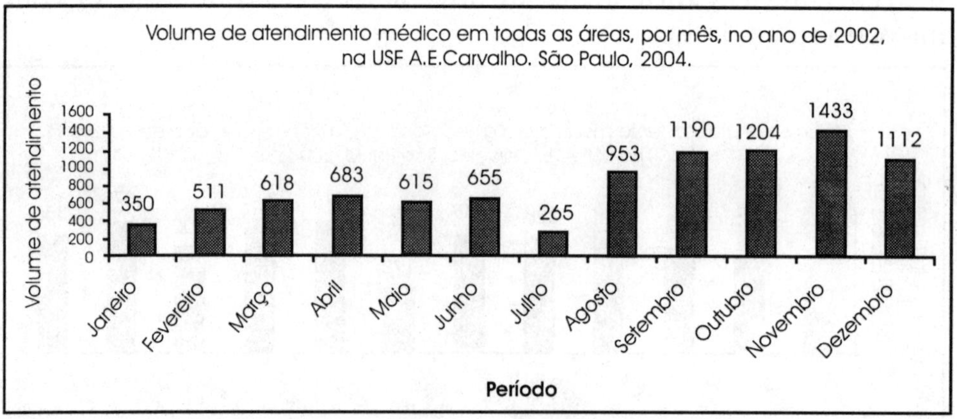

Figura 8. Volume total de atendimento médico, em todas as áreas, por mês, no ano de 2002, na USF A.E. Carvalho. São Paulo, 2004.

Pela Figura 8 pode-se perceber que, em 2002, no mês de novembro houve o maior volume de atendimento médico, sendo o menor volume identificado no mês de julho.

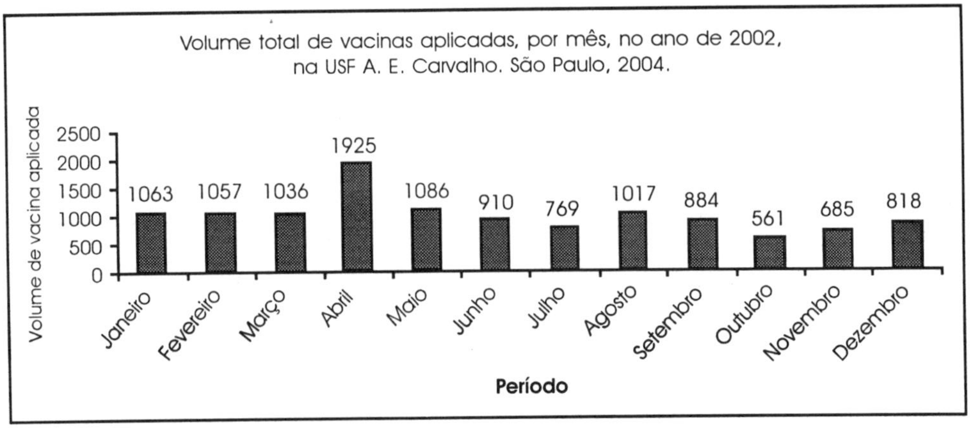

Figura 9. Volume total de vacinas aplicadas por mês, no ano de 2002, na USF A.E. Carvalho. São Paulo, 2004.

Pela Figura 9 percebe-se que o mês de abril contemplou o maior volume de vacina aplicada no ano de 2002.

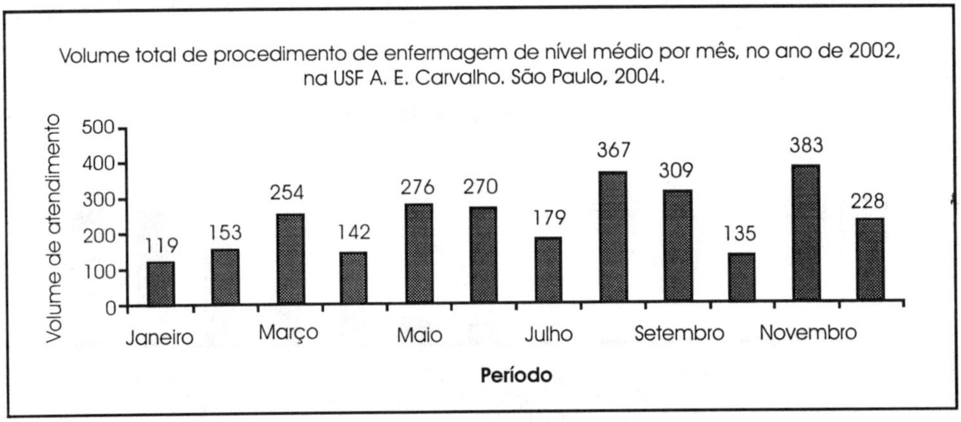

Figura 10. Volume total de procedimento de enfermagem de nível médio, por mês, no ano de 2002, na USF A.E. Carvalho. São Paulo, 2004.

Pela Figura 10 identifica-se o mês de novembro como sendo o de maior volume de procedimentos executados por profissionais de nível médio, na referida Unidade. No mês de janeiro houve a menor produtividade.

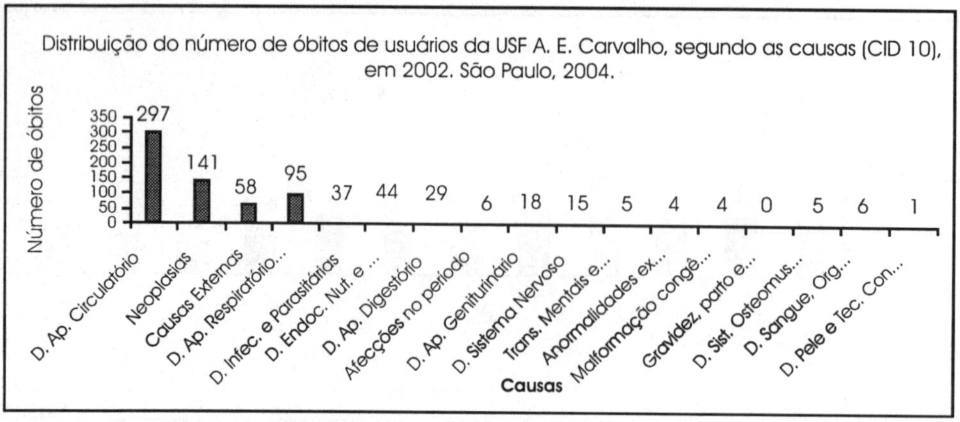

Figura 11. Distribuição do número de óbitos de usuários da USF A.E. Carvalho, segundo as causas (CID 10), em 2002. São Paulo, 2004.

Pela Figura 11 evidencia-se que a maior incidência de óbito ocorreu por causa associada a doenças do Aparelho Circulatório, seguida de óbitos por neoplasia. Óbitos por doenças infecciosas e parasitárias despertam a atenção por representarem a sexta causa de óbitos naquele ano. Também destaca-se a ausência de óbitos por causas associadas à gravidez e parto.

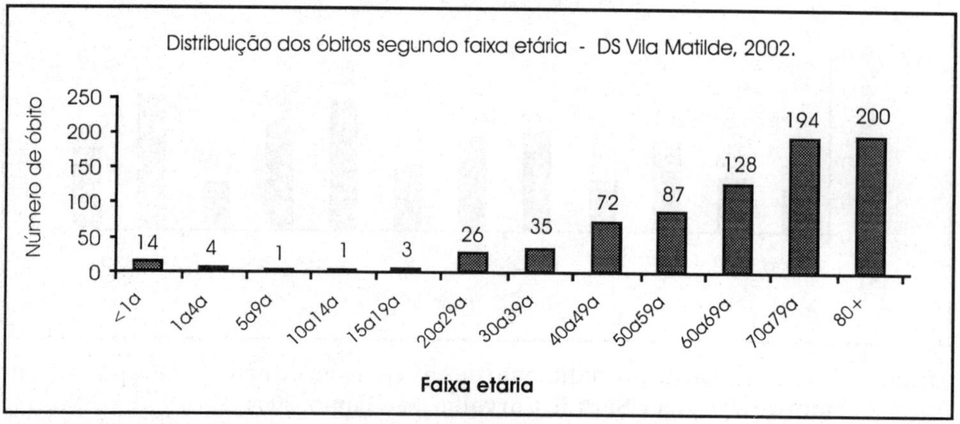

Figura 12. Distribuição do número de óbitos de usuários da USF A.E. Carvalho, segundo as faixas etárias, em 2002. São Paulo, 2004.

Pela Figura 12 evidencia-se a incidência de 14 óbitos em crianças menores de 1 ano e 200 óbitos em usuários acima de 80 anos. Um paradoxo pois, a mortalidade acima dos 70 anos é representativa de nível adequado de qualidade de vida em função da expectativa de vida e a mortalidade abaixo de 1 ano é indicador de inadequada qualidade de vida.

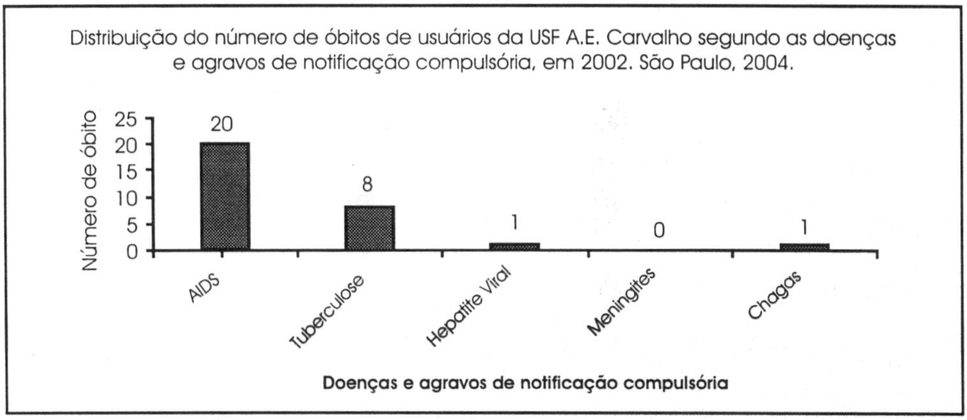

Figura 13. Distribuição do número de óbitos de usuários da USF A.E. Carvalho segundo as doenças e agravos de notificação compulsória, em 2002. São Paulo, 2004.

Pela Figura 13 percebe-se que houve maior número de óbitos por AIDS, ocorrendo incidência importante de óbitos por tuberculose e nenhum óbito por meningite.

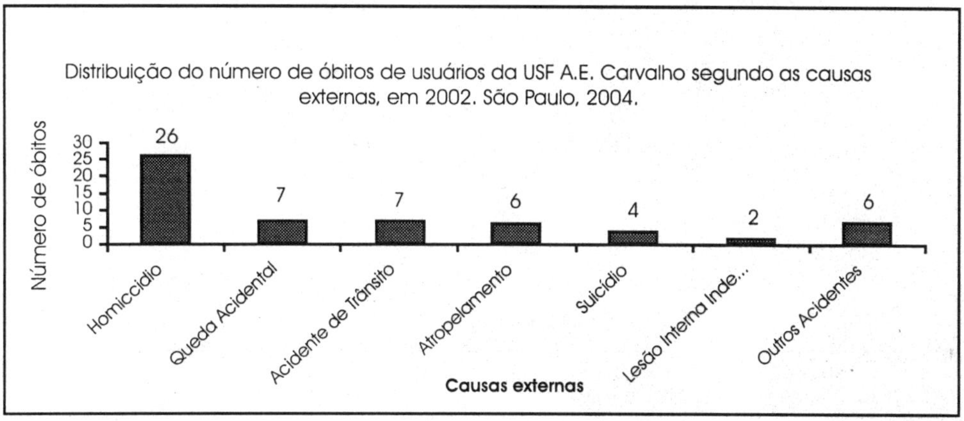

Figura 14. Distribuição do número de óbitos de usuários da USF A.E. Carvalho, segundo as causas externas, em 2002. São Paulo, 2004.

Pela Figura 14 pode-se perceber que o homicídio foi responsável pela maior incidência de óbitos na área de abrangência. As demais causas externas podem ser também associadas à violência na área.

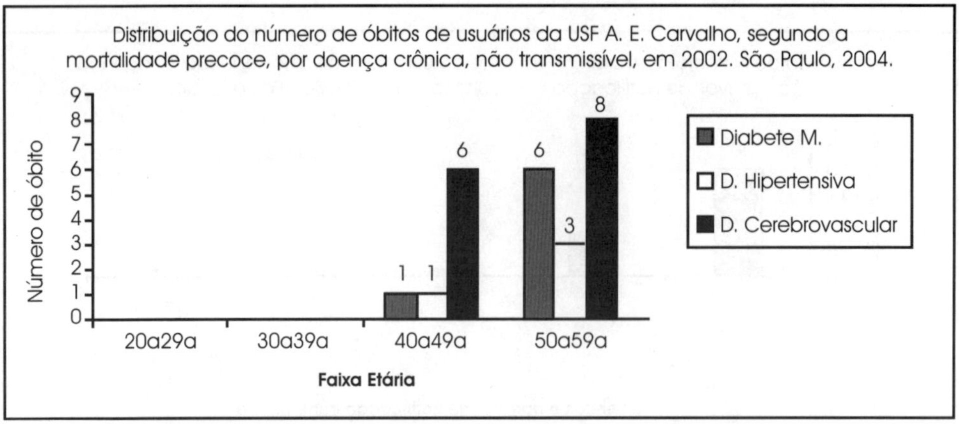

Figura 15. Distribuição do número de óbitos de usuários da USF A.E. Carvalho, segundo a mortalidade precoce, por doença crônica, não transmissível, em 2002. São Paulo, 2004.

A Figura 15 evidencia que, em 2002, a incidência de óbitos por diabete, doença hipertensiva e cerebrovascular ocorreu na faixa etária de 50 a 59 anos, nos usuários dessa área de abrangência.

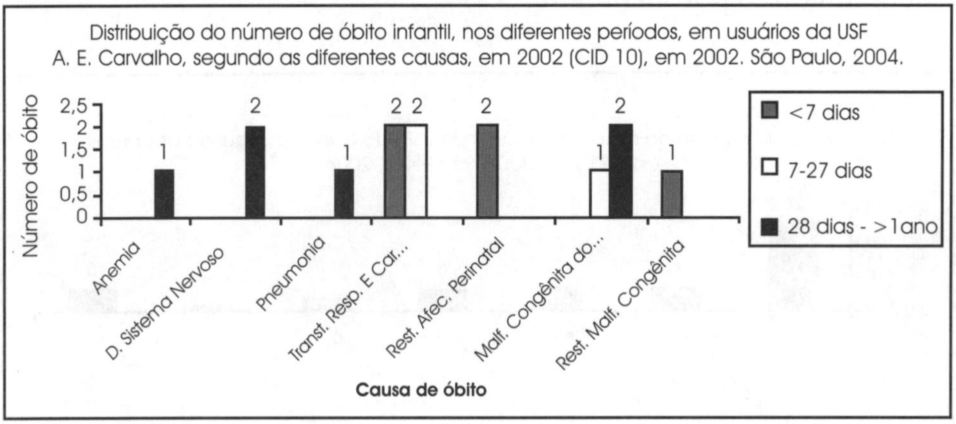

Figura 16. Distribuição do número de óbito infantil, nos diferentes períodos, em usuários da USF A.E. Carvalho, segundo as diferentes causas, em 2002. São Paulo, 2004.

Pela Figura 16 nota-se que, em 2002, a maior incidência de óbito infantil na Unidade ocorreu na faixa etária de 28 dias a 1 ano. Nessa faixa, as causas que mais levaram ao óbito foram doenças do sistema nervoso e malformação congênita. Na faixa etária de menores de 7 dias a incidência de óbitos deu-se por transtornos respiratórios e cardíacos e afecções perinatal.

Figura 17. Fotos da equipe de saúde da família da USF A.E. Carvalho. São Paulo, 2004.

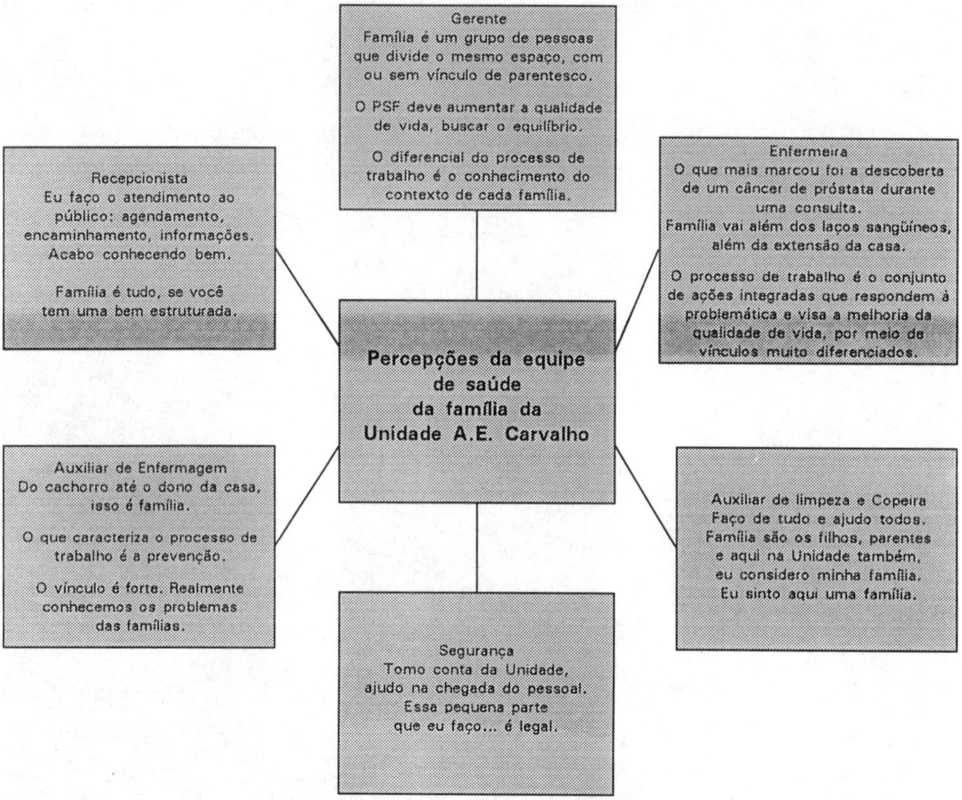

Figura 18. Percepções da equipe de saúde da família da Unidade A.E. Carvalho. São Paulo, 2004.

Pelas percepções sintetizadas por meio da essência das falas dos integrantes da equipe de saúde da família da Unidade A.E. Carvalho pode-se perceber que há convergência de significados quer seja sobre família, processo de trabalho desenvolvido pelo PSF, como também quanto à natureza e especificidade dos vínculos estabelecidos entre os componentes da equipe e entre eles e os usuários da Unidade.

A Unidade de Saúde da Família do A.E. Carvalho: Perfil dos Usuários e Avaliação da Assistência Prestada Pela Equipe de Saúde da Família

A partir das informações, obtidas por meio de questionários, os usuários compuseram o perfil descrito a seguir.

Os usuários, na sua quase totalidade (97%), caminham de suas residências até a Unidade. A maioria dos usuários (74%) referiu não participar das atividades programadas pela Unidade. A grande maioria dos usuários (86%) não possui assistência por meio de convênios. Quase a totalidade dos usuários entrevistados (96%) já havia recebido a visita de profissionais da equipe de saúde da família. A grande maioria dos usuários (85,70%) esteve no último ano procurando por atendimento médico na USF. Mais da metade dos usuários (63,50%) referiu não procurar no último ano por grupos de orientação. Mais da metade dos usuários (54,60%) procurou a Unidade para vacinação no último ano. A maioria dos usuários procurou a USF no último ano para medicação (73,20%) e para consulta de enfermagem (60,80%). Não houve procura pela maioria dos usuários para outros tipos de atendimentos (69%).

Quanto à avaliação da assistência recebida na USF A.E. Carvalho pelo usuário, considerando a nota de 1 a 5, sendo essa a melhor nota, foram obtidas as seguintes médias:
Atendimento na Unidade: média 4.3
Facilidade para falar com o ACS: média 4.62
Facilidade para falar com o Auxiliar de enfermagem: média 4.34
Facilidade para falar com o Enfermeiro: média 4.38
Facilidade para falar com o Médico: média 4.1
Facilidade para falar com o Gerente: média 2.54
Facilidade para falar com o Recepção: média 4.42
Facilidade para falar com o funcionário da Farmácia: média 4.14

A maioria dos usuários não indicou a Unidade para outras pessoas (51,1%), pois a grande maioria já é cadastrada.

Em termos de notas, de 1 a 5 (sendo a nota mínima 1 e 5 a máxima), atribuídas pelos usuários, cada um dos indicadores a seguir obteve as seguintes médias:
Atendimento das expectativas dos usuários pela Unidade: 3,98.
Atendimento de acordo com a necessidade do usuário: 3.93.
Qualidade do atendimento na Unidade: 4.17.
Qualidade do atendimento de todos os profissionais: 4.37.
Qualidade do atendimento pela equipe médica: 4.42
Qualidade do atendimento dado pela equipe de enfermagem: 4.64.
Qualidade do atendimento dado pela equipe de odontologia: 4.34.
Qualidade do atendimento dado pelas agentes comunitárias de saúde: 4.68.
Qualidade do atendimento dado pelos atendentes da recepção: 4.39.
Qualidade do atendimento dado pelos atendentes da farmácia: 4.35.

Os usuários, na sua grande maioria (90,70%) , referiram ser ouvido em suas queixas por qualquer profissional da USF, tendo atribuído a média 4.13, para esse quesito.

Quanto ao fato de ser consultado por outros profissionais da equipe de saúde que não o médico, 81,90% referiu já ter tido esse atendimento, para o qual atribuiu a média 4.1.

Uma grande maioria já foi atendida pelo médico (93,80%), tendo avaliado a assistência por meio da média 4.28.

88,80% dos usuários receberam prescrição de medicamentos para uso, atribuindo a média 4.28 a esse quesito.

89,5% dos usuários foram encaminhados para exames laboratoriais e de diagnóstico. Quanto à qualidade percebida do atendimento nos serviços de exames laboratoriais a média atribuída foi de 4.08.

86,30% dos usuários conseguiram a medicação prescrita tendo avaliado esse indicador por meio da média 3.67.

80,40% dos usuários receberam orientação individual da equipe de saúde da família, tendo avaliado a orientação pela média 4.13.

76 % dos usuários já receberam orientação coletiva para a saúde e avaliaram-na com a média 4.05.

69,80% dos usuários referiram que estavam cientes de que podem participar de outras atividades desenvolvidas na Unidade e para essa possibilidade atribuíram a média 4.03.

96,70% estão cientes das visitas às suas residências pela equipe de saúde da família da Unidade e atribuem a essa atividade a média 4.61. Já para a qualidade da atenção dada à família pela equipe a média atribuída foi de 4.57.

Quanto à facilidade de acesso e atendimento, as médias atribuídas foram:

- para o agendamento da consulta com enfermeiro, 4.4;
- para o agendamento de consulta com o médico a média foi de 3.98;
- para a qualidade do acompanhamento médico a média foi de 4.23;
- para a oportunidade de agendamento com especialistas da Unidade a média atribuída foi de 4.3;
- para o atendimento domiciliar às crianças a média foi de 4.68;
- para o atendimento domiciliar às gestantes a média foi de 4.45;
- para o atendimento domiciliar ao idoso a média foi de 4.47;
- para o atendimento domiciliar ao hipertenso a média foi de 4.59;
- para o atendimento domiciliar ao diabético a média atribuída foi de 4.47;
- para a qualidade do atendimento domiciliar pelo médico foi de 4.34;

- para a qualidade do atendimento domiciliar pelo enfermeiro foi de 4.63;
- para a oportunidade de disponibilizar de outros atendimentos pela Unidade foi de 4.31;
- para a possibilidade de encaminhamento a hospitais da região, a média foi de 4.38.

60,60% dos usuários responderam que quando seus familiares precisaram de uma visita domiciliar, essa assistência foi prestada.

98% dos usuários responderam que se sentiam à vontade na presença da equipe de saúde em suas residências.

96% dos usuários responderam que se sentiam à vontade para dar informações sobre sua família à equipe.

As informações geradas a partir dos questionários aplicados aos usuários, após tratamento estatístico, evidenciaram que a avaliação da qualidade da assistência à saúde prestada pela equipe de saúde da família da Unidade A.E. Carvalho, é muito positiva. Que a aceitação, a aprovação, a validação e a parceria nesse processo de trabalho na saúde está evidente e consolidada na relação entre profissionais e usuários.

Não ficaram evidenciados conflitos de interesses, dificuldades relevantes no atendimento, no acolhimento e no encaminhamento.

A qualidade das relações estabelecidas também mostrou a existência de vínculos de credibilidade, confiança e respeito entre profissionais e usuários. A participação no processo de construção da Unidade e na sua dinâmica aproxima usuários e os transformam em atores sociais nesse processo de assistência à saúde da família. A Unidade é percebida e respeitada pelo significado social que tem para a comunidade de sua área de abrangência.

"No caso da saúde, há o desafio de tornar real o Sistema Único de Saúde com abrangência universal e de, ao mesmo tempo, já implantá-lo com novos modelos de gestão e de organização de serviços." (CAMPOS, 1992, p. 31).

Há que se observar que a estratégia de desenvolvimento do Programa de Saúde da Família, na cidade de São Paulo, por meio do Projeto Qualis, durante período em que o Município operacionalizava o PAS, foi um desafio enfrentado por meio de um modelo de gestão e de organização de serviço diferenciado, mas igualmente comprometido e compromissado com as premissas do Sistema Único de Saúde.

Referências Bibliográficas

CAMPOS, G. W. de S. *Reforma da reforma:* repensando a saúde. São Paulo: Hucitec, 1992.

CAMPOS, G. W. de S. *Um método para análise e co-gestão de coletivos:* a constituição do sujeito, a produção de valor de uso e a democracia em instituições- o método da roda. São Paulo: Hucitec, 2000.

FREIRE, P. *Conscientização:* teoria e prática da libertação. São Paulo: Moraes, 1980.

FREIRE, P. *A educação na cidade.* 2. ed. São Paulo: Cortez, 1995.

SANTOS, R. M. B. dos. *Projeto qualidade integral em saúde (Qualis)*: relato de uma experiência (abril de 1996 a junho de 1999). Dissertação. Faculdade de Saúde Pública, USP, 2001.

VASCONCELLOS, M. da P. C. Reflexões sobre a saúde da família. In: MENDES, E. V.(org.). *A organização da saúde no nível local.* São Paulo, Hucitec, 1998.

A Criança no Cenário Familiar e Assistencial

Capítulo 3

Avaliação da Assistência Prestada à Criança: o processo de construção de instrumentos para a coleta de dados

Sônia Regina Leite de Almeida Prado
Elizabeth Fujimori

Embora as estatísticas nacionais de saúde venham apontando melhora considerável no quadro geral da saúde infantil nas últimas décadas, uma análise detalhada do índice de mortalidade infantil, por exemplo, revela a persistência de grandes iniqüidades. No âmbito nacional, esse fenômeno pode ser particularmente bem observado comparando-se as regiões Norte e Nordeste com as regiões Sul e Sudeste. Entretanto, mesmo no âmbito da cidade de São Paulo, considerada uma das mais favorecidas do país por concentrar os maiores investimentos sociais e apresentar melhores condições de saneamento do meio e de serviços de saúde, percebe-se uma enorme discrepância na distribuição dos óbitos infantis: observam-se diferenças acentuadas nas taxas de mortalidade infantil entre os bairros mais pobres, localizados na periferia da cidade, em comparação às taxas dos bairros mais ricos, localizados nas regiões mais centrais. Assim, a situação atual de saúde das crianças brasileiras continua representando um grande desafio, pois ainda se convive com elevadas taxas regionais de mortalidade, especialmente por doenças evitáveis como pneumonias, diarréias e desnutrição (Hartz, 1997, Brasil, 2000).

Segundo o Ministério da Saúde, mais de 1.600.000 crianças menores de 5 anos foram hospitalizadas no Sistema Único de Saúde (SUS) em 1997, com 60% das internações decorrentes de problemas respiratórios e de doenças infecciosas e parasitárias. Medidas de prevenção e eficiência na assistência em nível primário poderiam reduzir tais taxas, evitar conseqüências indesejáveis para a criança e liberar leitos para tratamentos de patologias que exigem atenção de maior complexidade (Brasil, 2000).

De acordo com Mendes, atenção primária à saúde é o nível "de maior importância relativa porque é, a partir dele e em função dele, que se organizam os demais pontos do contínuo de atenção", imprimindo-lhe o caráter de estratégia. Nesse sentido, é fundamental organizar uma atenção primária resolutiva e de qualidade (Mendes, s.d.).

Assim, avaliar o atendimento prestado à criança nos serviços básicos de saúde é essencial para redirecionar a assistência, especialmente se considerar que o principal foco da avaliação deve ser a reorientação para um modelo assistencial coerente com os princípios da atenção primária, quais sejam: universalidade, eqüidade, integralidade da assistência, resolutividade, intersetorialidade, descentralização, humanização do atendimento e participação social (Starfield, 2002).

Desde o final da década de 70, com a Conferência Internacional sobre a Atenção Primária à Saúde realizada em Alma-Ata, observam-se mudanças nas políticas públicas de saúde em direção à incorporação dos princípios da atenção primária.

No início de 1994, o Ministério da Saúde lançou como estratégia de organização da atenção primária à saúde inserida no SUS, o Programa de Saúde da Família (PSF). Essa estratégia foi proposta para valorizar os princípios de territorialização, garantir a integralidade na atenção e a participação da comunidade, dar ênfase na promoção da saúde, fortalecer as ações intersetoriais, entre outros (Brasil, 1994).

No caso específico da atenção prestada à criança, a estratégia de Atenção Integrada às Doenças Prevalentes na Infância (AIDPI), foi incorporada ao PSF. Essa estratégia foi concebida com a finalidade de reduzir a mortalidade infantil e contribuir de maneira significativa para que a criança venha a atingir seu potencial máximo de crescimento e desenvolvimento, sobretudo nos países emergentes. Reintroduziu o conceito de integralidade, surgindo como alternativa para aplicar todas as ações de controle específico já existentes no Programa de Assistência Integral à Saúde da Criança (PAISC). Além de reconhecer que as crianças, saudáveis ou doentes, devem ser consideradas em seu contexto social, a estratégia enfatiza a necessidade de melhorar tanto as práticas relacionadas à família e à comunidade, quanto a atenção prestada pelo serviço de saúde. Nesse sentido, a estratégia busca melhorar as habilidades dos profissionais de saúde, a organização dos serviços e as práticas familiares e comunitárias relacionadas ao cuidado da criança (Benguigui, 2001; Cunha e cols, 2001).

Tendo em vista essas considerações, este capítulo apresenta o processo de construção dos instrumentos utilizados para avaliar a assistência prestada à saúde da criança em dois cenários institucionais, como parte do projeto interinstitucional denominado "Saúde da Família – Avaliação da nova estratégia assistencial no cenário das Políticas Públicas", financiado pela Fundação de Amparo à Pesquisa do Estado de São Paulo (Fapesp). O objetivo geral desse amplo projeto foi avaliar a nova estratégia proposta pelo Ministério da Saúde, Programa de Saúde da Família (PSF), por meio de indicadores de estrutura, processo e resultado, obtidos a partir da avaliação dos princípios básicos estabelecidos para sua implantação e operacionalização: a alocação e utilização de recursos específicos; a capacitação dos recursos humanos; a gestão dos sistemas de informação e dos indicadores de qualidade de vida dos membros das famílias.

Para avaliar o impacto dessa estratégia assistencial na saúde da criança, foram elaborados quatro instrumentos para a coleta de dados.

Descrevem-se a seguir, as bases conceituais utilizadas na elaboração de tais instrumentos.

Bases Conceituais Utilizadas na Elaboração dos Instrumentos

A complexidade do objeto da atenção básica traz grandes desafios para sua avaliação, havendo necessidade de se formular uma concepção ampla para sustentar o processo de avaliação. Entendida como uma ferramenta de gestão, a avaliação deve possibilitar a percepção das mudanças e constituir instrumento de suporte ao processo decisório.

A oficina "Avaliação da atenção básica: estratégias de institucionalização", realizada no VII Congresso Brasileiro de Saúde Coletiva, ressaltou como eixos/dimensões do processo de avaliação, os seguintes tópicos: universalidade, integralidade, participação social, resolutividade, acessibilidade aos diferentes níveis do sistema e eqüidade, sendo que este último deve ser considerado eixo transversal que perpassa todos os demais (Avaliação, 2003).

Tendo em vista que a questão fundamental da avaliação deve ser a reorientação para um modelo assistencial coerente com os princípios da atenção primária, contidos no SUS, para avaliar o impacto do Programa de Saúde da Família na atenção à saúde da criança tomou-se como ponto de partida para a elaboração dos instrumentos de coleta dos dados, as diretrizes e princípios do SUS e da estratégia AIDPI.

Diretrizes e princípios do SUS

O Sistema Único de Saúde (SUS), aprovado pela Constituição Brasileira de 1988 e regulamentado pela Lei 8.080/1990, tem como princípios fundamentais, a universalidade, a integralidade, a eqüidade, a descentralização e a participação popular, além de alguns princípios operacionais como acessibilidade e resolutividade. Dentre esses princípios, destacaram-se neste estudo, a integralidade, a resolutividade e a acessibilidade, como pressupostos para avaliar a atenção prestada à saúde das crianças.

O princípio da integralidade consiste no direito que as pessoas têm de serem atendidas no conjunto de suas necessidades, e no dever que o Estado tem de oferecer serviços de saúde organizados para atender a essas necessidades de forma integral. Assim, o SUS deve atender às necessidades oriundas de todos os níveis de complexidade do sistema, por meio de ações destinadas à promoção, proteção e recuperação da saúde, bem como à reabilitação. A articulação entre as ações governamentais e a intersetorialidade constitui um desdobramento deste princípio, uma vez que a solução dos problemas de saúde remete, muitas vezes, à melhoria das condições de vida de grande parte da população (Barros, s.d.).

Para Mendes (1994), a aplicação deste princípio implica

> *...reconhecer a unicidade institucional dos serviços de saúde para o conjunto de ações promocionais, preventivas, curativas e reabilitadoras e que as intervenções de sistema de saúde sobre o processo saúde-doença conformam uma totalidade que engloba os sujeitos do sistema e suas inter-relações com os ambientes natural e social.*

A integralidade está intimamente ligada à concepção de saúde e doença. Aponta para a necessidade de superação da dicotomia entre ações preventivas/curativas e individuais/coletivas, em direção a ações que satisfaçam as necessidades relacionadas à promoção e recuperação da saúde. Incorpora o debate sobre a forma de programar a oferta de serviços, exigindo uma articulação entre os vários profissionais que compõem a equipe de saúde e entre os distintos níveis de hierarquização tecnológica da assistência (Novaes, 1990; Silva Junior, 1998).

O Ministério da Saúde (Brasil, 1990) define integralidade como

> *...o reconhecimento, na prática dos serviços, de que: cada pessoa é um todo indivisível e integrante de uma comunidade; as ações de promoção, proteção e recuperação da saúde formam também um todo indivisível e não podem ser compartimentalizadas; as unidades prestadoras de serviço, com seus diversos graus de complexidade, formam também um todo indivisível configurando um sistema capaz de prestar assistência integral; o homem é um ser integral, bio-psico-social, e deverá ser atendido com esta visão integral por um sistema de saúde também integral, voltado a promover, proteger e recuperar sua saúde.*

Segundo Carvalho (1991), a integralidade pode ser concebida em duas dimensões, a individual e a coletiva. A primeira consiste em prestar assistência preventiva, curativa e sanitária de forma integrada, por meio de ações interdisciplinares, garantindo-se o sistema de referência e contra-referência para os níveis de maior complexidade. A dimensão do nível coletivo refere-se à cobertura de todos os grupos etários, pressupondo uma relação equipe-comunidade, embasada em uma concepção de saúde mais ampla, que possibilite à população a compreensão dos determinantes sociais envolvidos no seu processo saúde-doença, bem como a ampliação de sua consciência sanitária.

A resolutividade é o principal indicador da eficácia de solução de problemas e de redução de danos. Além de refletir mais diretamente a inter-relação e o resultado acumulado da efetivação ou não dos demais princípios do SUS, expressa muitas vezes a dimensão da ligação entre as políticas de saúde e as políticas sociais, pois os "bons" resultados em saúde dependem de um conjunto de determinantes que envolvem diferentes áreas de governo e toda a sociedade (Madureira e cols., 1989; Barros, s.d.).

Para Campos (1997), a resolutividade de um serviço depende da coerência entre o serviço e os objetos definidos institucionalmente.

Gonçalves (1994), em estudo sobre tecnologia e organização social das práticas de saúde na rede estadual de centros de saúde de São Paulo, conceituou este princípio como a resolução final dos problemas levados ao centro de saúde, bem como à satisfação de usuários e médicos. Para os serviços assistenciais, além da satisfação do usuário, a resolutividade é o atendimento da demanda espontânea por meio de ações eficazes. Porém, na ótica do autor, o mais adequado para expressar a resolutividade dos serviços de saúde pública é a melhoria dos indicadores epidemiológicos de mortalidade e de incidência e prevalência de doenças.

Segundo o Ministério da Saúde (Brasil, 1990), resolutividade "é a exigência de que, quando um indivíduo busca o atendimento ou quando surge um problema de impacto coletivo sobre a saúde, o serviço correspondente esteja capacitado para enfrentá-lo e resolvê-lo até o nível de sua competência".

Merhy (1997), refletindo sobre a busca da qualidade dos serviços de saúde, define resolutividade como

> *...a possibilidade de usar tudo que se dispõe para eliminar o sofrimento e as causas reais do problema do paciente. É colocada à disposição do paciente toda a tecnologia disponível a fim de se conseguir o diagnóstico e o tratamento adequado a cada caso, a fim de abordar a dimensão individual e coletiva dos problemas de saúde. Implica em criar um processo que tenha como desdobramento uma alteração do quadro do usuário e uma satisfação do mesmo.*

Segundo Adami (1993) e Unglert (1995), o acesso à saúde está relacionado a três subcategorias: o acesso geográfico, o acesso econômico e o acesso funcional. O acesso geográfico caracterizado pela forma e tempo de deslocamento e pela distância entre o serviço de saúde e o local de moradia do usuário. O acesso econômico envolve o custo de deslocamento, de procedimentos, de medicamentos e condição social do usuário. O acesso funcional está ligado a qualidade do atendimento, aos tipos de serviços oferecidos frente às necessidades da demanda, os horários previstos, tempo de utilização e freqüência de procura pelo atendimento.

Acurcio e Guimarães (1996) definem acessibilidade como a capacidade de obter cuidados de saúde, de forma fácil e conveniente, quando necessário.

Para Merhy (1997), acesso está relacionado ao acolhimento, que consiste na humanização das relações entre trabalhadores e serviços de saúde com seus usuários, resultando em controle do sofrimento ou produção de saúde.

Princípios da estratégia AIDPI

A estratégia de Atenção Integrada às Doenças Prevalentes na Infância (AIDPI) também se baseia em um enfoque que considera que o acesso a uma boa atenção, é um direito de todas as crianças (BENGUIGUI, 1998). Assim, a estratégia caracteriza-se por adotar os seguintes princípios:

Propiciar a eqüidade, assegurando um serviço de qualidade no primeiro nível de atenção, através da incorporação de medidas preventivas e curativas que protegem a criança da morte por pneumonia, diarréia, sarampo, malária e desnutrição.

Abordar os principais problemas de saúde da criança, pois apresenta enfoque direcionado para avaliar, de forma sistemática, as principais causas de morbidade e mortalidade infantil.

Responder à demanda, uma vez que dois terços das crianças que procuram hospitais, centros de saúde e outros serviços de saúde apresentam uma das cinco enfermidades, cuja prevenção e controle é contemplado pela estratégia AIDPI.

Reforçar o conceito de integralidade, tendo em vista que incorpora no processo de atenção à criança, elementos que permitem avaliá-la integralmente, não valorizando apenas elementos relacionados à enfermidade apresentada.

Fortalecer as medidas de promoção da saúde e prevenção da doença, identificando, de forma precoce, as crianças gravemente doentes e elaborando um plano de atenção de acordo com a severidade dos casos, e promovendo a vacinação, o aleitamento materno, a alimentação adequada, o crescimento e desenvolvimento da criança e a valorização do afeto, entre outros aspectos.

Fortalecer a participação da família e da comunidade no cuidado, proteção e promoção da saúde da criança, através da inclusão de componentes educativos específicos sobre como cuidar da criança em casa e como melhorar os conhecimentos, atitudes e práticas dos pais, professores e outras pessoas encarregadas de sua atenção em casa e na comunidade.

Fortalecer a capacidade de planejamento e resolução no primeiro nível de atenção, colocando à disposição do profissional de saúde, as ferramentas para a resolução adequada dos problemas mais freqüentes que afetam a saúde da criança e que constituem motivo freqüente de consulta.

Apresentação dos Instrumentos Para Coleta de Dados

Compreender a relação do perfil saúde-doença de crianças de uma determinada realidade social, com as condições de vida a que estão sujeitas, significa incluir nesse universo, o entendimento do papel do Estado e como este tem respondido às necessidades de saúde dessa população. Processo este que se explicita mais concretamente, na relação usuário/serviço. De um lado o usuário com sua individualidade e portanto uma maneira própria de sentir e representar os seus problemas e necessidades, que quando inseridos numa dada realidade social, geram no conjunto, necessidades coletivas, e de outro lado, os serviços de saúde com seus saberes, tecnologias e um determinado modo de fazer saúde. Esse encontro produz uma atuação sobre uma determinada situação, que pode ou não, ser capaz de resolver e/ou alterar, satisfatoriamente seu quadro de problemas. Esse processo é bastante dinâmico, complexo e envolve um grande conjunto de variáveis, relacionadas à estrutura dos serviços de saúde, processo de trabalho e resultado das ações de saúde nos usuários.

Para construção dos formulários, utilizou-se indicadores de estrutura, processo e resultado, baseado nos pressupostos conceituais da chamada avaliação de qualidade desenvolvida por Donabedian (1980).

Na avaliação de serviços de saúde, os indicadores de estrutura correspondem a todos os componentes materiais e organizacionais que possibilitam que uma determinada unidade proporcione atenção à saúde. O processo refere-se à produção das ações geradas pelos profissionais de saúde no contato com a população. Os indicadores de resultado são entendidos como o impacto produzido pela atenção prestada no estado de saúde da população (Donabedian, 1980; Hartz, 1997; Starfield, 1992).

Segundo Tanaka (2001), esse tipo de avaliação inspirada nesse modelo sistêmico, por um lado compartimenta fenômenos que não são isolados na dinâmica dos serviços, mas por outro lado, permite uma classificação preliminar dos indicadores. Portanto, para efeito de análise deve-se considerar a inter-relação e interdependência desses fenômenos.

Outro ponto bastante importante na avaliação da qualidade dos serviços de saúde é a atuação dos profissionais que neles trabalham, já que estes não são meros insumos passíveis de serem administrados e planejados como qualquer outro fator de produção, mas sim, sujeitos sociais com importante participação na assistência à saúde prestada aos usuários desses serviços. Portanto a atuação profissional desses trabalhadores é imprescindível para determinar a adequação das condições de trabalho a eles oferecida (Donabedian, 1980; Merhy, 1997).

Para dar conta da complexidade dessa avaliação que agrega ao seu objeto, tanto o campo da avaliação de políticas de saúde como o campo da avaliação de serviços, no caso, restrita à criança, foram elaborados quatro instrumentos de pesquisa:

- Formulário 1 – Indicadores para avaliação da assistência à criança - Dados coletados no prontuário;
- Formulário 2 – Indicadores para avaliação da assistência à criança - Dados referentes ao serviço;
- Formulário 3 – Indicadores para avaliação da assistência à criança - Entrevistas com profissionais de saúde;
- Formulário 4 – Indicadores para avaliação da assistência à criança - Dados coletados na residência.

O conjunto desses instrumentos busca esclarecer os determinantes sociais envolvidos no processo saúde-doença da criança, bem como investigar o direcionamento das ações dos profissionais de saúde em relação às necessidades específicas da população infantil, tendo como referencial os princípios do SUS e os parâmetros preconizados pela estratégia AIDPI.

O Formulário 1 consiste num elenco de perguntas fechadas obtidas a partir de análise documental (prontuário da criança e ou família). É composto basicamente por indicadores de processo com a intenção de avaliar a identificação de necessidades de saúde, a formulação de diagnósticos médicos e de enfermagem, a indicação de tratamento e ou orientações e o posterior acompanhamento.

O Formulário 2 também foi elaborado com perguntas fechadas para levantar dados relacionados a estrutura que refletem a qualidade dos atendimentos prestados à criança nos serviços de saúde. Foram inseridos indicadores de estrutura com o propósito de avaliar a adequação das instalações e equipamentos às normas técnicas estabelecidas pela Agência Nacional de Vigilância à Saúde–ANVISA (Brasil, 1995). Os indicadores institucionais/organizacionais contidos nesse instrumento buscam analisar a cobertura do serviço, por meio do levantamento das ações ofertadas e da disponibilidade de recursos.

Os Formulários 3A, 3B e 3C foram elaborados com perguntas abertas e visam conhecer as atividades desenvolvidas por médicos, enfermeiros e auxiliares de enfermagem ou agentes comunitários de saúde em nível individual e coletivo, captar o que consideram relevantes na determinação dos principais problemas de saúde das crianças e o conhecimento que têm de alguns parâmetros adotados pela estratégia AIDPI.

O Formulário 4 é composto por questões estruturadas e semiestruturadas com conteúdos que abrangem aspectos relacionados à integralidade, resolutividade e acessibilidade ao serviço. É composto por indicadores de resultado e objetiva avaliar, sob a ótica da população usuária do serviço, os efeitos da atenção prestada, as mudanças ocorridas no estado de saúde da criança atendida, a aceitação, adesão, participação no tratamento e satisfação do usuário. Esses dados serão obtidos por meio de entrevista e serão coletados no domicílio da criança.

Agradecimentos

Agradecemos aos pesquisadores Eulália Maria Aparecida Escobar e Paulo Cobellis Gomes pela participação na elaboração dos instrumentos para coleta dos dados.

INDICADORES PARA AVALIAÇÃO DA ASSISTÊNCIA À CRIANÇA - PROJETO FAPESP

Formulário 1 - Dados Coletados no prontuário

Data ___/___/___
Área: Santo Amaro ( ) Itaquera ( )
Microárea ______________________________
Nº da família __________
Nome da criança______________________________
Número do Prontuário______________________________

1. Idade na primeira consulta médica (meses, dias)______________
2. Idade na última consulta (meses, dias)______________ (idade P2 > idade P1)
3. Número de consultas médicas ______________
4. Número de consultas de enfermagem ______________
5. Motivo da última consulta ______________________________

____

6. Foram anotadas no prontuário, as seguintes informações sobre a criança:

Identificação	( ) Não	( ) Sim
Estatura	( ) Não	( ) Sim
Peso	( ) Não	( ) Sim
Curva de crescimento	( ) Não	( ) Sim
Diagnóstico nutricional	( ) Não	( ) Sim
Vacinação	( ) Não	( ) Sim
Se sim:	está em dia ( )	não está em dia ( )
Alimentação	( ) Não	( ) Sim
Aleitamento materno	( ) Não	( ) Sim
Temperatura corporal	( ) Não	( ) Sim
Estado mórbido anterior (HPMA)	( ) Não	( ) Sim
Observou e julgou o momento do seu desenvolvimento neuropsicomotor	( ) Não	( ) Sim
Diagnóstico médico de morbidade (foi explicitado)	( ) Não	( ) Sim
Diagnóstico de enfermagem explicitado	( ) Não	( ) Sim
Condutas médicas foram explicitadas	( ) Não	( ) Sim
Condutas de enfermagem foram explicitadas	( ) Não	( ) Sim
Medicamentos prescritos	( ) Não	( ) Sim
Cuidados de enfermagem realizados	( ) Não	( ) Sim

AVALIAÇÃO DA ESTRUTURA E DO PROCESSO - SAÚDE DA CRIANÇA PROJETO FAPESP

Formulário 2 - Dados referentes ao serviço - A

Área: Santo Amaro ( ) Itaquera ( )
Microárea____
Nº da família ____________

I. HIGIENE, VENTILAÇÃO E ILUMINAÇÃO DO CONSULTÓRIO DE PEDIATRIA

Área total em m² ____________________

Ventilação	Adequada ( )	Inadequada ( )
Iluminação	Natural ( )	Artificial ( )
Incidência de luz solar direta	Sim ( )	Não ( )
Paredes laváveis	Sim ( )	Não ( )
Pisos laváveis	Sim ( )	Não ( )

II. MATERIAL

Abaixador de língua (pacote)	( ) Não	( ) Sim
Mesa de exame com coxim	( ) Não	( ) Sim
Mesa de trabalho com duas cadeiras	( ) Não	( ) Sim
Otoscópio	( ) Não	( ) Sim
Tensiômetro com manguito de três tamanhos	( ) Não	( ) Sim
Balde de pedal	( ) Não	( ) Sim
Banco giratório	( ) Não	( ) Sim
Biombo	( ) Não	( ) Sim
Escada de dois degraus	( ) Não	( ) Sim
Cesto para papel	( ) Não	( ) Sim
Foco de luz com haste flexível	( ) Não	( ) Sim
Mesa auxiliar	( ) Não	( ) Sim
Suporte para papel toalha	( ) Não	( ) Sim
Suporte para sabão líquido	( ) Não	( ) Sim
Bandeja retangular	( ) Não	( ) Sim
Lanterna	( ) Não	( ) Sim
Fita métrica	( ) Não	( ) Sim
Termômetro	( ) Não	( ) Sim
Estetoscópio biauricular inf.	( ) Não	( ) Sim
Material de expediente	( ) Não	( ) Sim
Lençol para mesa de exame descartável (rolo)	( ) Não	( ) Sim
Papel toalha	( ) Não	( ) Sim
Antropômetro	( ) Não	( ) Sim
Balança p/ adulto c/ altímetro	( ) Não	( ) Sim
Balança para lactente	( ) Não	( ) Sim

III. NÚMERO DE PROCEDIMENTOS RELATIVOS À ASSISTÊNCIA À CRIANÇA

1. Agente comunitário da saúde (nº de visitas) ______________________
2. Número de atendimentos de enfermagem (inalações, curativos, aplicações de medicamentos, etc.)
3. Número de consultas de enfermagem______________________
4. Número de consultas de pediatria______________________
5. Grupos realizados:
   - Puericultura______________________
   - Incentivo ao aleitamento materno ______________________
   - Outros.Quais?______________________

6. Disponibilidade de retaguarda de:

Leitos para crianças	( ) Não	( ) Sim
Consultas especializadas para crianças	( ) Não	( ) Sim
Exames complementares na assistência secundária (laboratório / radiográficos)	( ) Não	( ) Sim

AVALIAÇÃO DA ESTRUTURA E DO PROCESSO - SAÚDE DA CRIANÇA - PROJETO FAPESP

Formulário 3 - Dados referentes ao pessoal ou funcionários

Área: Santo Amaro ( ) Itaquera ( )
Microárea______________________
Nº da família ____________

ENTREVISTA COM AS AUXILIARES DE ENFERMAGEM, AGENTES DE SAÚDE, ENFERMEIROS, MÉDICO DE FAMÍLIA E PEDIATRA

Entrevistado:
( ) auxiliar de enfermagem e ou agente de saúde
( ) enfermeiro(a)
( ) médico(a) de família
( ) pediatra

Obs: Questões 1 e 2 apenas para enfermeiros(as), médicos(as) de família e pediatra.
1. Tempo de formado(a): (em anos)______________________
2. Realização de curso de pós-graduação: Não ( ) Sim ( )
3. Tempo de atividade em saúde da criança: __________ meses __________anos
4. Atividades desenvolvidas em saúde da criança:______________________

____

5. Realização de treinamento / reciclagem para desenvolver as atividades relacionadas no último ano
   Sim ( ) Não ( )
   Se sim, responda as questões 6 a 8

6. Tipo: Teórico ( ) Prático ( ) Teórico e prático ( )

7. Duração (em dias) ________________________________

8. Local________________________________

9. Problemas percebidos na execução das atividades descritas________________________________

____

____

____

10. Durante a sua atividade profissional, ao atender uma criança **com menos de 2 meses de idade**, o que você consideraria sinais e sintomas significativos de uma doença grave? A criança que apresenta:

Convulsões, respiração rápida	( ) Não	( ) Sim
Tiragem subcostal grave	( ) Não	( ) Sim
Batimento de asa de nariz	( ) Não	( ) Sim
Gemido	( ) Não	( ) Sim
Fontanela abaulada	( ) Não	( ) Sim
Secreção purulenta no ouvido	( ) Não	( ) Sim
Eritema umbilical estendido à pele	( ) Não	( ) Sim
Febre de 37,5º C ou hipotermia < 35,5º C	( ) Não	( ) Sim
Pústulas na pele (muitas ou extensas)	( ) Não	( ) Sim
Letargia ou inconsciência	( ) Não	( ) Sim
Movimentos menos que o normal	( ) Não	( ) Sim
Dor à manipulação (choro) olhos fundos	( ) Não	( ) Sim
Sinal da prega, sangue nas fezes	( ) Não	( ) Sim
Outros.	( ) Não	( ) Sim
Se sim, quais?________________________________		

11. Durante a sua atividade profissional, **ao atender uma criança na faixa etária de 2 meses a 5 anos de idade**, o que você consideraria sinais e sintomas significativos de uma doença grave? A criança que:

Não consegue beber ou mamar no peito	( ) Não	( ) Sim
Vomita tudo que ingere	( ) Não	( ) Sim
Apresenta convulsões	( ) Não	( ) Sim
Está letárgica ou inconsciente	( ) Não	( ) Sim
Outros.	( ) Não	( ) Sim
Se sim, quais?________________________________		

12. Durante a sua atividade profissional, **ao atender uma criança com queixa respiratória e/ou febre**, que sinais e sintomas você considera significativos?

Tiragem subcostal	( ) Não	( ) Sim
Estridor em repouso	( ) Não	( ) Sim
Abaulamento de fontanela	( ) Não	( ) Sim
Taquipnéia	( ) Não	( ) Sim
Sibilância	( ) Não	( ) Sim
Rigidez de nuca	( ) Não	( ) Sim
Outros.	( ) Não	( ) Sim
Se sim, quais?________________		

INDICADORES PARA AVALIAÇÃO DA ASSISTÊNCIA À CRIANÇA - PROJETO FAPESP

Formulário 4 - Dados Coletados na Residência

Área: Santo Amaro ( ) Itaquera ( )
Microárea________________
Nº da família ________________

I. IDENTIFICAÇÃO DA CRIANÇA
Nome da criança________________
Número do Prontuário________________
Endereço________________
Sexo: M ( ) F ( )
Peso ________________(g)
Estatura ________________(cm)
Nascimento
Cidade ________________ Data ________ /________/________ (dd/mm/aaaa)

II. IDENTIFICAÇÃO DA FAMÍLIA
Há quanto tempo a família reside em São Paulo (em anos)________________
Há quanto tempo a família mora neste endereço (em anos)________________

III. IDENTIFICAÇÃO DO RESPONDENTE
Nome________________
Sexo: ( ) M ( ) F
Relação com a criança: ( ) Pai ( ) Mãe ( ) Irmão ( ) Outros
Idade (em anos) ________________

Escolaridade (opção única):

( ) não freqüentou escola
( ) sabe ler e escrever
( ) não sabe ler e escrever
( ) 1ºgrau incompleto
( ) 1ºgrau completo
( ) 2ºgrau incompleto
( ) 2ºgrau completo
( ) 3ºgrau incompleto
( ) 3ºgrau completo
( ) Curso técnico incompleto
( ) Curso técnico completo

Onde nasceu:
Cidade ______________________________ Estado ______________________
Trabalha ( ) Não ( ) Sim
Chefe da Família ( ) Não ( ) Sim
A sr.(a) vive com companheiro?

( ) sim ( ) não ( ) solteira ( ) viúva
( ) outro ______________________________

IV. CONDIÇÕES SÓCIO-ECONÔMICAS

Renda familiar (em reais) (opção única):

( ) até 1 salário mínimo
( ) de 1 a 3 salários mínimos
( ) de 4 a 5 salários mínimos
( ) de 7 a 10 salários mínimos
( ) de 11 a 15 salários mínimos
( ) mais de 16 salários mínimos
( ) não sabe/ não respondeu

Número de pessoas que contribuem para a renda familiar (opção única):

( ) uma pessoa
( ) duas pessoas
( ) três pessoas
( ) quatro pessoas
( ) seis ou mais
( ) não sabe/ não respondeu

O (a) sr(a). tem um serviço de assistência médica suplementar ao SUS/PSF?

( ) Sim ( ) Não

1. Se sim, que tipo? (opção única):

( ) convênio-empresa
( ) seguro privado
( ) sindicato ou outras associações de categoria
( ) iamspe
( ) não sabe /não respondeu

2. Quanto a família gasta por mês em saúde? Gasto em R$_______________

( ) não sabe / não respondeu

( ) não se aplica

V. CONDIÇÕES DE MORADIA

3. Caracterização do domicílio (opção única):

( ) casa

( ) apartamento

( ) barraco

( ) casa de cômodos (cortiço)

( ) outros. Especificar:_______________________________________

( ) não sabe / não respondeu

4. A sua casa é (opção única):

( ) cedida

( ) alugada

( ) própria quitada

( ) própria pagando

( ) outros. Especificar: _______________________________________

( ) não sabe / não respondeu

5. Número de cômodos do domicílio, sem contar com o banheiro: ____________

6. Tipo de instalação sanitária (opção única):

( ) inexistente

( ) interna

( ) externa coletiva

( ) externa unifamiliar

( ) não sabe / não respondeu

7. Destino dos dejetos (opção única):

( ) sistema público de esgoto

( ) esgoto a céu aberto

( ) fossa séptica e seca

( ) fossa negra

( ) outros. Especificar: _______________________________________

( ) não sabe / não respondeu

8. Abastecimento de água (opção única):

( ) rede pública interna

( ) rede pública externa

( ) poço artesiano interno

( ) poço artesiano externo

( ) poço comum interno

( ) poço comum externo

( ) outros. Especificar: _______________________________________

( ) não sabe / não respondeu

9. Destino do lixo – coleta pública (opção única):
( ) sim, diária
( ) sim, em dias alternados
( ) sim, uma vez por semana
( ) sim, irregular
( ) não, enterra
( ) não, joga em terreno baldio
( ) não, queima
( ) não, outros: ____
( ) não sabe / não respondeu

10. Melhoramento público:
calçamento de rua ( ) Sim ( ) Não
iluminação de rua ( ) Sim ( ) Não

VI. MOTIVOS DE PROCURA AO SERVIÇO

11. O(a) sr.(a) recebe visita do médico ou da equipe do serviço de saúde em casa para o atendimento da criança? (opção única)
( ) sim, de rotina
( ) sim, só quando precisa
( ) sim. Especifique: ____
( ) não recebe visita
( ) não sabe / não respondeu

12. O (a) sr.(a) procura alguma assistência específica em decorrência dos problemas de saúde das crianças?
( ) Sim ( ) Não

13. Caso não, qual o motivo (opção única)
( ) não acha necessário
( ) não sabe quem procurar ou onde ir
( ) não tem recursos (convênio, dinheiro)
( ) não tem tempo
( ) não gosta de ir ao médico
( ) outros. Especificar: ____________________
( ) não sabe / não respondeu

14. Caso sim, onde o(a) sr.(a) procura ajuda?

hospital:	( ) público	( ) privado	( ) convênio	( ) nenhum
pronto atendimento:	( ) público	( ) privado	( ) convênio	( ) nenhum
clínica / ambulatório:	( ) público	( ) privado	( ) convênio	( ) nenhum

posto de saúde / centro de saúde / ubs ( )
outros ( ). Quem? ____
não sabe / não respondeu ( )

15. Em que situações o(a) sr(a) procura os seguintes serviços:

- hospital:________________________________
- pronto atendimento: __________________________
- clínica / ambulatório: _________________________
- posto de saúde / centro de saúde / ubs _________________

16. Porque (a) sr.(a) procurou o PSF/UBS Jardim República (opção única)

( ) escolha pessoal
( ) conhece alguém que trabalha lá
( ) por encaminhamento do médico ou agente de saúde
( ) por falta de outro serviço acessível
( ) porque não paga o atendimento
( ) por já ter sido tratado anteriormente neste serviço
( ) pela localização do serviço
( ) pela boa fama do serviço
( ) outro motivo. Especificar: ________________________
( ) não sabe / não respondeu

17. Quantas vezes o(a) sr(a) procurou o SUS/PSF para conseguir um agendamento?

____

18. O(a) sr.(a) comparece às consultas agendadas?

( ) sim
( ) não. Caso não, por quê? _________________________

19. O(a) sr.(a) foi encaminhado do PSF/UBS Jardim República para outro serviço?

( ) sim. Caso sim, qual? ___________________________
( ) não
( ) não sabe / não respondeu

20. Caso a resposta da questão anterior tenha sido "sim", o sr(a) conseguiu atendimento no serviço ao qual foi encaminhado?

( ) sim
( ) não. Caso não, por quê?__________________________
( ) não sabe / não respondeu

VII. RESOLUTIVIDADE

21. Quando o(a) sr.(a) visita o médico ou serviço de saúde para o atendimento da criança? (opção única):

( ) de rotina
( ) só quando precisa
( ) não visito
( ) outro /especifique_____________________________
( ) não sabe / não respondeu

22. A sua criança apresentou algum problema de saúde nos últimos 30 dias?

( ) sim. Qual (is)? ____

____

____

____

( ) não

( ) não sabe / não respondeu

23. O problema da criança foi resolvido?

( ) sim

( ) não

24. O que fez para resolver o problema da criança? (opção única):

( ) seguiu a instruções do PSF/UBS Jardim República

( ) cura espontânea

( ) automedicação

( ) tratamento caseiro

( ) continua com o problema

( ) procurou outro serviço

( ) ainda está em tratamento

( ) outros. Especificar: ________________________________

( ) não sabe / não respondeu

25. O sr.(a) recebeu orientações sobre o problema da criança? (opção única)

( ) sim, por escrito

( ) sim, verbalmente

( ) não

( ) não se aplica especifique: ____________________________

( ) não sabe / não respondeu

26. O(a) sr.(a) entendeu as orientações recebidas sobre o problema da criança?

( ) sim

( ) não

( ) não sabe / não respondeu

27. Foi receitado medicamento para a criança?

( ) sim

( ) não

( ) não sabe / não respondeu

( ) não se aplica

28. O(a) sr.(a) recebeu orientações sobre a medicação da criança:

( ) sim, por escrito

( ) sim, verbalmente

( ) não

( ) não se aplica. Especifique: ___________________________

( ) não sabe / não respondeu

29. O(a) sr.(a) entendeu as orientações recebidas sobre a medicação da criança?
( ) sim
( ) não
( ) não sabe / não respondeu

30. Onde o(a) sr.(a) obteve o medicamento prescrito para a criança? (opção única):
( ) no próprio serviço
( ) programático
( ) recebeu por doação
( ) amostra
( ) em outro serviço
( ) comprou o medicamento
( ) alguém lhe comprou o medicamento
( ) não obteve o medicamento
( ) outros. Especificar: ______________________________
( ) não sabe / não respondeu
( ) não se aplica

31. O sr. deu regularmente o medicamento prescrito para a criança?
( ) sim
( ) não
( ) não sabe / não respondeu
( ) não se aplica

32. Caso não deu o medicamento regularmente para a criança, por que não o fez? (opção única):
( ) não teve sintomas
( ) não acha preciso
( ) esquece de tomar
( ) não entendeu as orientações
( ) não entendeu a letra do médico
( ) teve efeitos colaterais / complicações
( ) remédio é caro
( ) remédio não fazia efeito
( ) médico suspendeu
( ) não tem quem lhe dê o remédio
( ) não sabe / não respondeu
( ) outros. Especificar ______________________________
( ) não se aplica

33. Houve outra indicação de tratamento?
( ) Sim
( ) Não

34. Caso sim, qual o tratamento?
( ) foi orientado ao uso de outras terapias
( ) foi orientado para mudança de hábitos de vida
( ) outros ______________________________
( ) não sabe / não respondeu

35. O(a) sr.(a) entendeu as orientações sobre o tratamento indicado?
( ) sim
( ) não
( ) não sabe / não respondeu

VIII. ACESSIBILIDADE

36. Como o(a) sr.(a) chega ao PSF / UBS Jardim República (opção única):
( ) a pé
( ) de carro próprio
( ) toma um ônibus
( ) toma mais de um ônibus
( ) de táxi
( ) de lotação
( ) carro de amigo / vizinho / parente
( ) outros. Especificar______________________________

37. Quando o(a) sr.(a) vem ao PSF / UBS Jardim República, quem o atende desde a sua chegada ao serviço? (numere de 1 a 6 ou mais a seqüência de atendimento do usuário pelos profissionais):

Profissional	Seqüência de atendimento
Médico(a)	
Enfermeira(o)	
Auxiliar de enfermagem	
Agente de saúde	
Recepcionista	
Outro(s)	

IX. SATISFAÇÃO DOS USUÁRIOS

38. O que o(a) sr.(a) acha do atendimento feito pelos profissionais PSF / UBS Jardim República (marcar apenas uma opção para cada profissional):

Atendimento / Profissionais	Muito bom	Bom	Regular	Ruim	Indiferente	Não conhece
Médico(a)						
Enfermeira(o)						
Auxiliar de enfermagem						
Agente de saúde						
Recepcionista						
Outro(s) / qual(is)						

39. Em geral, o que o(a) sr.(a) acha do atendimento no PSF/UBS Jardim República (opção única):
( ) excelente
( ) bom
( ) regular
( ) ruim
( ) indiferente
( ) não sabe / não respondeu

Justifique sua resposta

X. CONHECIMENTO DOS SINAIS DE PERIGO DO AIDPI

40. Diante de que sinais o (a) sr.(a) leva a sua criança ao Serviço de Saúde quando está doente?

---

41. Quando a sua criança tem IRA, deve-se dar (opção única):
( ) menos líquido
( ) a mesma quantidade de líquido de sempre
( ) uma maior quantidade de líquido

42. Quando a sua criança tem IRA, deve-se dar (opção única):
( ) menos alimento
( ) a mesma quantidade de alimento de sempre
( ) uma maior quantidade de alimento

43. Quando a sua criança tem Diarréia, deve-se dar (opção única):
( ) menos líquido
( ) a mesma quantidade de líquido de sempre
( ) uma maior quantidade de líquido

44. Quando a sua criança tem Diarréia, deve-se dar (opção única):
( ) menos alimento
( ) a mesma quantidade de alimento de sempre
( ) uma maior quantidade de alimento

45. Até que idade você amamentou o seu filho só no peito? ____________________

Entrevistador ____

Observações ( ) Sim ( ) Não

Referências Bibliográficas

ACURCIO F. A., GUIMARÃES M. D. C. Acessibilidade de indivíduos infectados pelo HIV aos serviços de saúde: Uma revisão de literatura. *Cadernos de Saúde Pública,* 12:233-242, 1996.

ADAMI N. P. Acesso aos serviços de dermatologia de um centro de saúde escola sob o modo de ver dos hansenianos. *Revista Paulista de Enfermagem,* 12:82-86, 1993.

AVALIAÇÃO da atenção básica. Estratégias de Institucionalização. Boletim especial do VII Congresso Brasileiro de Saúde Coletiva. 2003, nº 8: 8.

BARROS E. *O controle social e o processo de descentralização dos serviços.* Unicamp, [s.d.].

BENGUIGUI Y. Atención Integrada a las Enfermedades Prevalentes de la Infância (AIEPI). *In:* JAUREGUI REINA, C. A.; SUAREZ CHAVARRO, P. *Promoción de la salud y prevención de la enfermedad.* Enfoque em salud familiar. Editora Médica Panamericana, Colômbia, 1998. cap. 8.

BENGUIGUI Y. Perspectivas en el control de enfermedades en los niños: Atención Integrada a las Enfermidades Prevalentes de la Infancia. *Rev. Bras. Saúde Materno Infantil,* 1(1): 7-19, 2001.

BRASIL. MINISTÉRIO DA SAÚDE. Secretaria Nacional de Assistência à Saúde / SNAS. *ABC do SUS Doutrinas e princípios.* Brasília. 1990.

BRASIL. MINISTÉRIO DA SAÚDE. *Programa Saúde da Família:* saúde dentro de casa. Brasília, Ministério da Saúde/Fundação Nacional de Saúde, 1994.

BRASIL. MINISTÉRIO DA SAÚDE. Agência Nacional de Vigilância Sanitária. Normas para projetos físicos de estabelecimentos assistenciais de saúde. Brasília, 1995

BRASIL. MINISTÉRIO DA SAÚDE. Secretaria de Políticas de Saúde. *Atenção Integrada à Doenças Prevalentes na Infância* – AIDPI. [online] . Brasília; 2000a. Disponível em: http://www.Saude.gov.br/sps/areastecnicas/scriança (12 de maio 2002).

CAMPOS, G. W. S. Considerações sobre a arte e a ciência da mudança: revolução das coisas e reforma das pessoas o caso da saúde. In: Cecílio L.C.O. *Inventando a mudança na saúde.* 2ª ed. São Paulo: Ed. Hucitec, 1997.

CARVALHO, M. R. Modelos assistenciais de unidades básicas de saúde e o conceito de integralidade. In: *Serviços locais de saúde:* construção de atores e políticas (Bodstein RCA, org.). Rio de Janeiro: Relume Dumará, 1991.

CUNHA, A. J. L. A.; SILVA, M. A. F. S.; AMARAL, J. J. F. A estratégia de "Atenção Integrada às Doenças Prevalentes na Infância – AIDPI" e sua implantação no Brasil. *Rev. Ped. Ceará* 2001; 2 (1): 33-38.

DONABEDIAN, A. *The Definition of Quality and Approach to its Assessment.* Ann Harbor, Health Administration Press, 1980.

GONÇALVES, R. B. M. *Tecnologia e organização social das práticas de saúde: característica tecnológica de processos de trabalho na rede estadual de centro de saúde de São Paulo.* São Paulo: Hucitec/Abrasco, 1994.

HARTZ, Z. M. A. *Avaliação em saúde: dos modelos conceituais à prática na análise da implantação de programas.* Rio de Janeiro: Fiocruz, 1997.

MADUREIRA, P. R.; DE CAPITANI, E. M.; CAMPOS, G. W. S. Avaliação da qualidade da atenção à saúde na rede básica. *Cad. Saúde Pública* v. 5, nº 1, pp. 45-59, 1989.

MENDES, E. V. *Os sistemas fragmentados de serviços de saúde.* Texto utilizado na Oficina de sistemas integrados de serviços de saúde. São Paulo. [s.d.].

MENDES, E. V. Distritos sanitários: conceitos-chaves. In: Mendes, E. V. (org.) *Distrito sanitário: o processo social de mudança das práticas sanitárias do Sistema Único de Saúde.* São Paulo/Rio de Janeiro: Hucitec/Abrasco, 1994.

MERHY, E. E. Em busca da qualidade dos serviços de saúde: os serviços de porta aberta para a Saúde e o modelo tecno assistencial em defesa da vida. In: Cecílio, L.C.O. *Inventando a mudança na saúde.* 2ª ed. São Paulo: Ed Hucitec, 1997.

NOVAES, H. M. *Ações integradas nos sistemas locais de saúde - Silos:* uma análise conceitual e apreciação de programas selecionados na América Latina. São Paulo: Livraria Pioneira e Editora, 1990.

SILVA JUNIOR, A. G. Modelos tecno-assistenciais em saúde – O debate no campo da saúde Coletiva. São Paulo: Hucitec, 1998.

STARFIELD, B. Medición de los logros de la atención primaria. In: *Investiciones sobre servicios de salud:* una antologia (White KL, Ed.). Washinton: Organización Panamericana de la Salud, 1992. (Publicación Científica nº 534).

STARFIELD, B. *Atenção Primária: equilíbrio entre necessidades de saúde, serviços e tecnologia*. Brasília: UNESCO/Ministério da Saúde, 2002.

TANAKA, O. Y.; MELO, C. *Avaliação de programas de saúde do adolescente:* Um modo de fazer. São Paulo: Editora da Universidade de São Paulo, 2001.

UNGLERT, C. V. S. Territorialização em sistemas de saúde. In: *Distrito sanitário* (Mendes EV, org.), pp. 221-235, São Paulo: Editora Hucitec/ Rio de Janeiro: Abrasco, 1995.

Capítulo 4

Avaliação da Assistência à Criança em Instituições com Modelos Assistenciais Distintos

Sônia Regina Leite de Almeida Prado
Elizabeth Fujimori

Introdução

Avaliações de Políticas Públicas de Saúde têm sido objeto de estudo de diferentes áreas do conhecimento, com concepções, enfoques e aplicações igualmente distintas. Apesar de toda diversidade, a avaliação é sempre um processo de comparação que exige o estabelecimento de parâmetros que servem de balizadores do processo de análise de resultados. Neste capítulo serão abordados os resultados do estudo de avaliação da assistência prestada à saúde da criança, como parte do projeto interinstitucional denominado "Saúde da Família – Avaliação da nova estratégia assistencial no cenário das Políticas Públicas", financiado pela Fundação de Amparo à Pesquisa do Estado de São Paulo (Fapesp). O objetivo geral desse amplo projeto foi avaliar a nova estratégia proposta pelo Ministério da Saúde, o Programa de Saúde da Família (PSF), por meio do contraste entre uma comunidade coberta por essa estratégia e outra não assistida pelo programa.

Até a década de 70, a assistência à saúde no Brasil, era voltada quase que exclusivamente aos aspectos relacionados à doença e seus efeitos no corpo biológico. A partir da Conferência Internacional Sobre Cuidados Primários de Saúde, ocorrida em 1978 em Alma-Ata, nasce a necessidade de se rever o paradigma da atenção à saúde centrada no biológico. Nesse sentido a atenção primária à saúde passa a incorporar a inter-relação entre doença, pobreza e desenvolvimento sócio-econômico (OMS, 1978).

As proposições de Alma-Ata, que contemplavam integralidade, eqüidade, descentralização, intersetorialidade e participação popular em suas diretrizes, foram incorporadas ao ideário da Reforma Sanitária, movimento que lançou as bases para a reformulação da política de saúde na década de 80 (Silva Junior, 1998; Mendes, 1994; Paim, 1999).

Nesse contexto foi criado e aprovado pela Constituição Brasileira de 1988, o Sistema Único de Saúde (SUS), regulamentado pela Lei 8.080/1990, que tem como diretrizes, a universalização do direito à saúde, a descentralização dos serviços, a integralidade das ações preventivas e curativas e a participação social. A saúde coletiva passou, então, a ser o foco central das políticas de saúde na busca da superação do paradigma até então estabelecido, isto é, atenção à saúde voltada para o indivíduo biológico.

O Programa de Saúde da Família (PSF), que prevê um novo modelo de atenção primária, foi lançado pelo Ministério da Saúde no início de 1994 na tentativa de reordenar o modelo assistencial em saúde e consolidar o SUS. Trata-se de um modelo racional e equânime que propõe um novo gerenciamento da atenção em saúde, incluindo nova dinâmica para a estruturação dos serviços de saúde, para a relação com a comunidade e para a relação com os diversos níveis de complexidade assistencial (MS, 1994).

A avaliação da assistência prestada à criança buscou identificar como os serviços de saúde estudados operam a atenção básica destinada à população infantil. A análise privilegia o enfoque da saúde e não apenas da doença e procura esclarecer os determinantes sociais que interferem no processo saúde doença. Outro aspecto abordado refere-se ao direcionamento das ações dos profissionais de saúde para as necessidades específicas da criança, ou seja, ações de saúde que não podem deixar de ser realizadas na atenção integral à saúde da criança: incentivo ao aleitamento materno, acompanhamento do crescimento e desenvolvimento, imunização e atenção às doenças prevalentes, com destaque para as doenças respiratórias e diarréicas. Procurou-se avaliar ainda, a resolutividade dos serviços e o impacto das ações no usuário, além da acessibilidade ao serviço. O estudo tem um caráter bastante abrangente, porém neste capítulo serão apresentados resultados preliminares, principalmente acerca das variáveis relacionadas às condições de vida e saúde das regiões onde residem as famílias estudadas, bem como características sócio-demográficas e econômicas das crianças e suas famílias. Quanto às ações de saúde direcionadas às necessidades específicas da criança, apresentam-se os resultados obtidos por meio de análise de registro em prontuário e algumas variáveis relacionadas às condições de saúde das crianças, obtidas por meio de inquérito domiciliar, sobretudo as relacionadas à morbidade referida. Os resultados globais serão objeto de outras publicações.

Pretende-se que os resultados obtidos contribuam para estimular a produção de conhecimentos que instrumentalizem não só a melhoria da assistência à população infantil na organização da assistência prestada à criança na área da atenção básica, mas também nas práticas profissionais, especialmente em relação à intervenção na realidade.

Metodologia

Trata-se de um estudo de caso, exploratório-descritivo. Esse tipo de delineamento proporciona maior familiaridade com o problema em estudo, uma vez que permite o estudo profundo e exaustivo do objeto (Gil, 1996).

A presente pesquisa foi desenvolvida em duas unidades de saúde regidas pela atual Política Nacional de Saúde, a qual é norteada pelas diretrizes e princípios do SUS. As unidades de saúde envolvidas no estudo estão localizadas nas áreas das subprefeituras de Capela do Socorro (Zona Sul) e Penha (Zona Leste) e, nos distritos administrativos de Cidade Dutra e Arthur Alvim, respectivamente.

Cada uma das unidades de saúde selecionadas atuam com modelos assistenciais distintos: uma das unidades localizada na região Sul do município organiza a assistência à saúde conforme o modelo tradicional de atenção à saúde (sem PSF), e a outra, localizada na Zona Leste da cidade de São Paulo, tem como eixo estruturante da assistência à saúde, o Programa de Saúde da Família (com PSF). Cabe ressaltar que este livro dedica um capítulo específico aos cenários institucionais e seus respectivos modelos técnico assistencial que foram campo desta pesquisa.

Do total de 100 observações da área com PSF e 100 da área sem PSF previstas inicialmente como amostra representativa da população usuária de cada unidade de saúde, a serem selecionadas aleatoriamente do total de prontuários de crianças de 0 a 5 anos de idade, efetivamente foram estudadas 96 da unidade sem PSF e 99 da unidade com PSF.

Os dados relacionados à saúde da criança foram colhidos com a utilização de quatro instrumentos específicos, pré-testados: Formulário 1 para coleta de dados no prontuário; Formulário 2 para coleta de dados referente ao serviço; Formulário 3 para entrevista com profissionais de saúde e Formulário 4 para coleta de dados na residência da criança. Todos os instrumentos de avaliação foram amplamente discutidos e apresentados no capítulo anterior.

Os dados pertinentes ao serviço foram colhidos por meio de visitas às unidades e análise de prontuários. Os dados referentes à criança e sua família foram colhidos do prontuário por meio de entrevista com a mãe ou responsável pela mesma, realizada no domicílio da criança, por dupla de estudantes de enfermagem devidamente treinadas em técnicas de entrevista.

Todas as diretrizes éticas da Resolução nº 196/96 do Conselho Nacional de Saúde foram contempladas, e o projeto maior foi aprovado pelo Comitê de Ética em Pesquisa da Universidade de Santo Amaro.

Para contemplar a amplitude e a complexidade do projeto maior, foram criados dez bancos de dados numa base relacional, que permitiu a entrada de dados *on-line* com acesso à distância. Tanto o desenho amostral, quanto a elaboração do banco de dados e as análises estatísticas foram realizadas com assessoria do Laboratório de Epidemiologia e Estatística – Lee, do Instituto Dante Pazzanezi.

A análise foi feita utilizando-se freqüências relativas (percentuais) e absolutas (n) das classes de cada variável qualitativa, especialmente com o intuito de caracterizar a amostra estudada.

As variáveis quantitativas foram analisadas utilizando-se médias e medianas para resumir as informações, além de desvios-padrão e valores mínimo e máximo para indicar a variabilidade dos dados.

Para comparar as distribuições de freqüência das variáveis qualitativas, foi utilizado o teste Qui-Quadrado de Pearson. Esse teste baseia-se nas diferenças entre valores observados e esperados, avaliando se as proporções em cada grupo podem ser consideradas semelhantes ou não. O teste exato de Fisher foi utilizado nas situações onde os valores esperados foram inferiores a cinco. Abaixo de cada tabela de cruzamento destas variáveis estão apresentados os resultados da significância do teste através do valor de p, sendo que, para valores menores do que 0,05 ($p < 0,05$), considerou-se associação estatisticamente significativa entre as variáveis.

O Teste t-Student para amostras independentes foi usado para variáveis quantitativas na comparação de duas médias, sempre que as hipóteses de normalidade e independência não foram violadas. Nos casos onde a hipótese de normalidade foi violada, adotou-se o teste não paramétrico de Mann-Whitney para amostras independentes.

Resultados Preliminares

Apresenta-se a seguir, a caracterização geral das regiões onde reside a população em estudo, caracterização das crianças e suas famílias, condições de saúde das crianças estudadas e caracterização da assistência prestada.

Caracterização das Regiões Onde Reside a População em Estudo*

Como descrito na metodologia, uma das unidades de saúde estudadas localiza-se na região Sul do município, na área da Subprefeitura de Capela do Socorro e a outra na região Leste, na Subprefeitura da Penha, nos distritos administrativos de Cidade Dutra e Arthur Alvim, respectivamente.

A unidade localizada na região Sul organiza a assistência à saúde conforme o modelo tradicional de atenção à saúde (sem PSF) e a que se localiza na Zona Leste da cidade de São Paulo, tem como eixo estruturante da assistência à saúde, o Programa de Saúde da Família (com PSF).

A Subprefeitura de Socorro possui 630.202 habitantes e é formada por 03 Distritos Administrativos: Socorro, Cidade Dutra e Grajaú. A Subprefeitura da Penha, por sua vez, possui 472.135 habitantes, sendo formada por 04 Distritos Administrativos: Cangaíba, Penha, Vila Matilde e Artur Alvim. Os dados da Tabela 1 mostram que a região onde se localiza a unidade de saúde sem PSF apresenta população mais jovem, em detrimento da população com mais de 40 anos de idade.

---

* Para a redação desta sessão, contou-se com a colaboração de Paulo Cobellis Gomes e Naira Regina dos Reis Fazenda.

Tabela 1. Distribuição proporcional da população residente nas Subprefeituras de Socorro e Penha, segundo idade. São Paulo, SP, 2003.

Idade em anos	População residente por Subprefeitura (%)	
	Socorro	**Penha**
< 1	2,05	1,47
1 a 4	8,14	5,98
5 a 9	9,49	7,19
10 a 19	20,33	17,33
20 a 39	36,54	33,92
40 a 49	11,89	13,48
50 a 59	6,59	9,26
≥ 60	4,98	11,38

Fonte: Fundação SEADE, 2003

Embora a proporção de favelas seja similar, as variáveis sócio-econômico-demográficas revelam que a população residente no Distrito Administrativo de Artur Alvim, região onde se localiza a unidade com PSF, apresenta condições ligeiramente melhor (Tabela 2).

Tabela 2. Índice de Exclusão e algumas variáveis demográficas e sócio-econômicas selecionadas dos Distritos Administrativos, Cidade Dutra e Artur Alvim, que compõem as Subprefeituras de Socorro e Penha, São Paulo, SP, julho, 2004.

Variáveis	Distritos Administrativos	
	Cidade Dutra	**Artur Alvim**
População em 2000[1]	190.079	111.210
Índice de Exclusão	-0,67	-0,49
% Chefe de família com renda < 3 sm	46	40
% chefes com < 7 anos de escolaridade	62	56
Coeficiente de Mortalidade Infantil[2]	20,10	13,91
Homicídios 15 a 24 anos[3]	143	96
% domicílios precários	23	50
% área com favela	3	2,85
% mulheres chefes de família sem renda	12	7,0

Fonte: Mapa da Exclusão/Inclusão Social da Cidade de São Paulo, 2002

[1]IBGE – Censo/2000

[2]Fonte: SEADE (dados preliminares-abril/2002) - óbitos de menores de 1 ano/ 1.000 nascidos vivos

[3]Óbitos/100.000 habitantes

A Subprefeitura de Socorro tem em média 45.000 habitantes por Unidade Básica de Saúde, enquanto a Subprefeitura da Penha tem em média 26.134 habitantes por Unidade Básica de Saúde. Observa-se pela Tabela 3 que a desvantagem para a região do Socorro, onde se localiza a unidade sem-PSF, refere-se especialmente ao menor número de Unidades Básicas de Saúde sem o PSF.

Tabela 3. Oferta de Serviços de Saúde nas Subprefeituras de Socorro e Penha. São Paulo, SP. Julho, 2004.

Equipamentos de saúde	**Subprefeitura (n)**	
	Socorro	**Penha**
Unidades Básicas de Saúde sem o PSF	9	13
Unidade Básica de Saúde com o PSF	5	5
Ambulatórios de Especialidades	3	1
Unidades de DST / AIDS	1	1
Unidades de Saúde Mental	1	2
Total	19	22

Fonte: Revista Saúde- São Paulo – Secretaria Municipal da Saúde, 2004.

A análise da oferta de serviços de saúde por Distritos Administrativos confirma a desvantagem, revelando menor número de Unidades Básicas de Saúde com o PSF na região de Socorro (Tabela 4). Nessa região, no Distrito Administrativo de Cidade Dutra, cada Unidade Básica de Saúde destina-se em média a 47.500 habitantes, enquanto em Artur Alvim, cada Unidade Básica de Saúde possui em sua área de abrangência, aproximadamente 15.887 habitantes.

Tabela 4. Oferta de serviços de saúde nos Distritos Administrativos de Cidade Dutra e Artur Alvim. São Paulo, SP, julho, 2004.

Equipamentos de saúde	**Distritos administrativos (n)**	
	Cidade Dutra	**Artur Alvim**
Unidades Básicas de Saúde sem o PSF	3	4
Unidades Básicas de Saúde com o PSF	1	3
Ambulatórios de Especialidades	1	1
Unidade de DST / AIDS	1	-
CECCO- Unidade de Saúde Mental	-	1
Total	6	9

Fonte: Revista Saúde- São Paulo – Secretaria Municipal da Saúde, 2004.

A Tabela 5, que apresenta alguns dados de caracterização de saúde, mostra que na Subprefeitura de Socorro há maior proporção de recém-nascidos (RN) com baixo peso ao nascer, maior porcentagem de mães adolescentes e menor cobertura de consulta de pré-natal, revelando condições mais desfavoráveis em relação à Subprefeitura da Penha.

Tabela 5. Dados de caracterização de saúde nas Subprefeituras de Socorro e Penha. São Paulo, SP, julho, 2004.

Características	**Subprefeitura (n)**	
	Socorro	**Penha**
% RN Baixo Peso (< 2.5 Kg)	10,1	9,7
% Mãe Adolescente (< 20 anos)	16,6	13,7
% Partos Cesários	45,1	54,7
% Gestantes com 7 e mais Consultas de Pré-natal	50,8	60,8
Total Nascidos Vivos	11.478	6.725

Fonte: Boletim CEInfo – Secretaria Municipal da Saúde de São Paulo, 2003.

Na Tabela 6, observam-se indicadores de mortalidade mais elevados na Subprefeitura de Socorro, Distrito Administrativo de Cidade Dutra. Assim, de uma forma geral, analisando-se as duas regiões observa-se desvantagem em quase todas as variáveis para a região de Socorro, área onde se localiza a Unidade de Saúde sem PSF.

Tabela 6. Mortalidade Neonatal, Pós-Neonatal e Infantil nos Distritos Administrativos de Cidade Dutra e Artur Alvim. São Paulo, SP, 2001.

Coeficientes de mortalidade	**Distritos administrativos (n)**	
	Cidade Dutra	**Artur Alvim**
Óbito Neonatal Precoce	7,63	4,45
Óbito Neonatal Tardio	5,60	2,78
Óbito Neonatal Total	13,23	7,23
Óbito Pós-neonatal	6,87	6,68
Mortalidade Infantil	20,10	13,91

Fonte: SEADE (Dados Preliminares – abril de 2002) Coeficiente por 1.000 nascidos vivos. Total de nascidos vivos em Cidade Dutra: 3.930 e Artur Alvim: 1.797.

Caracterização das Crianças e Suas Famílias

A Tabela 7 mostra que não existem diferenças estatisticamente significativas para as duas variáveis de caracterização das crianças, sexo e idade, o que torna os grupos homogêneos e favorece a análise comparativa.

Tabela 7. Distribuição das crianças estudadas segundo sexo e idade, por unidade de saúde. São Paulo, SP, 2003.

Características	Unidade de Saúde		Total	p[1]
	sem PSF	com PSF		
Sexo				0,937[2]
Masculino	50 (52,1%)	51 (51,5%)	101 (51,8%)	
Feminino	46 (47,9%)	48 (48,5%)	94 (48,2%)	
Idade (anos)				0,556
Média	2,15	2,07	2,11	
Mediana	1,31	1,45	1,36	
Desvio-padrão	1,81	1,84	1,82	

[1] Teste Mann-Whitney.
[2] Teste qui-quadrado.

Com relação às condições de moradia, observa-se na Tabela 8 que a maioria das famílias das crianças estudadas de ambas as unidades reside há cerca de 9 anos no mesmo domicílio, casa própria (91,2%), com uma média de três cômodos. Não foram encontradas diferenças estatisticamente significativas para essas variáveis. Quanto à instalação sanitária, as crianças atendidas na unidade com PSF apresentam condições mais desfavoráveis, uma vez que 19,2% de suas famílias residem em moradias com instalação sanitária externa e 5,1% não possuem sanitário, diferença estatisticamente significativa. Em relação às condições de saneamento básico, as crianças atendidas em ambas as unidades de saúde apresentam condições semelhantes, com quase 100% residindo em moradias com acesso à rede pública de água, esgoto e coleta de lixo.

Analisando-se os dados sócio-econômicos e demográficos contidos na Tabela 9, observa-se que mais de 80% dos respondentes eram mães das crianças estudadas, com faixa etária entre 28 a 30 anos. O tempo médio de residência em São Paulo gira em torno de 20 anos e a maioria, aproximadamente 77% vive com um companheiro. Quanto ao nível de escolaridade aproximadamente 50% dos respondentes possuíam 8 anos ou mais de estudo, a maior parte (68,6%) não ocupava posição de chefia da família e mais de 70% não estava inserida no mercado de trabalho. Cerca 60% das famílias possuíam renda familiar *per capita* entre 1 e 3 salários mínimos e em dois terços delas, apenas uma pessoa da família contribuía para a renda familiar. As famílias referiram gasto médio mensal de R$ 84,34 com a saúde e a grande maioria das famílias não possuía assistência médica suplementar (81,5%). A população estudada mostrou-se bastante homogênea, não se encontrando diferenças estatisticamente significantes para nenhuma das variáveis estudadas.

Tabela 8. Distribuição das crianças estudadas segundo condições de moradia e saneamento, por unidade de saúde básico. São Paulo, SP, 2003.

Variáveis	Unidade de Saúde		Total	p[1]
	sem PSF	com PSF		
Condições da moradia				
Tipo				0,093
Casa	91 (95,8%)	86 (86,9%)	177 (91,2%)	
Barraco	1 (1,1%)	8 (8,1%)	9 (4,6%)	
Outros	3 (3,2%)	5 (5,0%)	8 (4,1%)	
Tempo de moradia (anos)				0,975[2]
Média	9,75	8,96	9,35	
Mediana	6	5	5	
Desvio-padrão	10,0	9,0	9,5	
Situação				0,107
Própria	50 (52,1)	61 (61,7%)	111 (56,9%)	
Alugada	17 (17,7%)	22 (22,2%)	39 (20,0%)	
Cedida	26 (27,1%)	16 (16,2%)	42 (21,5%)	
Outros	3 (3,1%)	-	3 (1,5%)	
Número de cômodos				0,578[2]
Média	3,18	3,29	3,23	
Mediana	3,00	3,00	3,00	
Desvio-padrão	1,29	1,23	1,26	
Instalação sanitária				0,034[3]
Interna	86 (89,6%)	75 (75,8%)	161 (82,6%)	
Externa	7 (7,3%)	19 (19,2%)	26 (13,4%)	
Inexistente	3 (3,1%)	5 (5,1%)	8 (4,1%)	
Condições de saneamento				
Abastecimento de água				0,065
Rede pública interna	78 (82,1%)	93 (93,9%)	171 (88,1%)	
Rede pública externa	13 (13,7%)	5 (5,1%)	18 (9,3%)	
Poço/outros	4 (2,1%)	1 (1,0%)	5 (2,5%)	
Rede de esgoto				0,377
Rede Pública	83 (87,4%)	89 (89,9%)	172 (88,7%)	
Fossa	6 (6,3%)	1 (1,0%)	7 (3,6%)	
Céu Aberto	6 (6,3%)	8 (8,1%)	14 (7,2%)	
Não sabe	-	1 (1,0%)	1 (0,5%)	
Freqüência da coleta do lixo				0,169
Diária/dias alternados	91 (94,8%)	98 (98,9%)	189 (96,9%)	
Semanal	3 (3,1%)	-	3 (1,5%)	
Irregular/outros	2 (2,1%)	1 (1,01%)	3 (1,5%)	

[1] Teste exato de Fisher; [2] Teste Mann-Whitney; [3] Teste qui-quadrado

Tabela 9. Distribuição das crianças estudadas segundo variáveis sócio-demográficas do respondente e econômicas da família, por unidade de saúde. São Paulo, SP, 2003.

Características do respondente	Unidade de Saúde		Total	p[1]
	sem PSF	com PSF		
Sexo				0,849
Feminino	88 (93,6%)	92 (92,9%)	180 (93,3%)	
Masculino	6 (6,4%)	7 (7,1%)	13 (6,7%)	
Idade (anos)				0,191[3]
Média	28,18	30,79	29,51	
Mediana	28,00	29,00	28,00	
Desvio-padrão	8,33	10,99	9,84	
Relação com a criança				0,305[2]
Pai	6 (6,3%)	5 (5,1%)	11 (5,7%)	
Mãe	83 (87,4%)	80 (80,8%)	163 (84,0%)	
Irmão	1 (1,1%)	1 (1,0%)	2 (1,0%)	
Outros	5 (5,3%)	13 (13,1%)	18 (9,3%)	
Situação conjugal				0,817
Vive com companheiro	76 (79,2%)	76 (76,8%)	129 (68,6%)	
Não vive com companheiro	20 (20,8%)	23 (23,2%)	43 (22,0%)	
Tempo de moradia em São Paulo (anos)				0,338[3]
Média	19,63	21,45	20,59	
Mediana	19,00	21,00	20,00	
Desvio-padrão	10,92	12,43	11,74	
Chefe de família				0,637
Não	63 (67,0%)	66 (70,2%)	129 (68,6%)	
Sim	31 (33,0%)	28 (29,8%)	59 (31,4%)	
Escolaridade (anos de estudo)				0,613
Não estudou	4 (4,2%)	2 (2,0%)	6 (3,1%)	
< 8	42 (44,2%)	41 (41,8%)	83 (43,0%)	
> 8	49 (51,6%)	55 (56,1%)	104 (53,9%)	
Inserção no mercado de trabalho				0,335
Não	71 (74,0%)	67 (67,7%)	138 (70,8%)	
Sim	25 (26,0%)	32 (32,3%)	57 (29,2%)	
Renda familiar *per capita*				0,441
< 1 salário mínimo	20 (20,8%)	13 (13,3%)	33 (17,0%)	
1 a 3 salários mínimos	56 (58,4%)	59 (60,2%)	115 (59,3%)	
> 4 salários mínimos	20 (20,8%)	22 (23,2%)	42 (21,6%)	
Nº pessoas que contribuem para a renda				0,342
1 pessoa	65 (67,7%)	57 (58,8%)	122 (63,2%)	
2 pessoas	24 (25,0%)	28 (28,9%)	52 (26,9%)	
3 ou mais pessoas	7 (7,3%)	12 (12,4%)	19 (9,8%)	
Assistência médica suplementar				0,169
Não	82 (85,4%)	77 (77,8%)	159 (81,5%)	
Sim	14 (14,6%)	22 (22,2%)	36 (18,5%)	
Gasto mensal com saúde (reais)				0,432[3]
Média	79,94	90,15	84,38	
Mediana	50,00	70,00	50,00	
Desvio-padrão	69,55	99,64	83,73	

[1] Teste qui-quadrado; [2] Teste exato de Fisher; [3] Teste Mann-Whitney

Condições de Saúde das Crianças

A Tabela 10 apresenta a distribuição das crianças estudadas segundo algumas variáveis relacionadas à saúde. Observa-se diferença estatisticamente significativa em relação à morbidade referida nos últimos 30 dias, com freqüência maior nas crianças da área com PSF.

Tabela 10. Distribuição das crianças estudadas segundo algumas variáveis relacionadas à saúde, por unidade de saúde. São Paulo, SP, 2003.

Variáveis	Unidade de Saúde		Total	p[1]
	sem PSF	com PSF		
Procura atendimento para a criança				0,229
De rotina	74 (78,7%)	69 (69,7%)	143 (74,1%)	
Só quando precisa	18 (19,1%)	29 (29,3%)	47 (24,4%)	
Não procura	1 (1,1%)	-	1 (0,5%)	
Outro	-	1 (1,0%)	1 (0,5%)	
Não sabe	1 (1,1%)	-	1 (0,5%)	
Procura assistência específica em decorrência de problemas de saúde				0,283[2]
Não	41 (42,7%)	33 (35,1%)	74 (38,9)	
Sim	55 (57,3%)	61 (64,9%)	116 (61,1%)	
Motivo da não procura				0,869
Não acha necessário	32 (82,0%)	24 (72,7%)	56 (77,8%)	
Não sabe quem procurar	1 (2,6%)	1 (3,0%)	2 (2,8%)	
Não tem recurso	2 (5,1%)	3 (9,1%)	5 (6,9%)	
Não tem tempo	-	1 (3,0%)	1 (1,4%)	
Outros	3 (7,7%)	3 (9,1%)	6 (8,3%)	
Não sabe	1 (2,6%)	1 (3,0%)	2 (2,8%)	
Apresentou algum problema de saúde nos últimos 30 dias				0,001[2]
Não	55 (59,1%)	34 (35,1%)	89 (46,8%)	
Sim	38 (40,9%)	63 (64,9%)	101 (53,2%)	

[1] Teste exato de Fisher
[2] Teste qui-quadrado

A morbidade referida é um olhar sobre o processo de adoecimento da criança sobre a ótica da família e constitui um indicador de saúde tão ou mais importante que a mortalidade, porém pouco estudado pela dificuldade dos pesquisadores na coleta dos dados. A Tabela 11 apresenta as intercorrências de saúde conforme descrição dos respondentes nas entrevistas. A fim de dar maior visibilidade e maior possibilidade de análise, agrupou-se na Tabela 12, as morbidades em categorias. Dessa forma, pode-se apontar a doença respiratória como primeira causa de morbidade referida, seguida da febre e distúrbios gastrintestinais. Considerando-se que a febre não é uma patologia, mas sim um sinal de doença, pode-se afirmar que os distúrbios gastrintestinais representam a segunda causa de adoecimento da população estudada.

Tabela 11. Distribuição das crianças estudadas segundo morbidade referida nos últimos 30 dias, por unidade de saúde. São Paulo, SP, 2003.

Tipo de intercorrência	Unidade de Saúde		Total
	sem PSF	com PSF	
IVAS	8 (14,3%)	23 (34,3%)	31 (25,2%)
Febre	12 (21,4%)	15 (22,4%)	27 (21,9%)
Gripe e Resfriado	11 (19,6%)	8 (11,9%)	19 (15,4%)
Diarréia	5 (8,9%)	2 (3,0%)	7 (5,7%)
Tosse	5 (8,9%)	2 (3,0%)	7 (5,7%)
Vômito	1 (1,8%)	4 (6,0%)	5 (4,1%)
Alergias	2 (3,6%)	2 (3,0%)	4 (3,2%)
Vermes	3 (5,3%)	-	3 (2,4%)
Infecção urinária	3 (5,3%)	-	3 (2,4%)
Viroses	-	2 (3,0%)	2 (1,6%)
Manchas no corpo	2 (3,6%)	-	2 (1,6%)
Conjuntivite	1 (1,8%)	1 (1,5%)	2 (1,6%)
Perda de peso	1 (1,8%)	1 1,5%)	2 (1,6%)
Dor de cabeça	1 (1,8%)	-	1 (0,8%)
Varicela	-	1 (1,5%)	1 (0,8%)
Anemia	1 (1,8%)	-	1 (0,8%)
Déficit de crescimento	-	1 (1,5%)	1 (0,8%)
Falta de ar	-	1 (1,5%)	1 (0,8%)
Intestino preso		1 (1,5%)	1 (0,8%)
Problema cardíaco	-	1 (1,5%)	1 (0,8%)
Estomatite	-	1 (1,5%)	1 (0,8%)
Irritação do globo ocular	-	1 (1,5%)	1
TOTAL	56 (100,0%)	67 (100,0%)	123(100,0%)

Tabela 12. Distribuição das crianças estudadas segundo morbidade referida nos últimos 30 dias, agrupadas, por unidade de saúde. São Paulo, SP, 2003.

Tipo de intercorrência	Unidade de Saúde sem PSF	com PSF	Total
Doença respiratória	24 (42,8%%)	34 (50,7%)	58 (47,1%)
Febre	12 (21,4%%)	15 (22,4%)	27 (21,9%)
Dist. gastrintestinal	9 (16,1%)	7 (10,4%)	16 (13,0%)
Dist. crescimento	1 (1,8%)	2 (3,0%)	3 (2,4%)
Dist. ocular	1 (1,8%)	2 (3,0%)	3 (2,4%)
Alergias	2 (3,6%)	2 (3,0%)	4 (3,2%)
Outras patologias	7(12,5%)	5 (7,5%)	12 (9,7%)
TOTAL	56 (100,0%)	67 (100,0%)	123(100,0%)

Diversos estudos têm apontado a doença respiratória como a principal causa de adoecimento da população infantil. Estudo realizado em Pelotas na década de 80 já revelava as infecções respiratórias, seguidas de diarréia, como as principais causas de hospitalização (Victora e cols., 1988).

Caracterização da Assistência à Saúde da Criança

Abordar assistência à saúde infantil no atual momento político, econômico e social do país é uma proposta bastante complexa, uma vez que os problemas/necessidades de saúde e as situações de risco que envolvem o ciclo de vida da criança estão intimamente relacionados ao grupo social no qual está inserida e conseqüentemente aos determinantes sociais a que ela está exposta. Embora venha ocorrendo mudança no perfil de morbimortalidade infantil nas últimas décadas, ainda observam-se discrepâncias gritantes em relação à distribuição, tanto dos eventos mórbidos como das mortes ocorridas em crianças do Município de São Paulo, denunciando uma acentuada desvantagem para as crianças que vivem em piores condições sócio-econômicas.

Esse quadro tem direcionado algumas metas prioritárias na atenção à saúde da criança para o Município de São Paulo, tais como a redução da mortalidade neonatal, a redução da morbimortalidade por doenças respiratórias e a garantia do acompanhamento a todas as crianças de risco. A partir dessas metas, define-se como diretrizes políticas: que o atendimento à criança deve ser hierarquizado e regionalizado, abrangendo todos os níveis de complexidade; que o Programa de Saúde da Família deve constituir a estratégia estruturante da atenção básica; que os diferentes serviços de saúde devem estar integrados e articulados; que o atendimento à criança compreende ações intersetoriais, e que a participação da família e da comunidade deve ser garantida. Ainda estabelece algumas diretrizes técnicas que devem orientar a atenção básica prestada à criança como o acolhimento da demanda para identificar os problemas/necessidades de saúde; o comprometimento de toda a equipe de saúde na vigilância à saúde da criança; a priorização da atenção à criança de risco; o desenvolvimento de ações coletivas, e a ênfase nas ações de promoção da saúde (Secretaria Municipal de Saúde, 2003).

Pensar em avaliação, como já comentado no início deste capítulo, remete imediatamente à necessidade de parâmetros que possibilitem a análise do nosso objeto de estudo. Com relação a assistência à saúde da criança, os parâmetros mais atuais disponíveis são os estabelecidos pelo Ministério da Saúde para a programação das ações básicas de saúde na área da atenção à saúde da criança, que propõe os seguintes parâmetros assistenciais: o crescimento e desenvolvimento; a imunização e a assistência às doenças preveníveis na infância como as afecções respiratórias, a diarréia e a desnutrição (Ministério da Saúde, 2001).

Além desses parâmetros clássicos, agregou-se também a amamentação como importante indicador das condições de saúde da criança, como já proposto desde a implantação do Programa de Atenção Integral à Saúde da Criança.

Um dos aspectos fundamentais na atenção à saúde da criança é o registro do seguimento da criança em prontuário. O registro sistematizado permite maior conhecimento e melhor compreensão do processo saúde-doença no decorrer do ciclo vital da criança, facilita a socialização dos dados entre os diferentes profissionais que participam do atendimento à criança e ainda possibilita a constituição de banco de dados para análise epidemiológica e conseqüente planejamento de ações de saúde pertinentes a uma determinada realidade local.

Com base nesses pressupostos, analisa-se preliminarmente nesta seção, os dados coletados nos prontuários das crianças nas duas unidades envolvidas no estudo.

A Tabela 13 apresenta a presença ou não de anotação dos dados de identificação e de antropometria das crianças no prontuário, segundo as unidades de saúde estudadas. A análise desses dados não mostra diferenças estatisticamente significantes entre as unidades de saúde sem PSF e com PSF. Cabe ressaltar que nas unidades com o modelo tradicional esses procedimentos são realizados por profissionais de nível médio, enquanto naquelas com PSF, as medidas antropométricas são realizadas durante a consulta médica ou de enfermagem.

Tabela 13. Anotações no prontuário segundo unidade de saúde. São Paulo, SP, 2003.

Anotação no prontuário	Unidade de Saúde		Total	p[1]
	sem PSF	com PSF		
Identificação da criança				0,497[2]
Não	2 (2,1%)	-	2 (1,0%)	
Sim	95 (97,9%)	97 (100,0%)	192 (99,0%)	
Estatura			0,092	
Não	10 (10,3%)	4 (4,1%)	14 (7,2%)	
Sim	87 (89,7%)	94 (95,9%)	181 (92,8%)	
Peso				0,051
Não	8 (8,2%)	2 (2,1%)	10 (5,2%)	
Sim	89 (91,8%)	95 (97,9%)	184 (94,8%)	

[1] Teste qui-quadrado.
[2] Teste exato de Fisher.

Na Tabela 14, que mostra a presença ou não de dados pertinentes à avaliação nutricional no prontuário, segundo as unidades de saúde estudadas, observa-se que há diferenças estatisticamente significantes entre as áreas, predominando maior índice de uso do método de avaliação do crescimento e desenvolvimento na unidade com PSF. Apesar dessa diferença, o percentual de uso do diagnóstico nutricional no PSF está distante da meta esperada, isto é, avaliação do estado nutricional de 100% das crianças atendidas. É importante destacar que uma das principais ferramentas para o controle e acompanhamento da saúde das crianças é a avaliação nutricional.

Tabela 14. Anotações no prontuário sobre avaliação do crescimento/desenvolvimento, segundo unidade de saúde. São Paulo, SP, 2003.

Anotação no prontuário	Unidade de Saúde		Total	p[1]
	sem PSF	com PSF		
Curva de crescimento				<0,001
Não	88 (91,7%)	7 (7,1%)	95 (49,0%)	
Sim	8 (8,3%)	91 (92,9%)	99 (51,0%)	
Diagnóstico nutricional				<0,001
Não	96 (100,0%)	69 (70,4%)	165 (85,1%)	
Sim	-	29 (29,6%)	29 (14,9%)	
Desenvolvimento				<0,001
Não	97 (100,0%)	66 (67,3%)	163 (83,6%)	
Sim	-	32 (32,7%)	32 (16,4%)	

[1] Teste qui-quadrado

Com relação à avaliação do desenvolvimento neuropsicomotor, observa-se ausência total de registro sobre o desenvolvimento da criança na unidade com modelo tradicional, sem PSF, e um índice ainda baixo desse registro na unidade com PSF. Há que se salientar a importância dessa avaliação na detecção precoce de vários problemas de saúde.

A Tabela 15 mostra que o registro de dados sobre vacinação no prontuário da criança difere significativamente entre as unidades estudadas. Constata-se que mais de 70% das crianças atendidas na unidade de saúde com PSF possuem esses dados no prontuário, o que permite uma maior visibilidade da situação vacinal da criança, além de facilitar intervenções adequadas com maior prontidão.

Tabela 15. Anotações no prontuário sobre vacinação, segundo unidade de saúde. São Paulo, SP, 2003.

Anotação no prontuário	Unidade de Saúde		Total	p[1]
	sem PSF	com PSF		
Vacinação				<0,001
Não	91 (93,8%)	28 (28,6%)	119 (61,0%)	
Sim	6 (6,2%)	70 (71,4%)	76 (39,0%)	
Vacinação em dia				>0,999[2]
Não		10 (14,3%)	10 (13,2%)	
Sim	6 (100,0%)	60 (85,7%)	66 (86,8%)	

[1] Teste qui-quadrado.

[2] Teste exato de Fisher.

Com relação à vacinação estar ou não atualizada, percebe-se que apesar da unidade sem PSF apresentar 100% de vacinação em dia, esse dado é pouco significativo, uma vez que a amostra de crianças com dados anotados em prontuário é mínima (6 crianças). Por outro lado, apesar da amostra de crianças com anotação em prontuário ser bem mais elevada (70 crianças), o índice de crianças com vacinação atrasada na unidade com PSF é elevado (14,3%), uma vez que é esperada que 100% das crianças apresentem vacinação em dia.

A presença ou não de dados relacionados à alimentação da criança no prontuário pode ser observada na Tabela 16. Constata-se que também há diferenças estatisticamente significantes entre as duas unidades estudadas. Percebe-se que na unidade com modelo tradicional de atenção à saúde, sem PSF, esses dados não são valorizados no prontuário, dificultando o acompanhamento e a evolução das crianças.

Tabela 16. Anotações no prontuário sobre alimentação da criança, segundo unidade de saúde. São Paulo, SP, 2003.

Anotação no prontuário	Unidade de Saúde		Total	p[1]
	sem PSF	com PSF		
Aleitamento materno				<0,001
Não	89 (91,8%)	35 (35,7%)	124 (63,6%)	
Sim	8 (8,2%)	63 (64,3%)	71 (36,4%)	
Alimentação				<0,001
Não	97 (100,0%)	36 (37,5%)	133 (68,9%)	
Sim	-	60 (62,5%)	60 (31,1%)	

[1] Teste qui-quadrado.

A Tabela 17 refere-se à anotação do estado mórbido anterior (HPMA) e registro do diagnóstico médico de morbidade e diagnóstico de enfermagem. Observam-se diferenças estatisticamente significantes entre as duas unidades estudadas. Os dados apontam ausência de qualquer uma dessas anotações no modelo tradicional de assistência, sem PSF. Os diagnósticos médicos e de enfermagem não aparecem em nenhum prontuário, implicando numa total falta de dados para o acompanhamento da evolução das crianças, bem como dificuldade na integração entre os diferentes profissionais que atuam com a criança.

Tabela 17. Anotações sobre estado mórbido anterior e diagnósticos médico e de enfermagem no prontuário segundo unidade de saúde. São Paulo, SP, 2003.

Anotação no prontuário	Unidade de Saúde		Total	p[1]
	sem PSF	com PSF		
Estado mórbido anterior				<0,001
Não	97 (100,0%)	46 (47,4%)	143 (73,7%)	
Sim	-	51 (52,6%)	51 (26,3%)	
Diagnóstico médico				<0,001
Não	96 (100,0%)	47 (48,5%)	143 (74,1%)	
Sim	-	50 (51,5%)	50 (25,9%)	
Diagnóstico de enfermagem				0,051
Não	96 (100,0%)	32 (32,7%)	128 (66,0%)	
Sim	-	66 (67,3%)	66 (34,0%)	

[1] Teste qui-quadrado.

Da mesma forma, a Tabelas 18 revela a total ausência de dados sobre as condutas médicas e de enfermagem nos prontuários das crianças atendidas no modelo tradicional, sem PSF, enquanto na unidade com PSF, o percentual de anotações variou de 75 a 81%, permitindo maior conhecimento e acompanhamento das crianças atendidas.

Tabela 18. Anotações sobre condutas médicas e de enfermagem e prescrição de medicamentos e cuidados realizados segundo unidade de saúde. São Paulo, SP, 2003.

Anotação no prontuário	Unidade de Saúde		Total	p[1]
	sem PSF	com PSF		
Condutas médicas				<0,001
Não	97 (100,0%)	24 (24,7%)	121 (62,4%)	
Sim	-	73 (75,3%)	73 (37,6%)	
Condutas de enfermagem				<0,001
Não	97 (100,0%)	20 (20,4%)	117 (60,0%)	
Sim	-	78 (79,6%)	78 (40,0%)	
Medicamentos prescritos				<0,001
Não	97 (100,0%)	18 (18,4%)	115 (59,0%)	
Sim	-	80 (81,6%)	80 (41,0%)	
Cuidados de enfermagem				<0,001
Não	97 (100,0%)	20 (20,8%)	117 (60,6%)	
Sim	-	76 (79,2%)	76 (39,4%)	

[1] Teste qui-quadrado.

Observa-se na Tabela 19 que a unidade com PSF consegue assegurar a primeira consulta antes do segundo mês de vida da criança, favorecendo a promoção e prevenção à saúde e criando condições mais favoráveis ao desenvolvimento e crescimento das crianças. Foram encontradas diferenças estatisticamente significantes para essas variáveis. Quanto ao número de consultas médicas não houve diferença significante entre as duas unidades, prevalecendo uma mediana de quatro consultas por criança. Por outro lado, com relação à consulta de enfermagem, no modelo tradicional, sem PSF, a consulta de enfermagem é quase inexistente, reforçando a prática de uma assistência centrada no médico, enquanto na unidade com PSF, a consulta de enfermagem é ofertada na mesma proporção que a consulta médica, possibilitando uma prática que privilegia também os aspectos voltados ao cuidado.

Tabela 19. Características gerais das crianças estudadas segundo unidade de saúde. São Paulo, SP, 2003.

Características	Unidade de Saúde		Total	p[1]
	sem PSF	com PSF		
Idade na 1ª consulta (meses)				<0,001
Média	7,41	1,83	4,49	
Mediana	2,00	0,28	1,00	
Desvio-padrão	11,63	5,04	9,21	
Idade na última consulta (meses)				<0,001
Média	18,36	19,48	18,94	
Mediana	11,00	12,00	11,00	
Desvio-padrão	16,78	18,34	17,57	
Nº de consultas médicas				0,546
Média	5,04	5,65	5,35	
Mediana	4,00	4,00	4,00	
Desvio-padrão	4,06	6,05	5,16	
Nº de consultas enfermagem				<0,001
Média	0,22	5,63	3,07	
Mediana	0,0	4,00	1,00	
Desvio-padrão	0,49	4,70	4,37	

[1] Teste Mann-Whitney.

De uma maneira geral, a análise dos dados constantes nos prontuários aponta que na unidade com PSF, há registros mais sistemáticos, o que favorece a melhor compreensão do processo saúde-doença das crianças, além de facilitar a ação integrada entre os distintos profissionais envolvidos nas ações desenvolvidas junto às crianças atendidas. Essa sistemática de registros ainda permite um melhor planejamento das ações de saúde, de acordo com as reais necessidades da população infantil.

Considerações Finais

Os determinantes sociais que interferem no processo saúde-doença, analisados a partir da caracterização das regiões revela que, embora ambas pertençam à periferia do Município de São Paulo e apresentem características gerais pertinentes a essa condição, a região de Capela do Socorro (unidade sem PSF) apresenta desvantagem em quase todas as variáveis em relação à região da Penha (unidade com PSF). Essa desvantagem é expressa principalmente por meio de indicadores como taxa de mortalidade infantil e baixo peso ao nascer, cobertura de pré-natal e disponibilidade de serviços de saúde. Esse quadro pode ser explicado pela acentuada insuficiência de recursos de saúde na região de Capela do Socorro, que dificulta o acesso e conseqüentemente resulta em baixa cobertura, sobretudo na atenção à mulher na gravidez, parto e puerpério.

Apesar das diferenças existentes na caracterização das regiões onde moram as famílias das crianças, a população estudada apresentou características sócio-demográficas e econômicas semelhantes. Esse fato reforça que as diferenças observadas na performance dos indicadores de saúde podem estar mais diretamente associadas a questões relacionadas à saúde como a disponibilidade de serviços de saúde e qualidade do serviço prestado.

Com relação às condições de saúde das crianças, os resultados sobre morbidade referida apontam a doença respiratória como a primeira causa de adoecimento em ambas as unidades. Quanto à distribuição com que foram referidos esses episódios, crianças da área com PSF apresentaram freqüência maior que as crianças da área sem PSF.

Quanto à caracterização da assistência prestada, a análise de registros em prontuários apontou que a organização do trabalho na unidade com PSF favorece o registro em prontuário, o que poderia ser considerado como ponto de partida para a concretização da atenção integral à saúde da criança.

Um dos fatores que pode explicar essa desvantagem da unidade sem PSF, em relação à unidade com PSF, é a organização da assistência no PSF, que delimita a área de abrangência em consonância com os recursos humanos disponíveis, ou seja, existe uma melhor adequação do binômio demanda/oferta, pré-estipulada. Parece que a questão crucial está mais relacionada à possibilidade de melhor planejar a assistência quando existe uma adequação da oferta à demanda. Transpondo essa discussão para a questão da universalidade de acesso, observa-se uma seletividade da clientela atendida no modelo com PSF, o que de um lado, garante mais o acesso para alguns, porém por outro lado, não responde a uma questão fundamental colocada na atual sociedade brasileira que é a exclusão social, reflexo da política neoliberal no país. Sabe-se que a natureza dos serviços de saúde, pública ou privada, já é por si só promotora de grandes desigualdades no acesso e utilização de serviços. Assim, é papel do Estado gerar políticas públicas mais inclusivas e não reforçar no seio do Estado, políticas que promovam a seletividade do acesso. De fato, parece que um dos desafios colocados na arena da construção do SUS é contemplar a mudança do modelo assistencial e o acesso aos serviços de saúde.

Referências Bibliográficas

GIL, A. C. *Como elaborar projetos de pesquisa.* São Paulo: Atlas, 1996.

MENDES, E. V. Distritos sanitários: conceitos-chaves. In: MENDES, E. V. (org) *Distrito sanitário:* o processo social de mudança das práticas sanitárias do Sistema Único de Saúde. São Paulo/Rio de Janeiro: Hucitec/Abrasco, 1994.

MINISTÉRIO DA SAÚDE. Saúde da Família: Uma estratégia para a reorientação do modelo assistencial. Brasília, Ministério da Saúde, 1994.

MINISTÉRIO DA SAÚDE. Secretaria de Assistência à Saúde. Norma Operacional da Assistência à Saúde – NOAS. Regionalização a assistência à saúde: aprofundando a descentralização com eqüidade no acesso. Brasília, Ministério da Saúde, 2001.

ORGANIZACIÓN MUNDIAL DE LA SALUD. Fondo de las Naciones Unidas para la Infancia. Alma Ata 1978. Atención primaria de salud. Ginebra; 1978. (Serie Salud para Todos 1).

PAIM, J. S. Políticas de descentralização e atenção primária à saúde. In: ROUQUAYROL, M. Z.; ALMEIDA FILHO, N. *Epidemiologia e saúde.* 5ª ed. Rio de Janeiro: Medsi; 1999, pp. 489-503.

SECRETARIA MUNICIPAL DA SAÚDE. Caderno Temático da Criança. São Paulo; 2003.

SILVA JUNIOR, A. G. *Modelos tecnoassistenciais em saúde* - O debate no campo da saúde Coletiva. São Paulo, Editora Hucitec, 1998.

VICTORA, C. G,; BARROS, F. C.; VAUGHAN, J. P. *Epidemiologia da desigualdade.* São Paulo, Editora Hucitec, 1988. 187 p.

A Gestante no Cenário Familiar e Assistencial

Capítulo 5

A Construção de Indicadores e Elaboração de Instrumentos de Avaliação da Assistência à Gestante

Roselena Bazilli Bergamasco
Dulce Maria Rosa Gualda
Egle de Lourdes Fontes Jardim Okazaki

A análise da situação da saúde reprodutiva no Brasil mostra o grave quadro vivenciado pelas mulheres e seus neonatos e a fragilidade da assistência prestada a essa população.

Segundo a Organização Mundial de Saúde (OMS) e a UNICEF a mortalidade materna representa um indicador do *status* da mulher, seu acesso à assistência à saúde e a adequação do sistema de assistência à saúde em responder às suas necessidades. É necessário, portanto, ter informação sobre níveis e tendências da mortalidade materna, não somente pelo que ela diz sobre os riscos na gravidez e no parto, mas também pelo que significa sobre a saúde, em geral, da mulher e, por extensão, seu *status* social e econômico" (OMS e UNICEF, 1990).

A comparação das taxas de mortalidade materna entre os países desenvolvidos, das Américas, tais como Canadá e Estados Unidos, cujos valores são inferiores a nove óbitos por 100.000 nascidos vivos com os do Brasil, Bolívia, Peru e Paraguai que são superiores a 100 óbitos por

100.000, evidencia a disparidade entre esses dois blocos (Ministério da Saúde, 2001). Na América Latina, o Brasil é o quinto colocado. Dados de 1997 mostram que o Brasil apresenta índice de 110 mortes maternas por 100.000 nascidos vivos. De acordo com a Organização Mundial de Saúde, a taxa de mortalidade no período grávido puerperal da mulher brasileira, além desta ser subnotificada, está muito acima dos níveis aceitáveis. Considera-se que 98% dessas mortes poderiam ser evitadas, se as mulheres tivessem condições dignas de assistência à saúde, especialmente no pré-natal, parto e pós-parto (Ministério da Saúde, 1996).

No que diz respeito às suas causas, SIQUEIRA et al (1991), em estudo na Região Sul do Município de São Paulo, constataram que as causas obstétricas diretas são as responsáveis pelas mortes no ciclo grávido-puerperal.

As principais causas de morte materna são: doença hipertensiva específica da gravidez, hemorragia, infecção e abortamento, reconhecendo-se a condição social da mulher como causa relacionada às mortes. Há também falta de leitos e as condições assistenciais são apontadas como desqualificadas, englobando desde o ensino nas faculdades à atividade das instituições, nas quais falta vontade de ampliar o quadro de pessoal e manter uma educação continuada para todos os integrantes da equipe de saúde (WHO, 1990-1991).

Diversos são os fatores de risco que interferem na saúde reprodutiva e contribuem para o óbito materno, e uma cadeia de eventos provoca sua ocorrência. Dentre eles, podemos apontar: características socioculturais e econômicas da população; doenças próprias do estado gravídico; estrutura fragmentada do sistema de saúde em que cada qual atende de modo estanque; ineficiência do sistema de referência e contra-referência; falta ou má distribuição de leitos destinados aos partos nas regiões, ocasionando superlotação em muitas instituições; uso abusivo de tecnologia e intervenções obstétricas que favorecem a morbidade e qualidade dos serviços de pré-natal, que constitui o ponto de estrangulamento da assistência (Tanaka, 1995).

Cianciarullo (1998) avalia que apesar das inovações tecnológicas e dos avanços na assistência à saúde reprodutiva da mulher, não se tem indicações de melhoria de qualidade de vida ou resultados da assistência prestada. Há a necessidade da articulação tecnológica e também melhoria em outros aspectos da assistência à saúde, tais como: individualização da assistência prestada, inserindo a mulher e sua família com o novo ser; preparo e orientação para a família para que tenha condições de assumir funções cuidativas; e sensibilidade aos problemas da mulher em relação ao processo de gestação.

A preocupação com a gestante, o parto, além do bem-estar da mãe e do recém-nascido, sempre existiu no âmago das diversas comunidades humanas, revelando o cuidado do ser humano com a sua procriação. O nascimento teve ao longo dos tempos um aperfeiçoamento, objetivando um nascer saudável, destinado a um parto normal, finalizando uma parceria mãe-bebê e família (Goldman, 2002).

A gestação deve ser bem controlada com um bom pré-natal, tanto na qualidade técnica como na qualidade de envolvimento afetivo entre o profissional e a gestante. Na gestação, este acompanhamento depende da participação e do interesse da gestante e de seus familiares, da participação dos órgãos assistenciais responsáveis e da atuação do pré-natalista que é certamente decisivo para a qualidade do acompanhamento da gestante (Tanaka et al., 1989).

O ponto fundamental é o preparo da gestante para o parto que abrange uma série de intervenções e cuidados, que se iniciam no pré-natal com medidas e atividades que têm como objetivo oferecer à mulher a oportunidade de vivenciar a experiência do trabalho de parto como processo fisiológico, fazendo-a sentir-se protagonista desse processo (Ministério da Saúde, 2001).

Nossa população continua carente de assistência à saúde, principalmente nos bairros de periferia das cidades. Há, portanto, necessidade da avaliação da parturiente, compreendendo os fatores de risco que se iniciam com o pré-natal e que podem ser feitos de modo relativamente simples.

Laurenti (1986) afirma que existe uma correlação entre o número de consultas de pré-natal e o coeficiente de mortalidade perinatal. É importante salientar que a qualidade é essencial na determinação dos fatores de risco que envolve mãe e filho.

Durante o pré-natal, deve-se fazer um planejamento de assistência com base na avaliação de risco, identificando o local do parto e o tipo de profissional que deverá estar envolvido. A primeira consulta de pré-natal é, sem dúvida, a mais importante para o decorrer da gestação. Há o levantamento das doenças pregressas da gestante, antecedentes familiares e história obstétrica anterior possibilitando com isso, diminuir os fatores de risco que envolvem a gestação. Forma-se o vínculo entre o profissional de saúde e a gestante, fortalecendo o lado afetivo pelo qual passa a mulher neste período, extremamente fragilizada e necessitando de apoio, compreensão e muita orientação. Para que o trabalho de parto seja tranqüilo é necessário que esta gestante esteja, desse modo, bem preparada (Tanaka et al., 1989).

O pré-natal tem por objetivo "diagnosticar enfermidades maternas preexistentes, tratando-as de modo a reduzir seu impacto na evolução e nos resultados, acompanhar a evolução da gravidez, observando as condições da gestante, o desenvolvimento e as condições do feto, diagnosticar e tratar as intercorrências gestacionais adotando as medidas preventivas recomendadas para a proteção da gestante e do feto, preparando a gestante para o parto e o aleitamento" (França, 2001).

Tanaka et al. (1989) assinalam o pré-natal como uma atividade rotineira e muitas vezes simplificada além do desejável, comprometendo a qualidade que pode ser o ponto determinante de sua efetividade.

Nas instituições de saúde o atendimento pré-natal é, marcadamente, ritualizado, onde as mulheres submetem-se aos procedimentos estabelecidos pelas rotinas institucionais. Essas incluem horários, análises laboratoriais, exames ultra-sonográficos, espera demasiada pela consulta, atendimento despersonalizado, consultas de tempo muito curtas. As mulheres tornam-se propriedade da equipe que as assiste e que lhes dita comportamento adequado. Estas, freqüentemente, exibem sua própria cultura, atendendo muito pouco à pessoa grávida e muito mais a seus interesses. Na maioria das vezes, não se percebe preocupação com a adequação do atendimento oferecido às reais necessidades sentidas pela clientela e, nem mesmo, reconhecimento da necessidade da abrangência da assistência, não se indo além do físico ou biológico e não considerando-se o contexto sócio-econômico e cultural.

Já em 1984, Maretti e Ferreira salientavam que para uma atuação adequada, torna-se necessário um trabalho multiprofissional, integrado, sendo que o trabalho isolado torna-se irrelevante. Visando atender à clientela integralmente na sua função bio-psico-social, há a necessidade de desenvolvimento de atividades de caráter preventivo e educativo, destacando-se alguns aspectos prioritários:

- Elevação do nível de conhecimento sobre saúde da gestante.
- Conscientização da importância do pré-natal.
- Preparação para o parto, principalmente de gestantes primigestas.
- Orientação sexual.
- Orientação em planejamento familiar.

Quando a discussão envolve medidas preventivas com o intuito de diminuir a mortalidade materna, Faúndes e Cecatti (1991) nos apontam medidas pormenorizadas para identificação dos níveis de ação, onde destacam-se o aumento da cobertura e da qualidade da assistência pré-natal em nível primário e secundário. Isto é, deve-se melhorar as condições de assistência da rede primária de saúde e, ao mesmo tempo, informar e educar a população sobre as vantagens e necessidade da consulta pré-natal. A necessidade de avaliar a localização dos centros da rede primária de saúde, quanto à sua adequação, capacidade para aumentar o número de consultas, com os recursos disponíveis e as normas técnicas vigentes. Informar a população sobre as vantagens do controle pré-natal e os riscos de levar adiante uma gravidez sem assistência médica. Essa informação ou educação deverá estimular a consulta precoce, desde o momento em que a mulher saiba estar grávida.

Há necessidade do conhecimento da realidade de vida e atendimento de saúde das mulheres, para uma reflexão crítica das condições de assistência e proposição de medidas de aprimoramento.

Para reverter algumas situações há a necessidade de mudanças no modelo assistencial, nas políticas sanitárias, nas práticas obstétricas e nas relações interdisciplinares que implicam em severas mudanças nos serviços de saúde. Há uma grande responsabilidade por parte dos órgãos de ensino no sentido de promoverem modos de vida saudáveis que favoreçam a saúde reprodutiva e em especial a maternidade segura.

O Ministério da Saúde, através da Portaria/GM n.º 569, de 1/6/2000, instituiu o Programa de Humanização no Pré-natal e Nascimento, para de adotar medidas que assegurem a melhoria do acesso, da cobertura e da qualidade do acompanhamento pré-natal, da assistência ao parto, puerpério e neonatal; e ampliar as ações já adotadas pelo Ministério da Saúde na área de atenção à gestante, como os investimentos nas redes estaduais de assistência à gestação de alto risco, o incremento do custeio de procedimentos específicos e outras ações, como o Projeto de Capacitação de Parteiras Tradicionais, do financiamento de cursos de especialização em enfermagem obstétrica e a realização de investimentos nas unidades hospitalares integrantes destas redes.

A principal estratégia do Programa de Humanização no Pré-natal e Nascimento é assegurar a melhoria do acesso, da cobertura e da qualidade do acompanhamento pré-natal, da assistência ao parto e puerpério às gestantes e ao recém-nascido, na perspectiva dos direitos de cidadania. O Programa fundamenta-se no direito à humanização da assistência obstétrica e neonatal como condição primeira para o adequado acompanhamento do parto e do puerpério.

A humanização compreende, entre outros, dois aspectos fundamentais. O primeiro diz respeito à convicção de que é dever das unidades de saúde receber com dignidade a mulher, seus familiares e o recém-nascido. Isto requer atitude ética e solidária por parte dos profissionais de saúde, organização da instituição de modo a criar um ambiente acolhedor e adotar condutas hospitalares que rompam com o tradicional isolamento imposto à mulher. O segundo se refere à adoção de medidas e procedimentos sabidamente benéficos para o acompanhamento do parto e do nascimento, evitando práticas intervencionistas desnecessárias, que, embora tradicionalmente realizadas, não beneficiam a mulher nem o recém-nascido e que, com freqüência, acarretam maiores riscos para ambos. Receber com dignidade a mulher requer atitude ética e solidária por parte dos profissionais de saúde.

As principais recomendações do programa são:

- Realizar a primeira consulta de pré-natal até o 4° mês de gestação;
- Garantir a realização dos seguintes procedimentos:

1. No mínimo, seis consultas de pré-natal, sendo, preferencialmente, uma no primeiro trimestre, duas no segundo trimestre e três no terceiro trimestre da gestação.
2. Uma consulta no puerpério, até quarenta e dois dias após o nascimento.
3. Realizar exames laboratoriais:
   a) ABO-Rh, na primeira consulta;
   b) VDRL, um exame na primeira consulta e outro próximo à trigésima semana da gestação;
   c) Urina rotina, um exame na primeira consulta e outro próximo à trigésima semana da gestação;
   d) Glicemia de jejum, um exame na primeira consulta e outro próximo à trigésima semana da gestação;
   e) Hemoglobina/Hematócrito, na primeira consulta.
4. Ofertar de testagem anti-HIV, com um exame na primeira consulta, naqueles municípios com população acima de 50 mil habitantes.
5. Aplicar vacina antitetânica até a dose imunizante (segunda) do esquema recomendado ou dose de reforço em mulheres já imunizadas.
6. Realizar atividades educativas.
7. Realizar a classificação de risco gestacional na primeira consulta e nas consultas subseqüentes.
8. Atender às gestantes classificadas como de risco, garantindo o vínculo e acesso à unidade de referência para atendimento ambulatorial e/ou hospitalar à gestação de alto risco.

O objetivo do programa é estimular os estados e municípios a incrementar a qualidade do acompanhamento pré-natal que prestam às suas gestantes, promovendo o cadastramento destas, organizando seus sistemas assistencias municipais e estaduais, garantindo a realização de acompanhamento pré-natal completo e a articulação deste com a assistência ao parto e puerpério.

Os recursos necessários correm por conta das dotações orçamentárias destinadas ao Sistema Único de Saúde e são adicionais aos já destinados a esta modalidade assistencial.

A unidade de referência para assistência pré-natal deve adotar a seguinte ficha de acompanhamento à gestante:

- 14-1 - Número de Identificação (novo ou já existente no município):

1 – UF	3 – Código do Município	4 – Código Estado	5 – Código do Órgão Emissor:

Identificação da gestante:
6 – Nome
7 – Início da Gravidez
8 – Nº do Cartão SUS (PIS/PASEP) ou CPF
9 – Data de nascimento
10 – Nome da Mãe
11 – Nacionalidade

12 – CPF	13 – Logradouro	14 – Complemento
15 – Município	16 – Estado	17 – CEP

18 – Certidão/tipo	19 – Nome do Cartório	20 – Livro

21 – Fls.	22 – Termo	23 – Data emissão

24 – Nº Identidade	25 – UF	26 – Órgão Emissor	27 – Data da Emissão
28 – Carteira de trabalho	29 – Série	30 – UF	31 – Data da Emissão

<table>
<tr><td colspan="3">Apresentar um dos seguintes documentos: 1– Certidão; 2 – Nascimento; 3 – Certidão de Nascimento; 4 – Separação/Divórcio; 5 – Carteira de Identidade; 6 – Carteira Classista; 7 – Carteira de Identidade Militar; 8 – Documento Estrangeiro</td></tr>
<tr><td colspan="3">Identificação da Unidade:</td></tr>
<tr><td>32 – CNPJ</td><td colspan="2">33 – Código da Unidade</td></tr>
<tr><td>34 – Logradouro</td><td>35 – Nº</td><td>36 – Complemento</td></tr>
<tr><td>37 – Código IBGE do município</td><td>38 – Código IBGE do estado</td><td>39 – CEP</td></tr>
<tr><td>Consultas</td><td>Nº CRM/COREN</td><td>*Código Unidade</td></tr>
<tr><td>40 – Data da 1ª consulta pré-natal</td><td>41 – CRM/COREN</td><td>42</td></tr>
<tr><td>43 – Data da 2ª consulta pré-natal</td><td>44 – CRM/COREN</td><td>45</td></tr>
<tr><td>46 – Data da 3ª consulta pré-natal</td><td>47 – CRM/COREN</td><td>48</td></tr>
<tr><td>49 – Data da 4ª consulta pré natal</td><td>50 – CRM/COREN</td><td>51</td></tr>
<tr><td>52 – Data da 5ª consulta pré-natal</td><td>53 – CRM/COREN</td><td>54</td></tr>
<tr><td>55 – Data da 6ª consulta pré-natal</td><td>56 – CRM/COREN</td><td>57</td></tr>
<tr><td>58 – Data da 7ª consulta pré-natal</td><td>59 – CRM/COREN</td><td>60</td></tr>
<tr><td>61 – Data da 8ª consulta pré-natal</td><td>62 – CRM/COREN</td><td>63</td></tr>
<tr><td>64 – Data da 9ª consulta pré-natal</td><td>65 – CRM/COREN</td><td>66</td></tr>
<tr><td>66 – Data da 10 consulta pré-natal</td><td>67 – CRM/COREN</td><td>68</td></tr>
<tr><td>69 – Data da Consulta do puerpério</td><td>70 – CRM/COREN</td><td>71</td></tr>
</table>

* Cód. Unidade:

Deverá ser preenchido caso as consultas não sejam realizadas pela UPS identificada

Identificação do Laboratório:		
72 – CNPJ	73 – Código da Unidade:	
74 – Logradouro	75 – Nº	76 – Complemento
77 – Código IBGE do município	78 – Código IBGE do estado	79 – CEP

Resultados de Exame:	*Código da Unidade		*Código da Unidade
80 – ABO – RH	81		82
83 – 1º VDRL	84	85 – 2º VDRL	86
87 – 1ª Urina rotina	88	89 – 2ª Urina rotina	90
91 – 1ª Glicemia de jejum	92	93 – 2ª Glicemia de jejum	94
95 – HB/HT	96		
Exames de seguimento:	*Código da Unidade		*Código da Unidade
97 – HIV (Elisa/W Blot)		98 –	
99 – Coombs Indireto	100	101 – 1ª Curva Glicêmica	102
103 – 2ª Curva Glicêmica	104	105 – FTA/ABS	106

* Cod. Unidade:

Deverá ser preenchido caso os exames não sejam realizados pelo laboratório identificado.

Vacina Antitetânica
107 – Data da 1ª Dose
108 – Data da 2ª Dose
109 – Data do Reforço
110 – IMUNE

<table>
<tr><td colspan="4">Unidade de Referência
para Assistência ao Parto:</td></tr>
<tr><td>111 - CNPJ</td><td colspan="3">112 – Código da Unidade</td></tr>
<tr><td>113 – Logradouro</td><td>114 – Nº</td><td colspan="2">115 – Complemento</td></tr>
<tr><td>116 – Código IBGE
do município</td><td colspan="2">117 – Código IBGE do estado</td><td>118 – CEP</td></tr>
<tr><td colspan="4">119 – Nº da AIH emitida para realização do parto</td></tr>
<tr><td colspan="4">120 – Nº da APAC Parto</td></tr>
<tr><td colspan="4">121 – Assinatura e carimbo do responsável</td></tr>
</table>

O teste anti-HIV, com aconselhamento pré e pós-teste, deve ser ofertado a todas as gestantes, lembrando que deverá ser sempre voluntário e confidencial. Os municípios com população acima de 50 mil habitantes estão obrigados a declarar em seu Termo de Adesão o laboratório que realizará os exames anti-HIV em suas gestantes (Portaria GM 570/00). Os municípios com população menor de 50 mil habitantes, apesar de não terem que preencher essa exigência, não estão desobrigados de cumprir essa diretriz, cabendo ao Plano Estadual/Regional localizar o laboratório para onde os testes anti-HIV desses municípios devam ser encaminhados.

As gestantes identificadas como portadoras do HIV deverão ter seu sangue coletado e enviado ao laboratório para avaliar a carga viral e o nível de CD4+ (respectivamente, avaliação virológica e imunológica), devendo ser, em seguida, encaminhadas para as referências (o serviço de pré-natal e o ambulatório especializado para acompanhamento de portadoras do HIV). Entretanto, estando a gestante com idade gestacional ^{3} 14ª semana, e assintomática, o AZT oral deverá ser iniciado conforme as recomendações do PACTG 076 encaminhando-a em seguida para as referências mencionadas.

Até 31 de março de 2001 foram notificados, ao Ministério da Saúde, 7.335 casos de Aids em menores de 13 anos de idade, sendo 5.924 (80,8%) devidos à transmissão materno–infantil do HIV.

O Ministério da Saúde disponibiliza AZT oral e injetável (e outros anti-retrovirais) à mãe e AZT solução oral ao bebê, podendo essa taxa cair para menos de 3%**.

Tendo em vista as considerações citadas, e com base nos programas instituídos pelo Ministério da Saúde, elaboramos dois formulários com indicadores para avaliação da assistência à gestante, no projeto FAPESP.

Os instrumentos de medição elaborados para a avaliação da qualidade de atenção à gestante no projeto poderão proporcionar uma visão adequada dos problemas a serem superados por este novo Programa.

A seguir apresentamos os instrumentos de coleta de dados utilizados na pesquisa sobre assistência à gestante.

ISSN: (1517 - 11 59). INDICADORES PARA AVALIAÇÃO DA ASSISTÊNCIA À GESTANTES - PROJETO FAPESP

Formulário 4.1 - Dados Referentes às Gestantes

Área: Santo Amaro ( )   Itaquera ( )
Microárea: ____
Nº da família: ______________

A. DADOS DEMOGRÁFICOS

1. Nome da gestante: ________________________________
2. Data de nascimento: _____ / _____ / _____ (dd/mm/aaaa)
   Local de nascimento: cidade ______________________ estado:_____
3. Há quanto tempo mora em São Paulo: ____________________ (anos)
4. Há quanto tempo mora no local: ________________________(anos)

5. Estado Civil (opção única):
   ( ) solteira
   ( ) casada/ amasiada
   ( ) viúva
   ( ) separada/ desquitada/ divorciada
   ( ) não sabe/ não respondeu

6. Escolaridade (opção única):
   ( ) não freqüentou escola
   ( ) sabe ler e escrever
   ( ) não sabe ler e escrever
   ( ) 1º grau incompleto (até que ano __________)
   ( ) 1º grau completo
   ( ) 2º grau incompleto (até que ano __________)
   ( ) 2º grau completo
   ( ) 3º grau incompleto (até que ano __________)
   ( ) 3º grau completo
   ( ) curso técnico incompleto (até que ano __________)

( ) curso técnico completo
( ) não sabe/ não respondeu

7. Atividade remunerada:
( ) sim, em atividade. Qual?____________________
( ) sim, afastada por motivo de doença
( ) não, desempregada
( ) não, dona de casa
( ) não, especifique: ____________________
( ) não sabe/ não respondeu

8. Renda familiar (opção única)
( ) até 1 salário mínimo
( ) de 1 a 3 salários mínimos
( ) de 4 a 6 salários mínimos
( ) de 7 a 10 salários mínimos
( ) de 10 a 15 salários mínimos
( ) mais de 16 salários mínimos
( ) não sabe/ não respondeu

9. Número de pessoas que contribuem com a renda familiar (opção única):
( ) uma pessoa
( ) duas pessoas
( ) três pessoas
( ) quatro pessoas
( ) cinco ou mais
( ) não sabe/ não respondeu

B. CONDIÇÕES DE MORADIA

10. Caracterização do domicílio (opção única):
( ) casa
( ) apartamento
( ) barraco
( ) casa de cômodos (cortiço)
( ) outros. Especificar:____________________
( ) não sabe/ não respondeu

11. A sua casa é (opção única):
( ) cedida
( ) alugada
( ) própria quitada
( ) própria pagando
( ) outros. Especificar:____________________
( ) não sabe/ não respondeu

12. Número de cômodos do domicílio, sem contar com o banheiro:__________

13. Tipo de instalação sanitária (opção única):
( ) inexistente
( ) externa coletiva
( ) externa unifamiliar
( ) interna coletiva
( ) interna unifamiliar
( ) não sabe/ não respondeu

14. Destino dos dejetos (opção única):
( ) sistema público de esgoto
( ) esgoto a céu aberto
( ) fossa séptica e seca
( ) fossa negra
( ) outros. Especificar:______________________________
( ) não sabe/ não respondeu

15. Abastecimento de água (opção única):
( ) rede pública interna
( ) rede pública externa
( ) poço artesiano interno
( ) poço artesiano externo
( ) poço comum interno
( ) poço comum externo
( ) outros. Especificar:______________________________
( ) não sabe/ não respondeu

16. Destino do lixo – coleta pública (opção única):
( ) sim, diária
( ) sim, em dias alternados
( ) sim, uma vez por semana
( ) sim, irregular
( ) não, enterra
( ) não, joga em terreno baldio
( ) não, queima
( ) não, outros: ______________________________
( ) não sabe / não respondeu

17. Melhoramento público:

calçamento de rua	( ) Sim	( ) Não
iluminação de rua	( ) Sim	( ) Não

C. DADOS DE SAÚDE

18. Com quantos meses de gravidez você: iniciou o pré-natal: ______________meses

19. Qual o número de vezes que buscou serviço para conseguir agendamento?
____

20. Quantas consultas foram realizadas no pré-natal (opção única)?
( ) 10 consultas
( ) 8 consultas
( ) 6 consultas
( ) 3 a 4 consultas
( ) 1 a 2 consultas
( ) nenhuma consulta

21. Foi atendida em todas as consultas agendadas?
( ) Sim
( ) Não. Caso não, por quê?___________________________

22. Qual o tempo de duração das consultas (em minutos)?
____

23. Exames laboratoriais solicitados no pré-natal?

ABO-RH	( ) sim	( ) não
Teste Anti-HIV	( ) sim	( ) não
VDRL	( ) sim	( ) não
Bacterioscopia	( ) sim	( ) não
Urina Tipo I	( ) sim	( ) não
Colpocitologia Oncológica	( ) sim	( ) não
Glicemia de Jejum	( ) sim	( ) não
Protoparasitológico (3 amostras)	( ) sim	( ) não
HB/HT	( ) sim	( ) não
GTT/Hemoglobina Glicosilado	( ) sim	( ) não

24. A gestante foi informada sobre os resultados dos exames?
( ) Sim
( ) Não. Caso não, por quê? ___________________________

25. Suas mamas foram examinadas?
( ) Sim
( ) Não. Caso não, por quê?___________________________

26. Recebeu orientações sobre o pré-natal:
( ) Sim. Caso sim, quais?___________________________
( ) Não. Caso não, por quê? ___________________________

27. Compreendeu todas as informações recebidas?
( ) Sim
( ) Não. Caso não, por quê?___________________________

28. Recebeu informação sobre qual serviço procurar em caso de necessidade?
( ) Sim
( ) Não. Caso não, por quê?___________________________

29. Foi encaminhada para outro serviço para tratamento especializado?
( ) Sim. Qual?___________________________
( ) Não, por quê?___________________________

Caso tenha sido encaminhada (resposta 29 = sim) responder as questões 31 e 32.

30. Recebeu atendimento?
( ) Sim
( ) Não. Caso não, por quê?______________________________

31. Seu problema foi resolvido?
( ) Sim
( ) Não. Caso não, por quê?______________________________

32. Quanto tempo você esperava para ser atendida no dia da sua consulta de pré-natal?
______________________ minutos

33. Que nota você daria para o atendimento realizado pelo médico? *Considere o número 1 como ruim e 10 como muito bom (opção única)*

1	2	3	4	5	6	7	8	9	10

34. Que nota você daria para o atendimento realizado pela enfermeira? *Considere o número 1 como ruim e 10 como muito bom (opção única)*

1	2	3	4	5	6	7	8	9	10

35. Foi perguntado sobre o que você sentiu desde a última consulta?
( ) Sim
( ) Não. Caso não, por quê?______________________________

36. Foi verificado em todas as consultas:

temperatura:	( ) Sim	( ) Não
pulso	( ) Sim	( ) Não
pressão arterial	( ) Sim	( ) Não
peso	( ) Sim	( ) Não
BCF (batimentos cárdio-fetais)	( ) Sim	( ) Não
Altura Uterina (AU)	( ) Sim	( ) Não

37. Em que momento os exames foram verificados?
( ) Antes da consulta
( ) Durante a consulta

38. Você foi informada dos resultados?
( ) Sim. Quais?______________________________
( ) Não. Por quê?____)______________________________

39. Você tem cartão de pré-natal?
( ) Sim
( ) Não. Caso não, por quê?______________________________

40. Apenas para quem respondeu sim na questão acima. O cartão do pré-natal foi totalmente preenchido? (Verificar se todos os dados foram preenchidos e atualizados)
( ) Sim
( ) Não. Caso não, por quê?____________________________________

41. Foi informada quanto aos seguintes cuidados referentes ao cartão do pré-natal?
Levar em todas as consultas ( ) Sim ( ) Não
Não esquecer de levar ao hospital quando do parto ( ) Sim ( ) Não

42. Você recebeu algum medicamento durante o pré-natal?
( ) Sim. Quais?____________________________________
( ) Não. Por quê?____________________________________

43. Recebeu orientação de como tomá-los?
( ) Sim. Quais?____________________________________
( ) Não. Por quê?____________________________________

44. Você recebeu alguma vacina durante o pré-natal?
( ) Sim.
Caso sim, Qual?____________________________________
Quantas doses?____________________________________
Qual o intervalo de tempo?____________________________________
( ) Não. Por quê?____________________________________

45. Sabe indicar quais e quando tomar os reforços?
( ) Sim
( ) Não. Por quê?____________________________________

46. Você participou de alguma atividade educativa na sala de espera enquanto aguardava a sua consulta?
( ) Sim. Quais?____________________________________
( ) Não. Por quê?____________________________________

47. Você compreendeu as informações recebidas?
( ) Sim
( ) Não. Por quê?____________________________________

48. Você possui algum convênio?
( ) Sim.
( ) Não
Caso sim, Qual?____________________________________
Por que usa o convênio?____________________________________

49. Você já indicou o serviço da Unidade para alguém?
( ) Sim
( ) Não. Por quê?____________________________________

ANEXO 2 - RECURSOS MATERIAIS DESTINADOS AO ATENDIMENTO DA GESTANTE:

Equipamentos:

mesa ginecológica	( ) Sim ( ) Não
escada com dois degraus	( ) Sim ( ) Não
foco de luz	( ) Sim ( ) Não
balança adulto	( ) Sim ( ) Não
esfignomanômetro / estetoscópio	( ) Sim ( ) Não
estetoscópio de Pinard	( ) Sim ( ) Não
fita métrica	( ) Sim ( ) Não
espéculo	( ) Sim ( ) Não
pinça Cheron	( ) Sim ( ) Não

Material de coleta colpocitologia oncológica	( ) Sim ( ) Não
Sonar	( ) Sim ( ) Não
Gestograma	( ) Sim ( ) Não

INDICADORES PARA AVALIAÇÃO DA ASSISTÊNCIA À GESTANTES - PROJETO FAPESP

Formulário 4.2 - Dados referentes aos procedimentos das gestantes

Área: Santo Amaro ( ) Itaquera ( )
Microárea: ______________________
Nº da família: ______________________
Nome da gestante: ______________________
Legenda: Inc. – incompleto NP: não pertinente

PROCEDIMENTOS E CUIDADOS	DESCRIÇÃO DO PROCEDIMENTO	CRITÉRIOS	SIM	NÃO	INC.	NP
EX. FÍSICO GERAL						
determinação do peso e avaliação do estado nutricional da gestante	realizar na primeira consulta	tem registro na ficha do PN e no cartão da gestante				
determinação do peso	realizar em todas as consultas	tem registro na ficha do PN e no cartão da gestante				
cálculo do ganho do peso	realizar em todas as consultas	tem registro na ficha do PN e no cartão da gestante				
observação da situação da curva para avaliação nutricional	realizar em todas as consultas subseqüentes	tem registro na ficha do PN				
medida e estatura	realizar na primeira consulta	tem registro na ficha do PN e no cartão da gestante				

determinação da freqüência cardíaca	realizar na primeira consulta e nas consultas subseqüentes	tem registro na ficha do PN e no cartão da gestante				
medida da temperatura axilar	realizar na primeira consulta e nas consultas subseqüentes	tem registro na ficha do PN e no cartão da gestante				
medida da pressão arterial	realizar na primeira consulta e nas consultas subseqüentes	tem registro na ficha do PN e no cartão da gestante				
inspeção de pele e mucosas	realizar na primeira consulta e nas consultas subseqüentes	tem registro na ficha do PN e no cartão da gestante				
exame do abdômen	realizar na primeira consulta	tem registro na ficha do PN				
exame dos membros inferiores	realizar na primeira consulta e nas consultas subseqüentes	tem registro na ficha do PN e no cartão da gestante				
exame dos gânglios inguinais	realizar na primeira consulta	tem registro na ficha do PN				
pesquisa de edema (face, tronco e membros)	realizar na primeira consulta e nas consultas subseqüentes	tem registro na ficha do PN e no cartão da gestante				
EXAME FÍSICO ESPECÍFICO						
exame de mamas	realizar na primeira consulta e nas consultas subseqüentes, se presença de alterações encaminhar para serviço especializado	tem registro na ficha do PN e no cartão da gestante				
medida da altura uterina	realizar na primeira consulta e nas consultas subseqüentes	tem registro na ficha do PN e no cartão da gestante				
ausculta dos batimentos cardiofetais	realizar na primeira consulta e nas consultas subseqüentes	tem registro na ficha do PN e no cartão da gestante				
identificação da situação e apresentação fetal	realizar na primeira consulta e nas consultas subseqüentes, a partir do 3º trimestre	tem registro na ficha do PN da situação e da apresentação tem registro no cartão da gestante a apresentação fetal				
inspeção dos genitais externos	realizar na primeira consulta e nas consultas subseqüentes, se necessário, se presença de alterações, fazer os devidos encaminhamentos	tem registro na ficha do PN e no cartão da gestante (se houver alteração)				

exame especular	realizar na primeira consulta e nas consultas subseqüentes se necessário	tem registro na ficha do PN e no cartão da gestante (se houver alteração)				
toque vaginal	realizar no 3º trimestre se necessário	tem registro na ficha do PN e no cartão da gestante				
referência para atendimento odontológico	realizar nas consultas subseqüentes se necessário	tem registro na ficha do PN e no cartão da gestante				
referência para vacinação antitetânica quando a gestante não estiver imunizada	recebimento de 2 doses pelo menos 20 dias antes da data provável do parto; 3ª dose 180 dias depois da 2ª dose	tem registro na ficha do PN e no cartão da gestante, tem registro do encaminhamento para a 3ª dose da vacina na ficha do PN e no cartão da gestante				
referência para serviços especializados	sempre que necessário	tem registro na ficha do PN e no cartão da gestante				
agendamento de consultas subseqüentes	em todas as consultas	tem registro na ficha do PN e no cartão da gestante				
cálculo da idade gestacional	realizar na primeira consulta e nas consultas subseqüentes	tem registro na ficha do PN e no cartão da gestante				
interpretação dos exames laboratoriais	realizar nas consultas subseqüentes após a primeira consulta e sempre que necessário	tem registro na ficha do PN e no cartão da gestante				
solicitação de outros exames se necessário	solicitar sempre que necessário	tem registro na ficha do PN e no cartão da gestante				
acompanhamento das condutas adotadas em serviços clínicos especializados	realizar em todas as consultas subseqüentes	tem registro na ficha do PN				
acompanhamento dos problemas levantados	em todas as consultas subseqüentes	tem registro na ficha do PN				
IDENTIFICAÇÃO:						
Idade	colher a informação na primeira consulta da gestante	tem registro na ficha do PN e no cartão				
cor	colher a informação na primeira consulta	tem registro na ficha do PN e no cartão da gestante				
naturalidade	colher a informação na primeira consulta	tem registro na ficha do PN e no cartão da gestante				

procedência	colher a informação na primeira consulta	tem registro na ficha do PN e no cartão da gestante				
endereço atual	colher a informação na primeira consulta da gestante	tem registro na ficha do PN e no cartão				
grau de instrução	colher a informação na primeira consulta	tem registro na ficha do PN				
profissão/ocupação	colher a informação na primeira consulta	tem registro na ficha do PN				
situação conjugal	colher a informação na primeira consulta	tem registro na ficha do PN				
condições de moradia	colher a informação na primeira consulta	tem registro na ficha do PN				
condições de saneamento	colher a informação na primeira consulta	tem registro na ficha do PN				
MOTIVO DA CONSULTA	colher a informação na primeira consulta	tem registro na ficha do PN				
ANTECEDENTES FAMILIARES						
hipertensão	colher a informação na primeira consulta	tem registro na ficha do PN				
diabetes	colher a informação na primeira consulta	tem registro na ficha do PN				
gemelaridade	colher a informação na primeira consulta	tem registro na ficha do PN				
câncer de mama	colher a informação na primeira consulta	tem registro na ficha do PN				
doenças congênitas	colher a informação na primeira consulta	tem registro na ficha do PN				
ANTECEDENTES PESSOAIS						
hipertensão arterial	colher a informação na primeira consulta	tem registro na ficha do PN e no cartão da gestante				
cardiopatias	colher a informação na primeira consulta	tem registro na ficha do PN e no cartão da gestante				
diabetes	colher a informação na primeira consulta	tem registro na ficha do PN e no cartão da gestante				
doenças renais crônicas	colher a informação na primeira consulta da gestante	tem registro na ficha do PN e no cartão				
anemia	colher a informação na primeira consulta	tem registro na ficha do PN e no cartão da gestante				

transfusões de sangue	colher a informação na primeira consulta	tem registro na ficha do PN				
viroses	colher a informação na primeira consulta	tem registro na ficha do PN				
cirurgia (data e tipo)	colher a informação na primeira consulta	tem registro na ficha do PN e no cartão da gestante				
ANTECEDENTES GINECOLÓGICOS						
ciclos menstruais	colher a informação na primeira consulta	tem registro na ficha do PN				
uso de anticoncepcional	colher a informação na primeira consulta	tem registro na ficha do PN				
DST	colher a informação na primeira consulta	tem registro na ficha do PN e no cartão da gestante				
cirurgias ginecológicas	colher a informação na primeira consulta	tem registro na ficha do PN				
última colpocitologia (data e resultado)	colher a informação na primeira consulta	tem registro na ficha do PN e no cartão da gestante				
SEXUALIDADE						
início da atividade sexual	colher a informação na primeira consulta	tem registro na ficha do PN				
queixa de dispareunia	colher a informação na primeira consulta	tem registro na ficha do PN				
prática sexual nesta gestação ou em gestações anteriores	colher a informação na primeira consulta	tem registro na ficha do PN				
número de parceiros	colher a informação na primeira consulta	tem registro na ficha do PN				
desejo sexual	colher a informação na primeira consulta	tem registro na ficha do PN				
orgasmo	colher a informação na primeira consulta	tem registro na ficha do PN				
ANTECEDENTES OBSTÉTRICOS						
número de gestações (incluindo abortamentos, gravidez ectópica, mola hidatiforme)	colher a informação na primeira consulta	tem registro na ficha do PN e no cartão da gestante				
número de partos (domiciliares, hospitalares, vaginais espontâneos, fórceps, cesáreas – indicações)	colher a informação na primeira consulta	tem registro na ficha do PN e no cartão da gestante				

número de abortamentos (espontâneos, provocados, complicados por infecções, curetagem pós-abortamento)	colher a informação na primeira consulta	tem registro na ficha do PN e no cartão da gestante				
número de filhos vivos	colher a informação na primeira consulta	tem registro na ficha do PN e no cartão da gestante				
idade da 1ª gestação	colher a informação na primeira consulta	tem registro na ficha do PN				
intervalo entre as gestações (em meses)	colher a informação na primeira consulta	tem registro na ficha do PN				
número de recém-nascidos: pré-termo (antes da 37ª semana de gestação), pós-termo (igual ou mais de 42 semanas de gestação)	colher a informação na primeira consulta	tem registro na ficha do PN				
número de recém-nascidos de baixo peso (menos de 2500g) e com mais de 4000g	colher a informação na primeira consulta	tem registro na ficha do PN				
mortes neonatais precoces – até sete dias de vida (número e motivos dos óbitos)	colher a informação na primeira consulta tem registro na ficha do PN					
mortes neonatais tardias – entre sete e 28 dias de vida (número e motivo dos óbitos)	colher a informação na primeira consulta	tem registro na ficha do PN				
natimortos (morte fetal intra-útero e idade gestacional em que ocorreu)	colher a informação na primeira consulta	tem registro na ficha do PN e no cartão da gestante				
recém-nascidos com icterícia neonatal, transfusão, hipoglicemia neonatal, ex-sanguíneo-transfusões	colher a informação na primeira consulta	tem registro na ficha do PN				
intercorrência ou complicações em gestações anteriores (especificar)	colher a informação na primeira consulta	tem registro na ficha do PN e no cartão da gestante				
complicações nos puerpérios (descrever)	colher a informação na primeira consulta	tem registro na ficha do PN				

histórias de aleitamentos anteriores (duração e motivo do desmame)	colher a informação na primeira consulta	tem registro na ficha do PN				
intervalo entre o final da última gestação e o início da atual	colher a informação na primeira consulta	tem registro na ficha do PN e no cartão da gestante				
GESTAÇÃO ATUAL						
data da última menstruação (DUM)	colher a informação na primeira consulta	tem registro na ficha do PN e no cartão da gestante				
data provável do parto (DPP)	colher a informação na primeira consulta	tem registro na ficha do PN e no cartão da gestante				
data da percepção dos primeiros movimentos fetais	colher a informação na primeira consulta	tem registro na ficha do PN e no cartão da gestante				
sinais e sintomas na gestação em curso	colher a informação na primeira consulta	tem registro na ficha do PN e no cartão da gestante				
medicamentos usados na gestação	colher a informação na primeira consulta	tem registro na ficha do PN e no cartão da gestante				
a gestação foi desejada ou não	colher a informação na primeira consulta	tem registro na ficha do PN				
• hábitos: fumo (número de cigarros / dia), álcool e uso de drogas ilícitas	colher a informação na primeira consulta	tem registro na ficha do PN e no cartão da gestante				
• ocupação habitual (esforço físico intenso, exposição a agentes químicos e físicos potencialmente nocivos, estresse)	colher a informação na primeira consulta	tem registro na ficha do PN e no cartão da gestante				

Referências Bibliográficas

BRASIL. MINISTÉRIO DA SAÚDE. *AIDS – Boletim Epidemiológico*, Ano XIV Nº 01 - 1ª à 13ª Semana Epidemiológica – janeiro à março de 2001.

BRASIL. MINISTÉRIO DA SAÚDE. Secretaria de Políticas de Saúde. Área Técnica de Saúde da Mulher. *Parto, aborto e puerpério:* assistência humanizada à mulher. Brasília, 2001.

BRASIL. MINISTÉRIO DA SAÚDE. Secretaria Executiva. Coordenação de Saúde da Mulher. Serviço de Assistência à Saúde da Mulher. Assistência ao planejamento familiar. Brasília,1996.

CIANCIARULLO, T. I. Implicações de controle de qualidade na assistência perinatal. In: CIANCIARULLO, T. I.; GUALDA, D. M. R.; MELLEIRO, M. M. *C & Q: indicadores de qualidade/ uma abordagem perinatal*. Ícone. São Paulo. 1998.

FAÚNDES, A.; CECATTI, J. G. Morte materna: uma tragédia evitável. 2ª ed., São Paulo: Editora da Unicamp, 1991.

FRANÇA, L. S. O Pré-Natal. http://www.bibliomed.com.br.16/07/2001.

GOLDMAN, R. E. Prática de Enfermagem durante o Parto. In: BARROS, S. M. O.; MARIN, H. F.; ABRÃO, A. C. *Enfermagem Obstétrica e Ginecológica*. Roca. São Paulo, 2002.

LAURENTI, R. Mortalidade de mulheres em idade fértil no Município de São Paulo (Brasil), 1986, metodologia e resultados gerais. *Rev Saúde Pública* 1990; nº 24, pp. 128-33.

MARETTI, M., FERREIRA, I. *Aspectos do Pré-Natal*. RPH. São Paulo, 1984, ano XXXII, v. XXXII, nºs 9-10.

SIQUEIRA, A. A.; TANAKA, A. C.; ANDRADE, J.; ALMEIDA, P. A.; SANTIAGO, S.; ZANATELLI, C. C. Evolução da gravidez em adolescentes matriculadas no Serviço Pré-Natal do Centro de Saúde Geraldo de Paula Souza, São Paulo. *Rev Saúde Pública* 1981; 15:449-54.

TANAKA, A. C. A.; SIQUEIRA, A. A. F.; BAFILE, P. N. Situação de saúde materna e perinatal no Estado de São Paulo. *Rev Saúde Pública* 1989, nº 23, pp. 67-75.

TANAKA, A. C. A. *Maternidade, dilema entre nascimento e morte*. Hucitec/ Abrasco. São Paulo, 1995.

UNICEF. *Revised 1990 estimates of Maternal Mortality*. A new approach by WHO and UNICEF. WHO/FRH/MSM/96.11.UNICEF/PZN/ 96.1

WORLD HEALTH ORGANIZATION. *The dimensions of reproductive ill-health*. 1990-1991. Avail.able from: http:// www.who.int/rht/ rhtdimensions.htm

Capítulo 6

Entrevistando Gestantes em Cenários que Apresentam Modelos Assistenciais Distintos: SUS e SUS/PSF

Egle de Lourdes F. J. Okazaki
Roselena Bazilli Bergamasco
Dulce Maria Rosa Gualda

A mortalidade materna em todo mundo é considerada indicador importante do estado de saúde da mulher e da população em geral. Nesse sentido, na perspectiva nacional e internacional, ações têm sido tomadas para baixar os níveis de mortalidade. Dados de 1998 estimam uma taxa de mortalidade de 68 por 100.000 nascidos vivos. Considera-se que a mortalidade materna no país é alta, quando comparadas às taxas de mortalidade de países desenvolvidos (Jorge, Gotlieb, Laurenti, 2001).

É possível verificar um predomínio das causas obstétricas diretas que correspondem às complicações específicas do ciclo gravídico-puerperal. Essas mortes constituem um reflexo da má assistência pré-natal uma vez que os fatores predisponentes das hemorragias e da hipertensão, consideradas as principais complicações, são resultantes de condições sócio-econômicas, onde se incluem os acessos aos serviços obstétricos de boa qualidade.

As intervenções e os cuidados, que se iniciam no pré-natal são medidas e atividades que têm como objetivo oferecer à mulher a oportunidade de vivenciar a experiência da gestação como processo fisiológico. Portanto, a gestação deve ser bem controlada com um bom pré-natal, tanto na qualidade técnica como na qualidade de envolvimento afetivo entre o profissional e a gestante.

Nossa população continua carente de assistência à saúde, principalmente nos bairros de periferia das cidades. Há, portanto, necessidade da avaliação da parturiente, compreendendo os fatores de risco que se iniciam com o pré-natal e que podem ser feitos de modo relativamente simples (Bergamasco, Gualda, Okazaki, s/d).

Neste capítulo são abordados os resultados da segunda parte do estudo da avaliação da assistência prestada à saúde da mulher, referente aos dados da entrevista, integrante do projeto interinstitucional denominado "Saúde da Família – Avaliação da nova estratégia assistencial no cenário das Políticas Públicas", financiado pela Fundação de Amparo à Pesquisa do Estado de São Paulo (Fapesp). O objetivo geral desse amplo projeto é avaliar a nova estratégia proposta pelo Ministério da Saúde, o Programa de Saúde da Família (PSF), por meio do contraste entre uma comunidade coberta por essa estratégia e outra não assistida pelo programa.

No que tange à saúde da gestante, teve como objetivo identificar como operam os programas específicos nas áreas de estudo, dentre os propostos pelo Ministério da Saúde-Saúde da Mulher Gestante e definir os critérios de avaliação, construir de instrumentos de análise, aplicação e avaliação de uso.

A população do estudo foram famílias residentes em áreas cobertas pelo atendimento SUS na Zona Sul de São Paulo (Santo Amaro) e famílias residentes na Zona Leste, atendidas pelo Qualis/Itaquera.

O Distrito Administrativo do Grajaú (DA Grajaú) está inserido na região sul do Município de São Paulo. A caracterização sócio-econômica da população residente na área dá os contornos da carência e das difíceis condições de vida nesta região.

A disponibilidade de serviços e equipamentos sociais é escassa nesta região, tornando necessária extensa rede de referência e contra-referência para o atendimento da população, o que conta com um grande complicador.

A ausência de opções de lazer e cultura, aliada à baixa escolaridade, reflete-se nos indicadores de morbimortalidade desta população. Estes também são comprometidos pela pouca disponibilidade de equipamentos para assistência à saúde.

A baixa oferta de serviços de atenção primária, de urgência/ emergência e hospitalar evidencia a distância entre os parâmetros aceitos universalmente como mínimos para garantia dos direitos constitucionais à saúde e à realidade desta população.

As mortes maternas neste grupo foram 7 no ano. A mortalidade materna no ano de 1999 foi de 1,03 /1000 nascidos vivos.

O bairro A. E. Carvalho localiza-se, na Zona Leste da Cidade de São Paulo, entre os bairros de Itaquera e Vila Matilde. Constitui-se em um bairro carente entre outros, pela falta de infra-estrutura de: saneamento, creches, escolas, segurança pública, transporte, áreas de lazer e problemas como o desemprego, condições inadequadas de habitação, violência, analfabetismo e fome.

Em setembro de 1998, uma Unidade Básica da Secretaria de Estado da Saúde foi adequada e transformada em uma Unidade de Saúde da Família, denominada A.E. Carvalho – USF A.E. Carvalho, sob a coordenação do Qualis Leste, parceria entre Casa de Saúde Santa Marcelina, Secretaria do Estado da Saúde e Ministério da Saúde.

A USF A.E. CARVALHO Unidade de Referência com seu Ambulatório de Especialidades, oferece consultas médicas nas clínicas de Ginecologia e Obstetrícia, oferecendo ampla assistência ao Pré-Natal de Alto Risco e colposcopia na prevenção e tratamento do câncer de colo de útero, contaminação de HPV – NIC III (displasias e outros).

No projeto a amostra proposta foi de 100 gestantes da área com PSF e 100 da área sem PSF a serem selecionadas aleatoriamente, com o critério de estar acima de 20 semanas de gestação. Ao longo da coleta de dados constatou-se que não seria possível compor a amostra com este pré-requisito e foram incluídas todas as gestantes que compareciam ao pré-natal. Mas, efetivamente, foram estudadas 85 gestantes - 37 (43,5%) gestantes da área de Itaquera e 48 (56,5%) gestantes da área de Santo Amaro.

Os dados foram colhidos com utilização de instrumento específico, pré-testado. Todos os instrumentos de avaliação foram amplamente discutidos e apresentados em relatório científico da pesquisa, a ser publicado em forma de capítulo de livro (no prelo).

Os dados pertinentes às entrevistas foram colhidos nas unidades, por uma dupla de estudantes de enfermagem devidamente treinadas.

Todas as diretrizes éticas da Resolução n° 196/96 do Conselho Nacional de Saúde foram contempladas e o projeto foi aprovado pelo Comitê de Ética em Pesquisa da Universidade de São Paulo e Universidade Santo Amaro.

Para contemplar a amplitude e a complexidade do projeto maior, foram criados bancos de dados numa base relacional, que permitiu a entrada de dados *on-line* com acesso à distância. Tanto o desenho amostral quanto a elaboração do banco de dados e as análises estatísticas foram realizadas com assessoria do Laboratório de Epidemiologia e Estatística do Instituto Dante Pazzanezi.

A análise foi feita utilizando-se freqüências relativas (percentuais) e absolutas (n) das classes de cada variável qualitativa, especialmente com o intuito de caracterizar a amostra estudada. As variáveis quantitativas foram analisadas utilizando-se médias e medianas para resumir as informações, além de desvios-padrão e valores mínimo e máximo para indicar a variabilidade dos dados.

Metodologia Estatística

Análise Descritiva

Com o objetivo apenas de caracterizar a amostra estudada, apresentamos em forma de tabelas ou gráficos, onde, nas tabelas, foram utilizadas as freqüências relativas (percentuais) das classes de cada variável qualitativa e a freqüência absoluta (N). Para as variáveis quantitativas foram utilizadas médias e medianas para resumir as informações, e erros-padrão, desvios-padrão, mínimo e máximo para indicar a variabilidade dos dados.

Teste Qui-Quadrado e Exato de Fisher

Para comparar as distribuições de freqüência das variáveis qualitativas foi utilizado o teste Qui-Quadrado de Pearson (VIEIRA, 1998). Esse teste baseia-se nas diferenças entre valores observados e esperados, avaliando se as proporções em cada grupo podem ser consideradas semelhantes ou não. O teste exato de Fisher foi utilizado nas situações onde os valores esperados foram inferiores a 5. Abaixo de cada tabela de cruzamento destas variáveis estão apresentados os resultados da significância do teste através do p-valor, sendo que, para valores menores do que 0,05 (p-valor<0,05) consideramos a associação estatisticamente significativa entre as variáveis.

Teste T-Student e Mann-Whitney

O Teste t-Student para amostras independentes foi usado para variáveis quantitativas na comparação de duas médias, sempre que as hipóteses de normalidade e independência não foram violadas. Nos casos onde a hipótese de normalidade for violada adotamos o teste não paramétrico de Mann-Whitney para amostras independentes.

Os dados das Tabelas, a seguir, retratam as características demográficas da amostra do estudo.

Tabela 1. Valores da média, mediana, erro-padrão, mínimo e máximo da idade em relação à Área. São Paulo, 2003.

	Área	N	Média	Mediana	Erro-padrão	Desvio-padrão	Mínimo	Máximo	p-valor t-student
Idade	Santo Amaro	48	25,67	24	1,04	7,23	15	40	
	Itaquera	36	28,19	30	1,12	6,72	15	41	0,106
	Total	84	26,75	27	0,77	7,09	15	41	

Os dados da Tabela 1 mostram que, a média de idade das gestantes pertencentes às duas áreas de estudo é de 26,75 anos. Contudo, as gestantes da Área de Itaquera apresentaram a média de idade no valor de 28,19 anos.

Tabela 2. Associação entre o estado civil e Área. São Paulo, 2003.

			Área		Total
			Santo Amaro	Itaquera	
Estado civil	Solteira	N	12	7	19
		%	25,00%	18,90%	22,40%
	Casada	N	36	30	66
		%	75,00%	81,10%	77,60%
Total		N	48	37	85
		%	100,00%	100,00%	100,00%

p-valor = 0,505 (teste Qui-Quadrado)

Verificamos na Tabela 2 que a maioria (66 – 77,6%) das gestantes eram casadas, tanto na área de Santo Amaro quanto em Itaquera, totalizando 36 (75,0%) e 30 (81,1%) respectivamente.

Os dados apresentados na Tabela 3 se referem à escolaridade.

Tabela 3. Associação entre nível de escolaridade e Área. São Paulo, 2003.

			Área		Total
			Santo Amaro	Itaquera	
Escolaridade	Sabe ler e escrever	N	1		1
		%	2,10%		1,20%
	1º grau incompleto	N	25	22	47
		%	52,10%	59,50%	55,30%
	1º grau completo	N	8	5	13
		%	16,70%	13,50%	15,30%
	2º grau incompleto	N	6	4	10
		%	12,50%	10,80%	11,80%
	2º grau completo	N	8	5	13
		%	16,70%	13,50%	15,30%
	Curso técnico completo	N		1	1
		%		2,70%	1,20%
Total		N	48	37	85
		%	100,00%	100,00%	100,00%

p-valor = 0,889 (teste Exato de Fisher)

Verificamos na Tabela 3, que a maioria das gestantes pertencentes às duas Áreas tem o 1º grau incompleto, considerando 25 (52,10%) e 22 (59,50%) em Santo Amaro e Itaquera, respectivamente. Podemos observar também, que apenas 8 (16,70%) e 5 (13,50%) gestantes tinham o 2º grau completo em Santo Amaro e Itaquera, respectivamente. Em sua pesquisa de mestrado, Okazaki (2000) apontou que a maioria das mães possuía mais de 5 anos de escolaridade em um total de 46%.

Tabela 4. Associação entre renda familiar e Área. São Paulo, 2003.

			Área		Total
			Santo Amaro	Itaquera	
Renda familiar	até 1 SM	N	11	5	16
		%	23,40%	14,30%	19,50%
	1 a 3 SM	N	28	25	53
		%	59,60%	71,40%	64,60%
	4 a 6 SM	N	7	5	12
		%	14,90%	14,30%	14,60%
	7 a 10 SM	N	1		1
		%	2,10%		1,20%
Total		N	47	35	82
		%	100,00%	100,00%	100,00%

p-valor = 0,632 (teste Exato de Fisher) SM = salário mínimo

Quanto à renda familiar, verificamos na Tabela 4 que a maioria das gestantes referiu ganho de um a três salários mínimos, perfazendo o total de 53 – 64,60%, onde 28 – 56,60% gestantes pertencem à região de Santo

Amaro e 25 – 71,40% gestantes em Itaquera. Okazaki (2000) aponta no Grajaú região de Santo Amaro 63% recebendo de 0 a 3 salários mínimos.

As Tabelas apresentadas a seguir se referem aos dados relativos à consulta pré-natal. Vale lembrar que de acordo com as normas do Ministério da Saúde as consultas pré-natais poderão ser feitas na unidade ou durante as visitas domiciliares. Da mesma forma o calendário de atendimento deve ser programado em função:

- Da idade gestacional na primeira consulta;
- Dos períodos mais adequados para a coleta de dados necessários ao bom seguimento da gestação;
- Dos períodos nos quais se necessita intensificar a vigilância pela possibilidade maior de incidência de complicações;
- Dos recursos disponíveis nos serviços de saúde e da possibilidade da clientela aos mesmos.

A identificação das gestantes e o seu acompanhamento pré-natal devem ocorrer o mais precocemente possível, para que se dê no primeiro trimestre da gestação, visando intervenções preventivas e terapêuticas oportunas em todo período gestacional, além de possibilitar o vínculo com os profissionais de saúde.

Tabela 5. Valores da média, mediana, erro-padrão, mínimo e máximo do início do pré-natal, número de vezes que procurou o serviço e tempo de duração da consulta de pré-natal em relação à Área. São Paulo, 2003.

	Área	N	Média	Mediana	Erro-padrão	Desvio-padrão	Mínimo	Máximo	p-valor Mann-Whitney
Com quantos meses de gravidez iniciou pré-natal	Santo Amaro	48	2,7	2	0,19	1,34	1	6	
	Itaquera	37	2,82	2	0,33	2,01	1	9	0,572
	Total	85	2,75	2	0,18	1,66	1	9	
Quantas vezes procurou o serviço para agendar	Santo Amaro	47	1,68	1	0,19	1,27	0	5	
	Itaquera	29	1,41	1	0,18	0,95	1	5	0,370
	Total	76	1,58	1	0,13	1,16	0	5	
Tempo de duração da consulta (minutos)	Santo Amaro	47	15,74	15	1,03	7,07	5	30	
	Itaquera	33	23,67	20	2,49	14,3	5	60	0,008(*)
	Total	80	19,01	15	1,26	11,29	5	60	

(*) Estatisticamente significante

De acordo com os dados obtidos, a média de início do pré-natal nas Áreas de Santo Amaro e Itaquera, foi de 2,75 meses, considerando a mediana dois meses. Okazaki (2000) aponta 54% das mulheres iniciaram suas consultas até o 3º mês de gestação e 46% iniciaram suas consultas a partir do 4º mês de gestação. Quanto ao número de vezes que procurou o serviço para agendar consultas, tanto na Área de Santo Amaro quanto na de Itaquera, as gestantes apresentaram a média de 1,58 vezes e a mediana de uma vez.

A análise dos resultados permitiu, ainda, verificar, que o tempo de duração da consulta apresentou uma diferença estatisticamente significante entre as duas Áreas estudadas.

Há recomendação do Ministério da Saúde, que o intervalo entre as consultas seja de quatro semanas até a 36° semana, e a cada 15 dias a partir de então. Numa perspectiva global requer, no mínimo, seis consultas de pré-natal, sendo, preferencialmente, uma no primeiro trimestre, duas no segundo trimestre e três no terceiro trimestre da gestação. O objetivo é a avaliação da pressão arterial, da presença de edemas, da altura uterina, das condições fetais. No puerpério, a norma estabelece uma consulta até 42 dias após o parto.

Levando-se em consideração estes aspectos buscamos verificar estes dados nas duas Áreas estudadas.

Tabela 6. Associação entre o número de consultas de pré-natal realizadas e a Área. São Paulo, 2003.

			Área		Total
			Santo Amaro	Itaquera	
Quantas consultas foram realizadas no pré-natal	10 consultas	N	-	2	2
	%	-	5,40%	2,40%	
	8 consultas	N	1	3	4
		%	2,10%	8,10%	4,70%
	6 consultas	N	12	11	23
		%	25,00%	29,70%	27,10%
	3 a 4 consultas	N	23	11	34
		%	47,90%	29,70%	40,00%
	1 a 2 consultas	N	12	10	22
		%	25,00%	27,00%	25,90%
Total		N	48	37	85
		%	100,00%	100,00%	100,00%

p-valor = 0,415 (teste Exato de Fisher)

Na análise dos resultados da Tabela 6 observamos que o número de consultas realizadas pelas gestantes se manteve, nas duas Áreas, entre três a quatro (40,0%). Okazaki aponta 68% das gestantes com até seis consultas de pré-natal.

Tabela 7. Associação entre o atendimento em todas as consultas de pré-natal e a Área. São Paulo, 2003.

			Área		Total
			Santo Amaro	Itaquera	
Foi atendida em todas as consultas	não	N	3	5	8
		%	6,40%	13,50%	9,50%
	sim	N	44	32	76
		%	93,60%	86,50%	90,50%
Total		N	47	37	84
		%	100,00%	100,00%	100,00%

p-valor = 0,292 (teste Exato de Fisher)

Observamos na Tabela 7, que o atendimento em todas as consultas ocorreu na maioria das vezes em que a gestante procurou o serviço pré-natal em ambas as Áreas investigadas.

Outro componente importante da assistência pré-natal é a realização de exames de rotina. Os exames considerados imprescindíveis são:

- Dosagem de hemoglobina;
- Grupo sangüíneo e Rh;
- Teste de Coombs indireto (quando a gestante for Rh-)
- Sorologia para sífilis (VDRL);
- Glicemia em jejum;
- Exame de urina tipo 1;
- Colpocitologia oncótica e bacterioscopia do conteúdo vaginal;
- Teste anti-HIV.

As Tabelas a seguir se referem à realização de exame de sangue realizados no pré-natal.

Tabela 8. Associação entre a realização do exame ABO-RH e Área. São Paulo, 2003.

			Área		Total
			Santo Amaro	Itaquera	
Exames laboratoriais solicitados no pré-natal - ABO-RH	não	N	3	1	4
		%	6,80%	2,90%	5,10%
	sim	N	41	34	75
		%	93,20%	97,10%	94,90%
Total		N	44	35	79
		%	100,00%	100,00%	100,00%

p-valor = 0,625 (teste Exato de Fisher)

Os dados encontrados na Tabela 8 se referem aos exames de sangue ABO-RH e observamos que o procedimento foi realizado na maioria das gestantes nas duas Áreas, não apresentando diferença estatisticamente significante entre elas.

Tabela 9. Associação entre a realização do exame anti-HIV e Área. São Paulo, 2003.

			Área		Total
			Santo Amaro	Itaquera	
Exames laboratoriais solicitados no pré-natal - HIV	não	N	2		2
		%	4,40%		2,50%
	sim	N	43	34	77
		%	95,60%	100,00%	97,50%
Total		N	45	34	79
		%	100,00%	100,00%	100,00%

p-valor = 0,503 (teste Exato de Fisher)

A Tabela 9 evidencia que a grande maioria realizou exames laboratoriais para o teste anti-HIV, não apresentando diferença estatisticamente significante entre as duas Áreas analisadas.

Tabela 10. Associação entre a realização do exame VDRL e Área. São Paulo, 2003.

			Área		Total
			Santo Amaro	Itaquera	
Exames laboratoriais solicitados no pré-natal - VDRL	não	N	3	5	8
		%	6,30%	14,70%	9,80%
	sim	N	45	29	74
		%	93,80%	85,30%	90,20%
Total		N	48	34	82
		%	100,00%	100,00%	100,00%

p-valor = 0,266 (teste Exato de Fisher)

Observamos em relação ao exame laboratorial VDRL que a maioria das gestantes realizou este exame, não apresentando diferença estatisticamente significante entre as duas Áreas.

Tabela 11. Associação entre a realização do exame Urina tipo 1 e Área. São Paulo, 2003.

			Área		Total
			Santo Amaro	Itaquera	
Exames laboratoriais solicitados no pré-natal - Urina tipo I	não	N	1		1
		%	2,10%		1,20%
	sim	N	46	34	80
		%	97,90%	100,00%	98,80%
Total		N	47	34	81
		%	100,00%	100,00%	100,00%

p-valor > 0,999 (teste Exato de Fisher)

Verificamos na Tabela 11, que estatisticamente não houve diferença significante nas duas Áreas quanto à realização do exame de Urina tipo I.

Tabela 12. Associação entre a realização do exame Colpocitologia Oncológica e Área. São Paulo, 2003.

			Área		Total
			Santo Amaro	Itaquera	
Exames laboratoriais solicitados no pré-natal – Colpocitologia Oncológica	não	N	21	13	34
		%	46,70%	38,20%	43,00%
	sim	N	24	21	45
		%	53,30%	61,80%	57,00%
Total		N	45	34	79
		%	100,00%	100,00%	100,00%

p-valor = 0,454 (teste Qui-Quadrado)

Quanto à realização do exame Colpocitologia Oncótica, ambas as Áreas estudadas apresentaram resultados semelhantes, não havendo diferença significativa entre elas.

Os dados descritos na Tabela 13 se referem à realização de exame de mamas na consulta de pré-natal.

Tabela 13. Associação entre a realização do exame de mamas e Área. São Paulo, 2003.

			Área		Total
			Santo Amaro	Itaquera	
Exame de mamas	não	N	21	13	34
		%	43,80%	36,10%	40,50%
	sim	N	27	23	50
		%	56,30%	63,90%	59,50%
Total		N	48	36	84
		%	100,00%	100,00%	100,00%

p-valor = 0,480 (teste Qui-Quadrado)

Em relação ao exame de mama durante a consulta de pré-natal, observamos na Tabela 13 que não houve diferença significante entre a Área de Itaquera e a de Santo Amaro.

De acordo com o Ministério da Saúde a educação para saúde se constitui numa das metas importantes do pré-natal. Este processo pode ocorrer de várias formas, desde a simples orientação individual até discussões em grupo, dramatizações e dinâmicas diversas. Elas são importantes para promover a compreensão do processo gestacional das pessoas envolvidas e da própria gestante. Estas orientações se referem também ao fluxo de atendimento durante todo o período.

Os dados apresentados nas Tabelas a seguir referem-se ao recebimento de orientação sobre o pré-natal e recebimento de orientação sobre a procura de outro serviço em caso de necessidade.

Tabela 14. Associação entre o recebimento de orientação sobre o pré-natal e Área. São Paulo, 2003.

			Área		Total
			Santo Amaro	Itaquera	
Recebeu orientação sobre pré-natal	não	N	12	2	14
		%	25,00%	5,60%	16,70%
	sim	N	36	34	70
		%	75,00%	94,40%	83,30%
Total		N	48	36	84
		%	100,00%	100,00%	100,00%

p-valor = 0,018 (teste Qui-Quadrado)

Podemos observar na Tabela 14, que houve diferença estatisticamente significante quanto ao recebimento de orientação durante as consultas de pré-natal, sendo que 94,40% das gestantes referiu ter recebido orientação na Área de Itaquera e 75% na Área de Santo Amaro.

Tabela 15. Associação entre o recebimento de informação sobre a procura de outro serviço em caso de necessidade e Área. São Paulo, 2003.

			Área		Total
			Santo Amaro	Itaquera	
Recebeu informação sobre qual serviço procurar em caso de necessidade	não	N	27	13	40
		%	56,30%	38,20%	48,80%
	sim	N	21	21	42
		%	43,80%	61,80%	51,20%
Total		N	48	34	82
		%	100,00%	100,00%	100,00%

p-valor = 0,108 (teste Qui-Quadrado)

Na Tabela 15, observamos que não houve diferença estatisticamente significante entre a Área de Santo Amaro e a Área de Itaquera quanto ao recebimento de informação sobre a procura de outro serviço em caso de necessidade.

Os dados descritos nas Tabelas a seguir referem-se aos parâmetros vitais das gestantes. O controle de pressão arterial, acrescido do controle de peso, permite a detecção precoce de estados hipertensivos que constituem riscos maternos e perinatais.

Tabela 16. Associação entre a verificação da pressão arterial e Área. São Paulo, 2003.

			Área		Total
			Santo Amaro	Itaquera	
Verificado pressão arterial	não	N	2	-	2
		%	4,20%	-	2,40%
	sim	N	46	36	82
		%	95,80%	100,00%	97,60%
Total		N	48	36	84
		%	100,00%	100,00%	100,00%

p-valor = 0,504 (teste Exato de Fisher)

Quanto à verificação da pressão arterial observamos na Tabela 16, que não houve diferença estatisticamente significante entre as gestantes das duas Áreas.

Tabela 17. Associação entre a verificação do peso e Área. São Paulo, 2003.

			Área		Total
			Santo Amaro	Itaquera	
Verificado peso	não	N	2		2
		%	4,20%		2,40%
	sim	N	46	36	82
		%	95,80%	100,00%	97,60%
Total		N	48	36	84
		%	100,00%	100,00%	100,00%

p-valor = 0,504 (teste Exato de Fisher)

Na Tabela 17 observamos que não houve diferença estatisticamente significante entre as Áreas, em relação à verificação de peso das gestantes.

Os dados apresentados nas três tabelas seguintes referem-se à monitorização das condições fetais.

Tabela 18. Associação entre a verificação do BCF e Área. São Paulo, 2003.

			Área		Total
			Santo Amaro	Itaquera	
Verificado batimento cardíaco fetal (BCF)	não	N	10	5	15
		%	21,70%	13,90%	18,30%
	sim	N	36	31	67
		%	78,30%	86,10%	81,70%
Total		N	46	36	82
		%	100,00%	100,00%	100,00%

p-valor = 0,404 (teste Exato de Fisher)

Da mesma forma na Tabela 18 não observamos diferença estatisticamente significante entre as duas Áreas referentes à verificação dos batimentos cardiofetais.

Tabela 19. Associação entre a verificação da altura uterina e Área. São Paulo, 2003.

			Área		Total
			Santo Amaro	Itaquera	
Verificado altura uterina (AU)	não	N	6	3	9
		%	12,50%	8,30%	10,70%
	sim	N	42	33	75
		%	87,50%	91,70%	89,30%
Total		N	48	36	84
		%	100,00%	100,00%	100,00%

p-valor = 0,726 (teste Exato de Fisher)

Quanto à verificação da altura uterina não observamos diferença estatisticamente significante entre a Área de Itaquera e Santo Amaro.

As Tabelas a seguir referem-se ao preenchimento do cartão de pré-natal.

Tabela 20. Associação entre ter o cartão de pré-natal e Área. São Paulo, 2003.

			Área		Total
			Santo Amaro	Itaquera	
Tem cartão pré-natal	sim	N	47	36	83
		%	100,00%	100,00%	100,00%
Total		N	47	36	83
		%	100,00%	100,00%	100,00%

Tabela 21. Associação entre preenchimento do cartão pré-natal e Área. São Paulo, 2003.

			Área		Total
			Santo Amaro	Itaquera	
Cartão pré-natal preenchido	não	N	29	9	38
		%	60,40%	25,70%	45,80%
	sim	N	19	26	45
	%	39,60%	74,30%	54,20%	
Total		N	48	35	83
		%	100,00%	100,00%	100,00%

p-valor = 0,002 (teste Exato de Fisher)

Na Tabela 21 estatisticamente demonstraram serem significantes os dados referentes ao preenchimento do cartão de pré-natal pelas duas Áreas. Em relação à Área de Itaquera observamos 74,30% dos cartões preenchidos e 39,60% na Área de Santo Amaro.

Tabela 22. Associação entre informação para levar o cartão pré-natal em todas as consultas e Área. São Paulo, 2003.

			Área		Total
			Santo Amaro	Itaquera	
Informada para levar o cartão em todas as consultas	não	N	4	-	4
		%	8,30%		4,80%
	sim	N	44	35	79*
		%	91,70%	100,00%	95,20%
Total		N	48	35	83
		%	100,00%	100,00%	100,00%

p-valor = 0,134 (teste Exato de Fisher)

Na Tabela 22, tanto na Área de Itaquera como na Área de Santo Amaro as informações sobre levar cartão de pré-natal em todas as consultas não apresentou diferença estatisticamente significante. Ambas as áreas informaram suas gestantes em 95,20% dos casos.

Tabela 23. Associação entre informação para levar o cartão de pré-natal ao hospital no momento do parto e Área. São Paulo, 2003.

			Área		Total
			Santo Amaro	Itaquera	
Informada sobre levar o cartão de pré-natal ao hospital no momento do parto	não	N	12	2	14
		%	25,50%	6,10%	17,50%
	sim	N	35	31	66
		%	74,50%	93,90%	82,50%
Total		N	47	33	80
		%	100,00%	100,00%	100,00%

p-valor = 0,024 (teste Qui-Quadrado)

Com referência à Tabela 23, os dados sobre levar o cartão de pré-natal ao hospital no momento do parto demonstraram ser estatisticamente significantes. Encontramos a Área de Itaquera com 93,90% de informação e a Área de Santo Amaro com 74,50% de informação.

Nas Tabelas a seguir os resultados referem-se ao recebimento e informações de vacinas durante o pré-natal. O esquema recomendado é que vacina antitetânica seja administrada até a dose imunizante (segunda) ou dose de reforço em mulheres já imunizadas.

Tabela 24. Associação entre recebimento de vacina durante o pré-natal e Área. São Paulo, 2003.

			Área		Total
			Santo Amaro	Itaquera	
Recebeu vacina durante pré-natal	não	N	30	24	54
		%	63,80%	66,70%	65,10%
	sim	N	17	12	29
		%	36,20%	33,30%	34,90%
Total		N	47	36	83
		%	100,00%	100,00%	100,00%

p-valor = 0,788 (teste Qui-Quadrado)

Os dados da Tabela 24 apontam que o recebimento de vacina durante o pré-natal não apresentou diferença significante entre as duas Áreas.

Tabela 25. Associação entre indicação de quais e quando tomar os reforços e Área. São Paulo, 2003.

			Área		Total
			Santo Amaro	Itaquera	
Sabe indicar quais e quando tomar os reforços	não	N	10	10	20
		%	26,30%	43,50%	32,80%
	sim	N	28	13	41
		%	73,70%	56,50%	67,20%
Total		N	38	23	61
		%	100,00%	100,00%	100,00%

p-valor = 0,166 (teste Qui-Quadrado)

A Tabela 25 refere sobre a indicação de quais e quando tomar os reforços da vacina durante o pré-natal. Não encontramos diferença estatisticamente significativa tanto na Área de Itaquera como na Área de Santo Amaro.

Conclusão

A avaliação da assistência pré-natal referida pela gestante mostra que:

- Quanto ao perfil das gestantes:
  - A maioria das gestantes nas duas Áreas pesquisadas tem a idade média de 26,7 anos; ensino fundamental incompleto; renda familiar de 1 a 3 salários mínimos.

- Quanto à atenção pré-natal:
  - A média de início foi de 2 meses nas duas Áreas avaliadas;
  - A maioria das gestantes das duas Áreas referiu ter realizado entre 3 a 4 consultas. Observamos que na Área de Santo Amaro, foram referidas até 8 consultas e na Área de Itaquera, até 10 consultas. Vale ressaltar que as gestantes tinham idade gestacional distintas, indicando que o número de consultas foi adequado;
  - O tempo de duração da consulta pré-natal apresentou uma diferença estatisticamente significante entre as duas Áreas estudadas. A média de duração das consultas realizadas na Área de Santo Amaro foi de 15,7 minutos e na Área de Itaquera foi de 23,6 minutos;
  - A realização dos exames de rotina preconizada foi semelhante nas duas Áreas analisadas, apresentando um percentual acima de 56%. No entanto, nenhuma delas atingiu o 100%;
  - 100% das gestantes das duas Áreas analisadas realizaram o exame para anti-HIV;
  - Em relação à orientação pré-natal, a Área de Itaquera apresentou percentual mais elevado;
  - Os parâmetros vitais (PA, peso) foram referidos por 100% das gestantes das duas Áreas;
  - 100% das gestantes das duas Áreas referiram possuir o cartão de pré-natal. No entanto, 60,4% das gestantes da Área de Santo Amaro não têm o mesmo preenchido completamente. Por outro lado, 74,3% das gestantes da Área de Itaquera têm o cartão preenchido;
  - A maioria das gestantes das duas Áreas avaliadas não recebeu vacinação antitetânica. Mas, receberam informações sobre o reforço vacinal. Isto pode ser atribuído ao fato das gestantes já estarem imunizadas.

Referências Bibliográficas

BERGAMASCO, GUALDA, OKAZAKI. *Avaliação da assistência à gestante:* elaboração de instrumentos para coleta de dados. (no prelo).

JORGE, M. H. P. de M, GOTLIEB, S. L. D.; LAURENTI, R. *A saúde no Brasil:* análise do período de 1996 a 1999. Brasília: Organização Pan-Americana da Saúde, 2001.

OKAZAKI, E. L. F. J. Perfil biológico e social das parturientes do Hospital Geral do Grajaú. [dissertação] São Paulo (SP): Faculdade de Medicina da Universidade de Santo Amaro, 2002.

VIEIRA, S.; WADA, R. *O que é estatística.* 2ª ed., São Paulo: Brasiliense, 1998.

Capítulo 7

Avaliação da Assistência à Gestante - dados referentes aos procedimentos

Roselena Bazilli Bergamasco
Egle de Lourdes F. J. Okazaki
Dulce Maria Rosa Gualda

O bem-estar e a saúde reprodutiva e neonatal estão diretamente relacionados às políticas sociais nacionais e dependem muito da organização da assistência de saúde local. Segundo Enkin (2005) estudos epidemiológicos e de observação tendem a mostrar que as mulheres que recebem alguma assistência pré-natal têm melhores resultados perinatais.

A fim de deter os avanços da morbimortalidade perinatal, existem, em todo o país demandas de mudanças no atendimento do pré-natal. Os indicadores de acesso e a qualidade do pré-natal, parto e puerpério em diversos locais apontam a necessidade de melhoria na qualidade da atenção aos eventos reprodutivos, bem como à organização do fluxo aos serviços. A elaboração e implantação de protocolos e fluxos no atendimento ao pré-natal, parto e puerpério despontam como um caminho fundamental a ser percorrido pela saúde materno-infantil.

Segundo Brasil (2000), a assistência pré-natal envolve procedimentos simples e um dos seus principais objetivos é identificar fatores que poderiam colocar a mãe, o feto ou o recém-nascido em risco. O conceito de risco está associado à probabilidades e por esta razão tem sua qualidade questionada como discriminador. Mas, associado às condições contextuais, permite orientação e encaminhamentos adequados em cada momento da gravidez. Dentre os fatores de risco gravídico podemos enumerar: características individuais e condições sócio-demográficas desfavoráveis; história reprodutiva anterior com complicações; doença obstétrica na gravidez atual; intercorrências clínicas. Assim sendo, estas situações de risco podem ser de condições preexistentes à concepção ou condições que desenvolvem subitamente na gravidez. A história familiar, a história médica e obstétrica pregressa da mulher, os resultados do exame físico e dos exames laboratoriais são dados importantes para serem considerados no pré-natal, pois podem direcionar as ações específicas.

Conforme Brasil (2000), a assistência pré-natal deve atender às necessidades reais da população de gestantes, fundamentada no conhecimento científico e nos recursos disponíveis, e as ações devem estar voltadas para a cobertura de toda a população-alvo, assegurando a continuidade do atendimento, acompanhamento e avaliação dessas ações sobre a saúde materna e perinatal.

Outra recomendação ministerial importante diz respeito à avaliação permanente da assistência pré-natal, com vistas à identificação dos problemas de saúde da população-alvo, bem como o desempenho do serviço. Segundo recomendação a avaliação deve ser feita com base nos indicadores construídos a partir dos dados registrados na ficha perinatal, no cartão da gestante, nos mapas de registro diário da unidade de saúde, nas informações obtidas no processo de referência e contra-referência e no sistema de estatística de saúde do estado.

Neste capítulo são abordados os resultados do estudo da primeira parte da avaliação da assistência prestada à saúde da mulher, referente aos dados do prontuário, integrante do projeto interinstitucional denominado "Saúde da Família – Avaliação da nova estratégia assistencial no cenário das Políticas Públicas", financiado pela Fundação de Amparo à Pesquisa do Estado de São Paulo (Fapesp). O objetivo geral desse amplo projeto é avaliar a nova estratégia proposta pelo Ministério da Saúde, o Programa de Saúde da Família (PSF), por meio do contraste entre uma comunidade coberta por essa estratégia e outra não assistida pelo programa.

A população do estudo ficou constituída de mulheres residentes em áreas cobertas pelo atendimento SUS na Zona Sul de São Paulo (Santo Amaro) e residentes na Zona Leste, atendidas pelo Qualis/Itaquera. A caracterização sócio-econômica das populações residentes nessas áreas é de carência e de difíceis condições de vida nestas regiões.

Do total de 100 prontuários de gestantes da área com PSF e 100 da área sem PSF previstas inicialmente como amostra representativa da população usuária de cada unidade de saúde, a serem selecionados aleatoriamente do total de mulheres com gestação acima de 20 semanas atendidas em cada unidade de saúde, efetivamente foram estudados 48 (55,2%) da unidade sem PSF e 39 (44,8%) da unidade com PSF.

Isto decorreu do fato que ao longo da coleta de dados constatou-se que não seria possível compor a amostra com este pré-requisito e foram incluídas todas as gestantes que compareciam ao pré-natal.

Os dados foram colhidos com utilização de instrumento específico, pré-testado. Todos os instrumentos de avaliação foram amplamente discutidos e apresentados em relatório científico da pesquisa, a ser publicado em forma de capítulo de livro (no prelo).

Os dados pertinentes aos registros foram colhidos por meio de visitas às unidades e análise de prontuários por uma dupla de estudantes de enfermagem devidamente treinadas.

Todas as diretrizes éticas da Resolução n° 196/96 do Conselho Nacional de Saúde foram contempladas e o projeto foi aprovado pelo Comitê de Ética em Pesquisa da Universidade de São Paulo e Universidade Santo Amaro.

Para contemplar a amplitude e a complexidade do projeto maior, foram criados bancos de dados numa base relacional, que permitiu a entrada de dados *on-line* com acesso à distância. Tanto o desenho amostral quanto a elaboração do banco de dados e as análises estatísticas foram realizadas com assessoria do Laboratório de Epidemiologia e Estatística do Instituto Dante Pazzanezi.

A análise foi feita utilizando-se freqüências relativas (percentuais) e absolutas (n) das classes de cada variável qualitativa, especialmente com o intuito de caracterizar a amostra estudada. As variáveis quantitativas foram analisadas utilizando-se médias e medianas para resumir as informações, além de desvios-padrão e valores mínimo e máximo para indicar a variabilidade dos dados.

Metodologia Estatística

Análise Descritiva

Com o objetivo apenas de caracterizar a amostra estudada, apresentamos em forma de tabelas ou gráficos, onde, nas tabelas foram utilizadas as freqüências relativas (percentuais) das classes de cada variável qualitativa e a freqüência absoluta (N). Para as variáveis quantitativas foram utilizadas médias e medianas para resumir as informações e erros-padrão, desvios-padrão, mínimo e máximo para indicar a variabilidade dos dados.

Teste Qui-Quadrado e Exato de Fisher

Para comparar as distribuições de freqüência das variáveis qualitativas foi utilizado o teste Qui-Quadrado de Pearson (VIEIRA, 1998). Esse teste baseia-se nas diferenças entre valores observados e esperados, avaliando se as proporções em cada grupo podem ser consideradas semelhantes ou não. O teste exato de Fisher foi utilizado nas situações onde os valores esperados foram inferiores a 5. Abaixo de cada tabela de cruzamento destas variáveis estão apresentados os resultados da significância do teste através do p-valor, sendo que, para valores menores do que 0,05 (p-valor<0,05) consideramos a associação estatisticamente significativa entre as variáveis.

As tabelas seguintes se referem aos procedimentos realizados com as gestantes durante as consultas de pré-natal.

Tabela 1. Associação entre a determinação do peso e avaliação do estado nutricional da gestante e Área. São Paulo, 2003.

			Área		Total
			Santo Amaro	Itaquera	
Determinação do peso e estado nutricional	não	N	27	11	38
		%	56,30%	28,20%	43,70%
	sim	N	14	20	34
		%	29,20%	51,30%	39,10%
	incompleto	N	7	8	15
		%	14,60%	20,50%	17,20%
Total		N	48	39	87
		%	100,00%	100,00%	100,00%

p-valor = 0,030 (teste Qui-Quadrado)

A análise dos resultados permitiu verificar na Tabela 1 que a determinação do peso e estado nutricional apresentou uma diferença estatisticamente significante entre as duas Áreas estudadas, obtendo-se índices na Área de Itaquera de 51,30% e na Área de Santo Amaro de 29,20%.

De acordo com Ziegel (1985), informações sobre o peso têm valor importante. Um aumento do peso corporal é uma das alterações metabólicas da gravidez. O ganho de peso não explicado parece consistir em reserva materna de tecido adiposo ou edema. Juntamente com outros dados, essas informações podem indicar possíveis intercorrências na gestação.

Tabela 2. Associação entre a determinação do peso e Área. São Paulo, 2003.

			Área		Total
			Santo Amaro	Itaquera	
Determinação do peso	não	N	2	4	6
		%	4,20%	10,30%	6,90%
	sim	N	35	32	67
		%	72,90%	82,10%	77,00%
	incompleto	N	11	3	14
		%	22,90%	7,70%	16,10%
Total	N	48	39	87	
		%	100,00%	100,00%	100,00%

p-valor = 0,100 (teste Exato de Fisher)

Os dados encontrados na Tabela 2 se referem à determinação de peso, procedimento que foi realizado nas duas Áreas, não apresentando diferença estatisticamente significante entre elas.

Tabela 3. Associação entre a determinação da freqüência cardíaca e Área. São Paulo, 2003.

			Área		Total
			Santo Amaro	Itaquera	
Determinação da freqüência cardíaca	não	N	41	19	60
		%	85,40%	48,70%	69,00%
	sim	N	1	17	18
		%	2,10%	43,60%	20,70%
	incompleto	N	6	3	9
		%	12,50%	7,70%	10,30%
Total		N	48	39	87
		%	100,00%	100,00%	100,00%

p-valor < 0,001 (teste Exato de Fisher)

A Tabela 3 estatisticamente demonstrou serem significativas as diferenças na realização da determinação da freqüência cardíaca. A área de Itaquera apresentou o número de 17 realizações do procedimento (43,6%) e na área de Santo Amaro, apenas 1 (2,1%) procedimento completo foi realizado.

Os dados referentes ao controle da pressão arterial serão apresentados na Tabela 4 a seguir.

O objetivo do controle da pressão arterial é determinar precocemente estados hipertensivos que se constituam em risco materno e perinatal (Brasil, 2000).

Tabela 4. Associação entre a medida da pressão arterial e Área. São Paulo, 2003.

			Área		Total
			Santo Amaro	Itaquera	
Medida da pressão arterial	não	N	3	8	11
		%	6,30%	20,50%	12,60%
	sim	N	41	24	65
		%	85,40%	61,50%	74,70%
	incompleto	N	4	7	11
		%	8,30%	17,90%	12,60%
Total		N	48	39	87
		%	100,00%	100,00%	100,00%

p-valor = 0,046 (teste Exato de Fisher)

Na Tabela 4, os dados referentes à medida de pressão arterial demonstraram serem estatisticamente significantes pelas duas Áreas. Em relação à Área de Itaquera observamos que o procedimento foi realizado 24 vezes (61,5%) e que na Área de Santo Amaro o mesmo foi realizado de forma completa 41 vezes (85,4%).

Os dados de pressão arterial são importantes de serem comparados com os achados de edema. O objetivo da verificação da presença de edema é detectar precocemente a ocorrência do mesmo na forma patológica. Os dados referentes a esse achado serão apresentados na Tabela 5 a seguir.

Tabela 5. Associação entre pesquisa de edema (face, tronco e membros) e Área. São Paulo, 2003.

			Área		Total
			Santo Amaro	Itaquera	
Pesquisa de edema	não	N	45	29	74
		%	93,80%	74,40%	85,10%
	sim	N	1	4	5
		%	2,10%	10,30%	5,70%
	incompleto	N	2	6	8
		%	4,20%	15,40%	9,20%
Total		N	48	39	87
		%	100,00%	100,00%	100,00%

p-valor = 0,046 (teste Exato de Fisher)

Observamos na Tabela 5 que a pesquisa de edema demonstrou ser estatisticamente significante entre as duas Áreas de realização do trabalho. Em relação à Área de Itaquera observamos que 4 (10,3%) registros de paciente foram preenchidos com esse dado e apenas 1 (2,1%) na Área de Santo Amaro.

Nas tabelas a seguir observamos dados referentes ao exame físico específico no pré-natal.

Tabela 6. Associação entre exame de mamas e Área. São Paulo, 2003.

			Área		Total
			Santo Amaro	Itaquera	
Exame de mamas	não	N	35	15	50
		%	72,90%	38,50%	57,50%
	sim	N	8	17	25
		%	16,70%	43,60%	28,70%
	incompleto	N	5	6	11
		%	10,40%	15,40%	12,60%
	não pertinente	N	-	1	1
		%	-	2,60%	1,10%
Total		N	48	39	87
		%	100,00%	100,00%	100,00%

p-valor = 0,005 (teste Exato de Fisher)

Na Tabela 6 verificamos serem estatisticamente significantes os dados referentes a diferença na realização do exame de mamas pelas duas Áreas. Em relação à Área de Itaquera observamos que 17 (43,3%) registros foram anotados de forma completa e apenas 8 (16,7%) na Área de Santo Amaro.

Durante a gravidez, ocorrem modificações acentuadas nas mamas, podendo se tornar doloridas e edemaciadas. No entanto, é preciso que seja realizado uma inspeção estática e dinâmica para a detecção precoce de alterações mamárias.

Os dados referentes à realização da medida da altura uterina são apresentados na Tabela 7 a seguir.

Tabela 7. Associação entre medida da altura uterina (AU) e Área. São Paulo, 2003.

			Área		Total
			Santo Amaro	Itaquera	
Medida da altura uterina (AU)	não	N	2	10	12
		%	4,20%	25,60%	13,80%
	sim	N	41	24	65
		%	85,40%	61,50%	74,70%
	incompleto	N	5	5	10
		%	10,40%	12,80%	11,50%
Total		N	48	39	87
		%	100,00%	100,00%	100,00%

p-valor = 0,011 (teste Exato de Fisher)

Na Tabela 7 em relação à verificação da medida da altura uterina observamos diferença estatisticamente significante entre a Área de Itaquera 24 (61,5%) e Santo Amaro 41 (85,4%).

Segundo Brasil (2000), o objetivo da verificação da medida da altura uterina (AU) é identificar o crescimento normal do feto e detectar seus desvios, fazendo assim, o diagnóstico de suas possíveis causas com a finalidade de orientar condutas para a adequação de cada caso.

Os dados relacionados a ausculta dos batimentos cardiofetais serão apresentados na Tabela 8 a seguir.

Tabela 8. Associação entre ausculta dos batimentos cardiofetais (BCF) e Área. São Paulo, 2003.

			Área		Total
			Santo Amaro	Itaquera	
Ausculta dos batimentos cardiofetais (BCF)	não	N	5	11	16
		%	10,40%	28,20%	18,40%
	sim	N	34	22	56
		%	70,80%	56,40%	64,40%
	incompleto	N	9	6	15
		%	18,80%	15,40%	17,20%
Total		N	48	39	87
		%	100,00%	100,00%	100,00%

p-valor = 0,103 (teste Qui-Quadrado)

Na Tabela 8 em relação à ausculta dos batimentos cardiofetais não observamos diferença estatisticamente significante entre a Área de Itaquera e a de Santo Amaro.

Brasil (2000) recomenda que seja constatada em cada consulta pré-natal a presença, o ritmo, a freqüência, e a normalidade dos batimentos cardiofetais.

Os dados referentes à identificação da situação fetal são apresentados na Tabela 9 a seguir.

Tabela 9. Associação entre identificação da situação e Área. São Paulo, 2003.

			Área		Total
			Santo Amaro	Itaquera	
Identificação da situação	não	N	35	17	52
		%	72,90%	43,60%	59,80%
	sim	N	7	17	24
		%	**14,60%**	**43,60%**	**27,60%**
	incompleto	N	6	5	11
		%	12,50%	12,80%	12,60%
Total		N	48	39	87
		%	100,00%	100,00%	100,00%

p-valor = 0,008 (teste Exato de Fisher)

Quanto à identificação da situação, na Tabela 9 observamos que houve diferença estatisticamente significante entre os registros das duas Áreas: 17 (43,6%) e 7 (14,6%) na Área de Itaquera e na Área de Santo Amaro, respectivamente.

Os dados referentes a inspeção dos genitais externos e realização do exame especular, são apresentados nas Tabelas 10 e 11 respectivamente, a seguir.

Tabela 10. Associação entre inspeção dos genitais externos e Área. São Paulo, 2003.

			Área		Total
			Santo Amaro	Itaquera	
Inspeção dos genitais externos	não	N	47	31	78
		%	97,90%	79,50%	89,70%
	sim	N	-	6	6
		%	-	15,40%	6,90%
	incompleto	N	1	2	3
		%	2,10%	5,10%	3,40%
Total		N	48	39	87
		%	100,00%	100,00%	100,00%

p-valor = 0,004 (teste Exato de Fisher)

Quanto à inspeção dos genitais externos observamos na Tabela 10 que houve diferença estatisticamente significante entre os registros das duas Áreas, indicando a realização do procedimento em seis registros (15,4%) na Área de Itaquera e nenhum na Área de Santo Amaro.

Tabela 11. Associação entre exame especular e Área. São Paulo, 2003.

			Área		Total
			Santo Amaro	Itaquera	
Exame especular	não	N	44	31	75
		%	91,70%	79,50%	86,20%
	sim	N	1	7	8
		%	2,10%	17,90%	9,20%
	incompleto	N	3	1	4
		%	6,30%	2,60%	4,60%
Total		N	48	39	87
		%	100,00%	100,00%	100,00%

p-valor = 0,023 (teste Exato de Fisher)

Verificamos na Tabela 11 que o mesmo ocorre em relação ao exame especular, e que há uma diferença estatisticamente significante entre os registros das duas Áreas, sendo que sete registros (17,9%) foram obtidos na Área de Itaquera e apenas 1 (2,1%) na de Santo Amaro.

Nas Tabelas 12 e 13 a seguir, serão apresentados os dados referentes a procedimentos e encaminhamentos realizados durante o pré-natal.

Tabela 12. Associação entre referência para vacinação antitetânica quando a gestante não estiver imunizada e Área. São Paulo, 2003.

			Área		Total
			Santo Amaro	Itaquera	
Referência para vacinação antitetânica quando a gestante não estiver imunizada	não	N	34	28	62
		%	70,80%	71,80%	71,30%
	sim	N	7	7	14
		%	14,60%	17,90%	16,10%
	incompleto	N	7	4	11
		%	14,60%	10,30%	12,60%
Total		N	48	39	87
		%	100,00%	100,00%	100,00%

p-valor = 0,840 (teste Exato de Fisher)

Quanto a imunização da gestante em relação a vacinação antitetânica, observamos na Tabela 12 que não houve diferença estatisticamente significante entre as Áreas.

Tabela 13. Associação entre referência para serviços especializados e Área. São Paulo, 2003.

			Área		Total
			Santo Amaro	Itaquera	
Referência para serviços especializados	não	N	46	28	74
		%	95,80%	71,80%	85,10%
	sim	N	1	8	9
		%	2,10%	20,50%	10,30%
	incompleto	N	1	3	4
		%	2,10%	7,70%	4,60%
Total		N	48	39	87
		%	100,00%	100,00%	100,00%

p-valor = 0,005 (teste Exato de Fisher)

Na Tabela 13 observamos diferença estatisticamente significante entre as duas Áreas em relação aos encaminhamentos para serviços especializados, sendo que foram registrados oito encaminhamentos (20,5%) na Área de Itaquera e 1 (2,1%) na Área de Santo Amaro.

Os dados referentes ao agendamento das consultas de pré-natal subseqüentes são apresentados na Tabela 14 a seguir.

Tabela 14. Associação entre agendamento de consultas subseqüentes e Área. São Paulo, 2003.

			Área		Total
			Santo Amaro	Itaquera	
Agendamento de consultas	não	N	36	23	59
		%	75,00%	59,00%	67,80%
	sim	N	5	13	18
		%	10,40%	33,30%	20,70%
	incompleto	N	7	3	10
		%	14,60%	7,70%	11,50%
Total		N	48	39	87
		%	100,00%	100,00%	100,00%

p-valor = 0,024 (teste Exato de Fisher)

Na Tabela 14 observamos diferença estatisticamente significante entre as duas Áreas referentes ao agendamento de consultas subseqüentes, sendo que a Área de Itaquera apresentou índices de 33,3% e a Área de Santo Amaro índices de 10,4%.

Segundo as orientações do Ministério da Saúde, as consultas subseqüentes devem ser agendadas no momento da primeira consulta e ou após cada consulta, conforme indicado.

Nas Tabelas 15, 16 e 17 apresentadas a seguir, referem-se aos dados relativos à obtenção do cálculo gestacional, solicitações de exames específicos do pré-natal e acompanhamento dos problemas levantados nas consultas.

Tabela 15. Associação entre cálculo da idade gestacional e Área. São Paulo, 2003.

			Área		Total
			Santo Amaro	Itaquera	
Cálculo da idade gestacional	não	N	5	11	16
		%	10,40%	28,20%	18,40%
	sim	N	38	22	60
		%	79,20%	56,40%	69,00%
	incompleto	N	5	6	11
		%	10,40%	15,40%	12,60%
Total		N	48	39	87
		%	100,00%	100,00%	100,00%

p-valor = 0,057 (teste Exato de Fisher)

Na Tabela 15 observamos diferença estatisticamente significante entre as duas Áreas referentes ao cálculo para a idade gestacional entre as duas Áreas, em que a Área de Itaquera apresentou índices de 56,40% e a Área de Santo Amaro índices de 79,20%.

Tabela 16. Associação entre solicitação de outros exames se necessário e Área. São Paulo, 2003.

			Área		Total
			Santo Amaro	Itaquera	
Solicitação de outros exames	não	N	46	19	65
		%	95,80%	48,70%	74,70%
	sim	N	1	16	17
		%	2,10%	41,00%	19,50%
	incompleto	N	1	4	5
		%	2,10%	10,30%	5,70%
Total		N	48	39	87
		%	100,00%	100,00%	100,00%

p-valor < 0,001 (teste Exato de Fisher)

Na Tabela 16 observamos diferença estatisticamente significante entre as duas Áreas quanto à solicitação de outros exames conforme a necessidade, sendo que a Área de Itaquera apresentou índices de 41,0% e a Área de Santo Amaro índices de 2,1%.

Tabela 17. Associação entre acompanhamento dos problemas levantados e Área. São Paulo, 2003.

			Área		Total
			Santo Amaro	Itaquera	
Acompanhamento dos problemas levantados	não	N	45	25	70
		%	93,80%	64,10%	80,50%
	sim	N	2	9	11
		%	4,20%	23,10%	12,60%
	incompleto	N	1	5	6
		%	2,10%	12,80%	6,90%
Total		N	48	39	87
		%	100,00%	100,00%	100,00%

p-valor = 0,002 (teste Exato de Fisher)

Na Tabela 17 observamos diferença estatisticamente significante entre as duas Áreas referentes ao acompanhamento dos problemas levantados, sendo que a Área de Itaquera apresentou índices de 23,1% e a Área de Santo Amaro índices de 4,2%.

Nas Tabelas 18, 19 e 20 a seguir, serão apresentados os dados referentes ao perfil sócio-econômico das gestantes.

Tabela 18. Associação entre grau de instrução e Área. São Paulo, 2003.

			Área		Total
			Santo Amaro	Itaquera	
Grau de instrução	não	N	41	20	61
		%	85,40%	51,30%	70,10%
	sim	N	2	17	19
		%	4,20%	43,60%	21,80%
	incompleto	N	5	2	7
		%	10,40%	5,10%	8,00%
Total		N	48	39	87
		%	100,00%	100,00%	100,00%

p-valor < 0,001 (teste Exato de Fisher)

Quanto ao grau de instrução, observamos na Tabela 18 que houve diferença estatisticamente significante entre os registros completos das duas Áreas, sendo que a Área de Itaquera apresentou índices de 43,6% e a Área de Santo Amaro índices de 4,2%.

Tabela 19. Associação entre profissão/ocupação e Área. São Paulo, 2003.

			Área		Total
			Santo Amaro	Itaquera	
Profissão/ocupação	não	N	44	18	62
		%	91,70%	46,20%	71,30%
	sim	N	1	18	19
		%	2,10%	46,20%	21,80%
	incompleto	N	3	3	6
		%	6,30%	7,70%	6,90%
Total		N	48	39	87
		%	100,00%	100,00%	100,00%

p-valor < 0,001 (teste Exato de Fisher)

Podemos observar quanto à profissão/ocupação que na Tabela 19 houve diferença estatisticamente significante entre os registros completos das duas Áreas, sendo que a Área de Itaquera apresentou índices de 46,2% e a Área de Santo Amaro índices de 6,3%.

Tabela 20. Associação entre situação conjugal e Área. São Paulo, 2003.

			Área		Total
			Santo Amaro	Itaquera	
Situação conjugal	não	N	39	9	48
		%	81,30%	23,10%	55,20%
	sim	N	8	26	34
		%	16,70%	66,70%	39,10%
	incompleto	N	1	4	5
		%	2,10%	10,30%	5,70%
Total		N	48	39	87
		%	100,00%	100,00%	100,00%

p-valor < 0,001 (teste Exato de Fisher)

Quanto à situação conjugal, verificamos na Tabela 20 que houve diferença estatisticamente significante entre os registros completos das duas Áreas, sendo que a Área de Itaquera apresentou índices de 66,7% e a Área de Santo Amaro índices de 16,7%.

Quanto à idade das gestantes obtidas nos registros, não houve diferença estatisticamente significante entre as duas Áreas.

Os dados referentes aos registros dos antecedentes pessoais das gestantes são apresentados nas Tabelas 21, 22, 23 e 24 a seguir.

Tabela 21. Associação entre hipertensão e Área. São Paulo, 2003.

			Área		Total
			Santo Amaro	Itaquera	
Hipertensão	não	N	39	16	55
		%	81,30%	41,00%	63,20%
	sim	N	8	20	28
		%	16,70%	51,30%	32,20%
	incompleto	N	1	3	4
		%	2,10%	7,70%	4,60%
Total		N	48	39	87
		%	100,00%	100,00%	100,00%

p-valor < 0,001 (teste Exato de Fisher)

Tabela 22. Associação entre diabetes e Área. São Paulo, 2003.

			Área		Total
			Santo Amaro	Itaquera	
Diabetes	não	N	38	18	56
		%	79,20%	46,20%	64,40%
	sim	N	8	18	26
		%	16,70%	46,20%	29,90%
	incompleto	N	2	3	5
		%	4,20%	7,70%	5,70%
Total		N	48	39	87
		%	100,00%	100,00%	100,00%

p-valor = 0,004 (teste Exato de Fisher)

Tabela 23. Associação entre gemelaridade e Área. São Paulo, 2003.

			Área		Total
			Santo Amaro	Itaquera	
Gemelaridade	não	N	39	22	61
		%	81,30%	56,40%	70,10%
	sim	N	7	14	21
		%	14,60%	35,90%	24,10%
	incompleto	N	2	3	5
		%	4,20%	7,70%	5,70%
Total		N	48	39	87
		%	100,00%	100,00%	100,00%

p-valor = 0,044 (teste Exato de Fisher)

Tabela 24. Associação entre câncer de mama e Área. São Paulo, 2003.

			Área		Total
			Santo Amaro	Itaquera	
Câncer de mama	não	N	47	26	73
		%	97,90%	66,70%	83,90%
	sim	N	-	11	11
		%	-	28,20%	12,60%
	incompleto	N	1	2	3
		%	2,10%	5,10%	3,40%
Total		N	48	39	87
		%	100,00%	100,00%	100,00%

p-valor < 0,001 (teste Exato de Fisher)

Podemos observar nas Tabelas acima, que a Área de Itaquera, apresentou melhores índices de registros dos dados quando comparados com a Área de Santo Amaro, sendo esses estatisticamente significativos.

Nas Tabelas 25 a 30 a seguir, são apresentados os dados referentes aos registros dos antecedentes pessoais das gestantes.

Tabela 25. Associação entre hipertensão arterial e Área. São Paulo, 2003.

			Área		Total
			Santo Amaro	Itaquera	
Hipertensão arterial	não	N	37	18	55
		%	77,10%	46,20%	63,20%
	sim	N	7	17	24
		%	14,60%	43,60%	27,60%
	incompleto	N	4	4	8
		%	8,30%	10,30%	9,20%
Total		N	48	39	87
		%	100,00%	100,00%	100,00%

p-valor = 0,006 (teste Exato de Fisher)

Tabela 26. Associação entre cardiopatias e Área. São Paulo, 2003.

			Área		Total
			Santo Amaro	Itaquera	
Cardiopatias	não	N	42	27	69
		%	87,50%	69,20%	79,30%
	sim	N	6	9	15
		%	12,50%	23,10%	17,20%
	incompleto	N	-	3	3
		%	-	7,70%	3,40%
Total		N	48	39	87
		%	100,00%	100,00%	100,00%

p-valor = 0,0437 (teste Exato de Fisher)

Tabela 27. Associação entre diabetes e Área. São Paulo, 2003.

			Área		Total
			Santo Amaro	Itaquera	
Diabetes	não	N	40	21	61
		%	83,30%	53,80%	70,10%
	sim	N	6	15	21
		%	12,50%	38,50%	24,10%
	incompleto	N	2	3	5
		%	4,20%	7,70%	5,70%
Total		N	48	39	87
		%	100,00%	100,00%	100,00%

p-valor = 0,006 (teste Exato de Fisher)

Tabela 28. Associação entre doenças renais crônicas e Área. São Paulo, 2003.

			Área		Total
			Santo Amaro	Itaquera	
Doenças renais crônicas	não	N	46	29	75
		%	95,80%	74,40%	86,20%
	sim	N	2	8	10
		%	4,20%	20,50%	11,50%
	incompleto	N	-	2	2
		%	-	5,10%	2,30%
Total		N	48	39	87
		%	100,00%	100,00%	100,00%

p-valor = 0,007 (teste Exato de Fisher)

Tabela 29. Associação entre anemia e Área. São Paulo, 2003.

			Área		Total
			Santo Amaro	Itaquera	
Anemia	não	N	48	30	78
		%	100,00%	76,90%	89,70%
	sim	N	-	6	6
		%	-	15,40%	6,90%
	incompleto	N	-	3	3
		%	-	7,70%	3,40%
Total		N	48	39	87
		%	100,00%	100,00%	100,00%

p-valor < 0,001 (teste Exato de Fisher)

Tabela 30. Associação entre transfusões de sangue e Área. São Paulo, 2003.

			Área		Total
			Santo Amaro	Itaquera	
Transfusões de sangue	não	N	48	32	80
		%	100,00%	82,10%	92,00%
	sim	N	-	6	6
		%	-	15,40%	6,90%
	incompleto	N	-	1	1
		%	-	2,60%	1,10%
Total		N	48	39	87
		%	100,00%	100,00%	100,00%

p-valor = 0,003 (teste Exato de Fisher)

Observamos nas Tabelas anteriores, que a Área de Itaquera, apresentou melhores índices de registros dos dados quando comparados com a Área de Santo Amaro, sendo esses estatisticamente significativos.

Os dados apresentados nas Tabelas 31 a 35 a seguir, referem-se aos registros dos antecedentes ginecológicos das gestantes.

Tabela 31. Associação entre ciclos menstruais e Área. São Paulo, 2003.

			Área		Total
			Santo Amaro	Itaquera	
Ciclos menstruais	não	N	47	18	65
		%	97,90%	46,20%	74,70%
	sim	N	-	17	17
		%	-	43,60%	19,50%
	incompleto	N	1	4	5
		%	2,10%	10,30%	5,70%
Total		N	48	39	87
		%	100,00%	100,00%	100,00%

p-valor < 0,001 (teste Exato de Fisher)

Tabela 32. Associação entre uso de anticoncepcional e Área. São Paulo, 2003.

			Área		Total
			Santo Amaro	Itaquera	
Uso de anticoncepcional	não	N	48	21	69
		%	100,00%	53,80%	79,30%
	sim	N	-	15	15
		%	-	38,50%	17,20%
	incompleto	N	-	3	3
		%	-	7,70%	3,40%
Total		N	48	39	87
		%	100,00%	100,00%	100,00%

p-valor < 0,001 (teste Exato de Fisher)

Tabela 33. Associação entre doença sexualmente transmissível (DST) e Área. São Paulo, 2003.

			Área		Total
			Santo Amaro	Itaquera	
DST	não	N	47	20	67
		%	97,90%	51,30%	77,00%
	sim	N	-	12	12
		%	-	30,80%	13,80%
	incompleto	N	1	7	8
		%	2,10%	17,90%	9,20%
Total		N	48	39	87
		%	100,00%	100,00%	100,00%

p-valor < 0,001 (teste Exato de Fisher)

Tabela 34. Associação entre Cirurgias ginecológicas e a Área. São Paulo, 2003.

			Área		Total
			Santo Amaro	Itaquera	
Cirurgias ginecológicas	não	N	48	19	67
		%	100,00%	48,70%	77,00%
	sim	N	-	16	16
		%	-	41,00%	18,40%
	incompleto	N	-	4	4
		%	-	10,30%	4,60%
Total		N	48	39	87
		%	100,00%	100,00%	100,00%

p-valor < 0,001 (teste Exato de Fisher)

Tabela 35. Associação entre realização da última colpocitologia (data e resultado) e Área. São Paulo, 2003.

			Área		Total
			Santo Amaro	Itaquera	
Última colpocitologia	não	N	45	22	67
		%	93,80%	56,40%	77,00%
	sim	N	1	11	12
		%	2,10%	28,20%	13,80%
	incompleto	N	2	6	8
		%	4,20%	15,40%	9,20%
Total		N	48	39	87
		%	100,00%	100,00%	100,00%

p-valor < 0,001 (teste Exato de Fisher)

Observamos nas Tabelas anteriores, que a Área de Itaquera, apresentou melhores índices de registros dos dados quando comparados com a Área de Santo Amaro, sendo esses estatisticamente significativos.

Quanto ao registro de dados referentes à prática sexual na gestação atual e anteriores e número de parceiros não houve diferença estatisticamente significante entre as duas Áreas.

Nas Tabelas 36 a 41 a seguir, são apresentados os dados referentes aos registros dos antecedentes obstétricos.

Tabela 36. Associação entre número de gestações e Área. São Paulo, 2003.

			Área		Total
			Santo Amaro	Itaquera	
Número de gestações	não	N	9	11	20
		%	18,80%	28,20%	23,00%
	sim	N	24	26	50
		%	50,00%	66,70%	57,50%
	incompleto	N	14	2	16
		%	29,20%	5,10%	18,40%
	não pertinente	N	1	-	1
		%	2,10%	-	1,10%
Total		N	48	39	87
		%	100,00%	100,00%	100,00%

p-valor = 0,012 (teste Exato de Fisher)

Tabela 37. Associação entre número de partos e Área. São Paulo, 2003.

			Área		Total
			Santo Amaro	Itaquera	
Número de partos	não	N	15	11	26
		%	31,30%	28,20%	29,90%
	sim	N	18	25	43
		%	37,50%	64,10%	49,40%
	incompleto	N	14	2	16
		%	29,20%	5,10%	18,40%
	não pertinente	N	1	1	2
		%	2,10%	2,60%	2,30%
Total		N	48	39	87
		%	100,00%	100,00%	100,00%

p-valor = 0,009 (teste Exato de Fisher)

Tabela 38. Associação entre número de abortamentos e Área. São Paulo, 2003.

			Área		Total
			Santo Amaro	Itaquera	
Número de abortamentos	não	N	13	13	26
		%	27,10%	33,30%	29,90%
	sim	N	19	22	41
		%	39,60%	56,40%	47,10%
	incompleto	N	16	3	19
		%	33,30%	7,70%	21,80%
	não pertinente	N	-	1	1
		%	-	2,60%	1,10%
Total		N	48	39	87
		%	100,00%	100,00%	100,00%

p-valor = 0,014 (teste Exato de Fisher)

Tabela 39. Associação entre idade da 1ª gestação e Área. São Paulo, 2003.

			Área		Total
			Santo Amaro	Itaquera	
Idade da 1ª gestação	não	N	43	21	64
		%	89,60%	53,80%	73,60%
	sim	N	4	15	19
		%	8,30%	38,50%	21,80%
	incompleto	N	1	3	4
		%	2,10%	7,70%	4,60%
Total		N	48	39	87
		%	100,00%	100,00%	100,00%

p-valor < 0,001 (teste Exato de Fisher)

Tabela 40. Associação entre complicações do puerpério e Área. São Paulo, 2003.

			Área		Total
			Santo Amaro	Itaquera	
Complicações nos puerpérios	não	N	45	33	78
		%	93,80%	84,60%	89,70%
	sim	N	-	4	4
		%	-	10,30%	4,60%
	incompleto	N	-	1	1
		%	-	2,60%	1,10%
	não pertinente	N	3	1	4
		%	6,30%	2,60%	4,60%
Total		N	48	39	87
		%	100,00%	100,00%	100,00%

p-valor = 0,038 (teste Exato de Fisher)

Tabela 41. Associação entre história de aleitamento anterior e Área. São Paulo, 2003.

			Área		Total
			Santo Amaro	Itaquera	
História de aleitamento anterior	não	N	45	30	75
		%	93,80%	76,90%	86,20%
	sim	N	-	6	6
		%	-	15,40%	6,90%
	incompleto	N	-	2	2
		%	-	5,10%	2,30%
	não pertinente	N	3	1	4
		%	6,30%	2,60%	4,60%
Total		N	48	39	87
		%	100,00%	100,00%	100,00%

p-valor = 0,003 (teste Exato de Fisher)

Verificamos nas Tabelas anteriores, que a Área de Itaquera, apresentou melhores índices de registros dos dados quando comparados com a Área de Santo Amaro, sendo esses estatisticamente significativos.

Os dados relativos ao registro das informações sobre a gestação atual serão apresentados nas Tabelas 42 a 47, a seguir.

Tabela 42. Associação entre data da última menstruação (DUM) e Área. São Paulo, 2003.

			Área		Total
			Santo Amaro	Itaquera	
Data da última menstruação (DUM)	não	N	3	12	15
		%	6,30%	30,80%	17,20%
	sim	N	41	25	66
		%	85,40%	64,10%	75,90%
	incompleto	N	4	2	6
		%	8,30%	5,10%	6,90%
Total		N	48	39	87
		%	100,00%	100,00%	100,00%

p-valor = 0,008 (teste Exato de Fisher)

Tabela 43. Associação entre data provável do parto (DPP) e Área. São Paulo, 2003.

			Área		Total
			Santo Amaro	Itaquera	
Data provável do parto (DPP)	não	N	3	11	14
		%	6,30%	28,20%	16,10%
	sim	N	42	25	67
		%	87,50%	64,10%	77,00%
	incompleto	N	3	3	6
		%	6,30%	7,70%	6,90%
Total		N	48	39	87
		%	100,00%	100,00%	100,00%

p-valor = 0,015 (teste Exato de Fisher)

Tabela 44. Associação entre data da percepção dos primeiros movimentos fetais e Área. São Paulo, 2003.

			Área		Total
			Santo Amaro	Itaquera	
Data da percepção dos primeiros movimentos fetais	não	N	33	17	50
		%	68,80%	43,60%	57,50%
	sim	N	10	19	29
		%	20,80%	48,70%	33,30%
	incompleto	N	5	3	8
		%	10,40%	7,70%	9,20%
Total		N	48	39	87
		%	100,00%	100,00%	100,00%

p-valor = 0,025 (teste Exato de Fisher)

Tabela 45. Associação entre sinais e sintomas na gestação em curso e Área. São Paulo, 2003.

			Área		Total
			Santo Amaro	Itaquera	
Sinais e sintomas na gestação em curso	não	N	43	20	63
		%	89,60%	51,30%	72,40%
	sim	N	1	11	12
		%	2,10%	28,20%	13,80%
	incompleto	N	4	8	12
		%	8,30%	20,50%	13,80%
Total		N	48	39	87
		%	100,00%	100,00%	100,00%

p-valor = 0,001 (teste Exato de Fisher)

Tabela 46. Associação entre medicamentos usados na gestação e Área. São Paulo, 2003.

			Área		Total
			Santo Amaro	Itaquera	
Medicamentos usados na gestação	não	N	39	21	60
		%	81,30%	53,80%	69,00%
	sim	N	6	11	17
		%	12,50%	28,20%	19,50%
	incompleto	N	3	7	10
		%	6,30%	17,90%	11,50%
Total		N	48	39	87
		%	100,00%	100,00%	100,00%

p-valor = 0,022 (teste Qui-Quadrado)

Tabela 47. Associação entre hábitos de fumo, álcool e uso de drogas ilícitas e Área. São Paulo, 2003.

			Área		Total
			Santo Amaro	Itaquera	
Uso de fumo, álcool e drogas ilícitas	não	N	40	22	62
		%	83,30%	56,40%	71,30%
	sim	N	2	10	12
		%	4,20%	25,60%	13,80%
	incompleto	N	6	7	13
		%	12,50%	17,90%	14,90%
Total		N	48	39	87
		%	100,00%	100,00%	100,00%

p-valor = 0,007 (teste Exato de Fisher)

Verificamos nas Tabelas anteriores, que a Área de Itaquera, apresentou melhores índices de registros dos dados quando comparados com a Área de Santo Amaro relativos ao registro dos primeiros movimentos fetais percebidos, sinais e sintomas da gestação, uso de medicamentos, tabagismo, álcool e utilização de drogas ilícitas, sendo esses estatisticamente significativos.

No entanto, a Área de Santo Amaro apresentou índices melhores de registros quanto a data da última menstruação (DUM) e data provável do parto (DPP), sendo esses estatisticamente significativos.

Conclusão

A avaliação da assistência à gestante considerando a anotação completa nos registros perinatais dos procedimentos realizados pelos profissionais mostra que:

- A Área de Itaquera apresentou maior número de anotações completas nos registros perinatais de modo geral. Associado ao tempo maior de consulta citado anteriormente pode-se afirmar que este fato possibilita maior número de registros. Esses registros incluem dados da anamnese que se referem aos dados sócio-econômicos, antecedentes pessoais e familiares, antecedentes gineco-obstétricos e gestação atual, que irão definir o risco gestacional.

- A Área de Santo Amaro apresentou melhor índice de anotações completas nos registros perinatais relacionados ao exame físico da gestante que estão indicados à seguir:
  - Determinação do peso.
  - Controle da Pressão Arterial.
  - Medida da Altura Uterina (AU).
  - Ausculta dos Batimentos Cardiofetais (BCF).
  - Determinação da Idade Gestacional.
  - Determinação da Data da Última Menstruação (DUM).
  - Determinação da Data Provável do Parto (DPP).

- Embora a Área de Santo Amaro tenha apresentado melhor índice nos procedimentos acima referidos, os índices das anotações completas nos registros perinatais não correspondem a 100% dos registros avaliados. Cabe ainda considerar, que o cumprimento de 100% dos procedimentos, se refere aos requisitos mínimos exigidos pelo Ministério da Saúde para a assistência pré-natal.

- Os dados analisados quantitativamente neste trabalho se referem apenas às anotações encontradas nos registros perinatais avaliados.

Os instrumentos de registro visam permitir o acompanhamento sistematizado da evolução da gravidez e a coleta dos dados deverá ser feita em cada encontro, seja na unidade ou no domicílio.

A utilização adequada dos instrumentos de registro permite o fluxo de informações entre os serviços de saúde, visando garantir o sistema de referência e contra-referência. Assim, os instrumentos devem ser plena e corretamente utilizados e conter as informações mínimas necessárias para uma adequada assistência pré-natal.

Diante do exposto, podemos observar que nenhuma das Áreas avaliadas cumpriu adequadamente as exigências estabelecidas pelas Normas de Atenção ao Pré-Natal, do Ministério da Saúde.

Referências Bibliográficas

BRASIL. *Assistência pré-natal:* Manual técnico/equipe de elaboração: Janine Schirmer et al. 3ª ed., Brasília: Secretaria de Políticas de Saúde – SPS/Ministério da Saúde, 2000, 66 p.

ENKIN, M. et al. *Guia para atenção efetiva na gravidez e no parto.* 3th ed. Rio de Janeiro: Guanabara-Koogan, 2005.

VIEIRA, S.; WADA, R. *O que é estatística.* 2ª ed., São Paulo: Brasiliense, 1998.

ZIEGEL, E. E.; CRANLEY, M. S. Editors. *Enfermagem obstétrica.* 8th ed. Rio de Janeiro: Ed. Guanabara, 1985.

O Idoso no Cenário Familiar e Assistencial

Capítulo 8

Avaliando a Assistência ao Idoso no Cenário das Políticas Públicas

Hogla Cardozo Murai
Isabel Cristina Kowal Olm Cunha
Celina Castagnari Marra
Maria Inez Burini Chaccur
Ruth Natália Teresa Turrini
Ana Aparecida Sanches Bersusa

A proposta de avaliação da assistência ao idoso no cenário das políticas públicas, aqui apresentada, é parte do projeto de pesquisa interinstitucional "Saúde da Família – Avaliação da nova estratégia assistencial no cenário das Políticas Públicas", do qual participam docentes da Universidade de São Paulo – Escola de Enfermagem, Faculdade de Medicina e Faculdade de Saúde Pública; da Universidade de Santo Amaro-UNISA / Faculdade de Enfermagem e Faculdades Santa Marcelina – FASM / Curso de Enfermagem, além de representantes da Secretaria de Estado da Saúde de São Paulo. O texto descreve a trajetória dos pesquisadores do subgrupo saúde do idoso, resgatando seu referencial teórico e produto na primeira fase do projeto.

A formação do grupo se deu de forma a reunir pesquisadores com experiência em diferentes áreas de conhecimento tais como metodologia da pesquisa, epidemiologia, administração, gerontologia e assistência, o que constituiu-se em elemento facilitador do trabalho.

O passo inicial do trabalho foi a discussão sobre a metodologia do projeto geral e a definição do objeto e local de estudo, seleção da amostra e estabelecimento de cronograma de desenvolvimento. A definição do objeto de estudo – a assistência ao idoso, requereu, de imediato, a definição dos critérios de inclusão e de seleção da amostra, e houve concordância acerca de que o envelhecimento humano precisa ser visualizado nas esferas do indivíduo e da sociedade e nas perspectivas de gênero, geração e classe social.

BRÊTAS e OLIVEIRA (1999), definem o envelhecimento como *"um processo contínuo e finito, onde a imagem do corpo tem significância fundamental e a perda da autonomia (capacidade de tomar decisões) é o delineador entre a saúde e a doença, responsável pela estigmatização dos idosos na sociedade"*. Este conceito reúne os elementos da discussão inicial das autoras em torno da avaliação da assistência ao idoso no cenário das políticas públicas, destacando-se a autonomia para o desempenho das atividades básicas da vida diária e para as atividades instrumentais da vida diária (relacionadas à capacidade do autocuidado e independência na vida em sociedade), como importantes indicadores das necessidades de saúde deste grupo populacional (DUARTE, 2001).

Para definir o idoso, optou-se pelo recorte etário, a partir de 60 anos, que embora limitado na capacidade de tradução do processo de perda de autonomia e conseqüente necessidade crescente de cuidados, atende ao critério adotado na Política Nacional do Idoso traçada em 1994 (BRASIL, 1999).

Sendo assim, a apreensão dos aspectos sócio-demográficos e econômicos, a percepção da própria saúde, a forma de utilização, a resolutividade dos serviços de saúde e a satisfação do idoso com o mesmo, constituíram o escopo da investigação, de modo a permitir a identificação de situações de risco e seus determinantes, sinalizadores das necessidades menos atendidas neste grupo etário da população.

Tomou-se como eixo norteador para avaliação da assistência à saúde dos idosos a definição de saúde contida na Constituição da República Federativa do Brasil, como direito de todos a ser concedido pelo Estado, mediante políticas sociais e econômicas que visem à redução do risco de doenças e outros agravos e ao acesso aos serviços para sua promoção, proteção e recuperação, e o propósito da Política Nacional do Idoso, instituída em 1994, visando uma máxima expectativa de vida ativa, na comunidade, junto à família, com altos níveis de função e autonomia. A escolha destes referenciais tem como premissa a concepção de velhice atrelada não só à idéia de perdas e limitações, mas como curso de vida que pode ser vivenciado e analisado de formas diferenciadas (BASSIT, 2000). Esta investigação privilegia a explicitação das facilidades e dificuldades dos idosos na busca do atendimento de suas necessidades relativas à saúde, no quanto este processo envolve sua família e como ele se traduz enquanto qualidade final de vida. A pesquisa prevê a avaliação dos serviços de saúde considerados na sua prestação direta pela rede básica do Sistema Único de Saúde-SUS na Zona Sul e na prestação mediante o Programa de Saúde da Família-PSF, na Zona Leste do Município de São Paulo. (BRASIL, 1988; BRASIL, 1997), buscando identificar se a estratégia assistencial com enfoque familiar favorece o cumprimento das políticas públicas para este grupo específico.

A caracterização prévia das áreas onde vivem os idosos que compõem a população de estudo deste projeto, contribuiu de forma relevante para a discussão acerca da expectativa de vida, das possibilidades de vida em comunidade e de como a aparente homogeneidade do viver em regiões pobres e periféricas da cidade de São Paulo pode ser quebrada, quando vista sob a ótica da dinâmica das famílias das quais os idosos fazem parte. Neste cenário, a cultura, o acesso e o uso dos serviços disponíveis, as relações sociais estabelecidas no âmbito da família e da comunidade, poderão ter manifestações distintas, modificando o perfil de saúde percebida do idoso. A partir deste consenso, foram estabelecidos os objetivos aos quais a investigação se aplica:

- identificar os perfis sócios, econômicos e geográficos do usuário idoso do PSF/SUS;
- identificar a composição e a dinâmica de funcionamento familiar do idoso usuário do PSF/SUS;
- verificar o perfil de saúde percebida do idoso usuário do PSF/SUS;
- verificar as características da assistência disponível para o atendimento de saúde, identificadas pelo idoso usuário do PSF/SUS;
- averiguar a maneira pela qual o idoso usuário do PSF/SUS faz sua opção pelo local de atendimento à saúde;
- caracterizar o acesso do idoso usuário ao PSF/SUS;
- averiguar a adesão do idoso usuário do PSF/SUS ao tratamento prescrito;
- verificar o perfil farmacoterápico do idoso usuário do PSF/SUS;
- avaliar a resolutividade do serviço PSF/SUS na ótica do idoso usuário;
- identificar os custos de saúde que tem o idoso usuário do PSF/SUS;
- identificar a avaliação que o idoso usuário do PSF/SUS faz do atendimento feito pelos profissionais e pelo próprio serviço;
- identificar e caracterizar o cuidador do usuário do PSF/SUS (quando houver).

Uma vez definidos os objetivos específicos da investigação, foram elaboradas 61 questões, posteriormente reduzidas a 58, a serem respondidas pelo idoso, incluindo um instrumento externo – a Avaliação da Capacidade Funcional do Idoso. Um segundo instrumento externo – o APGAR de Família de Smilkstein, validado por DUARTE (2001), foi incluído entre os formulários destinados à caracterização da família e também será aplicado ao idoso. Inserir comentário sobre o instrumento do cuidador, sua importância etc.

O instrumento de coleta de dados foi pré-testado por docentes da UNISA e FASM, que os aplicaram a pessoas com mais de 60 anos, residentes em regiões próximas aos locais escolhidos para o estudo. Algumas questões se mostraram de difícil compreensão para o público-alvo, assim como a seqüência do questionamento. Após as adequações, o instrumento foi submetido ao segundo pré-teste e aprovado. As questões que exigem juízo de valor com atribuição de conceito e ou nota, como a de número 57 e do APGAR de família, serão aplicadas com a ajuda de régua com expressões faciais indicativas do grau de satisfação do entrevistado, de maneira a garantir maior homogeneidade de parâmetros para as respostas.

O instrumento de coleta de dados para avaliação da assistência à saúde do idoso no cenário SUS/PSF foi publicado na sua versão preliminar no livro "Saúde, Família e Comunidade" (TURRINI et al. 2002), sendo publicado agora em sua versão definitiva. As questões foram formuladas segundo cada objetivo específico e concebidas sob a ótica de análise da qualidade da assistência prestada por instituições de saúde preconizada por DONABEDIAN (1966), fundamentada no estudo das estruturas, processos e resultados dos serviços.

A estrutura foi caracterizada em relação aos serviços de saúde oferecidos – quantidade, disponibilidade, tipologia e acesso; e em relação aos indivíduos – demanda/necessidades sentidas e suas possibilidades individuais, familiares e comunitárias para atendê-las.

Os processos foram caracterizados pelas relações existentes entre o idoso e os serviços de saúde que utiliza, continuidade do atendimento e/ou tratamento e o dispêndio financeiro da família para a manutenção da saúde do idoso.

Os resultados deverão ser expressos por indicadores advindos das informações relativas às mudanças no estado de saúde que possam ser atribuídas à assistência recebida, solução do problema de saúde, incluindo a satisfação do usuário.

Em seu conjunto, a avaliação da assistência à saúde do idoso pretende desvelar os caminhos trilhados pelos indivíduos e suas famílias na busca da promoção, prevenção e recuperação da saúde, identificando, nas diferentes estratégias de operacionalização do Sistema Único de Saúde – no modelo tradicional e na estratégia do PSF, o grau de atendimento das necessidades e expectativas desta população específica, além de apontar para um índice de qualidade de vida capaz de discriminar a influência da participação da família no viver de todo dia.

Referências Bibliográficas

BASSIT, A. Z. Histórias de mulheres: reflexões sobre a maturidade e a velhice. In: MINAYO, M. C. S.; COIMBRA JR., C. E. A. [organizadores] *Antropologia do Envelhecimento.* Rio de Janeiro: Editora Fiocruz, 2002.

BRÊTAS, A. C. P.; OLIVEIRA, E. M. Intersecções entre as áreas de conhecimento da gerontologia, da saúde e do trabalho: questões para reflexão. *Saúde e Sociedade.* Faculdade de Saúde Pública da Universidade de São Paulo e Associação Paulista de Saúde Pública. v. 8(2) ago-dez/1999.

BRASIL. *Constituição da República Federativa do Brasil.* Brasília: Centro Gráfico do Senado Federal, 1988.

BRASIL. Ministério da Saúde. Secretaria da Assistência à Saúde. Coordenação de Saúde da Comunidade. *Saúde da família: uma estratégia para reorientação do modelo assistencial.* Brasília, 1997.

BRASIL. Ministério da Saúde. Política Nacional do Idoso. *Diário Oficial da República Federativa do Brasil,* 237-E:20-244, 13 de dezembro 1999.

DONABEDIAN, A. *Evaluating the quality of medical care.* Milbank Mem. Fund. Q. 44:166-206,1966.

DUARTE, Y. A. O. Família- rede de suporte ou fator estressor. A ótica de idosos e cuidadores familiares. São Paulo, 2001. [Tese de doutorado – Escola de Enfermagem da Universidade de São Paulo].

TURRINI, R. N. T. e colaboradores. Avaliando a assistência ao idoso: a construção de um formulário para coleta de dados. In: CIANCIARULLO, T. I. (Org.) *Saúde Família e Comunidade.* São Paulo: Robe Editora, 2002.

Capítulo 9

Estudo Comparativo do Perfil Sócio-Demográfico e de Utilização dos Serviços de Saúde da População Idosa Residente em Duas Áreas do Município de São Paulo

Hogla Cardozo Murai
Ruth Natalia TeresaTurrini
Maria Inez Burini Chaccur
Ana Aparecida Sanches Bersusa
Celina Castagnari Marra
Yeda Aparecida de Oliveira Duarte
Isabel Cristina Kowal Olm Cunha

Estudos que envolvem o envelhecimento populacional tem sido objeto de atenção especial mais recentemente dada a importância desse fenômeno em nosso meio. Estimativas mostram que em 2050 existirão no mundo 2 bilhões de idosos sendo que dois terços desses estarão em países em desenvolvimento onde se inclui o Brasil (UNITED NATIONS, 2001). A questão primordial em nosso meio é a velocidade com que esse fenômeno vem ocorrendo. A proporção de idosos aumentou de 6,1% em 1980 para 8,6% em 2000, ou seja, um aumento absoluto da ordem de 7,3%. O censo de 2000 já apontava uma população idosa de cerca de 14,5 milhões sendo que aproximadamente 1 milhão desses residem no Município de São Paulo (IBGE, 2001; MOREIRA, 1998).

No cenário das políticas públicas este grupo representa o mais novo desafio. No ano de 2003 a maior conquista dessas pessoas foi alcançada – a promulgação do Estatuto do Idoso (BRASIL, 1999, 2003). A exemplo do Estatuto da Criança e do Adolescente, a peça legal instituída orientará políticas e ações de intervenção neste segmento da sociedade brasileira de forma a auxiliar na implantação das diretrizes propostas na Política Nacional do Idoso vigente desde 1994.

Do mesmo modo, a inclusão de temas relacionados aos idosos está entre as prioridades de pesquisa em diversas áreas, inclusive na da saúde. Neste sentido, a presente pesquisa buscou conhecer os perfis sócio-econômicos e demográficos dos idosos de duas áreas distintas do Município de São Paulo e comparar dois modelos assistenciais diferentes na execução das ações do Sistema Único de Saúde, no atendimento de saúde percebido pelo usuário, na escolha, no acesso, em relação a resolutividade e à avaliação do atendimento nos serviços referidos.

As áreas doravante identificadas como Unidade Básica de Saúde – UBS e Unidade de Saúde da Família – USF, representam respectivamente a população com 60 anos e mais, residente na Zona Sul e Zona Leste do Município de São Paulo.

Na primeira área, ou seja, região sul, os idosos demandam espontaneamente a UBS para resolver seus problemas de saúde, onde, segundo o modelo vigente, lhes são oferecidos serviços de promoção à saúde, prevenção de doenças e agravos, recuperação da saúde e reabilitação. O ponto de partida para utilização destes serviços é a identificação, por parte dos idosos, de suas próprias necessidades.

Na USF situada na região Leste, estão os idosos pertencentes às famílias cadastradas no Programa de Saúde da Família e correspondem ao atendimento de cinco equipes do referido Programa, que por ocasião do cadastramento, tiveram suas condições de vida e saúde identificadas. As famílias são mensalmente acompanhadas por um agente comunitário de saúde residente na mesma área, seguindo assim as diretrizes previstas no Programa. A ordenação de seu atendimento é regida por critérios melhor estabelecidos em relação ao primeiro grupo, ampliando a possibilidade de observância da eqüidade e da oportunidade da assistência prestada.

Foram entrevistados 207 idosos, sendo 111 (51,2%) na Zona Sul e 106 (48,8%) na Zona Leste. A seleção dos entrevistados foi feita em sorteio aleatório entre as pessoas atendidas nas duas unidades de referência nos primeiros quatro meses do ano de 2003. A abordagem dos elementos da amostra foi feita inicialmente nos domicílios e posteriormente na própria unidade de atendimento, em decorrência de dificuldades de acesso e segurança dos entrevistadores. Os objetivos do estudo foram apresentados e, após a adesão mediante a assinatura do termo de consentimento livre e esclarecido, a entrevista foi realizada por acadêmicas de enfermagem treinadas para este fim. O instrumento de coleta de dados (CIANCIARULLO et al, 2002) era composto por um questionário com 58 perguntas fechadas, uma ficha de caracterização do domicílio, um formulário para avaliação da qualidade de vida, um formulário para identificação da funcionalidade familiar – Apgar da família (DUARTE, 2001) e por um instrumento para avaliação do desempenho funcional nas atividades de vida diária (CARDOSO; GONÇALVES, 1995).

A distribuição das variáveis sócio-demográficas nas áreas de atendimento estão apresentadas na Tabela 1(anexo).

A análise dos resultados mostrou uma distribuição por sexo compatível com a estrutura geral da população, com maioria feminina (75,1%), significativamente mais pronunciada na Zona Sul, 84,7%, que Zona Leste, 65,1% (p=0,001).

A idade média dos entrevistados foi de 68 anos, sendo observada maior concentração de idosos acima de 69 anos na Zona Leste, representando 40,6%, enquanto na Zona Sul foi de apenas 28% do total entrevistado. A maior longevidade observada na Zona Leste pode ser explicada, entre outras causas, pela ocupação mais antiga daquela área geográfica, com a existência de famílias ali residentes há muitas gerações. A Zona Sul teve como principal característica geográfica a expansão atual da urbanização da cidade e implantação recente de várias comunidades.

Considerando sexo e idade, verificou-se uma distribuição mais homogênea de pessoas com menos de 70 anos e com idade igual ou acima desta na Zona Leste (59,4 e 40,6% respectivamente), com menor proporção de homens de mais idade (37,8%). Na Zona Sul, a maior concentração de pessoas com menos de 70 anos (71,2%) é fortemente influenciada pelo grupo feminino. Apenas 26,6% das mulheres desta área tem idade igual ou superior a 70 anos, enquanto entre os homens a proporção entre os dois grupos etários foi de 58,8 e 44,2% do total entrevistado.

A distribuição por sexo e idade aponta para um padrão de utilização de serviços de saúde influenciada pelo gênero, na qual mulheres demonstram maior preocupação com a saúde do que os homens, o que as faz mais freqüentes quando a demanda aos serviços é espontânea. Na Zona Sul as mulheres predominam na demanda da UBS, principalmente as de idade inferior a 70 anos, enquanto os homens ampliam sua freqüência proporcional a partir desta idade. Na Zona Leste, onde a freqüência de atendimento é influenciada pela ação do agente comunitário de saúde e a utilização dos serviços é estimulada, os homens aparecem com maior participação. Estes achados são compatíveis com o estudo publicado por ROMERO (2002).

Verificou-se ainda que nos entrevistados os índices de escolaridade são baixos para as duas regiões, com situação mais severa na Zona Sul onde o índice de idosos que declaram não ter nenhuma escolaridade formal é mais que o dobro em relação aos moradores da Zona Leste, e acima da média nacional de 42,3% (CAMARANO,1999). A procedência dos idosos entrevistados das duas áreas aponta para prováveis diferenças marcantes de cultura, visto que na Zona Sul a maioria dos idosos é migrante dos Estados do Nordeste brasileiro e na Zona Leste eles são do próprio Estado de São Paulo ou de Minas Gerais, no Sudeste brasileiro.

O estado civil e a composição da família tem sido freqüentemente apontados como indicadores de longevidade e de manutenção da capacidade funcional. A ausência de companheiro pela viuvez, separação ou por permanecer solteiro, totalizou 57,6% dos entrevistados na Zona Sul e 51,8% na Zona Leste. Distribuídos por sexo, o grupo masculino da Zona Leste se destaca na categoria sem companheiro com 24,3%, fugindo do padrão normalmente observado na população masculina idosa, que tende a ter reestruturações familiares após viuvez ou separações. Na Zona Sul, este subgrupo representa apenas 5,9% dos entrevistados.

Um aspecto relevante relacionado ao arranjo familiar é a composição da renda. A principal fonte de renda própria entre os idosos entrevistados de ambas as regiões é a aposentadoria (59,0%) seguida pela pensão (17,6%). Do total, 18,1% possui outra fonte de renda e 5,3% acumulam aposentadoria e pensão. Como outras fontes de renda, foram mencionados o trabalho remunerado (20,6%), a ajuda dos filhos (8,8%), a renda do marido (8,8%), auxílio do governo (2,9%) e recebimento de aluguel (2,9%). Ainda 41,2% se declararam sem renda e 14,7% desses idosos não a especificaram.

Com relação à renda familiar, 74,3% dos entrevistados referiram até três salários mínimos, confirmando os dados do estudo Saúde, Bem-estar e Envelhecimento –SABE (2003), sendo que o contingente de idosos com renda nesse valor foi maior entre os idosos atendidos na Zona Sul de São Paulo. Comparativamente, os idosos entrevistados da Zona Sul estão mais concentrados em faixas mais baixas de renda familiar e na Zona Leste, embora com melhor distribuição, concentra maior número de idosos com renda inferior a um salário mínimo (14,3%), enquanto na Zona Sul este grupo é de 6,4%. CHAIMOWICZ (1997) diz que uma das características mais marcantes da população brasileira que envelhece é a pobreza, e descreve as aposentadorias e pensões como a principal fonte de rendimento da população idosa.

No grupo de idosos das duas regiões, tomando-se o número de pessoas que contribuíam para essa renda, observou-se que para 59,2% deles era própria e para 29,4% havia dois participantes na composição da renda familiar. Esta distribuição mostra que as famílias estudadas dependem quase integralmente dos benefícios trabalhistas brasileiros, apoiando-se na renda de uma ou duas pessoas em cada família.

O Estatuto do Idoso assegura o direito à moradia digna, no seio da família, ou desacompanhado de seus familiares se assim o desejar, ou ainda, em instituição pública ou privada. A dignidade de uma moradia pode ser distinta pela garantia de abrigo estável, com atendimento das condições adequadas de saneamento básico e conforto para a vida cotidiana. Perguntados acerca das condições de moradia verificou-se que a quase totalidade dos idosos entrevistados das duas regiões moram em casas (94,6 da UBS e 96,2% da USF), quitadas (76,6% e 78,1% respectivamente). Em seu conjunto, pode-se afirmar que o direito à habitação garantido pelo Estatuto está atendido de maneira semelhante nas duas regiões, conforme é mostrado na Tabela 2 (anexo). Em relação ao conforto das moradias o número médio de cômodos por residência foi de 3,85, com mediana igual a 4 para as duas regiões. As instalações sanitárias referidas apresentaram melhores condições nos domicílios dos entrevistados da Zona Leste onde 72,4% referiu dispor de banheiro interno, enquanto na Zona Sul esta percentagem é de 55,9% das moradias. Para o idoso, a proximidade das instalações sanitárias tem importância frente a freqüência de incontinência urinária e a dificuldade para o deslocamento para o atendimento das necessidades fisiológicas em tempo. Soma-se a estes, os fatores de risco para quedas e choque térmico por ocasião do banho quando as instalações sanitárias são externas ao domicílio.

O abastecimento de água dentro e fora de casa acompanha o padrão apresentado para instalações sanitárias, sendo discretamente menor o conforto nas moradias da Zona Sul do que da Zona Leste, embora com índice de oferta adequada acima de 85,0% nas duas regiões. As benfeitorias públicas como coleta de lixo em dias alternados, pavimentação das ruas e iluminação de rua foram apontadas como presentes em 95,0% ou mais domicílios, não sendo observadas diferenças regionais.

O perfil de saúde e utilização dos serviços

De acordo com a política nacional do idoso, compete aos órgãos governamentais lhes garantir a assistência à saúde nos diversos níveis de atendimento do Sistema Único de Saúde para prevenir, promover, proteger e recuperar a saúde, mediante programas e medidas profiláticas. Portanto, o acesso à rede de assistência direta ou conveniada ao SUS é a primeira medida de atendimento dessas políticas.

Os resultados obtidos acerca da situação de saúde dos idosos entrevistados e como eles se relacionam com os serviços são apresentados nas Tabelas 3A, 3B e 3C (anexo).

Cerca de 70,0% dos idosos entrevistados referiram visitar o médico de rotina. No entanto, isto foi mais freqüente entre os idosos atendidos pela UBS (87,0%) do que pelos da USF (59,2%). Ir ao médico ou ao serviço de saúde só quando precisa foi a afirmativa de 12,0% dos entrevistados na UBS e de 40,8% na USF. A menor freqüência de visita ao médico como procedimento de rotina pelos idosos da USF poderia ser explicada pelo fato do modelo assistencial oferecer a visita de algum elemento da equipe de saúde no domicílio. Entretanto, perguntados sobre a freqüência com que essas visitas ocorrem 25,7.% disseram que não são visitados como proposto pelo PSF. Dos que recebem visita, 20 (19,0%) disseram que recebiam a visita da equipe de saúde somente quando precisa, ou seja quando adoece. Com relação à freqüência da visita, um deles mencionou uma vez por mês e outro a cada três meses. A freqüência de visita pode estar relacionada ao problema de saúde do entrevistado. Mesmo assim, a proporção de idosos que disse procurar o médico só quando precisa foi três vezes maior entre aqueles atendidos pela USF.

Então, é possível pensar que os idosos atendidos na USF estariam sendo menos contemplados pelas políticas públicas no que se refere aos programas e medidas profiláticas. Por outro lado, cabe investigar se o modelo assistencial de saúde da família está conferindo, de fato, um novo enfoque da assistência ou, se apesar dos esforços dispendidos, a lógica do atendimento subordinado à queixa clínica persistiu.

A multipatologia é freqüentemente apontada como característica da população idosa e VERAS (2003) utiliza a avaliação negativa da própria saúde como indicador de risco para mortalidade neste grupo específico. Cerca de 93,0% dos idosos entrevistados nas duas áreas referiram apresentar algum problema de saúde. Esse índice é superior aos 86,0% relatado por RAMOS et al (1993) em uma amostra de 1.602 idosos de São Paulo; corresponde aos 93,4% encontrado por COELHO FILHO et al (1999) em inquérito domiciliar aplicado a 667 idosos no Município de Fortaleza, Ceará, bastante inferior ao índice de 54,0% apontados no relatório do Projeto SABE que estudou 2.143 pessoas com 60 anos e mais no Município de São Paulo no ano 2000, e se assemelha aos cerca de 90,0% encontrados por RAMOS (2003) em um estudo de coorte de idosos em seguimento desde 1991 em São Paulo.

Ter problemas de saúde foi mais freqüente entre as idosas (95,0%) do que entre os idosos (88,9%), porém esta diferença não foi estatisticamente significante (p=0,1180). Autores como CHAIMOWICZ (1997), RAMOS (2003), COELHO FILHO (1999) e LIMA COSTA (2003) aludem a mesma diferença em seus estudos.

A prevalência de problemas de saúde não aumentou com a idade nos dois grupos entrevistados. A proporção de idosos acima dos 70 anos que se declarou livre de problemas foi 12,5% na UBS e 4,6% na USF. Entre os entrevistados com idades entre 60 e 69 anos esta proporção foi 3,8% e 7,9% nas duas unidades, respectivamente. Estes achados estão em desacordo com os estudos de VERAS (2003) que inclui a idade como principal fator de elevação de risco para mortalidade a partir dos 60 anos, ou então, os serviços de saúde pública não estão sendo acessíveis aos mais idosos quando eles adoecem. Neste caso, a menor proporção de idosos acima de 70 anos saudáveis encontrados entre os entrevistados na USF, reforça a idéia de que o agente comunitário de saúde está atuando como rastreador de problemas de saúde nas famílias sob sua vigilância e contribui para a inclusão dos idosos na assistência visando a recuperação da saúde.

Dos entrevistados que utilizam a UBS 93,7% disseram que têm problemas de saúde e deles, 58 (55,8%) acreditam que o problema de saúde limita suas atividades habituais. A freqüência de idosos com problemas de saúde na USF foi semelhante à observada na UBS (93,4%) e a proporção de idosos que têm limitações das atividades decorrente do problema de saúde foi 49,0%, portanto, menor. A diferença não foi estatisticamente significante.

Os idosos entrevistados na USF que declararam ter problemas de saúde informaram que procuraram o serviço de saúde em decorrência dele (74,5%). Entre os usuários da UBS este percentual foi de 57,5%.

Apesar da ampla percepção das limitações impostas pelos problemas de saúde entre os idosos das duas áreas investigadas e da freqüência apontada para esses problemas, entre os atendidos na UBS 31,1% disseram que não procuraram o serviço de saúde para resolver seu problema porque julgaram ser desnecessário. Esta proporção é quase o dobro do observado na USF (17,6%). Considerando-se que o agente comunitário de saúde, o elo entre o serviço de saúde e a comunidade, desempenha o papel de sentinela para os problemas de saúde das famílias sob seus cuidados, essa maior valorização do problema de saúde por parte dos usuários do PSF é esperada.

COELHO FILHO e RAMOS (1999) relacionaram a procura aos serviços de saúde precocemente e sistematicamente, ao nível sócio-econômico da população idosa na cidade brasileira Fortaleza. Aqui, conforme já descrito, a população usuária das duas unidades pesquisadas se equivalem no que se refere à pobreza e ao nível de escolaridade, diferindo, portanto, dos achados desses dois autores.

Perguntando-se às pessoas que referiram ter problemas de saúde e que procuraram ajuda para resolvê-lo em quantos serviços buscaram ajuda, os idosos atendidos na UBS apresentaram a média de 1,3 serviços/entrevistado enquanto na região da USF esta média foi de 1,9 serviços/pessoa. Os idosos da região de atendimento da UBS não referiram procura de ajuda em unidades de Pronto Atendimento, embora exista este tipo de serviço na região.

De modo geral, 41,3% dos entrevistados disseram ter procurado ajuda em hospital e 31,7% procuraram Posto ou Centro de Saúde. Entre aqueles que procuraram hospital, 83,7% dirigiram-se a equipamento público e uma minoria a instituição vinculada à rede conveniada de planos de saúde (8,4%).

A maioria dos entrevistados foi atendida nos serviços procurados, verificando-se o êxito de 94,5% entre idosos da UBS e da USF foram todos atendidos. Entre os entrevistados da UBS, apenas quatro (5,5%) idosos referiram não ter sido atendidos e entre os motivos apresentados somente um disse que não havia vaga. Os outros motivos não foram especificados. ALMEIDA et al (2002) analisando os dados do PNAD 1998 destaca como extremamente relevante a baixa porcentagem de pessoas que buscaram atendimento e não foram atendidas ou tiveram um problema de saúde e não buscaram atendimento por uma série de dificuldades de acesso.

As condutas adotadas nesse atendimento foram aplicação de algum tratamento (79,8%), encaminhamento a outro serviço (38,4%), ou contra-referência para os serviços de origem (40,2%).

A proporção de idosos entrevistados que receberam algum tratamento foi maior na UBS (83,6%) do que da USF (76,7%), uma diferença estatisticamente significante.

Além do tratamento, 34,2% dos idosos entrevistados da UBS e 41,9% da USF referiram ter sido encaminhado a outro serviço de saúde.

Receberam encaminhamento para fazer seguimento na unidade de origem 38,3% dos idosos entrevistados na UBS e 41,8% dos da USF.

Em média os idosos entrevistados compareceram 2,2 vezes para conseguir agendar o atendimento em suas unidades, sendo 2,3 vezes para os usuários da USF e 2,1 vezes para os usuários da UBS. Nesse item, os usuários da UBS apontaram maior facilidade de acesso, sendo a diferença de tentativas necessárias ao agendamento de suas consultas estatisticamente significante.

Na UBS, após o atendimento inicial 5,1% desses pacientes receberam acompanhamento semanal, 77,6% mensal e 14,3% com outra periodicidade. Na USF, 19,5% tiveram acompanhamento semanal 48,0% mensal e 20,6% outros intervalos. A diferença observada no seguimento dos idosos nos dois modelos assistenciais foi estatisticamente significante. No PSF, em face da possibilidade de acompanhamento pelo agente comunitário de saúde, o seguimento pode ocorrer mais amiúde, ampliando as possibilidades de intervenção resolutiva. Por outro lado, a periodicidade mensal é mais compatível com a agenda médica na UBS, reservando-se retornos mais próximos para um pequeno número de pacientes de maior gravidade ou com necessidade de controles mais exatos.

As respostas dos entrevistados foi maciçamente positivas para o comparecimento tanto às consultas agendadas como aos retornos dos atendimentos iniciais, não havendo diferença estatística entre as duas áreas.

Indagados a respeito dos motivos para escolha do serviço de saúde em que são cadastrados, 78,4% dos entrevistados da UBS responderam que a localização do equipamento foi o fator de maior influência na decisão e 9,9% pela boa fama da unidade. Na região da USF 47,6% atribuíram a escolha à localização, 14,3% porque não paga, 11,4% foram encaminhados para aquele serviço por médico, 10,5% disseram que a escolha foi pessoal. Apenas 2,9% atribuíram a boa fama. Optar por um serviço de saúde movido por sua boa fama só é possível quando há concomitância de áreas de abrangência de dois ou mais serviços de saúde, e no Município de São Paulo, a cobertura da população por estes equipamentos ainda não atingiu a sua totalidade. O dimensionamento de algumas áreas de abrangência alcançam, por vezes, o dobro do padrão proposto para atuação de uma unidade básica de saúde, como é o caso da UBS Jd. Icaraí, que responde pela assistência de 41.000 pessoas à sua volta. Optar por outro serviço por sua fama implica necessariamente em ser assistido fora de sua área de residência. A USF A.E. Carvalho tem metade desta população cadastrada e não há superposição de áreas de abrangência em nenhuma das duas regiões.

A predominância da localização como motivo de escolha do serviço se reflete no modo de deslocamento dos entrevistados de suas casas até a unidade em que são assistidos, pois na UBS 76,4% e na USF 92,4% deles vêm a pé. O transporte coletivo é utilizado por 16,4% dos idosos entrevistados na UBS para se deslocar até a unidade.

Nas duas áreas investigadas, uma pequena parcela de idosos entrevistados dispõe de sistema de saúde suplementar. São conveniados apenas 9 (8,2%) dos 109 que responderam a esta questão na UBS e 21 (20,0%) dos 105 que responderam na USF. A condição um pouco mais favorável na região onde está localizada a USF foi estatisticamente significante.

A qualidade da assistência à saúde prestada pelas unidades pode ser medida de diferentes maneiras. Uma delas é verificar os processos adotados em diferentes situações corriqueiras. Por esta razão perguntou-se aos idosos entrevistados se já haviam sido encaminhados a algum serviço de referência da sua unidade de origem. Dos 109 que responderam a pergunta na UBS, 44 (40,3%) já o tinham sido e deles 95,4% compareceram ao local indicado. Na USF 50 (49,0%) foram encaminhados e 90,0% atenderam ao encaminhamento. A resolutividade dos serviços foi considerada adequada por 76,4% do total de idosos que foram aos serviços para o qual foram referidos, não havendo diferença entre as áreas.

Perguntados se receberam orientação sobre o seu problema de saúde nas unidades em que foram atendidos, 98 idosos entrevistados na UBS responderam sendo 26 (26,5%) por escrito, 48 (48,9%) verbalmente e 20 (20,4%) não o foram. Na USF, dos 92 respondentes à pergunta, 24 (26,0%) foram orientados por escrito, 52 (56,5%) verbalmente e apenas 9 (9,7%) não receberam orientação sobre sua doença. Compreender o processo de adoecimento e participar do cuidado ampliam a possibilidade de recuperação da saúde do doente.

Cabe ressaltar que dos 26,5% entrevistados na UBS que receberam orientação por escrito, um quarto não sabe ler. Esta proporção foi menor entre os entrevistados na USF. Por outro lado, a orientação exclusivamente verbal não está livre do risco de erro na compreensão do que foi informado e do esquecimento posterior. A perda da capacidade cognitiva e da memória imediata e recente tem sido objeto de estudo em idosos, apontando para a necessidade do estabelecimento de estratégias específicas para este grupo etário quando essas duas capacidades estão afetadas. Perguntados a esse respeito 90,5% dos entrevistados na UBS e 98,7% na USF disseram ter entendido as orientações recebidas.

Entre as condutas adotadas nos serviços de saúde, a prescrição de medicamentos talvez seja a de uso mais amplo. Na entrevista 9,2% dos idosos da UBS disseram que não lhes foram prescritos medicamentos e na USF este percentual foi de 19,3% mas não se observou estatisticamente a existência de associação entre a área de atendimento e o padrão de conduta. Mesmo assim, a diferença verificada entre os dois serviços aponta para a possibilidade de utilização de alternativas de tratamento não medicamentoso e dos recursos culturais presentes na própria família, que só se viabiliza quando é estabelecido forte vínculo entre as partes envolvidas, conforme prevê o PSF.

A polifarmacologia tem sido apontada na literatura como característica da assistência prestada a pessoas com 60 anos e mais, como necessidade crescente para contornar os problemas de saúde, sobretudo os de natureza crônica mais freqüentes nesse grupo e também como fator de risco para iatrogenia e aumento da incidência de quedas, entre outros.

Verificou-se maior freqüência de prescrição de medicamentos entre os idosos entrevistados na UBS (90,8%) do que entre os da USF (80,7%). Entre os medicamentos, os mais freqüentes foram os anti-hipertensivos (62,0%) na UBS) e (63,0%) na USF e nas duas unidades foi comum o tratamento associado com duas ou mais drogas deste grupo. A seguir aparecem os hipoglicemiantes e com menor freqüência vitaminas, antiinflamatórios e outros. A medicação referida pelos idosos guarda relação com a prevalência das doenças auto-referidas em que a hipertensão arterial foi o problema de saúde que prevaleceu.

A hipertensão arterial foi a doença auto-referida de maior prevalência, sendo apontada por 75 (67,6%) dos 111entrevistados na UBS e 71 (67,0%) dos 106 idosos da USF. A diabetes foi a segunda patologia mais referida pelos entrevistados, aparecendo em 24,3% na UBS e 17,9% na USF. Outras doenças, complicações e sintomas foram referidos com menor freqüência tais como AVC, cardiopatias, distúrbios de próstata, hipercolesterolemia, osteoporose, dores articulares.

Os idosos das duas áreas utilizam remédios caseiros com baixa freqüência e representam 5,3% e 4,3% na UBS e USF, respectivamente.

O tratamento medicamentoso foi explicado por escrito a 92 (49,4%) dos entrevistados, sendo 50,0% da UBS e 48,8% da USF. Orientados verbalmente, estes percentuais representaram 30,6 e 29,5% nas duas unidades. Também aqui, as orientações escritas e verbais foram compreendidas pelos idosos das duas áreas em mais de 95,0% das vezes.

O acesso aos medicamentos prescritos no próprio serviço foi maior entre os idosos entrevistados na UBS (82,0%) do que da USF (63,3%), assim como sua obtenção em outro serviço público indicada como alternativa em 5,6% na UBS e 1,4% na USF. Embora o contingente de idosos que referiu a compra dos medicamentos com recursos próprios ou com ajuda de outros tenha sido de 15,8% do total entrevistado, esta proporção foi maior entre os entrevistados na USF (25,7%) em relação a UBS (5,6%).

O maior acesso gratuito aos medicamentos prescritos é refletido nas respostas à questão relativa aos gastos mensais com saúde. Os entrevistados na UBS informaram um gasto médio de R$ 67,90 enquanto na USF esta cifra foi de R$ 95,30, com medianas de R$ 50,00 e R$ 80,00 respectivamente. Esta diferença entre as unidades foi estatisticamente significante (p-valor Mann-Whitney = 0,006).

Estes gastos médios dos entrevistados da UBS e USF representam, respectivamente, em valores atuais 25,0% e 36,4% de um salário mínimo, portanto, de peso não desprezível nas contas das famílias.

Duas hipóteses podem ser levantadas para a análise dessa informação, a de que na UBS as prescrições estão se restringindo aos itens que compõem a Relação Municipal de Medicamentos Essenciais (REMUNE) em face da baixa adesão a tratamentos que dependam do desembolso privado, ou então, o maior percentual de indivíduos que declaram que foram orientados sobre a doença, sobre o tratamento, que recebem a visita de agentes comunitários de saúde e são acompanhados de modo mais amiúde, conforme mencionados em itens anteriores da pesquisa, são influenciados por este cuidado ampliando sua adesão ao tratamento, mesmo quando este representa dispêndio dos seus parcos recursos financeiros.

A adesão ao tratamento prescrito também foi avaliada segundo a regularidade na tomada dos medicamentos em uso. Neste item, os entrevistados da UBS apresentaram melhor performance com 97,8% de regularidade em comparação aos 94,4% na USF, embora esta diferença não seja estatisticamente significativa (p-valor = 0,407 [F]).

O tratamento não medicamentoso instituída de forma isolada ou associada a farmacoterapia são conseqüência natural do conceito vigente sobre a determinação do processo saúde-doença. A intervenção sobre o ambiente, sobretudo no estilo de vida, integra a maioria dos consensos elaborados pelas sociedades científicas nas últimas décadas. Assim, recomendações nutricionais, prática de exercícios físicos, restrição de álcool e tabaco, manutenção de vida associativa e familiar são algumas das estratégias para a otimização dos tratamentos convencionais, principalmente das doenças crônicas.

A indicação de outras formas de tratamento foi referida por 68,9% dos idosos entrevistados, com maior prevalência para indicação de mudança de hábitos na UBS (91,0%). O uso de outras terapias foi apontado apenas por um idoso entrevistado nesta área. Na USF, os idosos entrevistados disseram que lhes foram indicados o uso de outras terapias (23,4%), mudança de hábitos (56,2%), percentuais que, analisados estatisticamente, mostraram associação positiva entre o modelo assistencial e a indicação de um leque mais amplo de tratamentos complementares (p-valor < 0,001). Essas práticas foram orientadas de acordo com relato de 71,9% dos idosos entrevistados na UBS e por 58,6% da USF. Em ambas as unidades os idosos disseram haver compreendido satisfatoriamente as orientações oferecidas.

Conhecer o caminho percorrido pelos idosos entrevistados dentro das unidades de atendimento foi o modo escolhido neste estudo para caracterizar o acesso e a multidisciplinaridade da equipe que os assiste.

A satisfação dos idosos com os serviços aos quais estão vinculados está expressa na Tabela 4 (anexo). Nas duas unidades pesquisadas a recepcionista foi responsável pelo primeiro contato, citada por 99,1% dos entrevistados da UBS e 81,4% da USF. Em segundo lugar na UBS aparece a auxiliar de enfermagem com 85,5% dos atendimentos. O médico foi citado como o segundo (43,1%), e terceiro (53,2%) profissional com o qual o idoso tem contato quando vai a UBS. O contato com o enfermeiro foi citado por apenas três idosos entrevistados, aparecendo como o segundo e terceiro profissional que lhes assistiu.

Esta configuração confirma o modelo médico centrado, intermediado por recepcionista e auxiliares de enfermagem, cujo papel preponderante é o de conferência de agendamento e procedimentos preliminares à consulta como verificação de sinais vitais e tomadas de peso, remanescentes do modelo extinto de pré-consulta da década de 1970. A participação inexpressiva do enfermeiro na assistência direta aos usuários da UBS é compatível com a expressão numérica desta categoria profissional no modelo hegemônico de unidade básica de saúde. No período da realização da pesquisa, na UBS Jd. Icaraí havia uma enfermeira com jornada de 30 horas semanais para uma população estimada de 41.000 habitantes na área de abrangência. Em contrapartida, na USF, os idosos entrevistados indicaram uma ordem de atendimento que inicia predominantemente pela recepcionista (81,4%), seguido do atendimento médico (55,4%), do auxiliar de enfermagem (23,5%) ou do enfermeiro (11,0%). A assistência prestada por enfermeiro foi referida como terceiro profissional participante no atendimento por 49,4% e na quarta posição por 32,1% dos idosos entrevistados. O agente comunitário de saúde foi apontado como o quinto elemento da equipe da família no atendimento intra-unidade por 64,9% dos entrevistados na USF. Esta seqüência no atendimento aponta para um atendimento multidisciplinar melhor estruturado, com participação de diferentes elementos da equipe num mesmo comparecimento. A participação do enfermeiro, cuja essência do exercício profissional está no cuidar, foi citada por 81,5% dos entrevistados da USF, apontando para uma efetiva mudança ocorrida no padrão de assistência à saúde. No período da pesquisa na USF cada uma das cinco equipes contava com uma enfermeira com jornada de trabalho semanal de 40 horas, destinada ao atendimento de cerca de 22.500 habitantes cadastrados. Para fins de comparação, a proporção de horas semanais de enfermeiro por 1.000 habitantes nas duas áreas, no período da pesquisa, era de 0,73 na UBS e 8,88 na USF o que corresponde a 12 vezes mais horas enfermeiro por semana por habitante na USF do que na UBS.

O grau de satisfação dos idosos entrevistados foi expresso em conceitos, atribuídos em ordem crescente de aprovação da assistência recebida. Na UBS o atendimento médico foi considerado muito bom por 48,6% e bom por 42,3% dos entrevistados. Na USF estes percentuais foram 44,8% e 39,0% respectivamente. Apenas quatro entrevistados consideram ruim o atendimento médico na USF e outros quatro se declararam indiferentes. Nenhum entrevistado da UBS avaliou o atendimento como ruim ou indiferente. Estudo realizado por ISLAS et al (2000) no México com idosos atendidos no Programa de Saúde da Família, também identificou elevado índice de satisfação pelo atendimento e o principal motivo foi a atenção recebida do médico.

A avaliação da assistência prestada pelo enfermeiro foi melhor pontuada na USF, com diferença estatisticamente significante (p-valor < 0,001[F]), considerada muito boa por 48,6% e boa por 40,0% dos entrevistados. Na UBS 36,5% da amostra de idosos consideraram indiferente a atuação do enfermeiro e o mesmo percentual de 28,8 % avaliaram muito bom e bom o trabalho deste profissional. Estes dados corroboram a análise já esboçada em relação à seqüência do atendimento multiprofissional nas duas unidades.

O atendimento prestado pelos auxiliares de enfermagem foi bem avaliado nas duas áreas, considerado bom e muito bom por 90,0% dos entrevistados da UBS e 94,3% da USF. Os Agentes Comunitários de Saúde foram aprovados recebendo conceito bom e muito bom por parte de 95,2% da amostra de idosos da USF. Os serviços de recepção das duas unidades foram os que receberam pior avaliação, considerados regulares e ruins por 27,9% dos entrevistados na UBS e por 15,2% da USF. Responsáveis pelo primeiro contato dentro da unidade e por quase a totalidade das pessoas que para ali concorrem, esses serviços têm importância vital no desenlace do atendimento demandado.

Solicitados a atribuir um conceito de avaliação geral das unidades a que são vinculados, 12,7% os idosos entrevistados na UBS consideraram o atendimento excelente, 64,5% bom, 20,0% regular e ruim por apenas 2,7%. Na USF a aprovação se equivale a da UBS com 19,4% de excelente, 54,4% bom, 21,4% regular e 3,9% que consideraram ruim. A satisfação dos usuários foi também avaliada em conjunto com a percepção da resolutividade do serviço e verificou-se que a atribuição de conceito geral excelente e bom independentemente dos entrevistados terem tido seus problemas resolvidos ou não. Outro estudo também evidenciou que a melhora do problema de saúde é pouco apontada (21,7%) como motivo pela satisfação com o atendimento (ISLAS et al, 2000).

Análise da evolução da satisfação de idosos com o Sistema de Saúde realizada por CALNAN et al (2003) com amostras anuais desde 1993 mostrou que eles tendem a se sentir melhor atendidos e mais satisfeitos em função da própria experiência do envelhecimento ou por sua posição estrutural e pelas péssimas experiências vivenciadas no Sistema de Saúde.

Semelhantemente, verificou-se a distribuição dos conceitos de avaliação geral segundo sexo, faixa etária, renda, ter sido orientado em relação à doença, ao tratamento, ser encaminhado a outro serviço, receber medicação no próprio serviço, não havendo evidência estatística de associação entre a atribuição dos conceitos e qualquer das variáveis estudadas.

JENKINSON et al (2002) comentam que são obtidas informações mais significativas sobre a qualidade do atendimento quando os pacientes relatam algum aspecto específico de sua experiência de atendimento. Mencionam ainda que outros estudos evidenciam que muitos daqueles que consideram o serviço excelente, quando são feitas perguntas sobre o aspecto do cuidado, identificam problemas no processo de cuidar.

Neste estudo comparativo entre a UBS e USF observou-se que embora a avaliação de satisfação tenha alcançado índices elevados, ao justificar o motivo os entrevistados incluíram espontaneamente em suas respostas, sugestões de como melhorar o atendimento. Fato semelhante foi observado no inquérito domiciliar realizado na região Sudoeste da Grande São Paulo (TURRINI, 2001).

Conclusão

À guisa de conclusão a análise da qualidade da assistência prestada ao grupo de idosos em duas instituições de saúde, pode-se dizer que em relação à estrutura dos serviços oferecidos nos dois modelos assistenciais estudados (UBS e USF), a USF conta com melhor adequação numérica de profissionais/habitante assistido. Mesmo assim, as consultas de rotina foram mais freqüentes na população idosa usuária da UBS.

Na presença de problemas de saúde os entrevistados da USF buscaram atendimento em um número maior de serviços para conseguir o atendimento do que os da UBS. Nesta condição, apenas um dos entrevistados na UBS deixou de ser atendido por falta de vaga e o número de tentativas para o agendamento de consultas foi maior na USF do que na UBS.

Por ocasião do atendimento, os usuários da USF foram mais freqüentemente orientados sobre os respectivos problemas de saúde do que os usuários da UBS e esta orientação foi majoritariamente realizada verbalmente. Os tratamentos oferecidos incluíram prescrição de medicamentos à maioria dos idosos entrevistados, com maior freqüência aos usuários da UBS. O acesso gratuito aos medicamentos prescritos também foi maior entre os usuários da UBS seja no próprio serviço, seja em outro serviço do SUS. A USF privilegiou a utilização de um leque maior de alternativas de tratamento, enquanto na UBS o tratamento complementar a terapia medicamentosa se restringiu praticamente à orientação para mudança de hábitos.

Os idosos atendidos nos dois modelos assistenciais tiveram acesso semelhante à rede de serviços de referência.

Em relação ao atendimento por equipe multiprofissional e multidisciplinar proposto pelas políticas públicas voltadas aos idosos, a USF apresentou melhor desempenho apurado pelo reconhecimento que os entrevistados fizeram de diferentes profissionais que os assistiram por ocasião de seu comparecimento na unidade. A seqüência do atendimento descrito nas duas unidades evidencia o foco sobre a queixa na UBS, se encerrando, via de regra, no atendimento médico. Na USF o foco evidenciado está no tratamento, posto que o atendimento se encerra na ação do enfermeiro e ou auxiliar de enfermagem.

Como indicadores de processo, descritos como aqueles que demonstram a relação do usuário com o serviço segundo o padrão de utilização da estrutura colocada, da resolutividade percebida e pelo dispêndio financeiro próprio para o alcance das metas de saúde, verificou-se que os idosos entrevistados procuram a USF predominantemente quando detectam algum problema de saúde. Este perfil de procura pode ser atribuído à presença do agente comunitário de saúde que por ocasião das visitas domiciliares, exerce influência na formação da demanda na unidade. Mesmo assim, os intervalos de tempo entre as visitas domiciliares foram maiores do que os preconizados pelo Programa de Saúde da Família.

Observou-se maior facilidade de acesso às consultas no próprio serviço em que são cadastrados entre os entrevistados na UBS do que na USF e a resolutividade declarada pelos dois grupos foi semelhante.

A adesão ao tratamento é menor na USF quando este envolve encaminhamento para outro serviço. Tanto na situação de rotina quanto frente à situação de doença, os idosos entrevistados na USF compareceram de modo semelhante ao serviço para o qual foram referidos aos da UBS.

A evolução dos tratamentos foi acompanhada em retornos com intervalos de tempo menores entre os usuários da USF (semanais) do que da UBS (mensais), provavelmente facilitado pela ação dos agentes comunitários de saúde.

Os gastos médios mensais com a própria saúde foram maiores entre os idosos entrevistados na USF, representando 36,4% do valor atual do salário mínimo, enquanto na UBS a média ficou em torno de 25,0%, possivelmente influenciada pelo uso mais concentrado de medicamentos obtidos no próprio serviço. Também a população idosa entrevistada na USF está mais freqüentemente vinculada à forma suplementar de assistência à saúde.

No campo dos resultados, pode-se concluir que há uma participação maior de idosos saudáveis na demanda da UBS e que a amostra da população usuária da USF procura o serviço motivada principalmente pelos problemas de saúde e limitações impostas por estes à vida cotidiana.

Na composição da demanda da USF verificou-se uma participação maior de homens do que na UBS, provável resultado da ação dos agentes comunitários de saúde que detectam problemas e estimulam a inclusão desses indivíduos no sistema de saúde.

Ainda como expressão de resultados, a avaliação geral que os dois grupos entrevistados fizeram dos serviços onde são assistidos foi estatisticamente semelhante com predominância de conceitos de satisfação. Discriminados por categoria profissional, os idosos entrevistados mantiveram semelhança na avaliação dos serviços médicos e do atendimento dos auxiliares de enfermagem como bom e muito bom predominantemente.

Na USF os agentes comunitários de saúde tiveram o maior índice de aprovação entre as categorias profissionais, indicando o cumprimento da principal diretriz da estratégia de saúde da família – a construção de um elo de confiança entre a população e o serviço.

Os serviços de recepção foram apontados como os que produzem menor satisfação, devendo se constituir alvo de investimento para a capacitação de pessoal nos dois modelos assistenciais.

O único diferencial na manifestação de satisfação dos usuários, estatisticamente significante, entre os dois modelos assistenciais foi relativo à assistência prestada pelo enfermeiro. Categoria inexpressiva numericamente na UBS teve sua atuação avaliada como indiferente pela maioria dos entrevistados. Presente na USF como força de trabalho efetivo na assistência da clientela, recebeu aprovação de 88,6% dos entrevistados. Este pode ser um forte indício do caminho a ser percorrido rumo a adequação do modelo assistencial hegemônico representado pela Unidade Básica de Saúde para o cumprimento das políticas públicas de saúde para o idoso.

Referências Bibliográficas

ALMEIDA, M. F.; BARATA, R. B.; MONTERO, C. V. et al. Prevalência de doenças crônicas auto-referidas e utilização de serviços de saúde, PNAD/1998, Brasil. *Ciênc. Saúde Coletiva,* 2002, vol. 7, nº 4, pp. 743-756.

BRASIL. Lei nº 8.842 de 04 de janeiro de 1994. Dispõe sobre a Política Nacional do Idoso, cria o Conselho Nacional do Idoso e dá outras providências. Diário Oficial da União, Brasília, 5 de janeiro de 1994. Seção 1.

BRASIL . Lei n° 10.741, de 1° de outubro de 2003. Dispõe sobre o estatuto do idoso e dá outras providências. Disponível em: <https//www.planalto.gov.br/ccivil_03/Leis/L10741.htm> [2003, outubro 15]

CAMARANO, A. A. (org.). *Muito além dos 60: os novos idosos brasileiros.* Rio de Janeiro: IPEA, 1999.

CHAIMOWICZ, F. A saúde dos idosos brasileiros às vésperas do século XXI: problemas, projeções e alternativas. *Rev. Saúde Pública,* 31(2):184-200, São Paulo, 1997.

CIANCIARULLO, T. I. et. al. *Saúde na família e na comunidade.* São Paulo: Robe Editorial, 2002.

CALNAN, M.; ALMOND, S.; SMITH, N. Ageing and public satisfaction with the health service: an analysis of renent trends. *Soc. Sci. Med;* 57 (4):757-62,2003.

CARDOSO, V.; GONÇALVES, L. H. T. Instrumento de Avaliação da autonomia no desempenho das atividades de vida diária do cliente idoso. *Arquivos Catarinenses de Medicina,* vol. 20, nº 1, 1995.

COELHO FILHO, J. M.; RAMOS, L. R. Epidemiologia do envelhecimento no Nordeste do Brasil: resultados de inquérito domiciliar. *Rev. Saúde Pública,* 35(5), 1999.

DUARTE, Y. A. O. Família: rede de suporte ou fator estressor. A ótica de idosos e cuidados familiares.Tese de Doutorado apresentada à Escola de Enfermagem da Universidade de São Paulo, 2001.

FABRÍCIO, S. C. C.; RODRIGUES, R. A. P.; COSTA JÚNIOR, M. L. Causas e conseqüências de quedas de idosos em hospital público. *Rev. Saúde Pública* 2004:38(1):93-99.

GARRIDO, R.; MENEZES, P. R. O Brasil está envelhecendo: boas e más notícias por uma perspectiva epidemiológica. *Rev Bras. Psiquiatr.* 2002:24 (supl 1): 3-6.

GIATTI, L.; BARRETO, S. Saúde, trabalho e envelhecimento no Brasil. *Cadernos de Saúde Pública.* Rio de Janeiro, 19(3): 759-771, maio-jun 2003.

IBGE (Fundação Instituto Brasileiro de Geografia e Estatística), 2001. Censo Demográfico, 2000. Rio de Janeiro: IBGE.

ISLAS, G. M.; TORRES, S. E. O.; BERNAL, J. S. F.; PIEGO, J. H. M. P. Calidad em la atención del adulto mayor em medicina familiar. *Rev. Méd IMSS,* 38(3): 125-9; 2000.

JENKINSON, C.; COULTER, A.; BUSTER, S.; RICHARDS, N.; CHANDOLA, T. Patients' experiences and satisfaction with health care: results of questionnaire study of specifics aspects of care. *Qual. Saf. Health Care, 11*:335-39,2000.

KIMURA, M. Tradução para o português e validação do Quality of life index de Ferrans e Powers. São Paulo. Tese de Livre Docência apresentada à Escola de Enfermagem da USP, 1999.

LEBRÃO, M. L. SABE – Saúde, Bem-estar e Envelhecimento – O Projeto SABE no Município de São Paulo: uma abordagem inicial. Brasília: Organização Panamericana de Saúde, 2003.

LIMA-COSTA, M. F.; BARRETO, S. M. e GIATTI, L. Condições de saúde, capacidade funcional, uso de serviços de saúde e gastos com medicamentos da população idosa brasileira: um estudo descritivo baseado na Pesquisa Nacional por Amostra de Domicílios. *Cad. Saúde Pública,* jun. 2003, vol. 19, nº 3, pp. 735-743.

MOREIRA, M. M., 1998. O envelhecimento da população brasileira em nível regional: 1940-2050. In: XI Encontro Nacional de Estudos Populacionais, Anais, pp. 3030-3124, Caxambu: Associação Brasileira de Estudos Populacionais.

RAMOS, L. R. Fatores determinantes do envelhecimento saudável em idosos residentes em centro urbano: Projeto Epidoso, São Paulo. *Cadernos de Saúde Pública,* jun 2003, vol. 19, nº 3, pp. 793-797.

RAMOS, L. R.; ROSA, T. E. C.; OLIVEIRA, Z. et al. Perfil do idoso em área metropolitana na região Sudeste do Brasil: resultados de inquérito domiciliar. *Rev. Saúde Pública,* abr. 1993, vol. 27, nº 2, pp. 87-94.

ROMERO, D. E. Diferenciais de gênero no impacto do arranjo familiar no *status* de saúde dos idosos brasileiros. *Ciência e Saúde Coletiva* 7 (4): 777-94, 2002.

SCAZUFCA, M. et al. Investigações epidemiológicas sobre demência nos países em desenvolvimento. *Rev. Saúde Pública,* dez. 2002. vol. 36, nº 6, pp. 773-778.

TEIXEIRA, J. J. V.; LEFREVE, F. A prescrição medicamentosa sob a ótica do paciente idoso. *Rev. Saúde Pública,* abr. 2001, vol. 35, nº 2, pp. 207-213.

TURRINI, R. N. T. Percepção dos usuários sobre a resolutividade e a satisfação pelos serviços de saúde na região Sudoeste da Grande São Paulo. São Paulo. Tese de Doutorado apresentada à Faculdade de Saúde Pública da Universidade de São Paulo, 2001.

UNITED NATIONS. Ageing and Living Arrangements of Older Persons: critical issues and policy responses, nºs 42/43. New York, 2001. (Population Bulletin of the United Nations)

VERAS, R. Em busca de uma assistência adequada à saúde do idoso: revisão da literatura e aplicação de um instrumento de detecção precoce e de previsibilidade de agravos. *Cad. Saúde Pública,* jun. 2003, vol. 19, nº 3, pp. 705-715.

Anexo

Tabela 1. Distribuição de variáveis sócio-demográficas por área de unidade de atendimento. São Paulo, 2003.

VARIÁVEIS SÓCIO-DEMOGRÁFICAS	ÁREA DE ATENDIMENTO						p
	UBS		USF		TOTAL		
	N	%	N	%	N	%	
SEXO							
Feminino	94	84,7	69	65,1	163	75,1	
Masculino	17	15,3	37	34,9	54	24,9	
Total	**111**	**100,0**	**106**	**100,0**	**217**	**100,0**	**0,001**
FAIXAS ETÁRIAS							
60 a 69 anos	79	71,2	63	59,4	142	65,4	
70 anos ou mais	32	28,8	43	40,6	75	34,6	
Total	**111**	**100,0**	**106**	**100,0**	**217**	**100,0**	**0,094**
ESTADO CIVIL							
Solteiro	5	4,5	10	9,4	15	6,9	
Casado	47	42,3	51	48,1	98	45,2	
Viúvo	42	37,9	33	31,1	75	34,6	
Separado	17	15,3	12	11,3	29	13,4	
Total	**111**	**100,0**	**106**	**100,0**	**217**	**100,0**	**0,301**
ESCOLARIDADE							
Não freqüentou escola	30	27,0	15	14,3	45	20,8	
Sabe ler e escrever	28	25,2	9	8,6	37	17,1	
I Grau incompleto	41	37,0	60	57,1	101	46,8	
I Grau completo	8	7,2	16	15,2	24	11,1	
II Grau completo/técnico	4	3,6	2	1,9	6	2,8	
III Grau incompleto	-	-	2	1,9	2	0,9	
III Grau completo	-	-	1	1,0	1	0,5	
Total	**111**	**100,0**	**105**	**100,0**	**216**	**100,0**	**<0.001**
RENDA FAMILIAR							
Até 1 salário mínimo	7	6,4	15	14,3	22	10,3	
2 a 3 salários mínimos	90	82,6	69	65,7	159	74,3	
4 a 6 salários mínimos	7	6,4	13	12,4	20	9,3	
7 a 10 salários mínimos	4	3,7	4	3,8	8	3,8	
11 a 15 salários mínimos	1	0,9	4	3,8	5	2,3	
Total	**109**	**100,0**	**105**	**100,0**	**214**	**100,0**	**0,052[F]**
NÚMERO DE CONTRIBUINTES NA RENDA							
1 pessoa	64	59,3	61	59,2	125	59,2	
2 pessoas	35	32,4	27	26,2	62	29,4	
3 pessoas	9	8,3	10	9,7	19	9,0	
4 pessoas	-	-	4	3,9	4	1,9	
5 pessoas ou mais	-	-	1	1,0	1	0,5	
Total	**108**	**100**	**102**	**100,0**	**210**	**100,0**	**0,124[F]**

O total das variáveis corresponde ao número de respondentes para cada questão.

[F] = Teste exato de Fisher

Tabela 2. Distribuição das variáveis de moradia por unidade de área de atendimento. São Paulo, 2003.

VARIÁVEIS DE MORADIA	ÁREA DE ATENDIMENTO						p
	UBS		USF		TOTAL		
	N	%	N	%	N	%	
TIPO DE MORADIA							
Casa/apartamento	105	94,6	104	99,0	209	96,8	
Casa de cômodos/barraco	6	5,4	1	1,0	7	3,2	
Total	**111**	**100,0**	**105**	**100,0**	**210**	**100,0**	**0,1119**
CONDIÇÃO DE PROPRIEDADE							
Cedida	16	14,4	9	8,6	25	11,6	
Alugada	6	5,4	8	7,6	14	6,5	
Própria quitada	85	76,6	82	78,0	167	77,3	
Própria pagando	2	1,8	3	2,9	5	2,3	
Outros	2	1,8	3	2,9	5	2,3	
Total	**111**	**100,0**	**105**	**100,0**	**216**	**100,0**	**0,631**
INSTALAÇÃO SANITÁRIA							
Externa coletiva	23	20,7	8	7,6	31	14,4	
Interna coletiva	2	1,8	8	7,6	10	4,5	
Externa unifamiliar	26	23,4	21	20,0	47	21,8	
Interna unifamiliar	60	54,1	68	64,8	128	59,3	
Total	**111**	**100,0**	**105**	**100,0**	**216**	**100,0**	**0,008**
DESTINO DOS DEJETOS							
Sistema público	102	93,6	103	98,1	205	95,8	
Esgoto aberto	5	4,6	2	1,9	7	3,3	
Fossa negra	2	1,8	-	-	2	0,9	
Total	**109**	**100,0**	**105**	**100,0**	**214**	**100,0**	**0,282**
ABASTECIMENTO DE ÁGUA							
Pública interna	95	85,6	98	92,5	193	88,9	
Pública externa	16	14,4	8	7,5	24	11,1	
Total	**111**	**100,0**	**106**	**100,0**	**217**	**100,0**	**0,107**
DESTINO DO LIXO							
Coleta adequada (diária/dias alternados)	103	93,7	103	98,1	206	95,8	
Coleta inadequada (semanal/irregular/não)	7	6,3	2	1,9	9	4,2	
Total	**110**	**100,0**	**105**	**100,0**	**205**	**100,0**	**0,1715**
CALÇAMENTO DE RUA							
Não	5	4,5	3	2,8	8	3,7	
Sim	106	95,5	103	97,2	209	96,3	
Total	**111**	**100,0**	**106**	**100,0**	**217**	**100,0**	**0,722**
ILUMINAÇÃO DE RUA							
Não	6	5,5	5	4,7	11	5,1	
Sim	104	94,5	101	95,3	205	94,9	
Total	**110**	**100,0**	**106**	**100,0**	**216**	**100,0**	**0,805**

O total das variáveis corresponde ao número de respondentes para cada questão.

Tabela 3 A. Distribuição das variáveis de condições de saúde e acesso aos serviços por área de atendimento, São Paulo, 2003.

CONDIÇÕES DE SAÚDE E ACESSO AOS SERVIÇOS	UBS		USF		Total	
	N°	%	N°	%	N°	%
VISITA O MÉDICO DE ROTINA						
sim	94	87,0	58	59,2	152	73,8
só quando precisa	13	12,0	40	40,8	53	25,7
não	1	1,0	0	0,0	1	0,5
Total	**108**	**100,0**	**98**	**100**	**206**	**100**
TEM PROBLEMA DE SAÚDE						
sim	104	93,7	99	93,4	203	93,5
não	7	6,3	7	6,6	14	6,5
Total	**111**	**100,0**	**106**	**100**	**217**	**100**
LIMITAÇÃO DAS ATIVIDADES						
sim	58	54,2	49	49,0	107	51,7
não	51	45,8	51	51,0	100	48,3
Total	**107**	**100,0**	**100**	**100,0**	**207**	**100**
PROCUROU ASSISTÊNCIA						
sim	61	57,5	76	74,5	137	65,8
não, não acha necessário	33	31,1	18	17,6	51	24,5
não, não sabe	12	11,4	8	7,9	20	9,7
Total	**106**	**100,0**	**102**	**100,0**	**208**	**100**
QUANDO FICOU DOENTE PROCUROU						
hospital	32	43,8	55	63,9	87	54,7
pronto atendimento	...	...	20	23,2	20	12,6
ambulatório	8	10,9	20	23,2	28	17,6
posto de saúde	36	49,3	33	38,4	69	43,4
Total	**73**	**100,0**	**86**	**100**	**159**	**100**
FOI ATENDIDO						
sim	69	94,5	86	100	155	97,5
não	4	5,5	0	0,0	4	2,5
Total	**73**	**100,0**	**86**	**100,0**	**159**	**100**
TIPO DE ATENDIMENTO*						
tratamento	61	83,6	66	76,7	127	79,9
encaminhamento	25	34,2	36	41,8	61	38,4
retorno para PSF/SUS	28	38,5	36	41,8	64	40,2
Total	**73**	**100,0**	**86**	**100**	**159**	**100**
ACOMPANHAMENTO SEQÜENCIAL	**98**	**100,0**	**102**	**100,0**	**200**	**100**
semanal	5	5,1	20	19,6	25	12,5
mensal	76	77,5	49	48,0	125	62,5
outro	17	17,4	33	32,4	50	25
Total	**98**	**100,0**	**102**	**100**	**200**	**100**
COMPARECE ÀS CONSULTAS AGENDADAS						
sim	100	98,0	99	99,0	199	98,5
não	2	2,0	1	1,0	3	1,5
Total	**102**	**100,0**	**100**	**100,0**	**202**	**100**
COMPARECE AOS RETORNOS MARCADOS						
sim	99	97,0	99	98,0	198	97,5
não	3	3,0	2	2	5	2,5
Total	**102**	**100,0**	**101**	**100,0**	**203**	**100**

* Alguns entrevistados com mais de uma resposta

Tabela 3 B. Distribuição das variáveis de condições de saúde e acesso aos serviços por área de atendimento, São Paulo, 2003.

CONDIÇÕES DE SAÚDE E ACESSO AOS SERVIÇOS	UBS		USF		Total	
	N°	%	N°	%	N°	%
POR QUE ESCOLHEU ESTE SERVIÇO						
escolha pessoal	5	4,5	11	10,5	16	7,4
encaminhado pelo médico	...	...	12	11,4	12	5,5
não paga	...	...	15	14,3	15	6,9
localização	87	78,3	50	47,6	137	63,4
boa fama	11	9,9	3	2,8	14	6,5
outros motivos	8	7,3	14	13,4	22	10,3
Total	**111**	**100,0**	**105**	**100,0**	**216**	**100,0**
COMO CHEGA AO SERVIÇO						
a pé	84	76,4	97	92,4	181	84,2
de ônibus	21	19,1	3	2,9	24	11,2
outro	5	4,5	5	4,7	10	4,6
Total	**110**	**100,0**	**105**	**100,0**	**215**	**100,0**
JÁ FOI ENCAMINHADO PARA OUTRO SERVIÇO						
não	65	59,6	52	51,0	117	55,4
sim, compareceu	42	38,5	45	44,1	87	41,2
sim, não compareceu	2	1,8	5	4,9	7	3,3
Total	**109**	**100,0**	**102**	**100**	**211**	**100,0**
FOI ORIENTADO SOBRE SUA DOENÇA						
não	20	20,4	9	9,8	29	15,3
sim, por escrito	26	26,5	24	26,0	50	26,3
sim, verbalmente	48	49,0	52	56,5	100	52,6
não sabe	4	4,1	7	7,7	11	5,8
Total	**98**	**100,0**	**92**	**100**	**190**	**100**
ENTENDEU A ORIENTAÇÃO						
sim	67	90,5	75	98,7	142	94,7
não	7	9,5	1	1,3	8	5,3
Total	**74**	**100,0**	**76**	**100**	**150**	**100**
FOI PRESCRITO MEDICAMENTO						
sim	89	90,8	71	80,7	160	86
não	9	9,2	17	19,3	26	14,0
Total	**98**	**100,0**	**88**	**100,0**	**186**	**100,0**
FOI ORIENTADO USO DE MEDICAMENTO						
não	9	9,2	1	1,1	10	5,3
sim, por escrito	49	50,0	43	48,9	92	49,5
sim, verbalmente	30	30,6	26	29,6	56	30,1
não sabe	10	10,2	18	20,4	28	15,1
Total	**98**	**100,0**	**88**	**100,0**	**186**	**100,0**
ENTENDEU AS ORIENTAÇÕES						
sim	78	98,7	66	95,0	144	97,3
não	1	1,3	3	5,0	4	2,7
Total	**79**	**100,0**	**69**	**100,0**	**148**	**100,0**
RECEBEU A MEDICAÇÃO						
não	2	2,2	1	1,4	3	1,9
sim, no próprio serviço	73	82,0	45	63,4	118	73,7
sim, em outro serviço	5	5,6	1	1,4	6	3,7
não sabe	9	10,2	24	33,8	33	20,6
Total	**89**	**100,0**	**71**	**100**	**160**	**100**

O total das variáveis corresponde ao número de respondentes para cada questão.

Tabela 3 C. Distribuição das variáveis de condições de saúde e acesso aos serviços por área de atendimento, São Paulo, 2003.

CONDIÇÕES DE SAÚDE E ACESSO AOS SERVIÇOS	**UBS**		**USF**		**Total**	
	N°	**%**	**N°**	**%**	**N°**	**%**
TOMA REGULARMENTE A MEDICAÇÃO						
sim	87	89,8	67	94,4	154	91,1
não	11	10,2	4	5,6	15	8,9
Total	**98**	**100,0**	**71**	**100,0**	**169**	**100,0**
FORAM INDICADOS OUTROS TRATAMENTOS						
mudança de hábitos	71	66,3	36	36,4	107	51,9
outras terapias	1	0,9	15	15,1	16	7,8
não sabe	35	32,8	48	48,5	83	40,3
Total	**107**	**100,0**	**99**	**100,0**	**206**	**100,0**
FOI ORIENTADO SOBRE OUTROS TRATAMENTOS						
não	10	9,3	11	11,1	21	10,2
sim, por escrito	22	20,6	22	22,2	44	21,4
sim, verbalmente	55	51,4	36	36,4	91	44,2
não sabe	20	18,7	30	30,3	50	24,2
Total	**107**	**100,0**	**99**	**100,0**	**206**	**100,0**
ENTENDEU AS ORIENTAÇÕES						
sim	75	97,4	58	100,0	133	98,5
não	2	2,6	0	0,0	2	1,5
Total	**77**	**100,0**	**58**	**100,0**	**135**	**100,0**
TEM CONVÊNIO						
sim	9	8,2	21	20,0	30	14,0
não	100	91,8	84	80,0	184	86,0
Total	**109**	**100,0**	**105**	**100,0**	**214**	**100,0**
GASTO MENSAL COM SAÚDE						
média	R$ 67,90	-	R$ 95,30	-	R$ 81,60	-
mediana	R$ 50,00	-	R$ 80,00	-	R$ 65,00	-
Total*	**72**	-	**50**	-	**122**	-

* Total de respondentes

Tabela 4. Distribuição das variáveis de avaliação dos serviços de saúde por área de atendimento, São Paulo, 2003.

SATISFAÇÃO C/ OS PROFISSIONAIS E COM O SERVIÇO	UBS		USF		Total	
	N°	%	N°	%	N°	%
AVALIAÇÃO DO SERVIÇO MÉDICO						
muito bom	54	48,7	47	44,8	101	46,8
bom	47	42,3	41	39	88	40,8
regular	10	9	9	8,6	19	8,8
ruim	0	...	4	3,8	4	1,8
indiferente	0	...	4	3,8	4	1,8
Total	**111**	**100**	**105**	**100**	**216**	**100**
AVALIAÇÃO DO SERVIÇO DO ENFERMEIRO						
muito bom	15	28,8	51	48,5	66	42,1
bom	15	28,9	42	40	57	36,3
regular	3	5,7	5	4,8	8	5
indiferente	19	36,5	7	6,7	26	16,6
Total	**52**	**100,0**	**105**	**100**	**157**	**100**
AVALIAÇÃO DO SERVIÇO AUX. ENFERMAGEM						
muito bom	39	39,5	47	44,9	86	42,2
bom	50	50,5	52	49,5	102	50
regular	8	8,0	3	2,8	11	5,4
ruim	1	1,0	0	...	1	0,5
indiferente	1	1,0	3	2,8	4	1,9
Total	**99**	**100,0**	**105**	**100**	**204**	**100**
AVALIAÇÃO DO SERVIÇO DE RECEPÇÃO						
muito bom	28	25,2	40	38,1	66	30,8
bom	52	46,9	49	46,7	101	47,3
regular	22	19,8	14	13,3	36	16,8
ruim	9	8,1	2	1,9	11	5,1
Total	**111**	**100**	**105**	**100**	**214**	**100**
AVALIAÇÃO DO SERVIÇO DO ACS						
muito bom	...	...	64	61,6	64	61,6
bom	...	...	35	33,6	35	33,6
regular	...	...	3	2,9	3	2,9
ruim	...	...	2	1,9	2	1,9
Total	**...**	**...**	**104**	**100**	**104**	**100**
AVALIAÇÃO GERAL DA UNIDADE						
excelente	14	12,7	20	19,6	34	16
boa	71	64,6	56	54,9	127	59,9
regular	22	20,0	22	21,6	44	20,8
ruim	3	2,7	4	3,9	7	3,3
Total	**110**	**100**	**102**	**100**	**212**	**100**

Capítulo 10

Avaliação de Funcionalidade em Gerontologia

Yeda Aparecida de Oliveira Duarte
Tamara Iwanow Cianciarullo

O processo de envelhecimento humano pode ser compreendido como um fenômeno universal, individual, acumulativo, irreversível, não-patológico, de deterioração de um organismo maduro que compromete gradativamente os mecanismos homeostáticos dos indivíduos tornando-os progressivamente mais vulneráveis[1].

Diferenciar o que é ou não próprio desse processo é de fundamental importância pois será responsável por impedir a ocorrência de dois tipos de erros muito freqüentes:

- considerar que todas as alterações que ocorrem com um idoso sejam decorrentes de seu envelhecimento natural impedindo assim a detecção e o tratamento de doenças existentes;
- considerar que isto é normal para sua idade, ou,
- "tratar" o envelhecimento natural como doença a partir da realização de exames e tratamentos desnecessários originários de sinais e sintomas que podem ser facilmente explicados pela *senescência*[2].

Destaca-se no entanto que as condições crônicas* tendem a se manifestar de forma mais expressiva na meia-idade e na velhice além

* Condições crônicas representam nesse caso, estados permanentes ou de longa permanência que podem ser decorrentes de uma ou mais doenças ou limitações.

de, nessa fase, freqüentemente estarem associadas (comorbidades). Tais condições crônicas geralmente não são fatais ou seja, não levam necessariamente à morte, porém tendem a comprometer de forma significativa a qualidade de vida dos idosos. Na maioria das vezes são essas condições crônicas as geradoras do que pode ser denominado processo incapacitante ou seja, o processo no qual uma determinada condição (aguda ou crônica) afeta a funcionalidade dos idosos e conseqüentemente o desempenho das atividades cotidianas conhecidas como *atividades de vida diária*. Essas atividades de subdividem em:

a) *Atividades Básicas de Vida Diária (ABVDs)* – envolvem as atividades de autocuidado como alimentar-se, banhar-se, vestir-se, arrumar-se, mobilizar-se, manter controle sobre suas eliminações, deambular;

b) *Atividades Instrumentais de Vida Diária (AIVDs)* – indicam a capacidade de um indivíduo em levar uma vida independente dentro da comunidade como, por exemplo, realizar compras, manipular medicamentos, administrar as próprias finanças, etc.[3].

Assim, ao se falar sobre a instalação de um processo incapacitante significa pensar nas conseqüências funcionais decorrentes de determinada condição (aguda ou crônica) e dos fatores que podem influir em sua direção[4].

Dessa forma, considera-se que para avaliar o estado de saúde da população idosa a utilização exclusiva de, por exemplo, estatísticas de mortalidade, parecem não ser as mais adequadas, considerando a elevada incidência de condições que interferem na qualidade de vida dos mesmos sem, no entanto, serem responsáveis por sua morte[5]. Indicadores de morbidade que abordem também as incapacidades parecem ser os mais adequados, pois refletem o impacto da doença/incapacidade sobre a família, o sistema de saúde e a qualidade de vida dos idosos[5,6,7,8,9,10].

Busca-se assim verificar em que nível tais doenças ou agravos impedem o desempenho das atividades cotidianas dos idosos de forma autônoma e independente, ou seja, sem a necessidade de adaptações ou de auxílio de outras pessoas pois assim será possível desenvolver um planejamento assistencial mais adequado[7,8,9,10].

A avaliação funcional dos idosos torna-se assim, essencial para estabelecer um diagnóstico, um prognóstico e um julgamento clínico adequados, que servirão de base para as decisões sobre os tratamentos e cuidados necessários. É um parâmetro que, associado a outros indicadores de saúde, pode ser utilizado para determinar a *eficácia* e a *eficiência* das intervenções propostas[5,11,12].

O que é avaliação funcional?

Lawton definiu avaliação funcional como uma tentativa sistematizada de medir de forma objetiva os níveis nos quais uma pessoa está funcionando numa variedade de áreas utilizando diferentes habilidades para o desempenho de tarefas da vida diária, nos compromissos vocacionais, nas interações sociais, nas atividades de lazer, e outros comportamentos requeridos. De modo geral representa uma maneira de medir se uma pessoa é ou não capaz de desempenhar as atividades necessárias para cuidar de si mesma e se seu entorno e, caso não seja capaz, verificar se essa necessidade de ajuda é parcial (em maior ou menor grau) ou total[13,14].

A base dessa definição é o conceito de função definido por Araoz[11] como a capacidade do indivíduo para adaptar-se aos problemas de todos os dias apesar de possuir uma incapacidade física, mental ou social.

Desde seu início, as avaliações funcionais dão ênfase às Atividades de Vida Diárias (AVDs). O primeiro tipo de avaliação desenvolvido nessa área e talvez um dos mais conhecidas, é o denominado Index de Katz desenvolvido no final da década de 50 que visava a avaliação de idosos e pessoas cronicamente doentes institucionalizadas. Esse índice foi planejado para medir a habilidade do indivíduo em desempenhar suas atividades cotidianas de forma independente e assim determinar as necessárias intervenções de reabilitação. Esse instrumento, no entanto, restringe-se à independência do indivíduo denominadas Atividades Básicas de Vida Diária (ABVDs) tais como banho, uso do toalete, movimentação pela casa e alimentação (ato de comer) que dizem respeito ao autocuidado. Posteriormente, Lawton propôs um outro instrumento que avaliava o que se denominou de *Atividades Instrumentais de Vida Diária (AIVDs)* que, segundo o autor, descreviam melhor as competências necessárias para a vida comunitária independente. Incluiu-se assim na avaliação funcional aquelas atividades mais comumente encontradas entre os idosos que residiam na comunidade tais como a realização de compras, a preparação dos alimentos, o manejo financeiro, a realização dos cuidados domésticos e o uso de transporte. Assim, a avaliação das AIVDs passaram a envolver as atividades consideradas mais complexas a serem desempenhadas pelos indivíduos. A capacidade em realizá-las tornava-os, segundo o autor, mais autoconfiantes para a vida em comunidade [11, 15].

Além dos citados muitos outros instrumentos foram desenvolvidos tendo por objetivo verificar a *capacidade funcional* do indivíduo, ou seja, sua habilidade em executar as atividades cotidianas em um padrão considerado como normal, de acordo com comportamentos socialmente construídos[16] e baseada nas funções física, mental e psicossocial.

No processo de avaliação funcional existem dois conceitos – *desempenho e capacidade funcional* – que não devem ser confundidos. As medidas de desempenho avaliam o que o idoso *faz* em situações reais ou seja, na sua vida cotidiana. As medidas de capacidade avaliam aquilo que o idoso *pode fazer* em uma situação padrão ou hipotética, ou seja, sua capacidade remanescente que pode ou não estar sendo normalmente utilizada por ele.

Desempenho funcional envolve questões como motivação e traços de personalidade que podem influenciar o comportamento. Assim, essas medidas verificam o que os idosos fazem em determinadas situações e fornecem um retrato real do *status* funcional dos mesmos frente às situações apresentadas.

Capacidade funcional mostra a real capacidade de execução de atividades existente nos idosos e assim, sua avaliação parece ser mais adequada para determinar o curso e o tipo de intervenção terapêutica necessária[15]. Em gerontologia, a *capacidade funcional,* tem demonstrado ser mais significativa para os idosos do que a presença de doenças, sinais clínicos ou mesmo questões biomecânicas. A diminuição da capacidade funcional* dos idosos tornando-os de alguma forma dependentes de assistência, ainda não teve seus mecanismos determinantes finais completamente estabelecidos. Ela pode representar *sinal precoce e sutil* de muitas enfermidades ou *o ponto final comum* das mesmas.

Quando se avalia a *capacidade funcional* pretende-se:

a) identificar áreas de disfunção/necessidade;
b) monitorar o declínio funcional;
c) detectar situações de risco;
d) estabelecer um plano assistencial;
e) identificar a necessidade de uso de serviços especializados;
f) estabelecer elos para a compreensão multidimensional dos casos.

---

* A capacidade funcional "indica a habilidade do paciente de desempenhar trabalho e é tradicionalmente medida comparando o pico de capacidade de exercício do paciente com o pico esperado para sua idade e gênero"[14].

Muitos instrumentos de avaliação funcional baseiam-se no *desempenho funcional referido* ou seja no que o que o idoso e/ou seu cuidador (caso exista) *refere* ser capaz de fazer. Ao se fazer essa avaliação verifica-se por um lado, as ações que o idoso é capaz de realizar e de outro a presença de necessidade de ajuda para realizá-las. Ela pode ser medida de forma simples e direta pelo relato do próprio idoso ou de seu cuidador. Em uma ou outra situação é o nível de dificuldade que será avaliado (nenhuma, alguma, muita dificuldade ou incapaz de realizar a atividade).

Outros estudos utilizam a dependência (receber a ajuda de alguém na execução de uma ou mais atividades) como um indicador importante de comprometimento funcional. A dependência indica, na maioria das vezes, a presença de dificuldade (que requer a ajuda de algo ou alguém *que a compense*) e costuma ser considerada um indicador confiável de severidade em relação à dificuldade apresentada. É importante, no entanto, ficar claro que, o que a dependência realmente mede é a presença ou a necessidade da presença de uma intervenção para reduzir a incapacidade e não a incapacidade propriamente dita. A incapacidade deve ser *medida* ou através de entrevistas individuais *que avaliem* a presença de dificuldades (*relatadas pelo próprio idoso ou pelo cuidador*) ou pela observação do desempenho das atividades pessoais em um contexto real[4,15].

Outra consideração importante é a necessidade de se diferenciar limitação funcional e incapacidade. A *limitação funcional* refere-se à capacidade ou não do indivíduo para desempenhar determinadas atividades. Já a incapacidade refere-se à capacidade ou não do idoso em desempenhar, de forma esperada ou socialmente especificada, uma determinada atividade dado que exista uma condição crônica ou um déficit. É portanto, um processo social, um padrão de comportamento (expressão) que surge da perda ou redução na habilidade (limitação funcional) em um contexto social. Os dois conceitos relacionam-se a diferentes comportamentos e não somente a diferentes aspectos de medida do mesmo comportamento. A limitação funcional relaciona-se à "poder fazer" e a incapacidade à "fazer" ou seja, a desempenhar a função[4].

A avaliação funcional pode ocorrer em muitos níveis no processo de instalação de uma incapacidade. Na década de 80 a Organização Mundial de Saúde (OMS) utilizava a *Classificação Internacional das Deficiências, Incapacidades e Desvantagens (Handicaps)* na qual o *status* funcional era avaliado pela medida do *impacto da incapacidade.* Mais recentemente, a OMS lançou a *Classificação Internacional de Funcionalidade e Incapacidade (CIF)* que classifica o nível de funcionamento da pessoa como um todo frente às atividades. Essas são caracterizadas pela maneira como a pessoa vive sua rotina diária.

Essa mudança na terminologia de incapacidade para atividade removeu a conotação negativa do termo incapacidade pois colocou a avaliação do *status* funcional na dimensão da atividade[17].

COMPONENTES DA CIF

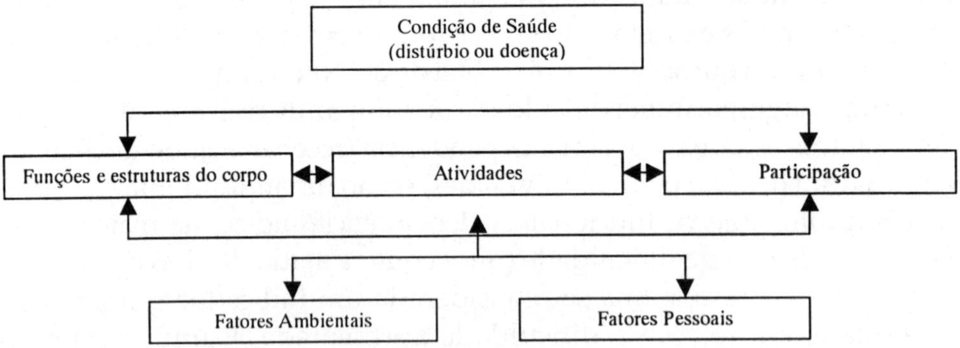

Figura 1: Interação entre os componentes da CIF.
Fonte: CIF: Classificação Internacional de Funcionalidade, Incapacidade e Saúde/ [Centro Colaborador da Organização Mundial de Saúde para a Família de Classificações Internacionais, org.]. – São Paulo: EDUSP, 2003[17].

A CIF fornece uma descrição de situações relacionadas às funções do ser humano e suas restrições e uma estrutura para organizar essas informações. Divide-se em duas grandes partes, a primeira relacionada à Funcionalidade e à Incapacidade e a segunda relacionada aos Fatores Contextuais. Ambas possuem dois componentes cada. Na primeira estão os componentes Corpo (funções dos sistemas corporais e estruturas do corpo de forma a apresentar a integridade das mesmas e seus déficits) e Atividade e Participação (sendo atividade, o desempenho das pessoas no nível das tarefas ou atividades a serem realizadas com forte influência cultural e a participação, o envolvimento do indivíduo nas situações de vida relacionadas à condição de saúde, função corporal e estruturas, fatores de atividades e contextuais ou seja sua inclusão social). Na segunda estão os fatores ambientais (e seu impacto facilitador ou limitador das características do mundo físico, social e atitudinal) e os fatores pessoais que representam o histórico particular da vida do indivíduo que não são parte de uma condição de saúde ou de estados de saúde (sexo, raça, idade, outros estados de saúde, condição física, estilo de vida, hábitos, criação, estilos de enfrentamento, antecedentes pessoais, nível de instrução, profissão, experiência prévia e atual, padrão geral de comportamento e caráter, ativos psicológicos pessoais e outras características que isoladamente ou em conjunto podem influenciar na incapacidade em qualquer nível. A funcionalidade e a incapacidade são concebidos como uma interação dinâmica entre os estados de saúde e os fatores contextuais[17].

	Parte 1 **Funcionalidade e Incapacidade**		Parte 2 **Fatores Contextuais**	
Componentes	Funções e estruturas do corpo	Atividades e participação	Fatores ambientais	Fatores pessoais
Domínios	Funções do corpo Estruturas do corpo	Áreas da vida (tarefas, ações)	Influências externas **sobre a** funcionalidade e a incapacidade	Influências internas **sobre a** funcionalidade e a incapacidade
Construtos	Mudanças nas funções do corpo (fisiológicas) Mudanças nas estruturas do corpo (anatômicas)	**Capacidade:** Execução de tarefas em um ambiente padrão[1] **Desempenho:** Execução de tarefas em um ambiente habitual[2]	Impacto facilitador ou limitador das características do mundo físico, social e atitudinal	Impacto dos atributos da pessoa
Aspecto positivo	Integridade funcional e estrutural	Atividades Participação	Facilitadores	Não aplicável
	FUNCIONALIDADE			
Aspecto negativo	Deficiência	Limitação da atividade[3] Restrição de participação[4]	Barreiras/ Obstáculos	Não aplicável
	INCAPACIDADE			

Figura 2: Uma visão geral da CIF.
Fonte: CIF: Classificação Internacional de Funcionalidade, Incapacidade e Saúde/ [Centro Colaborador da Organização Mundial de Saúde para a Família de Classificações Internacionais, org.]. – São Paulo: EDUSP, 2003[17].

[1] Indica o nível máximo de funcionalidade que uma pessoa pode atingir em um dado domínio em um dado momento. É necessário, no entanto, um ambiente "padronizado" que neutralize o impacto das variáveis dos diferentes ambientes sobre a capacidade do indivíduo. Assim, capacidade reflete a habilidade do indivíduo ajustada ao ambiente.
[2] Como ambiente habitual inclui um contexto social, o desempenho também pode ser entendido como "envolvimento em uma situação de vida" ou "experiência vivida" das pessoas no contexto real em que vivem.
[3] São dificuldades que um indivíduo pode encontrar na execução de atividades.
[4] São problemas que um indivíduo pode experimentar no envolvimento nas situações da vida.

Os instrumentos de avaliação funcional podem ser classificados em genéricos ou específicos. Os primeiros visam avaliar o desempenho funcional do indivíduo em situações reais independentemente da presença de déficits ou incapacidades. Os instrumentos específicos visam avaliar de forma mais aprofundada o impacto de um determinado déficit ou incapacidade presentes.

A avaliação das Atividades de Vida Diária, básicas ou instrumentais, refere-se aos aspectos relacionados à incapacidade e não simplesmente às limitações funcionais, pois são atividades que o idoso executa enquanto membro de uma sociedade. Sua execução, de forma adequada, envolve capacidades físicas e mentais[4].

Em resumo, a presença de gradativo comprometimento funcional dos idosos durante o processo de envelhecimento, na vigência de uma ou mais condições crônicas associadas ou de suas seqüelas pode ser assim descrita[4]:

a) num primeiro momento ocorre uma doença, lesão ou condição de desenvolvimento que geram anormalidades bioquímicas e/ou fisiológicas. Quando essas se cronificam, podem estar associadas a seqüelas de longa permanência e a anormalidades estruturais e sensoriais permanentes;
b) tais doenças, agravos ou condições, em especial as crônicas podem gerar déficits que nada mais são que disfunções estruturais significantes em sistemas orgânicos específicos. O termo "significante" relaciona-se às conseqüências físicas, mentais ou sócio-funcionais que podem ser geradas por tais déficits;
c) os déficits podem gerar limitações funcionais ou restrições no desempenho físico ou mental necessário ao desenvolvimento das atividades cotidianas. Em resumo, as ações físicas ou mentais constituem a interface entre o indivíduo e o meio físico e social no qual ele desempenha tais atividades. Essas limitações podem ou não ser compensadas. Sua compensação pode ser feita a partir de adaptações pessoais e/ou ambientais ou pela assistência de outrem;
d) as limitações funcionais que geram dificuldades no desempenho das atividades de qualquer domínio da vida geram o que é conhecido como incapacidade*. As condições crônicas podem afetar quaisquer atividades de vida diária, desde as denominadas básicas, relacionadas ao cuidado pessoal e conseqüentemente à sobrevivência do indivíduo; às instrumentais, relacionadas às atividades domésticas e partici-

* Atualmente o termo discapacidade vem sendo introduzido em nosso meio.

pação social independente, que são necessárias para manter a convivência em um determinado contexto sociocultural[4].

A evolução de uma condição crônica para um processo incapacitante não pode ser compreendida, no entanto, como meramente uma ocorrência médica. Torna-se cada vez mais imprescindível que essa compreensão envolva um contexto médico-social. Assim, é fundamental a consideração dos denominados "fatores de risco" – demográficos, sociais, psicológicos, ambientais, estilo de vida, comportamentos e características biológicas dos indivíduos – que podem afetar a presença e a severidade da disfunção ou déficit, limitação funcional e da própria incapacidade. Geralmente são condições preexistentes ao processo incapacitante. Há ainda as intervenções que podem reduzir as dificuldades (incluem-se aqui os cuidados médicos, a reabilitação, a terapia medicamentosa e a presença de suportes extras – suporte pessoal e/ou equipamentos especiais, modificações do ambiente físico-social, mudanças no comportamento e estilo de vida, atributos psicossociais e adaptação às atividades). Esses não estão predisponíveis, ao contrário, são inseridos durante o processo de forma a evitá-lo, retardá-lo ou recuperá-lo. Seu efeito pode ser imediato, posterior ou cumulativo. O foco de ação das intervenções pode ser intra ou extra-indivíduo[4].

A figura a seguir ilustra o processo até então descrito:

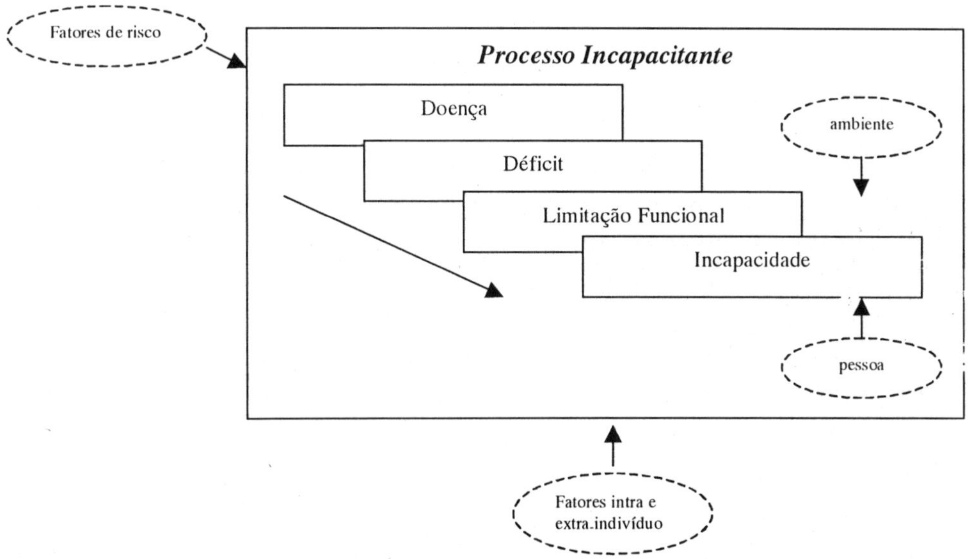

Figura 3: Estruturação do Processo Incapacitante.
Fonte: Verbrugge, L. M.; Jette, A. M. The disablement process. Soc. Sci. Med. 1994; 38(1):1-14[4].

Dentre as conseqüências do processo incapacitante podemos citar a hospitalização, a institucionalização e até a morte além de sua forte influência sobre a qualidade de vida dos idosos.

Da avaliação da ajuda requerida para completar determinada ação resulta uma classificação, onde o idoso aparecerá como dependente (em maior ou menor grau) ou independente. É necessariamente o grau de dependência que determinará os tipos de cuidados que vão ser necessários e como e por quem os mesmos poderão ser, mais apropriadamente realizados[11, 14].

Três conceitos apresentam-se interligados e interdependentes quando se discute o processo incapacitante. São eles, *autonomia*, *independência* e *dependência*.

Autonomia pode ser definida como autogoverno, que se expressa na liberdade para agir e para tomar decisões. Relaciona-se a uma família de significados que incluem liberdade individual, privacidade, livre-escolha, autogoverno, auto-regulação, independência moral, liberdade para experienciar o *self* e harmonia com os próprios sentimentos e necessidades. A autonomia dos idosos perpassa a discussão do grau em que sua liberdade de escolha é respeitada, mais do que em termos do quanto são capazes de tomar decisões. *Independência*, por outro lado, significa ser capaz de realizar as atividades de vida diária sem ajuda[18,19,20,21].

Muitas pessoas mantêm sua autonomia embora possam não ser independentes o suficiente para executar as ações relacionadas às suas decisões. A capacidade de tomar decisões e a de autogoverno podem ser comprometidas por doenças físicas e mentais ou por restrições econômicas e educacionais. Elas afetam, além das competências do idoso para realizar ações instrumentais, sua capacidade para compreender e avaliar as suas possibilidades, seus direitos, necessidades, expectativas e preferências, além dos riscos inerentes à sua decisão. Infelizmente, é muito freqüente observar que, na vigência de situações de dependência, em qualquer nível tendendo a ser mais acentuado quanto maior for a dependência, a autonomia do idoso tende a não ser considerada. Parece ser erroneamente aceitável que, uma vez que ele não é parcial ou totalmente capaz de executar uma ação, ele não é capaz de decidir sobre a mesma. Tal observação ocorre tanto no contexto familiar como no institucional[18].

A condição de dependência é, sem dúvida, a que mais amedronta os idosos. Isso ocorre, pois vivemos num contexto cultural em que a autonomia/independência do adulto é ultravalorizada e a dependência, que se acredita ser uma condição inevitável da velhice, é superdeplorada. A principal conseqüência da associação entre velhice e dependência é o desenvolvimento de atitudes negativas em relação à velhice[18].

Dependência pode, de forma genérica, ser definida como um estado em que a pessoa é incapaz de existir de maneira satisfatória sem a ajuda de outra. Contudo, dependência possui diferentes significados quando analisada em culturas diversas ou mesmo por indivíduos distintos. As dependências geralmente observadas entre os idosos resultam tanto das alterações biológicas quanto das mudanças nas exigências sociais e freqüentemente as últimas parecem determinar as primeiras[18,19]. Baltes e Silverberg[19] descreveram três tipos de dependências freqüentemente observadas entre os idosos:

1. *Dependência física,* definida como incapacidade funcional, desamparo prático ou incapacidade individual para realizar atividades de vida diária. Existe em diferentes graus de dependência funcional, dependendo de quais e quantas incapacidades estão incluídas na avaliação. Esta dependência torna-se mais pronunciada quando o idoso é acometido por doenças cerebrais degenerativas ou por doenças incapacitantes. A incapacidade orgânica, no entanto, não é nem condição necessária nem suficiente para determinar a dependência. Na dinâmica das interações sociais e na percepção social, a dependência física é freqüentemente interpretada como sinal de incompetência geral, geradora de dependência generalizada[18,19].
2. *Dependência estruturada,* onde o significado do valor do ser humano é determinado, primariamente, pela participação no processo produtivo. Esta seria gerada pela perda do trabalho e/ou aposentadoria. Em essência, a cultura estabelece as bases para a dependência, na medida em que sua estrutura social até requer dependência de certos grupos da população para poder funcionar. Como conseqüência da aposentadoria e da perda dos rendimentos representativos com o passar do tempo, muitos idosos passam a ter de residir com um de seus filhos e a depender deles para seu sustento além de se submeterem às "regras". De sua nova condição de moradia muitas vezes contrariando seus hábitos ou valores[18,19].
3. *Dependência comportamental,* freqüentemente antecedida pela dependência física (biologicamente induzida) e conseqüente a uma real incompetência física; a dependência comportamental é socialmente induzida, independente do nível de competência do idoso. O ambiente espera incompetência e dá ajuda mesmo que isso seja desnecessário ou indesejável sob pena de ser considerado irresponsável e negligente e torna-se assim determinante de desamparo e dependência. Um am-

biente de baixa exigência, ao contrário, caracteriza-se pela superproteção que por sua vez, ocasiona dependência[18,19].

Nos EUA existem cerca de 8 milhões de idosos que necessitam de alguma forma de assistência e são assistidos pela família e amigos. Estes dados podem estar subestimados uma vez que os registros dos mesmos provêm da assistência a eles prestada. Segundo a *American Association of Homes and Services for the Aging*[4], aproximadamente um em cada quatro americanos acima de 50 anos sente-se responsável por um idoso que necessita de cuidados prolongados. Cerca de 43% dos idosos não institucionalizados acima de 85 anos de idade necessitam de assistência nas atividades básicas de vida diária[22].

Estudo desenvolvido por Ramos[23] mostrou que, num inquérito domiciliar multidimensional, 86% dos idosos encontrados referiram ao menos uma doença crônica e 46% necessitavam de alguma ajuda para realizar ao menos uma das atividades básicas e/ou instrumentais de vida diária. Em 7% dos entrevistados foi observado elevado grau de dependência em termos de ajuda parcial ou total demandando cuidados específicos, o que, na prática, impossibilita que este indivíduo resida ou permaneça em sua residência sozinho.

Mais recentemente, o Estudo SABE (Saúde, Bem-estar e Envelhecimento na América Latina e Caribe)[24] mostrou que, no Município de São Paulo, 19,2% dos idosos referem dificuldades no desempenho de suas Atividades Básicas de Vida Diária e 26,5% nas Instrumentais. Considerando que as atividades básicas são as que comumente geram a necessidade da presença de outras pessoas na complementação do cuidado, buscou-se verificar nesse estudo, frente às dificuldades apresentadas, qual o percentual de ajuda recebida segundo os diferentes tipos de arranjos familiares. Surpreendentemente verificou-se que o máximo de ajuda recebida gira em torno de 50% sendo que os arranjos familiares mais continentes são os bi(idoso(a) e filho(a)) ou tri-geracionais (idoso(a), filho(a) e neto(a)) e os menos continentes aqueles que contam apenas com indivíduos idosos[25].

Segundo Pavarini e Neri[18], muitas pessoas preocupam-se com relação ao ter que prestar cuidados a idosos embora não se ponha em dúvida a legitimidade ética e moral dessa função. Cinco elementos, continuam as autoras, são comumente percebidos como dificuldades inerentes na prestação de cuidados a idosos dependentes.

1. as tarefas acarretam ônus físico e financeiro, que tende a aumentar conforme a saúde do idoso vai se deteriorando e sua dependência vai aumentando;

2. o peso das tarefas pode ser agravado pela falta de preparo e de informação do cuidador, pela escassez de apoio social e emocional àquele que exerce o cuidado e pela escassez de oferta de serviços especializados ou de apoio formal a idosos;
3. o exercício do papel do cuidador tende a competir com o desempenho de papéis profissionais e familiares que os cuidadores ou o cônjuge exerciam anteriormente;
4. cuidar de pais ou cônjuges idosos usualmente faz aflorar sentimentos pessoais e conflitos familiares de difícil manejo;
5. o cuidado exercido no âmbito da família é geralmente uma atividade solitária, tanto no sentido em que o cuidador realiza as tarefas sozinho, como no sentido em que encontra pouco apoio social entre pessoas que estão vivendo ou já viveram a mesma experiência[18].

O isolamento e a sobrecarga do cuidador acontecem por razões sócio-demográficas (famílias mais nucleares e inserção cada vez maior das mulheres no mercado de trabalho) e/ou por causas culturais (mudanças nos valores familiares e sociais, incluindo-se os relativos à solidariedade para com os idosos)[18].

As tarefas consideradas mais difíceis de serem realizadas pelos cuidadores familiares de idosos portadores de comprometimentos físicos e cognitivos severos, foram as de cuidados pessoais, que o cuidador geralmente administra sozinho. Em segundo lugar apareceram as tarefas ocasionais para as quais precisa pedir ajuda de um outro familiar[12].

A complexidade do papel de cuidar em família tende a ficar mais evidente à medida que aumenta a expectativa de vida na velhice e que cresce o número de idosos na população. Observa-se que esses aumentos são desproporcionais à oferta de cuidadores informais, serviços formais de cuidado, quer em domicílio, quer em instituições.

Assim, um primeiro passo para o adequado planejamento assistencial dos idosos parece ser a identificação das demandas assistenciais apresentadas.

Um dos instrumentos utilizados para esse fim é a Escala de Avaliação de Atividades de Vida Diária, básicas e instrumentais do idoso baseada na escala OARS (Older Americans Resources and Services) traduzida e adaptada por Cardoso e Gonçalves[26] cujo escore total classifica os idosos, após análise do conjunto das AVDs, em independentes (10 a 14 pontos), parcialmente dependentes (5 a 9 pontos) e totalmente dependentes (0 a 4 pontos).

ESCALA DE ATIVIDADES DE VIDA DIÁRIA BÁSICAS E INSTRUMENTAIS DE "OARS"

Gostaria de perguntar ao senhor(a) sobre algumas das atividades da vida diária, coisas que nós todos necessitamos fazer como parte de nossas vidas do dia-a-dia. Gostaria de saber se o senhor (a) consegue fazer estas atividades sem qualquer ajuda ou com alguma ajuda, ou ainda, não consegue fazê-las de jeito nenhum.

CIRCULE O NÚMERO EM FRENTE A ALTERNATIVA QUE MAIS SE APLICA À RESPOSTA DO PACIENTE

1. ATIVIDADES DE VIDA DIÁRIA INSTRUMENTAIS (AVDI):

a) O SENHOR(A) USA O TELEFONE?

2 - Sem ajuda tanto para procurar número na lista quanto para discar
1 - Com uma certa ajuda (consegue atender chamados ou solicitar ajuda à telefonista em emergências, mas necessita de ajuda tanto para procurar números, quanto para discar)
0 - É completamente incapaz de usar o telefone

b) O SENHOR(A) VAI A LUGARES DISTANTES QUE EXIGEM TOMAR CONDUÇÃO?

2 - Sem ajuda (viaja sozinho de ônibus, trem, metrô, táxi ou dirige seu próprio carro)
1 - Com alguma ajuda (necessita de alguém para ajudar-lhe ou ir consigo na viagem)
0 - Não pode viajar a menos que disponha de veículos especiais ou de arranjos emergenciais como ambulância

c) O SENHOR(A) FAZ COMPRAS DE ALIMENTOS, ROUPAS E DE OUTRAS NECESSIDADES PESSOAIS?

2 - Sem ajuda (incluindo o uso de transportes)
1 - Com alguma ajuda (necessita de alguém que o acompanhe em todo o trajeto das compras)
0 - Não pode ir fazer compras de modo algum

d) O SENHOR(A) PREPARA SUA PRÓPRIA REFEIÇÃO?

2 - Sem ajuda (planeja e prepara as refeições por si só)
1 - Com certa ajuda (consegue preparar alguma coisa mas não a refeição toda)
0 - Não consegue preparar a sua refeição de modo algum

e) O SENHOR(A) FAZ LIMPEZA E ARRUMAÇÃO DA CASA?

2 - Sem ajuda (faxina e arrumação diária)
1 - Com alguma ajuda (faz trabalhos leves mas necessita ajuda para trabalhos pesados)
0 - Não consegue fazer trabalho de casa de modo algum

f) O SENHOR(A) TOMA OS MEDICAMENTOS RECEITADOS?

2 - Sem ajuda (na identificação do nome do remédio, no seguimento da dose e horário)
1 - Com alguma ajuda (toma, se alguém preparar ou quando é lembrado(a) para tomar os remédios)
0 - Não consegue tomar por si os remédios receitados

g) O SENHOR(A) LIDA COM SUAS PRÓPRIAS FINANÇAS?

2 - Sem ajuda (assinar cheques, pagar contas, controlar saldo bancário, receber aposentadoria ou pensão)

1 - Com alguma ajuda (lida com dinheiro para as compras do dia-a-dia mas necessita de ajuda para controle bancário e pagamento de contas maiores e/ou recebimento de aposentadoria ou pensão)

0 - Não consegue mais lidar com suas finanças

2. ATIVIDADES DE VIDA DIÁRIA BÁSICAS (AVDB):

a) O SENHOR(A) TOMA AS REFEIÇÕES?

2 - Sem ajuda (capaz de tomar as refeições por si só)

1 - Com alguma ajuda (necessita de ajuda para, por exemplo: cortar carne, descascar laranja)

0 - É incapaz de alimentar-se por si só

b) O SENHOR(A) CONSEGUE VESTIR E TIRAR SUAS ROUPAS?

2 - Sem ajuda (apanhar as roupas e usá-las por si só)

1 - Com alguma ajuda

0 - Não consegue de modo algum apanhar as roupas e usá-las por si só

c) O SENHOR(A) CUIDA DE SUA APARÊNCIA COMO PENTEAR-SE E BARBEAR-SE (PARA HOMENS) E MAQUIAR-SE (PARA MULHERES)?

2 - Sem ajuda

1 - Com alguma ajuda

0 - Não pode cuidar por si de sua aparência

d) O SENHOR(A) LOCOMOVE-SE?

2 - Sem ajuda (exceto com bengala)

1 - Com alguma ajuda (de uma pessoa ou com o uso de andador ou muletas)

0 - É completamente incapaz de locomover-se

e) O SENHOR(A) DEITA-SE E LEVANTA-SE DA CAMA?

2 - Sem qualquer ajuda ou apoio

1 - Com alguma ajuda (de pessoa ou suporte qualquer)

0 - É dependente de alguém para levantar-se/deitar-se da cama

f) O SENHOR(A) TOMA BANHO EM BANHEIRA OU CHUVEIRO?

2 - Sem ajuda

1 - Com alguma ajuda (necessita de ajuda para entrar e sair da banheira ou um suporte especial durante o banho)

0 - É incapaz de banhar-se por si só

g) O SENHOR(A) JÁ TEVE PROBLEMAS EM CONSEGUIR CHEGAR EM TEMPO AO BANHEIRO?

2 - Não

1 - Sim

0 - Usa sondagem vesical e/ou colostomia

SE SIM, COM QUE FREQÜÊNCIA O SENHOR(A) SE MOLHA OU SE SUJA (SEJA NOITE OU DIA)?

1 - Uma a duas vezes por semana

0 - Três ou mais vezes por semana

ESCALA DE ATIVIDADES DE VIDA DIÁRIA BÁSICAS E INSTRUMENTAIS DE "OARS"

AVALIAÇÃO

A pontuação se obtém pela somatória dos pontos correspondentes às respostas assinaladas. Circular as pontuações atingidas pelo cliente nas escalas 1 e 2. Quanto mais alta é a pontuação mais o cliente é independente nas suas atividades de vida diária; quanto mais baixa a pontuação menos independente ele é.

a) Pontuação da Avaliação das Atividades Instrumentais de Vida Diária (AVDI)

14 13 12 11 10 09 08 07 06 05 04 03 02 01

← INDEPENDÊNCIA

DEPENDÊNCIA →

b) Pontuação da Avaliação das Atividades Básicas de Vida Diária (ABVD)

14 13 12 11 10 09 08 07 06 05 04 03 02 01

← INDEPENDÊNCIA

DEPENDÊNCIA →

A partir da identificação das demandas, passa-se para a fase de planejamento assistencial que envolve a avaliação dos recursos disponíveis para atendê-las.

O Brasil hoje, não dispõe dos meios suficientes para suprir as necessidades básicas de seus cidadãos, de forma igualitária e adequada, no que concerne ao atendimento primário, secundário e terciário em saúde. No caso específico do atendimento a idosos, tais problemas são ainda mais expressivos e dizem respeito, principalmente, à escassez de profissionais especializados e à precariedade da formação dos profissionais disponíveis além de uma rede de apoio inexistente ou deficitária. Embora os serviços de desospitalização, em especial os de assistência domiciliar tenham se expandido muito nos últimos anos, eles ainda não apresentam impactos significativos em termos de complementação assistencial ao conjunto de pessoas, em especial idosos e seus familiares, com incapacidades severas[18,27,28].

Resumindo, a dependência na velhice tem muitas faces e diferentes etiologias. Tem diferentes conseqüências sobre as relações do idoso consigo próprio e com as outras pessoas, da mesma idade e de outras gerações e com o ambiente físico que desempenha um papel importante na forma como vai se manifestar e em sua manutenção.

Assim colocado, o problema fundamental da velhice parece ser, portanto, o que foi denominado por Motlis[29] como "balança geronto-geriátrica" que consiste em chegar a um equilíbrio entre as necessidades e as exigências mínimas dos idosos e os interesses da coletividade. A velhice em si, continua o autor, não cria ou desenvolve enfermidades; porém, nesta fase da vida, adquire características especiais. Esforços devem ser desenvolvidos no sentido de obtenção de cura até onde for possível, de reabilitação para readaptação dos idosos às suas atividades diárias de acordo com o meio a que pertencem e da garantia de uma assistência digna às suas necessidades até o momento de sua morte.

Referências Bibliográficas

1. Organización Pan Americana de la Salud. *Enfermeria gerontologica:* conceptos para la práctica. Washington, 1993. (Série PALTEX n. 31).
2. JACOB FILHO, W.; SOUZA, R. R. Anatomia e fisiologia do envelhecimento. In: CARVALHO FILHO, E. T.; PAPALÉO NETTO, M. *Geriatria: fundamentos, clínica e terapêutica.* São Paulo, Atheneu, 1994.
3. LEWIS, C. B. Aging: *The health care challenge.* 3ª ed, Philadelphia, F. A. Davis, 1996.
4. VERBRUGGE, L. M.; JETTE, A. M. The disablement process. *Soc. Sci. Med.* 1994; 38(1):1-14.
5. CHAIMOWICZ, F. *Os idosos brasileiros no século XXI:* demografia, saúde e sociedade, Belo Horizonte, Postgraduate, 1998.
6. LESSA, I. Epidemiologia das doenças crônicas não transmissíveis versus terceira idade. In: LESSA, I. *O adulto brasileiro e as doenças da modernidade:* epidemiologia das doenças crônicas não transmissíveis. São Paulo, Hucitec, 1998.
7. MAILLOUX-POIRIER, D. Aspectos demográficos e epidemiológicos do envelhecimento In: BERGER, L.; MAILLOUX-POIRIER, D. *Pessoas idosas:* uma abordagem global, Lisboa, Lusodidacta, 1995.
8. MORAGAS, R. M. *Gerontologia social:* envelhecimento e qualidade de vida. São Paulo, Paulinas, 1997.

9. SAYEG, M. A. Breves considerações sobre planejamento em saúde do idoso In: *Sociedade Brasileira de Geriatria e Gerontologia* – RJ. Caminhos do envelhecer. Rio de Janeiro, Revinter, 1994.

10. SCHOUERI Jr., R.; et al. Crescimento populacional: aspectos demográficos e sociais. In: CARVALHO FILHO, E. T.; PAPALÉO NETTO, M. *Geriatria:* fundamentos, clínica e terapêutica, São Paulo, Atheneu, 1994.

11. ARAOZ, G. B. F. Valoración funcional. In: LLERA, F. G; MARTIN, J. P. M. *Síndromes y cuidados en el paciente geriátrico.* Barcelona, Masson, 1994.

12. PERRACINI, M. R. Análise multidimensional de tarefas desempenhadas por cuidadores familiares de idosos de alta dependência [dissertação] Campinas (SP): Faculdade de Educação. UNICAMP, 1994.

13. Instituto Brasileiro de Geografia e Estatística. Tábuas de mortalidade e sobrevivência brasileiras. Rio de Janeiro, 1991, pp. 9-173.

14. WILKINS, S.; LAW, M.; LETS, L. Assessment of functional performance. In: BONDER, B. R; WAGNER, M. B. *Functional performance in older adults.* Philadelphia, F. A. Davis, 2001. Cap.12, pp. 236-51.

15. COHEN, M. E.; MARINO, R. J. The tools of disability outcomes research functional status measures. *Arch Phys Med Rehabil* 2000; 81 (Suppl 2): 21-29.

16. NAGI, S. Z. Disability concepts revisted: implications for prevention. In: POPE, A. M.; TARLOV, A. R. *Disability in América:* Toward a National Agenda for Prevention. Institute os Medicina national Academy Press. Washington, 1991.

17. Organização Mundial de Saúde. CIF: Classificação Internacional de Funcionalidade, Incapacidade e Saúde. São Paulo, EDUSP, 2003.

18. PAVARINI, S. C. I.; NERI, A. L. Compreendendo dependência, independência e autonomia no contexto domiciliar: conceitos, atitudes e comportamentos. In: DUARTE, Y. A. O.; DIOGO, M. J. D. *Atendimento Domiciliar:* um enfoque gerontológico. São Paulo, Atheneu, 2000.

19. BALTES, M. M.; SILVENBERG, S. A dinâmica dependência-autonomia no curso de vida In: NERI, A.L. *Psicologia do envelhecimento:* temas selecionados na perspectiva do curso de vida. Campinas. Papirus, 1995 (Coleção Viva Idade).

20. KANE, R. A. Personal autonomy for residents in long-term care: concepts and issues of measurement. In: BIRREN, J. E.; LUBBEN, J. E.; ROWE, J. C.; DEUTCHMAN, D. E. (eds.), *The concept and measurement of quality of life in the frail elderly*. San Diego: Academic Press, 1991, pp. 316-334.

21. HOOYMAN, N.; KYAK, H. A. *Social Gerontology*. A multidisciplinary perspective. 4th ed., Boston: Allyn and Bacon, 1996.

22. American Association of Homes and Services for the Aging. *Burden weighs heavy on caregivers: study*. Currents 1996;11(4):2-4.

23. RAMOS, L. R. et al. Perfil do idoso em área metropolitana na região Sudeste do Brasil: resultados de inquérito domiciliar. *Rev. Saúde Públ.* 1993; 27(2):87-94.

24. DUARTE, Y. A. O. Desempenho funcional e demandas assistenciais. In: LEBRÃO, M. L.; DUARTE, Y. A. O. *SABE – O projeto SABE no Município de São Paulo:* uma abordagem inicial. Brasília, OPAS, 2003.

25. DUARTE, Y. A. O.; LEBRÃO, M. L. Desempenho funcional, demandas assistenciais e arranjos familiares. *Pan-Americ Journ Pub. Health,* 2004 (no prelo).

26. CARDOSO, V.; GONÇALVES, L. H. T. *Instrumentos de avaliação da autonomia no desempenho das atividades da vida diária do cliente idoso.* Arquivos Catarinenses de Medicina 1995; 20(1).

27. DUARTE, Y. A. O. *Família: rede de suporte ou fator estressor. A ótica de idosos e cuidadores familiares* [tese]. São Paulo (SP): Escola de Enfermagem da USP; 2001.

28. DUARTE, Y. A. O.; DIOGO, M. J. D. *Atendimento Domiciliar:* um enfoque gerontológico. São Paulo, Atheneu, 2000.

29. MOTLIS, J. *La vejes y sus múltiplas caras.* Aurora, Israel, 1988.

Avaliação em Saúde
e Qualidade de Vida

Capítulo 11

Avaliação em Saúde

Ruth Natália Teresa Turrini

A avaliação está inserida no cotidiano na mais simples das escolhas que se tenha a fazer, embora não se tenha uma percepção consciente do fato. Segundo Gomes[9], o homem para desenvolver-se em sua forma de sentir, pensar e agir necessita avaliar suas experiências, de modo a identificar quais são as suas possibilidades e restrições. Por meio deste processo, se permite julgar, apreciar e determinar valores para as suas decisões.

No âmbito da saúde, a avaliação estimula a reflexão crítica sobre os processos desenvolvidos no sistema de saúde ou em qualquer um dos seus componentes e facilita a mudança na medida em que se fizer necessária. A avaliação em saúde tem sido discutida em diferentes esferas do poder.

Nos últimos anos, a Organização Pan-Americana de Saúde (OPAS) e a Organização Mundial da Saúde (OMS) têm discutido amplamente a avaliação em saúde e a garantia de qualidade dos serviços de saúde. Em um desses encontros, estabeleceram-se alguns resultados esperados da reforma do setor saúde e tidos como importantes para se alcançar a qualidade no setor: aumento na eqüidade dos serviços oferecidos pelo sistema de saúde, melhor eficiência na gestão, aumento da efetividade e qualidade dos serviços para satisfação das necessidades da população, garantia da sustentabilidade financeira e participação social no sistema de saúde[15].

Nos estabelecimentos de saúde, principalmente privados, têm-se observado na última década um avanço na melhoria da qualidade dos serviços e atendimentos em saúde oferecidos à clientela o que têm gerado um movimento de investigação científica na área de avaliação em saúde e maior cobrança da população por melhores serviços.

A avaliação da qualidade da atenção médica foi proposta inicialmente na década de 60 por Donabedian ao elaborar um modelo com atributos ou pilares que ancoram a qualidade em saúde: eficácia, efetividade, eficiência, otimização, eqüidade, legitimidade e aceitabilidade[6]. A partir da década de 80, a avaliação passou a ser amplamente difundida coincidindo com o movimento de decepção/ revalorização dos serviços de saúde[14].

A avaliação em saúde abarca uma gama de enfoques, como por exemplo, na macrovisão pode referir-se às políticas públicas em saúde, aos programas de saúde, ao perfil de morbimortalidade da população ou à organização do sistema de saúde. Também pode relacionar-se a uma parte do sistema como ao se avaliar as necessidades em saúde, ao atendimento da demanda, à capacidade resolutiva qualitativa e/ ou quantitativa dos serviços de saúde, às tecnologias em saúde, à capacitação dos profissionais de saúde, à qualidade de vida dos usuários e até mesmo aos profissionais que dispensam o cuidado, entre outros. Seja qual for o objeto sob avaliação ou em que instância ela se processe e, principalmente, no caso das políticas públicas ou programas, é importante considerar as especificidades de ordem social ou econômica derivadas das particularidades regionais e das prioridades destacadas nos planos de ação das esferas públicas do poder local.

Diversos são os motivos que podem desencadear o processo de avaliação como aqueles administrativos e gerenciais, para avaliar a adequação de mudanças nos programas estabelecidos e para identificar maneiras de aprimorar a dispensação de intervenções, entre outros[17]. Também envolve momentos de medir, comparar e emitir juízo de valor[18]. Cada uma dessas etapas por sua vez compreendem escolhas e definições como por exemplo, medir o quê? medir para quê? comparar o que e com o quê? ou, o que se tomará como referência para emitir um juízo de valor?

O próprio significado de valor gera muita discussão. Segundo Holbrook, citado por Jacoby e Olsen[11] (p. 40), "valor é uma experiência de preferência relativista interativa", ou seja, a experiência de um sujeito que interage com algum objeto, que pode ser qualquer coisa ou evento. Ainda para os autores citados, essa definição contempla quatro pontos-chaves:

1º) valor envolve preferência – amplamente interpretado como disposição favorável, gosto, afeto positivo, tendência de aproximação, pró-atitude, e assim por diante;

2º) valor não é totalmente subjetivo nem inteiramente objetivo, mas precisamente traz uma interação sujeito-objeto;

3º) valor é relativo em pelo menos três pontos: (a) ele é comparativo, depende de um ranqueamento de um objeto sobre outro; (b) ele é pessoal, difere entre indivíduos; e (c) ele é situacional, depende do contexto dentro do qual ocorre um julgamento avaliado;

4º) valor é uma experiência e consiste na aquisição de um objeto, mas preferencialmente no seu consumo (seu uso ou apreciação).

Pela subjetividade do valor percebe-se a dimensão do entendimento que se deve ter acerca da avaliação. As definições de avaliação são variadas, dados que também dependem do objeto em questão, dos critérios estabelecidos para tal fim, de quem é o sujeito que avalia e de qual a intenção da avaliação.

Para Contandriopoulos et al.[3], "avaliar consiste em fazer um julgamento de valor a respeito de uma intervenção ou sobre qualquer um de seus componentes, com o objetivo de ajudar na tomada de decisões".

Ao discutir a avaliação em políticas públicas, Belloni et al.[1] conceituam avaliação como um "processo sistemático de análise de uma atividade, fatos ou coisas que permite compreender, de forma contextualizada, todas as suas dimensões e implicações, com vistas a estimular seu aperfeiçoamento". Este conceito se molda bem à área da saúde pois, independente do componente ou em que instância do sistema de saúde se processa a avaliação, somente a compreensão do contexto histórico, cultural, social e econômico em que se insere o objeto sob avaliação viabilizará a tomada de decisão para a reformulação ou continuidade das ações propostas.

No caso das políticas públicas em saúde para compreender sua exeqüibilidade é preciso considerar o modelo de sistema de saúde e a dimensão do processo saúde/doença adotados. A definição de sistema de saúde geralmente compreende as atividades sob controle direto do Ministério da Saúde, o que em alguns países inclui principalmente os serviços de atenção médica individual e nem todos englobam os serviços fornecidos pelo setor privado ou de outras instâncias da esfera pública. Uma abordagem menos excludente incluiria os serviços de atenção médica individual e coletiva com as tradicionais intervenções de saúde pública. E, finalmente, uma terceira definição envolveria os serviços já citados, além de todas as ações intersetoriais de prevenção e promoção da saúde[16].

No entanto, a definição de sistema de saúde está atrelada ao conceito de *accountability*, ou seja, qual a extensão do papel e a autonomia daquele que administra esse sistema. Acresce-se a isto as políticas adotadas no país que também delimitam a abrangência dessa responsabilidade[16].

Assim como a prática médica varia com o tempo, com os valores, com as instituições sociais e com os recursos tecnológicos, as definições de saúde, de sistema de saúde e até mesmo da avaliação em saúde estão em constante transformação para atender as exigências da política vigente, do mercado e da sociedade. Segundo Hegenberg[10], a saúde é algo desejável e, neste caso, poderia ser vista como a "essência" do conceito, ou seja, saúde física poderia equiparar-se ao bem-estar físico.

A própria doença atinge diferentes dimensões dependendo da repercussão social e econômica e da disponibilidade de tratamento, o que pode incluí-la ou excluí-la do atendimento prioritário no modelo proposto de sistema de saúde. Desta forma altera-se freqüentemente o alvo das ações em saúde e, portanto, o que se pretende avaliar. Os próprios interesses das instituições que oferecem serviços de medicina complementar àquela oferecida pelo Sistema Único de Saúde (SUS) contribuem na conformação das necessidades em saúde.

Além dessas questões exógenas, fatores inerentes ao indivíduo devem ser considerados. Segundo Rothschuch, citado por Hegenberg[10], "uma pessoa está doente se (e somente se) necessita de auxílio subjetivo, clínico ou social em virtude do mau funcionamento físico, psíquico ou psicofísico de seu organismo". Sendo assim, a noção de doença vincula-se à prévia concepção de doença, ou seja, o que ela representa ou significa para o ser humano. Este significado depende do "estilo de pensamento" dominante, portanto, é historicamente determinado.

A doença para o indivíduo pode ser algo fisicamente manifesto e reconhecido por ele como tal e que motiva a procura de ajuda; pode não ser reconhecida pela pessoa, e, portanto, não solicita auxílio embora ocorram perceptíveis alterações físicas que reclamarão atenções médicas, ou pode adquirir para o indivíduo um *status* de doença com necessidade de auxílio mesmo que não se caracterize por mal-estar ou pela necessidade de cuidados médicos.

Nesta situação, quando se realiza a avaliação em saúde é preciso decidir se estará restringida ao grupo de pessoas que procura ajuda por motivos que na prática médica estejam incluídos no contexto de doença, ou se incluirá também aqueles tidos como doentes, mas que não procuram auxílio, ou aqueles cuja alteração se configura como doença apenas dentro da concepção particular de doença do indivíduo.

O enfoque proposto por Donabedian na avaliação da qualidade em saúde a partir da estrutura, processo e resultado é um dos mais difundidos, embora ainda se tenha dificuldades em compreender como se estabelece a relação entre eles e, muitas vezes, de distinguir quais são os componentes relativos ao processo e ao resultado. Por estrutura entende-se o espaço físico, equipamentos, sistema de informação, recursos humanos, materiais e financeiros disponíveis para execução do programa ou atendimento à clientela, além das características organizacionais e institucionais[5].

O processo envolve aspectos do cuidar com todos os procedimentos apropriados para diagnóstico, tratamento, seguimento e monitoramento das necessidades dos pacientes, bem como a contribuição do paciente e família nesse cuidado à saúde principalmente no caso das doenças crônicas degenerativas[5]. A família, assumindo ou não o papel de cuidador, tem papel fundamental na solução dos problemas de saúde do idoso ou na manutenção de um padrão de homeostase em termos de saúde-doença.

Os resultados referem-se à mudança no estado de saúde atual e futuro do cliente que possam ser atribuídos ao cuidado de saúde recebido, incluindo mudanças no conhecimento adquirido pelo cliente e família, assim como mudanças no comportamento que podem influenciar estados futuros de saúde, satisfação com o cuidado e resultados decorrentes da intervenção[5]. A análise do resultado das ações curativas é mais fácil do que quando compreende ações de promoção e prevenção porque nestas últimas a influência dos componentes comportamental, social e cultural sobre o cuidar é maior. Quando se avaliam resultados, estes relacionam-se à questão de normalidade em medicina. Essa normalidade é muito difícil de ser estabelecida, como por exemplo, as noções de normalidade definidas pela estatística só permitem a identificação de um intervalo de normalidade, quando atendidos determinados pressupostos, o que nem sempre é examinado na prática médica[10].

A utilização de resultados na avaliação do cuidado é controversa pois não avaliam a qualidade do desempenho, permitindo apenas uma inferência sobre a qualidade do processo e da estrutura. Resultados negativos podem ser atribuídos a diferentes aspectos do cuidar, tanto relacionados ao processo quanto a estrutura, o que dificultaria identificar qual a causa que se modificada poderia alterar efetivamente o resultado observado. Além disso, os resultados são integrativos, agrupam as contribuições de todos os envolvidos no cuidado[7].

Além desses enfoques, Donabedian[5] recomenda julgar a qualidade também sob a perspectiva da dimensão do cuidar: a dimensão técnica que envolve a ciência e tecnologias para solucionar o problema de saúde do paciente, a dimensão interpessoal que refere-se à relação estabelecida entre prestadores e receptores dos serviços e a denominada amenidades do conforto (*amenities*) que diz respeito aos elementos do ambiente físico ou aspectos de hotelaria que rodeiam o processo de atenção. A importância de se utilizar essas dimensões no julgamento da qualidade reside da possibilidade de uma delas receber uma avaliação positiva enquanto outra pode ser negativa. Este resultado foi observado por Turrini[19] ao estudar a satisfação do cliente pelo atendimento em que identificou que para um mesmo serviço a avaliação da dimensão do cuidar sob o aspecto da relação interpessoal poderia ser de excelente qualidade enquanto o oposto se verificava em relação às amenidades do conforto e vice-versa.

Independente do enfoque utilizado no processo de avaliação dois tipos de avaliação são citados na literatura[12]: a avaliação formativa que visa partilhar informações com os envolvidos no projeto ou programa e que, por ser contínua e participativa, permite intervenções durante a execução de modo a adequar o trabalho desenvolvido à medida que os resultados observados se afastam dos esperados. A outra, a avaliação somativa, mais freqüentemente utilizada, é realizada ao final do projeto ou do prazo estabelecido e, geralmente, é feita por pessoas externas aos executores do projeto.

Método de avaliação

Em base à metodologia utilizada, o processo de avaliação pode ser dividido em avaliação administrativa e investigação qualitativa. A primeira avalia os serviços administrativos, mede o cumprimento de normas, atividades e tarefas comparando-as com constantes prefixadas. A segunda, utiliza o método científico para medir o cumprimento de objetivos do programa, a validade dos objetivos, a qualidade das normas e procedimentos e a necessidade e demanda do serviço, comparando com o grupo teste[8].

Esta visão dos métodos de avaliação ainda se mantém nos dias de hoje, embora com outras denominações e com uma sofisticação na abrangência do método. Conforme Contandriopoulos et al.[3], o julgamento decorrente da avaliação pode ser resultado da aplicação de critérios e de normas (avaliação normativa) ou elaborado a partir de um procedimento científico (pesquisa avaliativa). Enquanto na avaliação normativa estuda-se um ou mais componentes da intervenção em relação a normas e critérios, na pesquisa avaliativa por procedimento científico examinam-se as relações existentes entre os diferentes componentes da intervenção. Para melhor compreensão, é preciso citar que esses autores definem intervenção como, "o conjunto de meios (físicos, humanos, financeiros, simbólicos) organizados em um contexto específico, em um dado momento, para produzir bens ou serviços com o objetivo de modificar uma situação problemática".

Além disso, a pesquisa avaliativa justamente por seguir o método científico considera dois princípios básicos: a contribuição para o avanço do conhecimento em relação ao objeto de estudo, ou seja, sob avaliação e o rigor científico de modo a atender aos critérios de validade e confiabilidade[1]. Por partir de hipóteses a serem aceitas ou rejeitadas, a pesquisa avaliativa centra-se na análise da adequação e relevância de políticas, programas, projetos ou intervenções, com objetivos e metas explícitos, e com a finalidade de identificar os fatores que favorecem ou impedem seu desenvolvimento[1].

Na análise normativa comparam-se os componentes da estrutura, processo e resultados obtidos com normas e critérios preestabelecidos. Por outro lado na pesquisa avaliativa, seis tipos de análise são possíveis: (1) na análise estratégica verifica-se a adequação entre a intervenção e a situação problemática que deu origem à intervenção; (2) a análise de intervenção consiste no estudo da relação entre os objetivos da intervenção e os meios empregados; (3) a análise da produtividade mostra o modo como os recursos são utilizados para produzir serviços; (4) a análise dos efeitos avalia a influência dos serviços sobre os estados de saúde, ou seja, qual a eficácia dos serviços; (5) a análise do rendimento, ou eficiência, relaciona os recursos utilizados com os efeitos obtidos; (6) a análise da implantação mede a influência da variação no grau de implantação de uma intervenção nos seus efeitos e aprecia a influência do ambiente, do contexto, no qual a intervenção está implantada, sobre os efeitos da intervenção[3].

O modo pelo qual se aplicam essas metodologias também é distinto. Na análise normativa cabe ressaltar o uso da auditoria que se executada sistematicamente e com critérios explícitos, estimula a superação constante das metas estabelecidas e evita o caráter punitivo que pode estar adjacente ao processo de auditoria[15]. A análise de conformidade também é um método muito utilizado tanto na avaliação da estrutura quanto do processo. Neste caso utilizam-se normas oficiais, padrões ou protocolos estabelecidos por um grupo de especialistas na área ou *guidelines,* desenvolvidos a partir de resultados de pesquisa que identificam a efetividade de certas intervenções. Os *guidelines* devem ser utilizados com ponderação pois se aplicam à população estudada.

Na pesquisa avaliativa recomenda-se a prática baseada em evidências que utiliza estudos de caso controle para determinar a efetividade de determinadas intervenções. O uso da prática baseada em evidências tem favorecido a otimização de recursos pelo abandono de práticas sem comprovação científica.

Aspectos importantes que permeiam ambos os métodos são a definição clara do objeto que se pretende avaliar, a escolha das variáveis ou componentes do processo que realmente têm poder de influenciar um resultado positiva ou negativamente e qual o melhor momento para se fazer a avaliação. O excesso de variáveis definidas para a avaliação do fenômeno, além de tomar muito tempo na coleta, nem sempre permite compreendê-lo e fazer conclusões sobre sua qualidade ou efetividade.

Outros processos de avaliação podem ser utilizados, como o uso de traçadores que consiste na seleção de situações indesejáveis freqüentes, de fácil diagnóstico e cuja resolução produz resultados inequívocos pois mostram simplesmente se a intervenção foi adequada, ou então, os estudos tipo trajetória que se preocupam em acompanhar um grupo de pacientes pelo sistema e verificar como o sistema conduz cada tipo de problema. A revisão na utilização de procedimentos é outro método que vincula a qualidade aos custos, justifica procedimentos e utiliza recursos para casos concretos. Os algoritmos e os protocolos clínicos são exemplos de sua utilização, embora questionados são utilizados com certa freqüência principalmente nos países em desenvolvimento[15]. Cada processo de avaliação deve utilizar o método que melhor traduz o objetivo estabelecido.

Seleção da fonte de dados:

A escolha da fonte de dados na execução do processo de avaliação é importante e deve ser feita em função do objetivo da avaliação e também do tipo de abordagem que se deseja fazer, quantitativa ou qualitativa. A abordagem quantitativa é mais objetiva, pontual e estruturada. As técnicas de análise são dedutivas e orientadas pelos resultados. Por outro lado, a abordagem qualitativa é subjetiva por considerar a percepção e a necessidade das pessoas e pode incluir o contexto social, cultural e econômico do ambiente na análise. As técnicas de análise são indutivas e os resultados obtidos não são generalizáveis[18].

Uma abordagem não é melhor que a outra, a escolha dependerá dos recursos disponíveis para a sua realização e do objeto de avaliação. Muitas vezes, inicia-se a avaliação pela abordagem quantitativa pela disponibilidade das informações e utiliza-se a qualitativa para complementar o processo e aprofundar o conhecimento sobre determinado fenômeno.

A principal fonte utilizada nos serviços de saúde tem sido o prontuário do paciente e os relatórios de produtividade tidos como inadequados, pois no primeiro as informações podem ser incompletas ou não acuradas e no segundo não traduz a qualidade do cuidar. A produtividade em si não é avaliação, mas pode ser fonte de dados quando contextualizada, a partir do objeto sob avaliação.

A fonte mais segura é a observação direta embora possa gerar vieses, dado que o indivíduo quando observado procura desempenhar melhor seu trabalho. Além disso, outra questão diz respeito a quem fará a observação e ao número de observações necessárias tanto em termos de número de eventos a serem observados quanto pelo tempo necessário de observação. Ao se propor avaliar como se processa determinada intervenção é preciso considerar que diferentes pessoas podem executá-la, cada qual com suas habilidades técnicas e suas características psicossociais, neste caso conferindo uma particularidade na relação interpessoal do atendimento. Quando o tempo de observação é curto, mais rápida é a obtenção de informações para se intervir, no entanto menor a garantia de que essa ação tenha eco no processo. Do mesmo modo, quando o tempo é longo corre-se o risco de que os dados coletados no início da observação sejam diferentes daqueles obtidos no final, devido a interferências externas de outros processos que ocorram no mesmo ambiente de observação.

Quando se desejam informações populacionais utilizam-se dados de morbimortalidade ou resultantes de inquéritos populacionais para obtenção de informações sobre acessibilidade, aceitabilidade, estado de saúde, incapacidades, resolutividade do sistema de saúde, entre outros. Algumas informações, embora subjetivas, podem ser obtidas pela análise de queixas dos usuários ou profissionais, grupos focais e inquéritos de satisfação muito utilizados para avaliar a dimensão interpessoal da qualidade. Neste caso, o resultado obtido na avaliação é questionável pois há muito do juízo de valor e das expectativas de cada cliente o que dificulta as comparações. Além disso, é difícil para o indivíduo olhar de modo crítico para um objeto em análise, desvinculado de suas impressões pessoais sobre o fenômeno vivenciado. Sabe-se ainda que a avaliação do cliente sofre influências de seu estado de saúde e de suas características socioculturais.

As informações sobre os serviços dentro do sistema de saúde são difíceis de serem obtidas pela falta de um sistema de comunicação informatizado ou de um banco de dados atualizado e completo, como por exemplo a informação sobre o número de leitos hospitalares disponíveis à população independente da fonte de financiamento. Há falta de um sistema de comunicação efetivo que possa cruzar todas as informações do sistema de saúde para melhor compreender a rede de atendimento, a acessibilidade aos serviços e compreender o comportamento da população da utilização de serviços de saúde.

Indicadores de avaliação

O indicador é uma ferramenta que permite quantificar o objeto sob avaliação. É uma representação numérica da avaliação da estrutura, processos ou resultados do cuidado. Essas informações quantitativas são importantes devido à necessidade de estabelecer prioridades diante da discrepância existente entre os recursos econômicos disponíveis para o financiamento das ações em saúde e o crescimento nos custos do cuidado à saúde; e também para conhecer o efeito do cuidado prestado sobre a saúde do indivíduo e da população. É preciso ter clareza de que o indicador é apenas um indicativo de áreas ou situações que necessitam de melhor análise, que nem todos os problemas são indicados por ele e que variações não indicam necessariamente a presença de um problema.

Os indicadores podem ser utilizados para diferentes fins de acordo com a ação que desencadeiam após a sua coleta e análise. Podem servir para diagnóstico de situação, monitoramento ou realmente como instrumentos de avaliação com intuito de transformação da realidade. São facilitadores da tomada de decisão.

Existem alguns critérios a serem observados ao se elaborar um indicador: seletividade entendida como a capacidade de captar os aspectos, etapas e resultados essenciais ou críticos do serviço; simplicidade e baixo custo de obtenção; cobertura, ou seja, devem ser representativos e cobrir o maior número possível de situações; de fácil e rápida obtenção, estabilidade de modo que o objeto em questão esteja presente ao longo do tempo; utilidade no sentido de permitir intervenções[2,18]; confiabilidade, e validade, ou seja, mede exatamente o que se quer medir.

Os indicadores permitem medir os níveis de qualidade da atenção à saúde, comparar a situação atual com o passado numa organização ou entre esta e outras semelhantes, seja de maneira retrospectiva ou concorrente. Os indicadores de produtividade e eficiência quando se relacionam ao quanto se fez não devem ser confundidos com os indicadores de qualidade que expressam o quão bem se fez algo. Além desses, devem ser considerados os padrões quantitativos e qualitativos que permitem a emissão de juízos.

Quando se utilizam indicadores que consideram padrões ou normalizações estes são ditos indicadores de conformidade e são utilizados na acreditação de serviços. A elaboração desses indicadores requer uma reflexão sobre quais as etapas do processo, elementos estruturais e resultados que fazem a diferença ao se desejar melhorar a qualidade em saúde.

Os eventos sentinelas também podem ser considerados indicadores de avaliação em saúde, embora sejam índices quantitativos negativos por refletirem doenças, incapacidades e mortes desnecessárias cuja ocorrência desencadeia uma investigação. Estes indicadores são tidos como de baixo custo, além de demandar menos pessoal e tempo de observação. No entanto, avanços no conhecimento médico e na tecnologia, mudanças sociais, ambientais e também na prática médica requerem que os eventos considerados sentinela sejam periodicamente revistos e atualizados.

Os indicadores de qualidade de vida também têm sido utilizados como ferramenta para a avaliação em saúde. A crítica à sua utilização decorre da maioria dos instrumentos limitarem-se à medidas da função e estado de saúde[4]. Além disso, saúde explica parte dessa medida e para muitos o ambiente e a renda são fatores de relativa importância para a qualidade de vida[13]. Isto é compreensível porque o que cada pessoa considera qualidade de vida é muito pessoal e é difícil capturar a dimensão desse significado e reduzi-la a uma medida quantitativa.

Os elementos utilizados por Donabedian[6] para sustentar a qualidade (eficácia, efetividade, eficiência, otimização, eqüidade, legitimidade e aceitabilidade) também são utilizados como indicadores para a avaliação em saúde.

Eficácia é a habilidade da ciência e da tecnologia trazer melhorias em saúde. Significa o melhor que se pode fazer, nas melhores circunstâncias, dada a condição do paciente[6]. Segundo Belloni et al.[1], no caso de política pública, a eficácia não pode se restringir à aferição de resultados parciais de um processo, mas expressa-se também pelo grau de qualidade do cuidado.

Efetividade refere-se ao grau de melhorias que se obteve na saúde ou que se pode esperar alcançar de acordo com as práticas de saúde vigentes[6]. Na avaliação de políticas públicas, Belloni et al.[1] preferem denominá-la efetividade social pois procura dar conta dos resultados tanto econômicos quanto sociais. Sob este aspecto, na área da saúde, quando os critérios de avaliação focalizam os aspectos econômicos, os interesses e necessidades da população seriam contemplados indiretamente dado que o alvo da política pública está voltado para as análises de custo-benefício das intervenções propostas e para a execução dos programas. Por outro lado, quando esses critérios dão ênfase às dimensões sociais, o foco da política pública estaria centralizado principalmente nos interesses e necessidades da população. Esses autores propõem ainda que para a avaliação da efetividade social de uma política pública, algumas dimensões devem ser consideradas, como por exemplo, (1) verificar quais são e como são estabelecidas as carências e as metas para se saber qual o padrão de referência; (2) verificar, entre os beneficiários, a presença de grupos não visados pelas ações da política; (3) verificar se as ações propostas diferem ou não do usualmente oferecido em atividades similares; (4) verificar a forma e as condições em que ocorre a participação de setores sociais envolvidos, seja na concepção seja na gestão da política; (5) verificar o potencial de mudança presente nas ações implementadas; (6) examinar a interação das ações propostas com outras políticas governamentais.

Eficiência é uma medida de custo-benefício, é a capacidade de abaixar o custo do cuidado sem diminuir a qualidade do cuidado[6]. Como as políticas públicas interagem com outras políticas governamentais, a maior eficiência de seu funcionamento envolve evitar duplicação e desencontro de ações, o que implica no melhor uso de recursos públicos envolvidos[1]. Também pode referir-se à eficiência técnica do cuidado.

Aceitabilidade é a adaptação da atenção à saúde aos desejos, expectativas e valores dos pacientes e seus familiares. A aceitabilidade possui componentes como a acessibilidade (capacidade em obter a atenção quando necessária), relacionamento interpessoal (paciente quer ser tratado com respeito, ter suas dúvidas respondidas e participar de decisões relacionadas à sua saúde), amenidades do cuidado (aspectos relacionados ao ambiente como conforto e visual), preferências do paciente em base ao custo da atenção ou sua efetividade considerando-se sua condição social, ocupacional ou psicológica.

Otimização é o balanço entre as melhorias obtidas em saúde e os custos para o alcance dessas melhorias[6]. Eqüidade é o princípio pelo qual se determina o que é justo na distribuição da atenção à saúde e seus benefícios na população[6]. Legitimidade relaciona-se à conformidade com a preferência social como expresso nos princípios éticos, valores, normas, leis e regulamentações[6].

Dentre esses indicadores, dois são apontados como essenciais para a avaliação de um programa, o impacto e a eficiência, quando se deseja comparar diferentes programas ou testar a utilidade de novos esforços para melhorar determinado problema na comunidade principalmente num contexto de escassez de recursos financeiros[17] para atender às necessidades em saúde da população. A medida de impacto geralmente se expressa em custos e em dados de morbimortalidade. Adesão ao tratamento, redução das internações por determinadas complicações de doenças crônicas, melhora na qualidade de vida também podem traduzir o impacto e a eficiência de determinadas intervenções, programas ou políticas de saúde.

Indicadores relacionados à utilização dos serviços permitem avaliar o atendimento de demanda e das necessidades em saúde. Indiretamente também oferecem informações sobre a satisfação dos usuários e qualidade do serviços e do atendimento.

Hoje tem-se investido muito na construção de indicadores que meçam o processo de trabalho pois permite conhecer melhor o fenômeno e fazer intervenções precoces evitando assim o aparecimento de eventos adversos do cuidado ou gastos desnecessários. Para tanto é preciso conhecer muito bem o processo de trabalho para que se possa eleger qual a melhor etapa da intervenção a ser avaliada.

A OMS no *World Heath Report 2000* utilizou o termo desempenho como sinônimo de eficiência, entendida aqui como a contribuição máxima alcançável do sistema de saúde para metas sociais definidas e dados recursos utilizados (recursos do sistema de saúde e outros). Propôs uma Avaliação de Desempenho do Sistema de Saúde que deve incluir medição dos objetivos alcançados, dos recursos do sistema de saúde e de outros sistemas que não da saúde utilizados para alcançar os resultados, estimativa da eficiência com que os recursos são utilizados para o alcance de resultados, avaliação de como as funções do sistema influenciam níveis observáveis de alcance e eficiência, planejamento e implementação de políticas para melhorar o alcance e eficiência. Sugeriu alguns indicadores como o acesso (se pacientes recebem o serviço necessário no lugar certo e na hora certa), a relevância (se a provisão de serviços é relevante para as necessidades e se baseia em padrões estabelecidos), a continuidade (como os serviços relacionam-se entre si, incluindo coordenação, integração e condução), a sustentabilidade (capacidade do sistema prover infra-estrutura, como força de trabalho, equipamentos e estabelecimentos, além de inovação e responsividade às necessidades que pode alcançar), eficiência (eficiência técnica ou capacidade de alcançar os melhores resultados ao menor custo), competência (provedores com conhecimento e atitudes apropriadas ao cuidado previsto), aceitabilidade (quão eficiente é o sistema de saúde para atender às expectativas dos cidadãos)[16].

Constata-se assim que a avaliação é um processo que pode ser muito complexo dependendo de sua abrangência e intenção dos avaliadores. Diversos são os indicadores a serem utilizados, no entanto o melhor deles é o que melhor se ajustar ao objetivo pretendido, à fonte de dados disponível e à extensão do poder de decisão e de atuação.

Referências Bibliográficas

1. BELLONI, I.; MAGALHÃES, H.; SOUSA, L. C. *Metodologia de avaliação em políticas públicas.* 2ª ed. São Paulo: Ed. Cortez, 2000.
2. BRASIL. MINISTÉRIO DA ECONOMIA, FAZENDA E PLANEJAMENTO. Instituto de Pesquisa Econômica aplicada. Programa Brasileiro de Qualidade e Produtividade. *Critérios para a geração de indicadores de qualidade e produtividade no serviço público.* Brasília, 1991.
3. CONTANDRIOPOULOS, A.; CHAMPAGNE, F.; DENIS, J.; PINEAULT, R. Avaliação na área da saúde: conceitos e métodos. In: HARTZ, Z. M. A. (org.) *Avaliação em saúde: dos modelos conceituais à prática na análise da implantação de programas.* Rio de Janeiro: FIOCRUZ; 2001, pp. 29-47.

4. DIJKERS, M. P. Individualization in quality of life measurements: instruments and approaches. *Arch Phys Med Rehabil* 2003; 84 (sup 2): S3-S14.

5. DONABEDIAN, A. *The definition of quality and approaches to its assessment*. Michigan: Health Administration Press; s.d. v.1.

6. DONABEDIAN, A. The seven pillars of quality. *Arch Pathol Lab Med* 1990; 114: 1115-8.

7. DONABEDIAN, A. *Seminário internacional sobre qualidade em instituições de saúde*. São Paulo: PROHASA; 1993 (mimeografado).

8. FERRARA, F. A.; ACEBAL, E.; PAGANINI, J. M. Programación y evaluación. In: *Medicina de la comunidad*. 2ª ed., Buenos Aires, Inter Médica; 1976. pp.191-223.

9. GOMES, D. L. S. *Avaliação em saúde*. [Dissertação de Mestrado - Escola de Enfermagem de Ribeirão Preto]. Ribeirão Preto, 1977.

10. HEGENBERG L. *Doença: um estudo filosófico*. Rio de Janeiro: FIOCRUZ, 1998.

11. JACOBY, J.; OLSEN, J. C. *Perceived quality* (how consumers view stores and merchandises). Toronto: Lexington Book, 1985.

12. MALIK, A. M.; SCHIESARI, L. M. C. *Qualidade na gestão local de serviços e ações de saúde*. São Paulo: Faculdade de Saúde Pública, 1998. (Série: Saúde & Cidadania).

13. MICHALOS, A. C.; ZUMBO, B. D.; HUBLEY, A. Health and the quality of life. *Soc Indicators Res* 2000; 51: 245-86.

14. NOVAES, M. D. Epidemiologia e avaliação em serviços de atenção médica: novas tendências na pesquisa. *Cad Saúde Pública* 1996; 12 (supl. 2): 7-12.

15. Pan American Health Organization/World Health Organization. *Reunion Regional sobre Programas de Garantia de calidad de los Servicios de Salud en el Marco de las Reformas Sectoriales*. Washington D.C.: PAHO, 1998. (OPAS - Serie: Organizacion y Gestion de Sistemas y Servicios de Salud - 10).

16. Pan American Health Organization. *Health systems performance assessment and improvement in the region of the Americas*. Washington, D.C.: PAHO, 2001.

17. ROSSI, P. H.; FREEMAN, H. E. *Evaluation a systematic approach*. Thousand oaks: Sage Publications, 1993.

18. TANAKA, O. Y.; MELO, C. *Avaliação de programas de saúde do adolescente: um modo de fazer*. São Paulo: Edusp; 2001.

19. TURRINI, R. N. T. *Percepção dos usuários sobre a resolutividade e a satisfação pelos serviços de saúde na região Sudoeste da Grande São Paulo*. São Paulo; 2001. [Tese de Doutorado – Faculdade de Saúde Pública da Universidade de São Paulo].

Capítulo 12

Qualidade de Vida e Avaliação em Saúde

In this highly imperfect world, decision-makers cannot
wait for methodologists to perfect their craft
If they do, progress will be held hostge to perfection.
John E .Ware Jr..

Júlio Litvoc
Miako Kimura
Vera Lúcia Conceição de Gouveia Santos

Avaliação em Saúde

O objetivo central deste capítulo é analisar a importância da Qualidade de Vida (QV), como teoria e método de aferição, nas avaliações que são realizadas no setor da saúde. Mais especificamente, analisar o papel dos instrumentos de QV como indicadores de "resultados ou efeitos" de ações de saúde estruturadas, como por exemplo as desenvolvidas por Serviços Assistenciais de Saúde ou Programas. Neste sentido, as medidas de Qualidade de Vida se alinham a outros indicadores considerados clássicos, como os de mortalidade e de morbidade.

O campo do conhecimento da avaliação é bastante amplo, uma vez que este se expandiu muito nas últimas décadas[1]. Identifica-se atualmente três subáreas: a "Avaliação Tecnológica", que estuda temas como a segurança ou os custos das tecnologias; a "Avaliação de Programas", que privilegia o exame de atividades organizadas para uma população alvo, e a "Avaliação de Qualidade" voltada para Serviços Assistenciais de Saúde, especialmente curativos. É importante registrar que existem temas que pertencem a mais de uma subárea.

Existe a possibilidade, pertinente, de concentrar a avaliação em uma das subáreas específicas, e pesquisar, com maior detalhamento, o papel dos instrumentos de QV nesta subárea. Mas coerente com o que foi enunciado no primeiro parágrafo, cabe reafirmar que o interesse é analisar o papel da QV na Avaliação em Saúde em geral, sem se fixar em qualquer das três subáreas. Conseqüentemente, no decorrer do capítulo serão analisados exemplos e situações vinculadas a avaliação de programas, de servicos, e de outras práticas de saúde organizadas, porque em todas nos interessa o papel e as contribuições que os instrumentos de QV possam aduzir.

Conceitos

Existem várias definições de Avaliação em Saúde, mas antes de enunciar a da Organização Mundial da Saúde (OMS), que é muito útil para o desenvolvimento deste tópico, é importante expor a posição de Hartz e Camacho[2] que localizam a essencialidade da avaliação no julgamento de valor de uma intervenção. Essa afirmação, despojada de excesso de retórica, deve ser ressaltada porque com o desenvolvimento das técnicas de avaliação, desenvolvimento científico inevitável e necessário, constata-se que os pesquisadores, às vezes, perdem de vista as motivações originais do processo. Entendemos esse posicionamento como uma referência da maior importância.

É importante explicitar que apesar de privilegiarmos o caráter de julgamento de valor de uma intervenção, no decorrer deste capítulo, freqüentemente, será destacada a análise das técnicas de avaliação. Isso significa que a afirmação de Hartz e Camacho será considerada um referencial que recorrentemente deverá ser considerado, ainda que muitas vezes implicitamente.

Isto posto, cabe enunciar a definição da OMS, segundo a qual a avaliação é definida como "um meio sistemático de se aprender empiricamente e de se utilizar as lições aprendidas para melhoria das atividades realizadas e para o desenvolvimento de um planejamento mais satisfatório, mediante uma seleção rigorosa entre as distintas possibilidades de ação futura"[3].

Trata-se de uma definição excelente e de fácil entendimento. Cabe destacar, também, o seu caráter eminentemente operacional na medida em que valoriza, entre outros aspectos, o "aprendizado empírico", com "metodologia correta" para "aplicação no planejamento".

Embora excelente, a definição da OMS é insuficiente para os nossos propósitos, e por isso completarmos com outras abordagens de Avaliação em Saúde, não necessariamente conflitantes. A primeira é a desenvolvida por Avedis Donabedian, um conhecido e importante autor na área [4].

Este pesquisador vem desenvolvendo uma extensa produção, desde a década de 60. Em 1966 publicou um artigo na qual propõe a avaliação da qualidade da atenção médica com dois procedimentos: primeiro, aferindo características desejáveis que refletem a qualidade dos serviços, como a eficácia, efetividade, eficiência, otimização, aceitabilidade, legitimidade, eqüidade; segundo, analisando três características do serviço, que denominou de estrutura, processo e resultado.

Rattner[5] descreve as três características do serviço, utilizando como exemplo a atenção à gestante. Reproduziremos a seguir alguns de seus pontos centrais.

Inicia informando que "as medidas de estrutura envolvem informações sobre recursos físicos, humanos, materiais, tipo e especialização de equipamentos, formas de organização e funcionamento (normas e procedimentos) entre outros". A autora chama atenção que rigorosamente esta não é uma definição de "estrutura" e sim dos componentes da "estrutura". Pode-se defender a idéia, sem dúvida polêmica, que relatar os componentes da estrutura seja mais útil, para compreensão do conceito, do que uma definição abstrata.

Outro recurso utilizado pela autora para explicitar a noção de estrutura é relatar indicadores de avaliação da mesma. Neste caso da estrutura pode-se destacar, entre outros, o número de alojamentos conjuntos.

Já o "Processo", ou seja, as atividades realizadas pelos provedores de assistência tanto diagnósticas, como terapêuticas e de reabilitação, apresenta algumas complexidades, uma vez que pode referir-se tanto ao componente técnico, como ao de relação interpessoal, este com dificuldades maiores de mensuração". No caso dos serviços perinatais cita como indicador do Processo a taxa de cesáreas de um Hospital.

"O Resultado se refere ao efeito que ações e procedimentos tiveram sobre o estado de saúde do paciente". Cita óbitos, doenças, incapacidades, desconforto, insatisfação como indicadores de resultados.

É necessário registrar que existem determinadas características difíceis de classificar exclusivamente no âmbito da estrutura, ou do processo ou do resultado, fato que não é surpreendente, uma vez que ocorre com freqüência na ciência.

Com base na exposição desenvolvida até aqui pode-se re-afirmar, com maior precisão, que o nosso interesse em examinar a Avaliação de Saúde como disciplina científica vincula-se ao nosso objetivo central que é o de analisar a contribuição da teoria e dos instrumentos de QV como indicadores de resultados na Avaliação em Saúde. Esta avaliação é considerada de maneira ampla, incluindo serviços, programas e não é restrita a uma subárea da Avaliação.

Por isso é importante ressaltar que o modelo de Donabedian não é o único esquema de avaliação existente, podendo essa diversidade ser ilustrada com a apresentação de outro modelo, como é o caso do modelo Habicht et al [6]. Escolhemos este modelo não só pelo seu valor e importância, como também para demonstrar que os diferentes modelos valorizam, de modo convergente, os indicadores de resultados.

Uma forma sintética de apresentar o modelo de Habicht e cols. é reproduzindo uma das situações que os autores trabalham, que é um programa de controle de doenças diarréicas. Nesta avaliação, consideram quatro dimensões: Provisão, Utilização, Cobertura e Impacto (que equivale ao resultado, no geral). Para isso desenvolvem questões e indicadores para cada dimensão.

Por exemplo, na dimensão Provisão elaboraram três questões: "são os serviços disponíveis?"; "são as instalações acessíveis? "a qualidade é adequada?". Para cada questão elaboraram um indicador, que são respectivamente: "o número de instalações oferecendo atividades de controle da doença diarréica por 100.000 habitantes"; "a proporção da população que mora há menos de 10 km das instalações que desenvolvem atividades?"; "proporção de funcionários do programa que receberam treinamento recente".

Nas dimensões Utilização e Cobertura repetem o procedimento de elaborarem questões e indicadores acoplados. É interessante detalhar também a última dimensão, o Impacto, na qual a questão privilegiada é se "houve melhora no padrão da saúde, em termos de diarréia e de hábitos" sendo avaliada pelo indicador que afere a "tendência temporal de óbitos e internações por diarréia".

Na literatura especializada encontram-se outros modelos de Avaliação em Saúde, mas os relatados parece-nos suficientes para mostrar que o campo da Avaliação em Saúde é um campo recente, principalmente no Brasil, onde coexistem diversas abordagens. Esse quadro antecipa que a inserção da Qualidade de Vida como proposta de indicador, ocorre num campo do conhecimento em construção e consolidação.

Aferição de resultados na Avaliação em Saúde

Retomando o esquema sistematizado por Ratner, consideraremos os indicadores de resultado em dois grupos, ou seja, os objetivos e os subjetivos, classificação que inclui um certo grau de convenção. Entre os primeiros, estão os coeficientes de mortalidade e de morbidade e no segundo grupo um conjunto de indicadores, como por exemplo, a satisfação do paciente. A QV enquadra-se neste último grupo, e será analisada a partir do próximo tópico.

Neste tópico, selecionou-se a mortalidade para ser analisada, em primeiro lugar, porque é consensual a sua importância como medida de avaliação. As razões que fundamentam esse consenso são, fundamentalmente, as seguintes: trata-se de um evento universalmente reconhecido como importante por todos os segmentos da sociedade, sejam de profissionais de saúde ou não; a redução da mortalidade é um dos principais objetivos da atenção médica, senão o maior; trata-se de um dado de elevada confiabilidade e validade.

Além das razões explicitadas no parágrafo anterior, um aspecto também muito importante para utilização da mortalidade como indicador de avaliação é a experiência que se acumulou com o seu uso, uma vez que temos notícias de estudos sobre mortalidade datando de mais de um século.

É claro que não se utilizou os dados de mortalidade, há mais de um século, do mesmo modo que a disciplina científica "Avaliação em Saúde" utiliza hoje, uma vez que esta não existia como tal. Mas já nesta época esta informação foi utilizada como questionamento dos benefícios das intervenções em saúde, coerente com a concepção de Hartz e Camacho, já citados.

Nesta perspectiva valorativa, pode-se localizar, então, na segunda metade do século XIX, uma das primeiras análises que utilizou dados de mortalidade para transformar a atenção médica. Trata-se do relato de Florence Nightingale sobre a mortalidade dos soldados na guerra da Criméia, que modificou a atenção aos mesmos. Outra contribuição foi seu livro, de 1863, denominado *Notes on Hospital,* que analisou os Hospitais de Londres. Nesta linha pode-se citar também o trabalho de William Farr[7].

Sem a intenção de efetuar uma cronologia completa dos estudos de mortalidade, e sim apenas a de destacar alguns pontos importantes, cabe registrar uma publicação mais recente, de 1987, patrocinada pela "Health Care Financing Administration" a agência federal conhecida agora como "Center for Medicare and Medicais Services" que estudou a mortalidade hospitalar. Um dos seus objetivos foi classificar os Hospitais segundo a mortalidade.

Um aspecto que este estudo enfatiza, com propriedade, é o cuidado que se deve ter nestas comparações com as diferenças sociais, demográficas e biológicas dos pacientes, incluindo aí os tipos de doenças e terapêuticas, que podem interferir nos resultados da mortalidade.

Nesta seqüência, mais recentemente, em 2002, Johnson et al.[8] publicaram um trabalho cujo título é bastante ilustrativo: "Effect of Definition of Mortality on Hospital Profiles". O estudo classificou cada um dos 43 hospitais participantes segundo a mortalidade que eventualmente se seguiu à cirurgia das coronárias.

Acompanharam, prospectivamente, 15.288 pacientes submetidos à cirurgia das coronárias, ajustando os riscos segundo variáveis sóciodemográficas. Utilizaram dois procedimentos para o cálculo da mortalidade: no primeiro consideraram somente os óbitos ocorridos até 30 dias após a cirurgia, independente da causa, quer tenham ocorrido no hospital ou fora do mesmo; no segundo procedimento, para o cálculo do coeficiente, consideraram os óbitos ocorridos até 6 meses depois da cirurgia, desde que relacionados à cirurgia.

Os resultados foram tão surpreendentes que os autores propuseram centrar a atenção nos hospitais que apresentaram resultados díspares do conjunto (os "outliers"), ao invés de privilegiar a análise do perfil.

Para os nossos propósitos é interessante reproduzir a conclusões dos autores, segundo os quais: "o julgamento em relação a qualidade da performance do hospital em relação a cirurgia das coronárias é variável, dependendo da definição da mortalidade pós-operatória que é utilizada. Pesquisas posteriores são necessárias para determinar que definição é mais apropriada para identificar a qualidade da atenção".

Constatamos, assim, que apesar das características que tornam a mortalidade altamente objetiva, sua utilização depende, muitas vezes, de premissas lógicas e de interpretação, opondo-se assim a uma utilização meramente aritmética ou mesmo mecânica.

Do mesmo modo que a mortalidade, a utilização da presença ou ausência da doença, sem o óbito, é claro, é um elemento de Avaliação em Saúde de reconhecido valor.

Em termos epidemiológicos esta utilização corresponde ao campo da morbidade, cujos indicadores mais tradicionais são a prevalência e a incidência. São indicadores quantitativos, o que significa que a simples variação numérica já permite o seu uso em avaliação.

No entanto, novamente de forma semelhante ao uso da mortalidade, é necessário considerar que a morbidade ao mesmo tempo em que se constitui num indicador consensual, especialmente na forma de incidência e prevalência, é objeto de novas elaborações, configurando-lhe um caráter dinâmico.

Um exemplo desta contínua construção no uso da morbidade, entre vários exemplos, é a definição de "case mix". Esta medida vem sendo estudada desde a década de 80, não estando consolidada consensualmente até hoje. Esta medida, muito interessante, busca qualificar o doente não apenas pela presença da doença, mas por características agregadas, tais como a severidade da doença, a presença de co-morbidade, a auto-avaliação pelo paciente, entre outras características.

Neste momento, ao finalizarmos a análise da mortalidade e da morbidade como indicadores de avaliação, destacamos que apesar da objetividade das mesmas, elas requerem um cuidado interpretativo, e afirmamos também, desde já, a mesma constatação no uso dos instrumentos de Qualidade de Vida na Avaliação em Saúde. Esse registro é para nós importante, pois constitui uma das hipótese centrais do capítulo.

Qualidade de Vida

Histórico e Conceitos. Qualidade de vida relacionada à saúde

Neste início de século e milênio, muito se tem falado em QV e qualidade dos serviços, tornando-se quase como um jargão oferecido pela mídia, nas campanhas políticas e na venda de bens e serviços. A QV transforma-se no mito de aspiração e conquista por si só, um fim em si mesmo, independentemente dos meios para alcançá-la.

Historicamente, desde a Antigüidade, Aristóteles apontava a "boa vida" – a vida *eudaimônica* – (eudaimonia) – como a mais desejável: aquela que está de acordo com as virtudes, com o bem maior, o bem supremo – o *sumum bonum*. Nessa concepção, a humanidade floresce quando o sujeito é um ser adaptado e atinge uma integração social e psicológica adequada, utilizando todas as potencialidades intelectuais e emocionais[9].

Na tradicional cultura chinesa, a QV envolve a inter-relação de dois princípios: Yin e Yang, cujo equilíbrio possibilita atingir a riqueza e plenitude da vida, assim como os potenciais infinitos para o bem e para o mal[10].

Embora se deva a Pigou, a introdução do conceito na sociedade moderna, em 1920, através de seu livro "Economia e bem-estar material"[11], de fato, somente após a II Guerra Mundial pode-se registrar alguma repercussão, quando sociólogos e economistas ocidentais vincularam a QV à conquista de bens materiais ("welfare") e crescimento econômico sem limites[12]. Na década de 50, os economistas Ordway e Osborn, ao denunciarem as iminentes devastação e depredação da humanidade por intermédio do exagerado materialismo vigente, influenciaram gradativamente o desenvolvimento de uma visão mais abrangente e positiva sobre a QV[13], que passou a ser incorporada nos programas dos governos norte-americanos, que sintetizaram essa opção com a frase "a vida boa requer mais do que a afluência de bens materiais"[14].

A partir, então, da década de 60, inicia-se um movimento de valorização da opinião dos indivíduos sobre a própria QV, ou seja, dos aspectos subjetivos da QV: "O dono da vida é quem deve avaliar a sua QV". Essas percepções impulsionaram as discussões, que têm perdurado nos últimos 20 anos, acerca da integração desses aspectos subjetivos aos sócio-econômicos para a visualização mais ampla da QV dos povos. Surge, assim, o Índice de Desenvolvimento Humano (IDH) proposto por Nusbaum e Amartya Sem, que constituiu uma evolução do Produto Interno Bruto (PIB), única forma de avaliação das riquezas das nações, até então vigente. O IDH, que inclui dimensões importantes como saúde e educação além da renda, re-significa a QV ao incorporar o conceito de desenvolvimento mais do que o simples crescimento econômico[15]. Romano[16] critica o uso de QV nessas avaliações, propondo-os como melhores indicadores de nível de vida. Diferentemente do primeiro, que é atributo do indivíduo, o nível de vida depende de definições e perspectivas políticas voltadas para a comunidade como um todo. São, portanto, diferentes embora complementares.

Apesar de constituir, conforme vimos, realidade histórica tão antiga, parece não haver conceito único acerca do construto QV, pelo menos entre cientistas e pesquisadores. Seu caráter complexo, polissêmico, multidimensional e intrinsecamente subjetivo, mesmo que também composto por aspectos objetivos, confere-lhe múltiplas concepções, a maioria das vezes imbricadas com conceitos correlatos como satisfação, felicidade e bem-estar.

Para Nordenfelt[17], a QV é a felicidade com a vida ou alegria de viver que envolve dois aspectos fundamentais: *welfare* e *well being*: o primeiro como o conjunto de condições externas e internas ao indivíduo que contribuem para o segundo, qual seja, o bem-estar.

Liss[18], por sua vez, relaciona a QV à satisfação de necessidades. Para tanto, descreve as relações lógica e de causa e efeito que as sustentam. Assim, para a primeira "as necessidades fundamentais do ser humano são satisfeitas se e apenas um certo grau de QV é alcançado". Já para a segunda, pode-se afirmar que a "satisfação das necessidades fundamentais resultam em alto grau de QV" e vice-versa. O autor argumenta que a satisfação das necessidades somente será um indicador de QV quando ambas estiverem em harmonia.

Oleson[19], a partir de uma análise retrospectiva das definições sobre QV até então publicadas, conceitua QV como "uma experiência cognitiva manifesta pela satisfação com os domínios de vida importantes para o indivíduo e uma experiência afetiva manifesta pela felicidade com esses domínios".

Outro importante organismo internacional, a OMS, através do Grupo de Estudos sobre QV ou WHOQOL Group, em 1995, também propôs uma definição para QV como "a percepção do indivíduo em sua posição na vida no contexto da cultura e sistema de valores nos quais ele vive e em relação aos seus objetivos, expectativas, padrões e preocupações". Verifica-se, neste conceito, além do caráter subjetivo, como ocorreu com os demais, atributos importantes ainda não valorizados pelos autores mencionados antes como a cultura, valores e crenças que fundamentam os objetivos – ou necessidades – e as expectativas das pessoas[20].

Um último conceito importante a ser apresentado – e que fundamenta a avaliação de QV em nosso projeto – foi proposto por Ferrans e Powers[21,22], para as quais a QV é "a sensação de bem-estar de uma pessoa que deriva da satisfação com as áreas de vida que são importantes para ela".

No campo da saúde, segundo Nordenfelt[17], a incorporação da QV como objetivo assistencial a ser alcançado, é percepção crescente entre os profissionais e usuários dos Serviços de Saúde. Esta condição mais recente deriva de três fatores mais importantes: o progresso tecnológico, que tem possibilitado salvar e/ou prolongar a vida de muitos indivíduos; a natureza mutável da doença, que após a fase aguda pode ter um caráter de cronicidade pela ausência de perspectivas terapêuticas (ou mesmo pelas seqüelas); e, ideologicamente, a crítica ao modelo biológico de assistência à saúde, no qual a pessoa doente é vista mais como máquina a ser reparada do que como ser integral[17].

Como conjunto desses fatores, tem-se observado, nos últimos anos, o desenvolvimento de políticas e programas sociais e tecnológicos de saúde pautados em tomadas de decisão cujo pano de fundo tem sido o bem-estar e a QV da clientela.

Na verdade, desde os séculos XVIII e XIX, a questão do bem-estar vem subsidiando as políticas públicas e os movimentos sociais, nos quais se buscou incorporar a dimensão saúde na avaliação das condições de vida das populações, objetivando o alcance de um patamar mínimo e universal de satisfação das necessidades mais elementares da vida humana, isto é, conforto, bem-estar e realização individual e coletiva[23].

Porém, foi somente a partir do conceito de saúde pela OMS, em 1947 – até como oposição ao reducionismo biomédico, em que a saúde é mais do que simplesmente a ausência de doença – que o termo QV começou a se popularizar na área da saúde.

Em 1966, Elkington lança o livro "Medicina e QV" e, em 1976, o termo passa a compor o Index Medicus e a ser utilizado como descritor no Medline. Ainda nessas décadas de 50 e 60, surgem os primeiros estudos para mensuração da QV, realizados por Gurin; Veroff; Feld (1957); Bradburn (1961) e Cantril (1965), todos relacionados a aspectos psicossociais. Gradativamente, ampliaram-se as pesquisas e publicações relacionadas principalmente à oncologia, reumatologia e psiquiatria, portanto, condições crônicas de alterações da saúde física e mental[24].

Impõe-se, então, um novo conceito de *QV relacionada à saúde*, certamente pautada não só no conceito mais amplo da OMS, mas de autores como Nordenfelt[17] e Musschenga[25], que visualizam essa importante dimensão da QV como realização e funcionamento físico, psíquico e social. A partir dessas estruturas teórico-conceituais, autores como Aggernaes, Gianchello e Auquier et al. têm seus conceitos mencionados por Minayo, Hartz e Buss[26]:

"QV objetiva, identificada pelo grau de realização das necessidades humanas básicas; e QV subjetiva ou satisfação com a vida (Aggernaes);

"... valor atribuído à duração da vida quando modificada pela percepção das limitações físicas, psicológicas, função social, oportunidades influenciadas pelas doenças, tratamentos e outros agravos" (Gianchello), ou ainda

"... valor atribuído à vida, ponderado pelas alterações funcionais; as percepções e condições sociais que são induzidas pela doença, agravos e tratamentos; e a organização política e econômica do sistema assistencial" (Auquier et al.).

Em síntese, os conceitos apontam para as percepções subjetivas da saúde que envolvem a busca do nível ótimo das funções sociais, psicológicas e físicas comprometidas pela doença e suas conseqüências agudas e crônicas mas que dependem de uma "construção coletiva dos padrões de conforto e tolerância que determinada sociedade estabelece para si"[26]. Por outro lado, há que se compreender que, embora significar o ser saudável implique no impacto no plano de vida individual como percepção subjetivo-coletiva, a saúde é fator contributivo mas não condição necessária para a QV, exatamente pelas suas características já mencionadas, de polissemia e multidimensionalidade.

Nas últimas décadas, pesquisas realizadas em diversos países acarretaram a produção de sofisticados instrumentos destinados a medir aspectos específicos e globais de QV. Na saúde, fatores como aqueles apontados por Nordenfelt[17] – progresso tecnológico, aumento das incidências de doenças crônicas e crítica à medicalização da assistência à saúde – além dos conflitos nas tomadas de decisão frente a terapias com resultados semelhantes em termos de morbidade e mortalidade e o aumento do número de consumidores mais críticos, têm influenciado o desenvolvimento de estudos e de instrumentos de medida de QV.

A percepção subjetiva de auto-suficiência, conforto e bem-estar nos aspectos quantitativos e qualitativos da vida, têm permeado esse desenvolvimento.

Impõe-se assim um questionamento: porque avaliar a QVRS?

Inúmeros são os objetivos para avaliar a QVRS, tais como: monitorizar a saúde das populações; diagnosticar a natureza, gravidade e prognóstico das doenças; selecionar e avaliar tratamentos; descobrir fatores etiológicos e determinantes da QVRS; avaliar os efeitos de políticas de saúde e sociais; alocar recursos; identificar pacientes com demandas específicas ou demandas específicas de determinados grupos de doentes, deficientes ou com seqüelas; monitorizar a evolução das doenças, especialmente as crônicas; avaliar a qualidade dos serviços prestados e prever medidas-padrão para os resultados das intervenções propostas[25].

Desse modo, segundo Minayo; Hartz; Buss[26], existem dois significados para e na avaliação da QVRS. O primeiro, mais amplo, destinado à compreensão das necessidades humanas fundamentais, materiais e espirituais, com foco mais relevante na promoção da saúde; e o segundo, mais pontual, pautado na capacidade de viver sem doenças ou de superar as dificuldades dos estados ou condições de morbidade.

Uso do conceito e instrumentos de Qualidade de Vida na Avaliação em Saúde

Dada a complexidade do processo da Avaliação em Saúde[27], não constitui surpresa que a incorporação da Qualidade de Vida neste processo, ao lado de outros indicadores de Resultados, como o de mortalidade e de morbidade, seja considerada como uma contribuição potencialmente relevante nesta avaliação.

Uma demonstração desta expectativa pode ser detectada na análise de Patrick e Bergner[28], que ao analisarem os indicadores de saúde utilizados na década de 80, e principalmente o seus usos na década de 90, identificam a Avaliação dos Serviços por instrumentos de QV como uma das duas prioridades da década então vindoura.

No entanto, quatro anos após, Fitzpatrick e Albrecht[29], numa revisão de mesma profundidade, afirmam que há, em alguns grupos de pesquisa, um otimismo sobre o uso dos instrumentos de QV na Avaliação em Saúde que não é compatível com a realidade. Apesar desta restrição importante, Fitzpatrick e Albrecht admitem a possibilidade de que estes instrumentos possam ser úteis nesta avaliação.

McHorney[30], numa publicação de 1999, sintetiza a situação no final desta década afirmando que muitos instrumentos de medida de QV foram desenvolvidos para Avaliação de Serviços, mas poucos estavam sendo utilizados no final da década com esse propósito.

Existem outras análises, semelhantes a estas, desenvolvidas também por pesquisadores de renome. As aqui apresentadas valem pela importância dos pesquisadores e das publicações onde estão inseridas. Uma das sínteses destas análises é a de Kaplan et al.[31], que numa publicação do ano 2000, situam os instrumentos num conjunto de usos, tais como diagnóstico de necessidades, ensaios clínicos e avaliação de serviços. Para manter a contundência da citação de Kaplan et al., reproduzimos sua versão original onde afirmam que "The great advances in the measurement of health-related quality of life (HRQOL) have yielded numerous brief, precise, and psychometrically sound instruments. However, despite their widespread use in the relatively narrow arena of randomized controlled clinical trials, a strong and consistent relationship between patient-reported health status and health care has yet to be demonstrated. In fact, the applications of general health status measure to the evaluation of the "effectiveness" and "quality" of medical care have yielded a mixed and confusing picture".

Diante dessa trajetória que não mostra avanços importantes, emerge a seguinte questão: porque a insistência em se utilizar este tipo de instrumento na Avaliação em Saúde, mesmo com êxitos escassos?

Obviamente não há resposta única e absoluta para esta questão. Mas se pode identificar, de modo consensual, que a continuidade deste tipo de pesquisa pode ser atribuída a pelo menos dois fatores: a) o grande potencial do indicador QV, vinculado à sua amplitude, como decorrência do seu caráter multidimensional; b) a existência de avaliações com sucesso, em grau variável, o que é um indício da possibilidade de avanço na área.

Em vista disso, entendemos como produtivo examinar algumas pesquisas, a título de ilustração, de autores que obtiveram sucesso ao trabalharem QV e Avaliação em Saúde, examinando os resultados alcançados e as limitações destacados por eles.

A primeira constatação a ser registrada é que se tem obtido resultados melhores, na utilização da QV como indicador de resultados, quando se utiliza instrumentos de Qualidade de Vida Relacionado à Saúde específicos, ou mesmo equivalentes, do que quando se utiliza instrumentos de Qualidade de Vida Relacionados à Saúde genéricos.

A descrição de alguns trabalhos ilustram bem a afirmação enunciada no parágrafo anterior. O primeiro trabalho a ser comentado é de Smith et al. [32]. Estes autores estudaram o impacto de diferentes modelos de atenção médica na evolução da depressão de pacientes atendidos em Serviços de Atenção Primária. A medida de avaliação de resultados foi exclusivamente o Componente Mental ("sumário") do instrumento "The MOS 36-Item Short-Form Health Survey (SF-36).

Como é bastante conhecido o SF-36 é um instrumento genérico, constituído de oito dimensões. Já o Componente Mental é constituído de apenas três das dimensões, fornecendo uma pontuação única, a partir das dimensões saúde mental, vitalidade e dor. Por isso que embora o Componente Mental do SF-36 não seja um instrumento específico, ele pode ser considerado um equivalente, dada a sua especificidade.

Os autores avaliaram modelos de atenção construídos a partir de duas variáveis: a primeira era o vínculo do paciente ao seguro saúde, que obviamente poderia ser sim ou não; e a segunda era o atendimento do paciente em serviços de rotina ou em serviços com organização modificada especialmente para o diagnóstico e tratamento da depressão, que os autores denominaram de "atendimento ampliado".

Antes de apresentar os resultados da avaliação é interessante descrever, de forma sumária, algumas características do trabalho, que permitam situar a validade interna do mesmo. Diagnosticaram depressão em 383 pessoas não idosas, com 40 anos em média, e conseguiram acompanhar 343 (89.6%) durante seis meses. Os serviços que incorporaram o "atendimento ampliado" tiveram como diferencial o treinamento da equipe, a padronização da intervenção, que foi de três meses de antidepressivos, e um número mínimo de visitas psicoterápicas de oito. Na comparação dos resultados – cujo indicador foi o valor da QV Componente Mental – utilizaram análise multivariada, logística hierárquica, controlando variáveis como emprego, renda e estado marital.

Na avaliação dos resultados os autores constataram que quando os dois grupos (vinculados e não vinculados a seguro-saúde) são atendidos no serviço de rotina, os pacientes com seguro saúde evoluem melhor no decorrer dos seis meses. Quando os dois grupos são atendidos no "serviço ampliado" os dois grupos apresentam melhora semelhante.

O que foi enunciado no parágrafo anterior pode ser apresentado em termos quantitativos da seguinte forma: quando os dois grupos são atendidos no serviço de rotina, os pacientes com seguro melhoram 12.4 pontos, em termos de QV-Componente Mental em seis meses, enquanto que aqueles sem seguro melhoram apenas 7 pontos, sendo esta diferença estatisticamente significativa. Quando os dois grupos são atendidos no Serviço ampliado, a melhora nos seis meses não mostra diferença, uma vez que foi de 12.3 pontos e 11.6 pontos respectivamente.

A maior facilidade de se obter sucesso com o uso de um instrumento específico na Avaliação em Saúde, quando se compara com o uso de um instrumento genérico, não é um fato que surpreende. O instrumento específico está mais vinculado ao problema que se avalia, ou como afirma McKweon é mais proximal, enquanto que ao genérico é mais distal.

Um outro trabalho, que também será relatado a título de ilustração, aprofunda esta questão. Trata-se de uma pesquisa realizada por Harrison et al.[33].

Os autores estudaram dois grupos de pacientes com insuficiência cardíaca, a partir do momento da alta hospitalar, sendo um atendido em um programa educativo especial e outro na rotina do hospital. Acompanharam os pacientes por 12 semanas e usaram como medida de resultado indicadores de utilização de serviço, como a demanda ao serviço de emergência do hospital ou o número de reinternações; e dados de Qualidade de Vida, obtidos a partir de um instrumento específico de QV, denominado "Minnesota Living with Heart Failure Questionnaire" (MLHFQ) e o SF-36 completo (genérico).

Antes de apresentar os resultados da avaliação é interessante relatar algumas características do trabalho que permitem identificar a validade interna da pesquisa. A primeira delas é a semelhança dos dois grupos, com educação especial e o com abordagem usual, em relação a variáveis clínicas, socias e demográficas no início do acompanhamento. O objetivo deste "pareamento" (obtido no caso por randomização) é bastante conhecido, ou seja, controlar, na extensão do que for possível, a interferência de variáveis que distorçam o resultado final, denominadas variáveis de confusão. Trata-se de um procedimento correto e necessário, mas é importante lembrar que quando se trata de avaliação de serviços ou programas, existe um grande número de variáveis que podem interferir tanto no início como no decorrer do processo. Em síntese, destaca-se como positiva a iniciativa dos autores, mas lembrar as interferências no binômio serviço/resultado que podem tornar insuficiente a eficácia do pareamento inicial. Mas o destaque para essa possível insuficiência não é para descartar o procedimento e sim para não considerá-lo de forma absoluta.

A avaliação dos serviços mostrou que o grupo que recebeu o programa educativo efetuou menor número de consultas no setor de – emergência e menor número de reinternações. A QV aferida pelo MLHFQ, o instrumento específico, foi menor, em média, no grupo especial, o que significa, pelo tipo de pontuação do instrumento, uma melhor situação de QV no grupo que recebeu o programa educativo. Já a QV aferida pelo SF-36 não mostrou diferença entre os dois grupos no decorrer das 12 semanas. Em síntese, baseando-se no MLHFQ, pode-se afirmar melhor resultado no grupo vinculado ao Programa Especial, em termos de QV, enquanto que se baseando no SF-36, a evolução da QV nos grupos é semelhante.

O desenho desta pesquisa evidencia a importância de se analisar, conjuntamente, indicadores de QV com outros indicadores, no caso o de utilização de serviços. Supondo que não haja dificuldades de acesso ao hospital, de novo um exemplo de variável de confusão, vimos que o grupo com educação especial procurou menos o hospital durante as 12 semanas, o que, em termos valorativos, significa que evoluiu melhor. **Essa informação pode ser cotejada com os dados de QV, representando um recurso muito útil.**

Finalmente, é interessante reproduzir uma análise de Harrison et al. sobre os resultados obtidos com o SF-36. Visando a explicar a ausência de diferença existente entre os dois grupos, eles enunciam, como hipótese, que talvez fosse difícil, para os entrevistados, separar o efeito de uma co-morbidade do efeito da doença cardíaca. Perguntam, como exemplo, se o entrevistado teria clareza em separar a insuficiência cardíaca da artrite, no desencadeamento de problemas de mobilidade. Outra possibilidade aventada, muito interessante, é que o instrumento de medida específica (MLHFQ), por aferir alívio de sintomas, é mais fácil de ser associado à doença.

Observa-se, então, que mesmo não se identificando diferenças na aferição pelo SF-36, a pesquisa de Harrison et al. fornece elementos para reflexão sobre a utilização deste instrumento na Avaliação em Saúde.

O terceiro artigo a ser analisado é o de Ware Jr. et al.[34], que estudaram pacientes atendidos em dois sistemas de atenção médica dos Estados Unidos da América do Norte: o "Health Maintenance Organizations" (HMOs) e o Fee-For-Service (FFS). Acompanharam os mesmos durante quatro anos e utilizaram como medida de avaliação os componentes sumários do SF-36 (físico e mental).

As pessoas atendidas em ambos sistemas não mostraram diferenças nas mudanças dos escores de QV, no final de quatro anos. No entanto, quando selecionaram pessoas com 65 anos e mais, os idosos atendidos no sistema FFS apresentaram melhores resultados na dimensão física do SF-36. Na dimensão mental, os resultados foram melhores para os idosos do grupo HMO. Dentre os outros subgrupos selecionados, cabe destacar os pobres/não pobres, e neste caso, tanto no HMO quanto no FFS os pobres apresentaram valores de QV inferiores aos não pobres em quatro anos.

Antes de relatar as duas observações de Ware Jr. et al., cabe destacar a importância da estratégia desenvolvida pelos autores, que foi a de estudar grupos específicos, no caso idosos e pobres. Esta estratégia tem sido apontada como um recurso importante para se otimizar os instrumentos genéricos como indicadores de resultados de programas ou serviços.

Isto posto, a primeira observação dos autores refere-se ao fato de que pela primeira vez, baseado neste trabalho, puderam afirmar que o tempo de seguimento é um fator essencial para que diferenças na QV se manifestem como conseqüência da ação de programas. Já haviam efetuado diversos trabalhos avaliando os sistemas FFS e HMO mas sempre sem sucesso em identificar diferenças na QV. O diferencial entre a presente pesquisa e as anteriores, segundo os autores, é o tempo de seguimento, pois as pesquisas anteriores não ultrapassaram um ano. Para testar a importância do tempo de acompanhamento, os autores re-examinaram os dados da presente pesquisa, analisando se havia diferenças considerando um ano de seguimento, constatando que não havia diferenças. Toda essa análise é sintetizada na questão enunciada pelos autores: "Were these studies too brief to draw conclusions about health outcomes?" A constatação de que o tempo é importante para se verificar efeitos na QV é uma conclusão muito relevante deste trabalho.

Outra observação dos mesmos é que "as diferenças que foram verificadas nos resultados, entre idosos e pobres, não significa necessariamente um efeito dos sistemas FFS e HMO. Processos e variáveis não conhecidas e/ou controladas, ligadas à família, trabalho e outras dimensões podem eventualmente explicar as diferenças nos indicadores de resultados, no caso desta pesquisa SF-36". No artigo os autores analisam possíveis fatores de confusão como a não inclusão de muitas doenças e perda de casos.

Entendemos ser importante, a partir da análise de Ware Jr. et al., enfatizar que é freqüente a dificuldade de relacionar o programa ou serviço com o resultado, pois muitas são as variáveis que interferem nesta relação. Estas variáveis denominadas de confusão, podem atuar no início da pesquisa, sendo que nesta fase o "pareamento" tem bastante força para controlá-las. Mas outras variáveis podem surgir no decorrer do acompanhamento e aí a identificação e controle tornam-se mais difíceis, embora sejam possíveis, é claro. Quando a medida resposta é a QV essa relação assume maior complexidade porque as variáveis de confusão para QV são, em geral, mais numerosas do que em outros indicadores. É necessário lembrar que as técnicas estatísticas e de computação são recursos valiosos que devem também ser utilizados nestas análises.

Em síntese, a partir de pesquisas como as de Smith et al., de Harrison et al. e de Ware Jr. et al. surgem as sugestões que permitem utilizar, de forma mais útil, os instrumentos de QV na Avaliação em Saúde. Arrolamos as recomendações referentes às variáveis de confusão, que não são exclusivas destes autores, as sugestões para um acompanhamento o mais prolongado possível, e também a escolha de grupos que mais apresentem interação com o instrumento, como foi o caso dos pobres e dos idosos no estudo de Ware Jr. et al. Existem outras recomendações, de outros autores, como por exemplo, prever uma diferença elevada na QV dos grupos estudados, o que neutraliza, em parte, o papel das variáveis de confusão, ou a necessidade de um volume grande de informações para análise das variáveis intervenientes.

Constata-se, assim, que apesar de poucos resultados nesta fase, existe um esforço para produção de pesquisas e reflexões que buscam viabilizar a aplicação adequada dos instrumentos de QV na Avaliação em Saúde. Mas deve sempre ser lembrado que este esforço ocorre numa área do conhecimento relativamente nova – a Avaliação em Saúde – também em construção.

O instrumento utilizado – Índice de Qualidade de Vida de Ferrans e Powers

Na última década, grande parte da literatura sobre o tema qualidade de vida tem sido direcionada à avaliação da qualidade de vida de populações específicas, com enfoque em grupos de pacientes com patologias diversas. Em contraste com esse interesse maior pela qualidade de vida na área clínica, pouca ênfase se tem dado ao estudo da qualidade de vida de indivíduos sadios, de grupos sociais num determinado macro-contexto.

Embora a qualidade de vida seja um tema de interesse crescente, sobretudo na literatura médica internacional, há muito ainda por se fazer para torná-lo, de fato, um indicador operativo no contexto das políticas sociais e de saúde. Em que pesem as dificuldades conceituais e metodológicas inerentes a tal processo, consideramos importante que se desenvolvam estudos nacionais com aplicação, na população em geral, dos instrumentos de medida já traduzidos e aqui utilizados em populações específicas, de forma a testar empiricamente as suas possibilidades e limites.

A inexistência de estudos que indicassem a adequação dos instrumentos já disponíveis entre nós para os propósitos do projeto - avaliação de um programa de saúde – motivou-nos a utilizar, tentativamente, o Índice de Qualidade de Vida (IQV) de Ferrans e Powers. Essa opção representa a possibilidade de dar seguimento aos estudos iniciados com a tradução e validação do instrumento[35], visando avaliar a aplicabilidade dessa medida em diferentes populações e contextos da nossa realidade como, no caso, a aplicação na população geral para avaliação de um programa de saúde.

O IQV é um instrumento genérico, desenvolvido por Carol Estwing Ferrans e Marjorie J. Powers, pesquisadoras do Departamento de Enfermagem Médico-Cirúrgica da Escola de Enfermagem da Universidade de Illinois, que desde 1982 vêm desenvolvendo estudos sobre o tema qualidade de vida. Trata-se de um instrumento construído com base em rigorosos processos metodológicos e cuja qualidade psicométrica tem sido documentada em diversos estudos internacionais.

Uma particularidade atrativa do instrumento refere-se à sua composição peculiar que, além da avaliação do nível de satisfação com diversos aspectos da vida, incorpora a avaliação da importância que os respondentes atribuem a cada um dos aspectos avaliados. Esta forma de medida do conceito torna o IQV diferente dos demais instrumentos de medida de qualidade de vida, como salientam Padilla e Stromborg[36].

Diversas abordagens metodológicas foram utilizadas na concepção do instrumento. Inicialmente foi desenvolvido um modelo conceitual de qualidade de vida que subsidiou a criação do instrumento de medida do conceito. Os métodos utilizados para chegar ao modelo conceitual foram a análise crítica da literatura e a utilização de métodos qualitativos e quantitativos[37].

O primeiro passo desse processo foi a seleção de uma abordagem filosófica que fosse consistente com o objetivo do empreendimento. Tratava-se, na realidade, de responder a uma questão central quando se trata de avaliar qualidade de vida: quem deve ser o avaliador da vida de uma pessoa? Ferrans optou pela abordagem individualista, ou seja, uma visão ideológica em que os próprios sujeitos pudessem definir o que representa qualidade de vida para eles. De acordo com essa postura, o sujeito é questionado sobre a avaliação que faz de sua própria qualidade de vida em relação a domínios específicos da vida. Para a autora, a essência da qualidade de vida baseia-se na experiência de vida de cada pessoa e só a ela cabe julgá-la, de acordo com seus valores e preferências[38,21]. Nessa perspectiva,

Flanagan[39] já apontava evidências de variações na população em geral quanto a atribuição de importância a vários aspectos da vida, particularmente entre sexos e grupos etários diferentes. Outros estudos qualitativos e quantitativos corroboram a conclusão de que a qualidade de vida é um conceito subjetivo e como tal, a sua avaliação depende da perspectiva individual de cada sujeito[21,19, 40,41,42,43,44].

Através de uma ampla revisão da literatura, Ferrans destacou seis grandes núcleos intrínsecos ao conceito de qualidade de vida: capacidade de viver uma vida normal, capacidade de viver uma vida socialmente útil (utilidade social), capacidade natural (física e mental), alcance de objetivos pessoais, felicidade/afeto e satisfação com a vida[13,14]. Dentre eles, a satisfação com a vida foi considerada pela autora como o núcleo mais congruente com a abordagem individualista, uma vez que os outros aspectos (vida normal, utilidade social, capacidade natural e alcance de objetivos) não requerem necessariamente uma avaliação pessoal, podendo ser avaliados por outrem.

Para Oleson[19], a percepção subjetiva do nível de felicidade e de satisfação em relação aos diferentes aspectos da vida é o principal determinante no julgamento positivo ou negativo da qualidade de vida. Felicidade e satisfação foram os atributos mais freqüentemente identificados em definições de qualidade de vida subjetivamente percebida analisadas por Oleson. Respaldada em Campbell[a], Oleson[19] ressalta que embora "felicidade e satisfação sejam conceitos relacionados, eles não são idênticos e, em certas circunstâncias, podem até se mover em direções opostas". A *felicidade,* uma experiência afetiva, sugere um sentimento transitório de alegria ou euforia, enquanto que a *satisfação,* experiência cognitiva, implica em julgamento mais duradouro e de longo prazo a respeito das condições de vida, tendendo, portanto, a ser mais estável do que a felicidade[19,21,22]. Dessa forma, a satisfação com a vida foi escolhida como núcleo central do construto qualidade de vida, no modelo conceitual de Ferrans. Adicionalmente, a importância atribuída pelo indivíduo aos diferentes aspectos da vida é explicitamente levada em consideração na definição de qualidade de vida proposta por Ferrans[45]: *a sensação de bem-estar de uma pessoa que deriva da satisfação ou insatisfação com as áreas da vida que são importantes para ela.*

A etapa seguinte do desenvolvimento do modelo conceitual consistiu na determinação dos aspectos da vida a serem avaliados.

[a] CAMPBELL, A. The sense of well-being in America: recent patterns and trends. New York, McGraw Hill, 1981.

Inicialmente, foram formuladas questões abertas a 40 pacientes em hemodiálise procurando-se identificar quais os componentes de uma vida satisfatória, na perspectiva desses indivíduos. As respostas foram analisadas por meio de metodologia qualitativa (grounded theory). Os resultados foram comparados aos de outros estudos em que as mesmas questões foram formuladas a diferentes grupos de pacientes e à população em geral de 13 países[37].

A seguir, foi realizada uma vasta revisão bibliográfica, a partir da qual foi elaborada e publicada uma lista dos elementos utilizados para avaliar qualidade de vida em estudos selecionados.

Os dados provenientes da análise qualitativa e da revisão bibliográfica foram sintetizados numa lista de 32 elementos para a população em geral e três para pacientes em diálise. Estes elementos foram utilizados para a seleção dos itens do Índice de Qualidade de Vida de Ferrans e Powers, os quais foram dispostos em dois grupos correspondentes: um para avaliar a satisfação e outro, a importância[22].

A terceira etapa do processo teve como objetivo agrupar os elementos obtidos na etapa anterior, em domínios da qualidade de vida. Para determinar a natureza e o número de domínios foi utilizada a técnica quantitativa de análise fatorial. Foram analisadas as respostas ao IQV aplicado a 349 pacientes americanos em hemodiálise. Os resultados da análise fatorial permitiram a identificação de quatro domínios inter-relacionados: saúde e funcionamento, psicológico/espiritual, sócio-econômico e família[22].

A validação externa do modelo conceitual foi realizada confrontando-se os seus domínios com os encontrados nos estudos de Ferrel et al.[46]; Grant et al.[47]. Outros trabalhos como os de George; Bearon[b], Spilker[c] e Osoba[d] também apresentam domínios de qualidade de vida consistentes com os do modelo proposto[37].

O instrumento desenvolvido por Ferrans e Powers[22] destina-se a medir a qualidade de vida de pessoas sadias ou daquelas com algum tipo de doença. É composto por duas partes: a primeira mede a *satisfação* com os diversos aspectos avaliados e a segunda, a *importância* atribuída pelo respondente a cada um desses aspectos.

---

[b] GEORGE, L.; BEARON, L. *Quality of life in older persons*. New York, Human Sciences Press, 1980.

[c] SPILKER, B. Introduction. In: SPILKER, B. (Ed.) *Quality of life assessment in clinical trials* (pp.3-9). New York, Raven, 1990.

[d] OSOBA, D. Lessons learned from measuring health-related quality of life in oncology. *Journal of Clinical Oncology*, v. 12, nº 3, pp. 608-16, 1994.

A versão original genérica consiste em um instrumento composto por 68 itens, sendo 34 itens em cada parte, aos quais os sujeitos atribuem valores em escala de 6 pontos. Na primeira parte, ela varia de "muito insatisfeito" (escore 1) a "muito satisfeito" (escore 6) e na segunda parte, de "sem nenhuma importância" (escore 1) a "muito importante" (escore 6).

Os 34 itens estão assim distribuídos nos quatro domínios (sub-escalas): 14 para o domínio saúde/funcionamento, 9 para o sócio-econômico, 7 para o psicológico/espiritual e 4 para a dimensão família.

Publicado pela primeira vez em 1985[21], o IQV encontra-se disponível nos seguintes idiomas: inglês, francês, húngaro, japonês, coreano, chinês mandarim, norueguês, polonês, romeno, russo, espanhol, sueco, tailandês e português. Encontram-se publicados mais de uma centena de trabalhos com a sua utilização, contendo dados satisfatórios sobre a confiabilidade e validade do instrumento aplicado tanto na população geral, como em populações com diversas condições clínicas: dor, hemodiálise, câncer, cardiopatias, transplante de medula óssea, hepático, renal e cardíaco, artrite, diabetes, acidente vascular cerebral, síndrome da fadiga crônica, esclerose múltipla, AIDS, entre outras[e].

Além do instrumento genérico, foram também desenvolvidas 12 versões do IQV para uso em populações específicas. A partir de uma base comum para todas as versões, itens pertinentes a cada situação foram acrescentados para a criação das versões específicas.

As propriedades psicométricas do instrumento original foram avaliadas em estudo realizado com 349 pacientes americanos em hemodiálise. A confiabilidade foi analisada pelo coeficiente Alpha de Cronbach, obtendo-se um índice total de 0.93 e específicos para os domínios, como segue: saúde/funcionamento = 0.87; sócio-econômico = 0.82; psicológico/espiritual = 0.90 e família = 0.77. A validade convergente foi avaliada pela correlação entre as respostas a uma questão sobre satisfação geral com a vida e o escore total da escala. O índice de correlação geral foi de 0.77 e de 0.63, 0.55, 0.88 e 0.44, respectivamente, para as subescalas[22].

Estão apresentados no quadro a seguir, os aspectos avaliados em cada item agrupados no domínio a que pertencem. Cada item da primeira parte do instrumento (satisfação) corresponde ao mesmo na segunda (importância).

Quadro 1. Itens e domínios do Índice de Qualidade de Vida de Ferrans e Powers.

SAÚDE E FUNCIONAMENTO	SÓCIO-ECONÔMICO	PSICOLÓGICO/ ESPIRITUAL	FAMÍLIA
1. saúde 2. assistência a saúde 3. dor 4. energia 5. independência física 6. controle sobre a própria vida 7. vida longa 12. vida sexual 15.responsabilidades familiares 16. ser útil às outras pessoas 17. estresse e preocupações 25. atividades de lazer 26. disposição para passear 27. possibilidade de velhice feliz	13. amigos 14. apoio das pessoas 18. lar 19. vizinhança 20. nível sócio-econômico 21. trabalho 22. não ter trabalho 23. escolaridade 24.independência financeira	28. paz de espírito 29. fé em Deus 30. objetivos pessoais 31. felicidade 32. satisfação com a vida 33. aparência pessoal 34.consigo próprio *(self)*	8. saúde da família 9. filhos 10. felicidade da família 11. cônjuge

[e]Dados disponíveis no site do instrumento:www.uic.edu/orgs/qli/questionaires

No Brasil, os resultados dos estudos desenvolvidos com o IQV de Ferrans e Powers evidenciaram a sua validade de conteúdo, convergente, discriminante e concorrente, assim como coeficientes de confiabilidade satisfatórios. Os valores do coeficiente Alfa de Cronbach apresentados no Quadro 2, a seguir, mostram que, nos estudos realizados, o instrumento como um todo e a maioria dos domínios apresentaram um alto grau de consistência interna.

Quadro 2. Coeficientes Alfa de Cronbach do Índice de Qualidade de Vida de Ferrans e Powers obtidos em estudos brasileiros.

Estudo	IQV Total	Saúde/ Funcionamento	Sócio-econômico	Psicológico/ Espiritual	Família
Kimura[35]	0,76	0,88	0,71	0,84	0,65
Machado[48]	0,83	0,76	0,67	0,82	0,54
Meneguin[49]	0,83	0,74	0,48	0,88	0,75
Yamada[50]	0,99	0,85	0,65	0,83	0,74
Kawakame[51]	0,85	0,83	0,67	0,88	0,64
Iglesias[52]	0,93	0,87	0,83	0,88	0,75
Azevedo et al.[53]	0,94	0,89	0,81	0,86	0,68
Strazzieri et al.[54]	0,89	0,86	0,71	0,80	0,74
Lino[55]	0,95	0,91	0,78	0,94	0,73

Procedimento para cálculo dos escores

A atribuição dos escores foi desenvolvida de tal forma que cada item de satisfação é ponderado pelo seu correspondente de importância, resultando em valores combinados onde os mais altos representam alta satisfação e alta importância e os mais baixos, baixa satisfação e alta importância. Este esquema de pontuação baseia-se na premissa de que pessoas satisfeitas com áreas consideradas importantes para elas, desfrutam de melhor qualidade de vida do que aquelas insatisfeitas com áreas por elas valorizadas[37]. Em outras palavras, a combinação das respostas *muito satisfeito/muito importante e muito insatisfeito/muito importante* resultará nos índices mais altos e mais baixos, respectivamente.

O procedimento para atribuição dos escores, segundo Ferrans e Powers[22] requer, primeiramente, que a pontuação dos itens de satisfação sejam recodificados com a finalidade de centralizar o zero da escala. Isto é obtido subtraindo-se o valor 3,5 das respostas a cada item de satisfação, resultando em pontuações de -2,5, -1,5, -0,5, +0,5, +1,5 e +2,5 para pontuações iniciais de 1, 2, 3, 4, 5 e 6, respectivamente. Em segundo lugar, estes escores são ponderados pelos seus correspondentes de importância, multiplicando-se o valor recodificado de cada item de satisfação pelo valor da resposta à importância. Sem a recodificação, pessoas *muito insatisfeitas* (escore 1) com itens que consideram *muito importantes* (escore 6) obteriam o mesmo escore (6) daquelas que estão *muito satisfeitas* (escore 6) com itens *sem nenhuma importância* (escore 1). Obtém-se, assim, um escore único combinado para cada item respondido.

A seguir, o índice total é calculado somando-se os valores ponderados de todos itens respondidos e dividindo-se pelo total de itens respondidos. Até este momento, a variação possível é de menos 15 a mais 15. Para eliminar pontuações negativas no escore final, soma-se 15 aos valores obtidos, resultando no escore total do IQV (IQV Total) que pode variar de 0 a 30; os maiores valores indicam melhor qualidade de vida.

Os passos para o cálculo dos escores de cada subescala são exatamente os mesmos acima descritos, devendo-se apenas considerar o total de itens que compõem o domínio em questão. A variação possível do escore total de cada subescala é também de 0 a 30.

Em resumo, para o cálculo do IQV (total e de cada domínio) adota-se a seguinte fórmula, seguindo as orientações acima descritas:

IQV = (SAT x IMP) de cada item + nº. de itens respondidos + 15, onde SAT = valor recodificado de cada item de satisfação e IMP = valor de cada item de importância (sem recodificar)

Os escores dos quatro domínios podem ser considerados de forma independente ou em conjunto. O instrumento não tem itens invertidos e as autoras não estabeleceram pontos de corte para o índice final obtido.

Quanto à aplicação do instrumento, são descritas as formas auto-administrada, por entrevista e por carta, dependendo da situação e do tipo de população[22]. O paciente faz uma avaliação inicial, respondendo se está satisfeito ou insatisfeito com o item questionado e, a seguir, avalia em cada caso (satisfação/insatisfação), o grau que melhor corresponde à sua condição: muito, moderadamente ou pouco. Os itens relativos à importância são respondidos da mesma forma.

Operacionalização do trabalho de campo: o treinamento

O treinamento dos entrevistadores constitui um dos componentes essenciais para o bom desenvolvimento de qualquer tipo de pesquisa, o que ocorre também com as de Qualidade de Vida. Por isso, transcrevemos a seguir os pontos que foram a base do nosso treinamento.

Esses pontos são princípios e orientações, a partir dos quais pode-se desenvolver um processo de diálogo visando a capacitação dos Entrevistadores. Centrou-se em dez tópicos, a saber:

1. Sujeitos da pesquisa
   - pessoas pertencentes a famílias residentes em áreas cobertas pelo atendimento SUS na Zona Sul de São Paulo (região de Santo Amaro) e as famílias residentes na Zona Leste, atendidas pelo PSF/Itaquera.
   - pessoas de ambos os sexos, com igual idade ou maior que 14 anos.
   - pessoas que concordem em participar do estudo, assinando o Termo de Consentimento Livre e Esclarecido.

2. Procedimentos para coleta de dados:
   O entrevistado será convidado a participar do estudo e será esclarecido de que se trata de um trabalho desenvolvido por pesquisadores

da Universidade de São Paulo (USP), da Universidade Santo Amaro (UNISA) e da Faculdade Santa Marcelina (FASM). Explicar que o objetivo da pesquisa é conhecer um pouco mais sobre a vida das pessoas que moram naquela região, com a finalidade de, em um futuro próximo, organizar programas e projetos de assistência que possam promover melhoria da qualidade de vida dos indivíduos e das famílias.

3. Garantir o sigilo das informações e o anonimato do respondente, ou seja, que seu nome e tudo o que for informado por ele não serão divulgados. Esclarecer que se trata de um trabalho que está sendo feito em outra região da Cidade de São Paulo e que, quando os resultados forem analisados, será considerado o coletivo (as informações de todos os entrevistados) e não o indivíduo sozinho.

4. Garantir ao indivíduo que caso não deseje participar do estudo (conversar um pouco sobre sua vida), isto em nada afetará o seu tratamento no Serviço de Saúde onde ele é atendido. Mas ressaltar que a informação dele é muito importante, pois poderá contribuir para a melhoria da assistência prestada a ele e a outras pessoas da comunidade.

5. Concordando responder as perguntas do questionário, a pessoa será solicitada a ler e assinar o Termo de Consentimento Livre-esclarecido, o qual também deverá ser assinado pelo entrevistados, anotando-se a data da entrevista.

6. Após a assinatura do termo, serão preenchidos os dados de identificação do respondente.

7. O instrumento de avaliação de Qualidade de Vida (IQV) poderá ser respondido pelo próprio indivíduo ou aplicado pelo entrevistador. Em qualquer situação, deve ser respondido em ambiente tranqüilo e sem a interferência de outras pessoas, principalmente sem a presença de familiares e amigos próximos.

   a. Quanto a FORMA DE ADMINISTRAÇÃO
      i. Deve ser assinalado como os instrumentos foram preenchidos.
      ii. Auto-administrado: deve ser assinalado quando o entrevistado responder o IQV sozinho ou com pouca ajuda do entrevistador.
      iii. Assistido pelo entrevistador: deve ser assinalado caso o entrevistador tenha auxiliado várias vezes o entrevistado durante o preenchimento do IQV.

iv. Administrado pelo entrevistador: deve ser assinalado caso o entrevistador tenha feito as perguntas e escrito/assinalado as respostas fornecidas pelo entrevistado durante o preenchimento do instrumento. Isto se aplica à situação e que o indivíduo é analfabeto, tem dificuldade visual ou de compreensão dos itens do IQV.

b. No caso do IQV ser preenchido pelo próprio entrevistado, você poderá colocar vários indivíduos em uma mesma sala e ficar presente para esclarecer dúvidas. Deve-se salientar ao indivíduo que não há resposta certa ou errada e que é necessário apenas que ele seja sincero nas respostas.

8. Solicitar ao indivíduo que leia cuidadosamente as questões antes de responder.

9. Para marcar, na escala, o número que corresponde ao nível de satisfação (de 1 a 6) com determinado item, o indivíduo deve avaliar inicialmente, se está satisfeito ou insatisfeito com aquilo que está sendo questionado no item. A seguir, o indivíduo deve avaliar, na condição escolhida (satisfeito ou insatisfeito), o grau que melhor corresponde à sua avaliação: muito, moderadamente ou pouco. Se estiver insatisfeito, os escores corresponderão a 1, 2 e 3, respectivamente; se estiver satisfeito, os escores poderão variar de 4 a 6, onde 4 corresponde a pouco satisfeito, 5, a moderadamente satisfeito e 6, a muito satisfeito. Os itens relativos à importância devem ser respondidos da mesma forma, ou seja, primeiro avalia-se a importância ou não do item e, depois, o quanto é importante ou não.

10. Solicitar que não deixe nenhuma pergunta sem resposta, a menos que a situação contida no item, não seja aplicável ao indivíduo. Por exemplo, indivíduos que não tenham filhos deixarão em branco o item 9, sobre satisfação com os filhos. Da mesma forma, os itens 21 e 22, que são mutuamente excludentes: quem responder à questão 21 (sobre o trabalho), não responderá à questão 22 (não ter trabalho), e vice-versa.

- Informar que, caso o indivíduo assinale alguma alternativa e que considere que estava equivocado, ele deve escrever NULO sobre esta alternativa e assinalar a que considerar mais adequada.

- No caso de o respondente referir dúvida sobre as perguntas do IQV, o entrevistador deve refazer a pergunta sem dar a sua interpretação. Ou seja, deve procurar auxiliar o indivíduo, sem mudar as palavras utilizadas na pergunta.

Comentários

O aspecto central a destacar, em termos de análise dos dados sobre Qualidade de Vida de residentes em duas áreas do Município de São Paulo, é a possibilidade de articular os nossos resultados – decorrentes da aplicação do instrumento de Qualidade de Vida Ferrans e Powers – com outras informações obtidas na mesma amostra. A pesquisa sobre Qualidade de Vida é um sub-Projeto de uma pesquisa mais ampla citada no item 8.3 o que permitirá a articulação de informações.

É importante enfatizar que esta estratégia não é, em termos gerais, original, uma vez que se apóia na análise de experiências desenvolvidas fundamentalmente no exterior e analisada mais detalhadamente no tópico 8.2.2. deste capítulo.

A idéia central desta estratégia pode ser sintetizada, entendemos, na expressão "*potencialidade e dificuldade*". Essa aparente contradição é explicada, em grande parte, pelo fato de que Avaliação em Saúde e Qualidade de Vida serem eventos multidimensionais, submetidos a interferência de variáveis de "confusão" na terminologia epidemiológica.

A ênfase metodológica não pode negligenciar a razão final da pesquisa científica, que é a de produzir conhecimentos, especialmente quando se analisa duas áreas, uma atendida pelo Programa da Saúde da Família, e outra não, numa perspectiva de contribuir para as Políticas Públicas. A metodologia, utilizada numa relação complexa de eventos, deve contribuir para além de suas funções clássicas, que já são importantíssimas, contribuindo, também, para ampliar o espaço de interpretação.

Decorre daí a pertinência de se afirmar o duplo propósito deste capítulo, ou seja, contribuir para o estudo de duas áreas diferenciadas pela presença do Programa da Saúde da Família, e analisar o potencial e viabilidade da contribuição da pesquisa de Qualidade de Vida para este estudo.

Referências Bibliográficas

1. NEMES, M. I. B. *Avaliação em Saúde:* questões para os Programas de DST/ AIDS no Brasil. Associação Brasileira Interdisciplinar de AIDS, 2001.

2. HARTZ, Z. M.; CAMACHO, L. A. B. Formação de Recursos Humanos em Epidemiologia. *Cad. Saúde Públ.* 1996; 12 (Supl. 2): 13-20.

3. OMS (1989) in CESAR, C. L. G.; TANAKA, O. Y. Inquérito domiciliar como instrumento de avaliação de Serviço de Saúde. *Cad. Saúde Públ.* 1996; 12 (Supl.): 59-70.

4. DONABEDIAN, A. Evaluating the quality of medical care. *Milbank Quarterly* 44: 166-203.

5. RATTNER, D. A epidemiologia na avaliação da qualidade: uma proposta. *Cad. Saúde Públ.* 1996; 12 (Supl. 2): 21-32.

6. HABICHT, J. P.; VICTORA, C. G.; VAUGHAN, J. P. Evaluation designs for adequacy, plausibility and probability of public health programme performance and impact. *International Journal of Epidemiology*. 1999; 28: 10-18.

7. SCHNEIDER, E. C. Measuring mortality outcomes to improve health care: rational use of ratings and rankings. *Med. Care.* 2002; 40 (1): 1-3.

8. JOHNSON, M. L.; GORDON, H. S.; PETERSEN, N. J.; WRAY, N. P.; LAURIE SHROYER, A.; GROVER, F. L.; GERACI, J. M. Effect of Definition of Mortality on Hospital Profiles. *Med. Care.* 2002; 40 (1): 7-16.

9. OSTENFELD, E. Aristotle on the good life and quality of life. In: NORDENFELT, L. Concepts and measurement of quality of life in health care. *Netherlands: Kluwer Academic Publishers,* 1994.

10. ZHAN, L. Quality of life: conceptual and measurement issues. *J. Adv. Nurs.* 1992; 17: 795- 800.

11. WOOD-DAUPHINEE, S. Assessing quality of life in clinical research: from where have we come and where we are going? *J. Clin. Epidemiol.* 1999; 52 (4): 355-363.

12. FERRAZ, M. B. Qualidade de vida: conceito e um breve histórico. *Jovem médico.* 1998; 4:219-222.

13. MUSCHENGA, A. W. Quality of life and handcapped people. In: NORDENFELT, L. Concepts and measurement of quality of life in health care. *Netherlands: Kluwer Academic Publishers,* 1994. pp. 181-198.

14. MEEBERG, G. A. Quality of life: a concept analysis. *J. Adv. Nurs.* 1983; 18: 32.

15. FAERSTEIN, E. O debate qualidade de vida e saúde: outros aspectos a considerar. *Ciência & Saúde Coletiva.* 2000; 5(1): 22-24.

16. ROMANO, B. W. Qualidade de vida: teoria e prática. *Rev. Soc. Cardiol.* 1993; 3 (supl A): 6-9.

17. NORDENFELT, L. Concepts and measurement of quality of life in health care. Netherlands: Kluwer Academic Publishers. 1994.

18. LISS, P. On need and quality of life. In: NORDENFELT, L. Concepts and measurement of quality of life in health care. *Netherlands: Kluwer Academic Publishers,* 1994: 63-78.

19. OLESON, M. Subjective perceived quality of life. Image. *J. Nurs. Scholars.* 1990; 22(3): 187-90.

20. The WHOQOL Group. What quality of life? *World Health Forum.* 1995; 17(4): 354-356.

21. FERRANS, C. E.; POWERS, M. J. Quality of life index: development and psychometric properties. *Adv. Nurs. Sci.* 1985; 8:15-24.

22. FERRANS, C. E.; POWERS, M. J. Psychometric assessment of the Quality of Life Index. *Res. Nurs. Health.* 1992; 5:29-38.

23. PASCHOAL, S. M. P. Qualidade de vida do idoso: elaboração de um instrumento que privilegia sua opinião [dissertação]. São Paulo (SP): Faculdade de Medicina da USP, 2000.

24. KLEINPELL, R. M. Concept analysis of quality of life. *Dimen Crit Care Nurs.* 1991; 10(4): 223-229.

25. MUSCHENGA, A. M. The relation between concepts of quality of life, health and happiness. *Journal of Medicine and Philosophy,* 1997; 22: 11-8.

26. MINAYO, M. C. S.; HARTZ, Z. M. A.; BUSS, P. M. Qualidade de vida em saúde: um debate necessário. *Ciência & Saúde Coletiva.* 2000; 5(1): 7-31.

27. NOVAES, H. M. D. Epidemiologia e avaliação em serviços de atenção médica: novas tendências na pesquisa. *Cad. Saúde Públ.* 1996; 12 (Supl. 2): 7-12.

28. PATRICK, D. L.; BERGNER, M. Measurement of Health Status in 1990s. *Annu. Rev. Public Health.* 1990; 11: 165-83.

29. FITZPATRICK, R.; ALBRECTH, G. The plausibility of quality of life measures in different domains of Health Care. In Nordenfelt Concepts and Measurement of Quality of Life in Health Care. *Netherlands: Kluwer Academic Publishers,* 1994.

30. MCHORNEY, C. A. Health status assessment methods for adults: past accomplishments and future challenges. *Annu. Rev. Public Health.* 1990; 20: 309-35.

31. KAPLAN, S. H.; KRAVITZ, R. L.; GREENFIELD, S. A critique of current uses of health status for the assessment of treatment effectiveness and quality of care. *Med. Care.* 2000; 38 (9, Supl. II): II 184- II 194.

32. SMITH, J. L.; ROST, K. M.; NUTTING, P. A.; ELLIOTT, C. E. Resolving disparities in antidepressant treatment and Quality-of-Life outcomes between uninsured and insured primary care patients with depression. *Med. Care.* 2001; 39 (9): 910-922.

33. HARRISON, M. B.; BROWNE, G. B.; ROBERTS, J.; TUGWELL, P.; GAFNI, A.; GRAHAN, I. D. Quality of life of individuals with heart failure: a randomized trial of the effectiveness of two models of hospital-to-home transition. *Med. Care.* 2002; 40 (4): 271-282.

34. WARE, J. E.; BAYLISS, M. S.; ROGERS, W. H.; KOSINSKI, M.; TARLOV, A. R. Differences in 4-year health outcomes for elderly and poor, chronically III patients treated in HMO and fee-for-service systems. *JAMA.* 1996; 276 (13): 1039-47.

35. KIMURA, M. Tradução para o português e validação do Quality of Life Index de Ferrans e Powers. São Paulo,1999. 85p. Tese (Livre-Docência). Escola de Enfermagem, Universidade de São Paulo.

36. PADILLA, G. V.; FRANK-STROMBORG, M. Single instruments for measuring quality of life. In: FRANK-STROMBORG, M.; OLESON, S. F. Instruments for clinical health-care research. 2nd.ed., London, Jones & Bartley, 1997. Chap. 9, pp. 114-34.

37. FERRANS, C. E. Development of a conceptual model of quality of life. *Scholarly Inquiry for Nursing Practice*; 10(3): 293-303.

38. FERRANS, C. E.; POWERS, M. Employment potential of hemodialysis patients. *Nursing Research.* 1985(a); 34: 273-77.

39. FLANAGAN, J. Measurement of quality of life: current state of the art. *Arch.Phsysical Med.Reab.* 1982; 63: 56-9.

40. ARZOUMAN, J. et al. Quality of life of patients with sarcoma postchemotherapy. *Oncology Nursing Forum*; 18, 889-94.

41. HICKS, F.; LARSON, J.; FERRANS, C. E. Quality of life after liver transplant. *Res. Nurs. Health.* 1992; 15:111-19.

42. BRILEY, A.; FERRANS, C. E. Quality of life after coronary angioplasty. *Heart & Lung.* 1993; 22(3): 194-99.

43. FERRANS, C. E.; POWERS, M. J. Quality of life of hemodialysis patients. *Am. Neph. Nurs. Assoc. Journ.* 1993; 20 (5): 575-81.

44. FERRANS, C. E. Quality of life through the eyes of survivors of breast cancer. *Oncology Nursing Forum.* 1994; 21 (10): 1645-51.

45. FERRANS, C. E. Quality of life: conceptual issues. *Seminars in Oncology Nursing*. 1990; 6 (4): 248-54.

46. FERRELL, B. et al. The meaning of quality of life for bone marrow transplant survivors - Part I: the impact of bone marrow transplant on QOL. *Cancer Nurs*. 1992; 15:153-160.

47. GRANT, M. et al. Measurement of quality of life in bone marrow transplant survivors. *Quality of Life Res*. 1992; 1: 375-84.

48. MACHADO, R. C. B. R. Validação do Índice de Qualidade de Vida de Ferrans e Powers para a população geral do Município de Londrina. São Paulo, 2000. 95 p. Dissertação (Mestrado). Escola de Enfermagem, Universidade de São Paulo.

49. MENEGUIN, S. Qualidade de vida de pacientes com cardiopatias valvares. São Paulo, 2001. 111 p. Dissertação (Mestrado). Escola de Enfermagem, Universidade de São Paulo.

50. YAMADA, B. A. Qualidade de vida de pessoas com úlceras venosas crônicas. São Paulo, 2001. 175 p. Dissertação (Mestrado). Escola de Enfermagem, Universidade de São Paulo.

51. KAWAKAME, P. M. Qualidade de vida de estudantes de graduação em Enfermagem. São Paulo, 2001. 117 p. Dissertação (Mestrado). Escola de Enfermagem, Universidade de São Paulo.

52. IGLESIAS, R. B. Qualidade de vida de alunos-trabalhadores que cursam a graduação em Enfermagem. São Paulo, 2002. 97p. Dissertação (Mestrado). Escola de Enfermagem, Universidade de São Paulo.

53. AZEVEDO, G. R.; MARCONDES, L. H. M. O.; SILVA, N. P.; KIMURA, M.; SANTOS, V. L. C. G. Qualidade de vida de mulheres portadoras de incontinência urinária de esforço. Trabalho de conclusão do Curso de Especialização em Enfermagem em Estomaterapia, Escola de Enfermagem da USP, 2002.

54. STRAZZIERI, K. C.; GONÇALVES, L. A.; KIMURA, M.; GROSSI, S. A. A.; SANTOS, V. L. C. G. A qualidade de vida de pacientes com Diabetes mellitus tipo 2 em atendimento ambulatorial. *Arquivos Brasileiros de Endocrinologia e Metabologia*, 2003, 47:558.

55. LINO, M. M. Qualidade de vida e satisfação profissional de enfermeiras de Unidades de Terapia Intensiva. São Paulo, 2004. p. 223. Tese (Doutorado) Escola de Enfermagem, Universidade de São Paulo.

Capítulo 13

Programa da Saúde da Família e Qualidade de Vida: resultados da aplicação de um instrumento estruturado

Júlio Litvoc
Miako Kimura
Vera Lúcia Conceição de Gouveia Santos

1. Introdução

A utilização de instrumentos de qualidade de vida (QV) no setor saúde constitui, atualmente, procedimento cada vez mais observado nas práticas deste setor. Sua aplicação ocorre em diferentes esferas, como por exemplo, nos ensaios clínicos ou no diagnóstico de grupos populacionais.

O interesse pelo tema não é exclusividade do setor de saúde. A identificação deste interesse pode ser reconhecida desde a Antigüidade, ainda que a expressão qualidade de vida, não seja sempre utilizada. Entendemos como muito significativa a contribuição de Pigou, que segundo Wood-Dauphinee, registrou a expressão pela primeira vez, em 1920, no seu livro "The Economics of Welfore". Significativa num duplo sentido: embora não seja o uso do termo mais antigo, em breve completará 90 anos de registro; e é um registro externo à área de saúde.

O esforço de Pigou não conseguiu o sucesso da continuidade, mas após a segunda guerra mundial observa-se um movimento de valorização do bem-estar, em oposição à "boa vida" e ao consumo compulsivo de bens materiais.

Na área da saúde o uso de instrumentos de qualidade de vida para aferir o conceito começa a ganhar importância em meados da década de 60. O seu início é atribuído por alguns autores ao instrumento denominado de "Karnofsky Performance Status", de 1948, que já reconhecem nele as características de um primeiro instrumento de qualidade de vida na área da saúde.

Tamburini estudando a evolução e as características dos instrumentos de qualidade de vida na área da saúde fornece várias informações que mostram um crescimento enorme dos mesmos, como a existência atual de cerca de 800 instrumentos.

Como se vê, trata-se de área cuja produção está consolidada com Congressos Científicos internacionais, Revistas especializadas e de grande impacto.

Na área da saúde é importante considerar que os instrumentos de QV: a) valorizam as percepções e posturas do paciente; b) são multidimensionais; c) apresentam particular utilidade, em situações, como em quadros graves, quando a clínica tem poucos recursos; d) e constituem uma medida positiva da saúde.

Sendo os instrumentos de qualidade de vida amplamente utilizados na área de saúde, entendemos que cabe trabalhar com os mesmos na presente pesquisa que visa estudar duas áreas com cobertura de atenção à saúde diferenciada.

Na presente pesquisa a utilização destes instrumentos terá dois significados, que próximos, mas que têm suas especificidades e por isso merecem ser distinguidos: um estudo de QV em amostra populacional; e um estudo de QV que visa avaliar a situação em duas áreas, uma atendida pelo Programa da Saúde da Família e outra não atendida por este Programa. Denominaremos as áreas de PSFS e PSFN.

Dado que o PSF é um Programa de Atenção à Saúde, cabe comentar, brevemente, o papel dos instrumentos de QV na avaliação da saúde. Nesta perspectiva, da avaliação em saúde, é notável que desde o início da década de 90 importantes autores vêm propondo a aplicação dos conceitos e instrumentos de QV nesta área, mas ao mesmo tempo avaliam com pessimismo os resultados obtidos até aqui. Uma das últimas revisões é de Mc Horney, de 1999.

Diante dessa situação, com poucos sucessos, porque o estímulo a essa linha?

Provavelmente por causa do grande potencial de um indicador positivo para Avaliação em Saúde. Além da existência de trabalhos que obtiveram sucesso.

Para desenvolver uma análise sobre qualidade de vida em nossa pesquisa optamos pelo instrumento denominado Índice de Qualidade de Vida (IQV) de Ferrans e Powers.

A inexistência de estudos que indicassem a adequação dos instrumentos já disponíveis entre nós para os propósitos do projeto – avaliação de um programa de saúde – motivou-nos a utilizar, tentativamente, o Índice de Qualidade de Vida (IQV) de Ferrans e Powers. Essa opção representa a possibilidade de dar seguimento aos estudos iniciados com a tradução e validação do instrumento, visando avaliar a aplicabilidade dessa medida em diferentes populações e contextos da nossa realidade como, no caso, a aplicação na população geral para avaliação de um programa de saúde.

O IQV é um instrumento genérico, desenvolvido por Carol Estwing Ferrans e Marjorie J. Powers, pesquisadoras do Departamento de Enfermagem Médico-Cirúrgica da Escola de Enfermagem da Universidade de Illinois, que desde 1982 vêm desenvolvendo estudos sobre o tema qualidade de vida. Trata-se de um instrumento construído com base em rigorosos processos metodológicos e cuja qualidade psicométrica tem sido documentada em diversos estudos internacionais.

Diversas abordagens metodológicas foram utilizadas na concepção do instrumento. Inicialmente, foi desenvolvido um modelo conceitual de qualidade de vida que subsidiou a criação do instrumento de medida do conceito. Os métodos utilizados para chegar ao modelo conceitual foram a análise crítica da literatura e a utilização de métodos qualitativos e quantitativos.

O primeiro passo desse processo foi a seleção de uma abordagem filosófica que fosse consistente com o objetivo do empreendimento. Tratava-se, na realidade, de responder a uma questão central quando se trata de avaliar qualidade de vida: quem deve ser o avaliador da vida de uma pessoa? Ferrans optou pela abordagem individualista, ou seja, uma visão ideológica em que os próprios sujeitos pudessem definir o que representa qualidade de vida para eles. De acordo com essa postura, o sujeito é questionado sobre a avaliação que faz de sua própria qualidade de vida em relação a domínios específicos da vida. Para a autora, a essência da qualidade de vida baseia-se na experiência de vida de cada pessoa e só a ela cabe julgá-la, de acordo com seus valores e preferências. Nessa perspectiva, Flanagan já apontava evidências de variações na população em geral quanto a atribuição de importância a vários aspectos da vida, particularmente entre sexos e grupos etários diferentes. Outros estudos qualitativos e quantitativos corroboram a conclusão de que a qualidade de vida é um conceito subjetivo e como tal, a sua avaliação depende da perspectiva individual de cada sujeito.

Através de uma ampla revisão da literatura, Ferrans destacou seis grandes núcleos intrínsecos ao conceito de qualidade de vida: capacidade de viver uma vida normal, capacidade de viver uma vida socialmente útil (utilidade social), capacidade natural (física e mental), alcance de objetivos pessoais, felicidade/afeto e satisfação com a vida. Dentre eles, a satisfação com a vida foi considerada pela autora como o núcleo mais congruente com a abordagem individualista, uma vez que os outros aspectos (vida normal, utilidade social, capacidade natural e alcance de objetivos) não requerem necessariamente uma avaliação pessoal, podendo ser avaliados por outrem.

Para Oleson, a percepção subjetiva do nível de felicidade e de satisfação em relação aos diferentes aspectos da vida é o principal determinante no julgamento positivo ou negativo da qualidade de vida. Felicidade e satisfação foram os atributos mais freqüentemente identificados em definições de qualidade de vida subjetivamente percebida analisadas por Oleson. Respaldada em Campbell, Oleson ressalta que embora "felicidade e satisfação sejam conceitos relacionados, eles não são idênticos e, em certas circunstâncias, podem até se mover em direções opostas". A *felicidade*, uma experiência afetiva, sugere um sentimento transitório de alegria ou euforia, enquanto que a *satisfação*, experiência cognitiva, implica em julgamento mais duradouro e de longo prazo a respeito das condições de vida, tendendo, portanto, a ser mais estável do que a felicidade. Dessa forma, a satisfação com a vida foi escolhida como núcleo central do construto qualidade de vida, no modelo conceitual de Ferrans. Adicionalmente, a importância atribuída pelo indivíduo aos diferentes aspectos da vida é explicitamente levada em consideração na definição de qualidade de vida proposta por Ferrans: *a sensação de bem-estar de uma pessoa que deriva da satisfação ou insatisfação com as áreas da vida que são importantes para ela.*

O instrumento desenvolvido por Ferrans e Powers encontra-se descrito no capítulo anterior.

Os escores dos quatro domínios podem ser considerados de forma independente ou em conjunto. O instrumento não tem itens invertidos e as autoras não estabeleceram pontos de corte para o índice final obtido.

Quanto à aplicação do instrumento, são descritas as formas auto-administrada, por entrevista e por carta, dependendo da situação e do tipo de população[22]. O paciente faz uma avaliação inicial, respondendo se está satisfeito ou insatisfeito com o item questionado e, a seguir, avalia em cada caso (satisfação/insatisfação), o grau que melhor corresponde à sua condição: muito, moderadamente ou pouco. Os itens relativos à importância são respondidos da mesma forma.

2. A comparação das duas áreas com dados brutos

O questionário sobre Qualidade de Vida – o Índice de Qualidade de Vida de Ferrans e Powers – foi utilizado por nós para entrevistar 547 pessoas no Projeto por "Saúde da Família – avaliação de nova estratégia assistencial no Cenário das Políticas Públicas".

Os entrevistados que constituíam a amostra da pesquisa estavam distribuídos em números semelhantes nas duas áreas do Projeto, ou seja, 263 (48,1%) moravam na área "Santo Amaro" e 284 (51,9%) em "Itaquera". Na área Itaquera existe o Programa de Saúde da Família (PSF) ao qual os 284 entrevistados estão vinculados, e na área de Santo Amaro embora exista esse programa, as 263 pessoas moravam num espaço de Santo Amaro onde o Programa não havia sido implantado.

O objetivo central deste tópico da pesquisa é comparar os valores médios de Qualidade de Vida da amostra das pessoas residentes em Itaquera com os valores médios da amostra das pessoas residentes em Santo Amaro. Em termos mais gerais, é a comparação entre os atendidos pelo PSF e os não atendidos.

O primeiro procedimento foi calcular o alfa de Cronbach da amostra total, ou seja, das 547 entrevistas (Tabela 1).

Tabela 1. Alfa de Cronbach da amostra completa, para cada dimensão do instrumento e para o instrumento como todo.

Alfa de Cronbach	
Total	0,9432
IQV Saúde/Funcionamento	0,8597
IQV Social/Econômico	0,8423
IQV Psicológico Espiritual	0,8617
IQV Família	0,758

Calculamos o alfa de Cronbach porque apesar do instrumento ter sido traduzido e adaptado, em termos transculturais, por Kimura em 1999, e a autora, na ocasião, também ter validado o mesmo, com resultados satisfatórios, seguimos a orientação de Fletcher (2000) que afirma que um processo de validação não deve ser considerado como "tudo ou nada" e que ao utilizar um instrumento validado num novo estudo, isto é, numa nova população, convém assumir uma postura cuidadosa, e um desses cuidados é calcular o alfa de Cronbach na amostra em estudo.

Não há consenso acima de qual valor se afirma a consistência interna das questões em relação aos domínios, mas o valor mínimo descrito por muitos autores é 0.5, e os nossos valores de Cronbach são todos acima de 0.75, na nossa amostra (Tabela 1), indicando excelente confiabilidade da aplicação do instrumento.

Analisado a consistência interna, apresentamos os resultados gerais, onde comparamos as amostras das duas áreas segundo a Qualidade de Vida total e por domínio (Tabela 2).

Tabela 2: Qualidade de Vida segundo resultado total, domínios e áreas com PSF.

	Área	N	Média	Mediana	Erro-padrão	Desvio-padrão	Mínimo	Máximo	p-valor Mann-Whitney
QV Total	Sto. Amaro	263	24,5	24,97	0,22	3,52	13,34	30	
	Itaquera	284	24,6	25,41	0,23	3,94	7,11	30	0,347
	Total	547	24,55	25,27	0,16	3,74	7,11	30	
IQV saúde/ Funcionamento	Sto. Amaro	263	24,75	25,29	0,25	4,08	8,58	30	
	Itaquera	284	24,36	25,29	0,27	4,47	8,14	30	0,485
	Total	547	24,55	25,29	0,18	4,29	8,14	30	
IQV Social/ Econômico	Sto. Amaro	263	21,15	21,17	0,32	5,23	3	30	
	Itaquera	284	22,14	23,14	0,34	5,79	2,57	30	0,006(*)
	Total	547	21,66	22	0,24	5,55	2,57	30	
IQV Psicológico/ Espiritual	Sto. Amaro	263	26,7	28,29	0,22	3,59	15,43	30	
	Itaquera	284	26,62	28,29	0,26	4,3	5,14	30	0,826
	Total	547	26,66	28,29	0,17	3,97	5,14	30	
IQV Família	Sto. Amaro	261	26,88	30	0,26	4,25	0	30	
	Itaquera	283	27,23	28,5	0,26	4,37	5,75	30	0,418
	Total	544	27,06	28,63	0,18	4,31	0	30	

(*) Estatisticamente significante

3. Significados da diferença de qualidade de vida constatada nas duas áreas

3.1 Em termos quantitativos

Como se observa na Tabela 2, o único domínio onde a diferença é estatisticamente significativa é no domínio sócio-econômico. Pelos valores assinalados pode-se, então, afirmar que em Itaquera a qualidade de vida é mais elevada do que em Santo Amaro neste domínio e somente neste domínio. Essa constatação, presente na Tabela 2, é importantíssima para nossa análise. Constitui um ponto de partida e será retomada durante todo o texto.

Uma assertiva desta natureza pode ser emitida com segurança – desde que os procedimentos do campo tenham sido corretos – e ao mesmo tempo com extrema cautela pois pode-se estar ocorrendo na denominada "falácia ecológica".

Detalhando o que foi afirmado no parágrafo anterior, quando se constata, num estudo transversal, como o presente, que a média da qualidade de vida dos 284 entrevistados em Itaquera, no domínio sócio-econômico, foi de 22.14, e a média em Santo Amaro foi de 21.15, sendo esta diferença estatisticamente significante, esta constatação deve ser aceita como dado relevante. Dado o nosso referencial, não nos parece correto atribuir a esses dados o estatuto de "uma diferença verdadeira", até porque é uma diferença afirmada em bases probabilísticas. Mas, como dissemos, é um dado relevante, uma diferença importante, um marco nesta pesquisa que será periodicamente retomado. Essa constatação é importantíssima para a nossa análise pois consiste num ponto de partida que será retomado periodicamente no texto.

Já a cautela é sempre necessária quando constatamos uma diferença de pontuação de qualidade de vida entre duas áreas, especialmente quando pretendemos entender o que representa esta diferença, ou explicar a diferença.

Toda vez que pretendemos entender os significados ou explicar diferenças, ou semelhanças, temos que lidar com variáveis de confusão, uma tarefa difícil, mas não impossível, é claro. Há várias técnicas para este controle, como o pareamento ou a análise multivariada, para citar algumas.

Na nossa pesquisa, por uma opção estratégica vamos aceitar como ponto de partida que há diferença entre as duas áreas – e isso é razoavelmente incontestável – e o mais importante para nós, que essa diferença, com vantagem para a amostra da área Itaquera, é devido ao PSF nesta área.

Um dos pontos centrais de nossa análise é verificar se essa hipótese, que faz sentido como ponto de partida, se sustenta quando se agregar mais informações da pesquisa.

3.2 Em termos lógicos

Diversos estudiosos postulam, quando se detecta diferenças de qualidade de vida entre dois grupos, que se calcule as diferenças entre os itens componentes aos domínios que apresentaram diferenças na qualidade de vida. Essa posição não é unânime e frente a isso optamos por não realizar tal procedimento.

Mas o fato de não calcularmos e compararmos item por item não impede que se efetue uma análise mais lógica dos itens da(s) dimensão(ões) que mostram(aram) diferença(s). No nosso caso, baseado na Tabela 2, esta análise que denominamos de lógica será apenas para dimensão sócio-econômica, a única que mostrou diferença entre as duas áreas.

Esta dimensão é constituída por nove itens, cujo conteúdo e redação é importante que sejam transcritos neste momento.

Os itens de satisfação (primeira parte do instrumento) possuem uma raiz comum e a redação dos nove itens da dimensão sócio-econômica ficam assim.

"Quanto satisfeito você está com:
Seus amigos?
O apoio que você recebe das pessoas?
Seu lar?
Sua vizinhança?
Suas condições sócio-econômicas?
* seu trabalho?
O fato de não ter um trabalho?
Sua escolaridade?
Sua independência financeira?
(* este item é excludente com o que se segue)

Não reproduzimos a segunda parte do Índice de Qualidade de Vida de Ferrans e Powers, que pergunta sobre a importância dos mesmos itens porque as questões sobre satisfação são suficientes para o que afirmaremos a seguir.

A expressão sócio-econômico é o nome do domínio do Ferrans e Powers que estamos examinando, mas ele não deve ser entendido como habitualmente é a expressão em estudos epidemiológicos, ou seja, como os polos pobreza ou riqueza material e as graduações intermediárias.

No Ferrans e Powers, no domínio sócio-econômico (SE) há três perguntas ou itens de relações sociais, referentes a amigos, vizinhança e apoio. As restantes podem até ser consideradas, dependendo do enfoque, como indicadores de maior ou menor riqueza, mas na perspectiva do instrumento, coerente com o conceito de Qualidade de Vida, essas questões abordam a satisfação e importância que o entrevistado atribuiu à sua relação com o item.

Selecionemos um item deste domínio para exemplificar. Seja o item "independência financeira" (número 24). Se uma pessoa A fornece resposta de satisfação e importância do item 24 que resulte num valor 18 e uma pessoa B fornece informações para o item 24 que resulte numa pontuação 15, não significa que a pessoa A tem melhor "independência financeira" que a pessoa B.

Pode ocorrer até o inverso, e B ter grande independência financeira mas a combinação de satisfação e importância classifica-o como uma pontuação mais baixa.

4. Comparação da Qualidade de Vida em duas amostras de populações residentes em áreas diferentes: problemas de análise e estratégias

4.1 Análise múltipla

No caso do Instrumento Ferrans e Powers a qualidade de vida é informada como variável quantitativa, e portanto, a técnica indicada é a regressão linear múltipla, que permite calcular a importância da variável independente, como explicativa da variável dependente – a qualidade de vida.

Este modelo é muito útil, mas não o utilizaremos na presente pesquisa inicialmente por dificuldades em definir o que é o evento de "qualidade de vida" alterado nesta amostra, conceito essencial para se calcular o tamanho da amostra. Esse cálculo do tamanho da amostra, ainda que por regras pouco precisas, consideram a presença de 5 a 10 eventos alterados, ou desvantajosos, para aceitar uma variável independente no modelo.

Mas esta não é a única razão pela qual não utilizaremos este modelo e parece-nos interessante comentar as razões mais técnicas, externas aos nosso dados, porque pretendemos continuar a trabalhar os dados para que possamos aplicar o modelo de regressão linear múltipla, que reiteramos ser muito útil.

Para explicar essas razões técnicas externas simularemos modelos para Santo Amaro e Itaquera.

Recorrendo a um exemplo ilustrativo, com nossos dados da Tabela 2 teríamos que construir dois modelos, um para Santo Amaro e outro para Itaquera.

Suponho que o modelo para Itaquera seja:

$y = b_0 + b_1x_1 + b_2x_2 + b_3x_3$

onde

b_1 = ser ou não atendido pelo PSF

b_2 = nível de escolaridade

b_3 = nível de renda

O que o modelo informará, e é de grande interesse, é a contribuição de ser atendido pelo PSF na QV, porque há pessoas de Itaquera que não se utilizam do PSF.

Para Santo Amaro podemos reproduzir o mesmo modelo, que apresentaremos em letras maiúsculas para distinguir do modelo de Itaquera.

$Y = B_0 + B_1X_1 + B_2X_2 + B_3X_3$

onde

B_1, B_2, B_3 são área PSF, escolaridade, renda

A partir deste exemplo podemos registrar a nossa dúvida técnica afirmando que é possível, com o uso da regressão linear múltipla, estudar, suponhamos, 500 pessoas na área de Itaquera, juntamente com mais duas variáveis que exemplificamos em parágrafo anterior, escolaridade e renda, e avaliar a importância de pertencer ao PSF em Itaquera, em relação a não pertencer ao PSF e morar em Itaquera.

Mas como comparar Itaquera com Santo Amaro com o modelo da regressão múltipla? Se juntarmos as duas áreas ficaria o modelo

$y = b_0 + b_1x_1 + b_2x_2 + b_3x_3$

onde

b_1 seria morar em Santo Amaro (sem PSF) ou morar em Itaquera (PSF) assim como b_2 é ter escolaridade de 4 anos ou mais.

Mas neste caso quando juntamos as duas áreas não estamos mais trabalhando nem com Santo Amaro nem com Itaquera, mas uma terceira área, análise que já não atende aos objetivos desta pesquisa.

4.2. Comparação da Qualidade de Vida em subgrupos que conformam toda a amostra

Esse procedimento não é habitual, mas a nossa pesquisa favorece esta abordagem.

Como já citado em outros pontos deste relatório a nossa amostra é constituída basicamente de três segmentos, que são os adultos, pessoas de 18 a 59 anos, excluídas as gestantes, os idosos, pessoas com 60 anos ou mais. Temos dados de qualidade de vida para cada um destes subgrupos.

A nossa estratégia será a de comparar os dados da Tabela 2 com os dados de cada um dos subgrupos, procurando identificar a contribuição de cada subgrupo no resultado final, que estão na Tabela 2.

5. Análise

5.1. Adultos

O primeiro subgrupo a ser analisado é o de adultos. Constituído de 165 pessoas, 82 de Santo Amaro e 83 de Itaquera.

O alfa de Cronbach total foi de 0,79 e nos domínios variou de 0,69 no domínio Família a 0,85 no domínio, valores adequados: sócio-econômico. Já comentamos a importância do alfa de Cronbach para aferir a consistência interna e por isso citaremos os dados deste indicador para as gestantes e idosos.

Na análise dos subgrupos introduziremos um novo cálculo que é a "correlação item-dimensão" ou "corrected Item-Total Correlation". Estes dados estão na Tabela 3, e correspondem à correlação de cada item com a dimensão, excluído no cálculo da dimensão o valor do item. McHorney foi um dos primeiros autores a utilizar este cálculo para avaliar a validade discriminante do SF 36.

Para o nosso estudo consideraremos o item de maior correlação como o item que melhor acompanha a dimensão e nesse sentido é o item mais representativo da dimensão.

Numa primeira análise reproduziremos apenas o domínio sócio-econômico dos adultos porque é nesse domínio que houve diferença significativa entre as áreas (Tabela 2).

Tabela 3. Domínio social e econômico.

Scale Mean if Item Deleted	Scale Variance if Item Deleted	Corrected Item-Total Correlation	Squared Multiple Correlation	Alpha if Item Deleted	
QV13	152,8413	2923,1760	,4281	,3992	,8548
QV14	153,7937	2793,7551	,4622	,5822	,8507
QV18	152,5397	2785,9540	,5829	,5145	,8428
QV20	158,3175	2431,8976	,6965	,5460	,8244
QV21	159,6587	2388,5712	,5454	,5629	,8472
QV22	162,1349	2166,9694	,7359	,6737	,8187
QV23	159,0635	2282,4717	,7499	,7135	,8160
QV24	159,0635	2282,4717	,7499	,7135	,8160

a-crombach = 0,8541

Como se observa o item que apresentou a maior correlação (de 0,74) foi o de número 24, cuja redação é "você está satisfeito com sua independência financeira" combinado com "o quanto é importante para você a sua independência financeira".

A comparação da qualidade de vida dos adultos entre as duas áreas está descrita na Tabela 4.

Tabela 4: Resultado das comparações entre as Áreas com relação à QV.

	Área	N	Média	Mediana	Desvio-padrão	Mínimo	Máximo	p-valor Mann-Whitney
IQV Total	Sto. Amaro	82	25,25	25,56	3,26	16	30	
	Itaquera	83	24,39	25,35	4,06	11	30	0,347
	Total	165	24,82	25,45	3,69	11	30	
IQV Saúde/ Funcionamento	Sto. Amaro	82	25,96	26,67	3,57	17	30	
	Itaquera	83	24,84	25,38	4,13	14	30	0,072
	Total	165	25,4	26,14	3,89	14	30	
IQV Social/ Econômico	Sto. Amaro	82	20,88	21,13	5,55	8	30	
	Itaquera	83	20,45	21,43	6,69	4	30	0,961
	Total	165	20,67	21,43	6,14	4	30	
IQV Psicológico/ Espiritual	Sto. Amaro	82	26,92	28,29	3,62	16	30	
	Itaquera	83	25,89	27,43	4,67	11	30	0,100
	Total	165	26,4	27,43	4,2	11	30	
IQV Família	Sto. Amaro	82	27,81	30	2,81	21	30	
	Itaquera	83	27,49	30	4,28	8	30	0,812
	Total	165	27,65	30	3,61	8	30	

Como se vê, não há diferença entre a amostra de Santo Amaro e Itaquera, nem no total nem em qualquer domínio, considerando o nosso alfa <0, 05.

A primeira conclusão, ainda inicial, é que a diferença detectada nas duas áreas como um todo, descrita na Tabela 2, não deve ser atribuída ao grupo de adultos, porque neste grupo a diferença entre as áreas no domínio sócio-econômico (SE) é de 0,43, como se constata na Tabela 4.

A seguir é interessante analisar se variáveis "externas" influem nestes resultados.

Para este grupo etário selecionamos duas variáveis para examinar mais pormenorizadamente a sua possível influência na qualidade dos adultos, a saber a escolaridade (Tabela 5) e a inserção no trabalho (Tabela 6).

Comparação da QV com relação à Escolaridade do respondente (separado por Área).

Tabela 5: Resultado das comparações da QV com relação à Escolaridade do respondente.

Área		Escolaridade do Respondente	N	Média	Mediana	Desvio-padrão	Mínimo	Máximo	p-valor Mann-Whitney
Sto. Amaro	IQV Total	até 1° grau incompleto	38	24,45	24,6	3,14	16	29	
		1° grau completo ou mais	43	25,85	26,25	3,21	19	30	0,060
		Total	**81**	**25,2**	**25,55**	**3,24**	**16**	**30**	
	IQV Saúde/ Funcionamento	até 1° grau incompleto	38	25,19	25,71	3,49	17	30	
		1° grau completo ou mais	43	26,56	27,43	3,56	18	30	0,052
		Total	81	25,92	26,58	3,57	17	30	
	IQV Social/ Econômico	até 1° grau incompleto	38	19,42	19,98	4,53	8	28	
		1° grau completo ou mais	43	21,96	22	6,02	8	30	0,043*
		Total	81	20,77	20,83	5,49	8	30	
	IQV Psicológico/ Espiritual	até 1° grau incompleto	38	26,47	26,93	3,49	18	30	
		1° grau completo ou mais	43	27,24	30	3,74	16	30	0,243
		Total	81	26,88	28,29	3,62	16	30	
	IQV Família	até 1° grau incompleto	38	27,43	30	3	21	30	
		1° grau completo ou mais	43	28,09	30	2,64	23	30	0,498
		Total	81	27,78	30	2,81	21	30	
Itaquera	IQV Total	até 1° grau incompleto	30	23,49	24,25	4,8	11	30	
		1° grau completo ou mais	52	24,92	25,71	3,55	15	30	0,207
		Total	82	24,39	25,4	4,08	11	30	
	IQV Saúde/ Funcionamento	até 1° grau incompleto	30	24,36	24,89	4,57	14	30	
		1° grau completo ou mais	52	25,12	26,17	3,91	16	30	0,485
		Total	82	24,84	25,48	4,15	14	30	
	IQV Social/ Econômico	até 1° grau incompleto	30	18,34	18,59	7,77	5	30	
		1° grau completo ou mais	52	21,72	22,71	5,77	4	30	0,068
		Total	82	20,48	21,59	6,73	4	30	
	IQV Psicológico Espiritual	até 1° grau incompleto	30	25,59	27,43	5,4	13	30	
		1° grau completo ou mais	52	26,06	27,43	4,29	11	30	0,903
		Total	82	25,89	27,43	4,7	11	30	
	IQV Família	até 1° grau incompleto	30	26,38	28,5	5,86	8	30	
		1° grau completo ou mais	52	28,09	30	2,94	18	30	0,286
		Total	82	27,46	29,38	4,29	8	30	

* $p<0,05$ (estatisticamente significante)

A influência da escolaridade ocorreu somente em Santo Amaro e exatamente no domínio SE (sócio-econômico). De fato a média dos com melhor escolarização, primeiro grau completo ou mais, é de 21,96 e daqueles com menor escolarização é de 19,42, sendo esta diferença estatisticamente significante. Comparando os dados das médias de Santo Amaro com Itaquera, os primeiros são sempre maiores. Podemos efetuar uma análise mais sintética considerando só os totais. Em Santo Amaro é de 20,77 e em Itaquera é de 20,48, perfazendo uma diferença de 0,29 a favor de Santo Amaro. Essa diferença é pequena frente à diferença na amostra como um todo que foi de 0,99 (Tabela 2), e além disso são diferenças em sentido contrários.

Quando se estratificou por inserção no trabalho, o resultado foi semelhante à escolaridade: o único domínio que apresentou diferença estatisticamente significativa foi a SE na área de Santo Amaro, onde os que trabalham apresentam melhor qualidade de vida no domínio SE do que aqueles que não trabalham; no entanto a diferença efetiva entre as duas áreas foi pequena, nas médias, sendo 0,4 superior em Santo Amaro no domínio SE; novamente a tendência foi no sentido contrário a Tabela 2, ou seja a "força" dos resultados das Tabelas 5 e 6, representando a contribuição da escolaridade e o trabalho é no sentido de neutralizar a diferença da Tabela 2 geral, neste domínio.

Comparação da QV com relação ao Trabalho do Respondente (separado por Área)

Tabela 6: Resultado das comparações da QV com relação ao Trabalho do respondente.

Área		Respondente trabalha	N	Média	Mediana	Desvio-padrão	Mínimo	Máximo	p-valor Mann-Whitney
Santo Amaro	IQV Total	não	61	25,1	25,55	3,24	16	30	
		sim	21	25,6	25,56	3,36	20	30	0,659
		Total	82	25,3	25,56	3,26	16	30	
	IQV Saúde/ Funcionamento	não	61	26	26,77	3,52	17	30	
		sim	21	25,7	26,57	3,8	18	30	0,790
		Total	82	26	26,67	3,57	17	30	
	IQV Social/ Econômico	não	61	20	19,71	5,56	8	30	
		sim	21	23,6	22,5	4,65	15	30	0,013*
		Total	82	20,9	21,13	5,55	8	30	
	IQV Psicológico/ Espiritual	não	61	27	28,29	3,59	16	30	
		sim	21	26,8	28,29	3,76	18	30	0,880
		Total	82	26,9	28,29	3,62	16	30	
	IQV Família	não	61	28,1	30	2,69	21	30	
		sim	21	27,1	28	3,08	23	30	0,106
		Total	82	27,8	30	2,81	21	30	
Itaquera	IQV Total	não	55	23,9	24,94	4,55	11	30	
		sim	28	25,3	26,08	2,68	19	30	0,307
		Total	83	24,4	25,35	4,06	11	30	
	IQV Saúde/ Funcionamento	não	55	24,4	24,96	4,49	14	30	
		sim	28	25,7	26,43	3,2	16	30	0,264
		Total	83	24,8	25,38	4,13	14	30	
	IQV Social/ Econômico	não	55	19,4	19,19	7,07	4	30	
		sim	28	22,5	22,71	5,45	11	30	0,089
		Total	83	20,5	21,43	6,69	4	30	
	IQV Psicológico/ Espiritual	não	55	25,6	27,43	5,33	11	30	
		sim	28	26,5	26,93	2,98	20	30	0,857
		Total	83	25,9	27,43	4,67	11	30	
	IQV Família	não	55	27,6	30	4,72	8	30	
		sim	28	27,4	28,5	3,32	18	30	0,318
		Total	83	27,5	30	4,28	8	30	

* $p<0,05$ (estatisticamente significante)

Articulando os resultados das Tabelas 5 e 6 constatamos que a soma das superioridades nas médias de Santo Amaro, nestas tabelas, é 0,69 resultado da soma de 0,29 (escolaridade) com 0,4 (trabalho).

Encerrada a apresentação dos dados relativos ao grupo de adultos, cabem algumas observações que serão enunciadas a seguir:

- estamos realizando cálculos de soma ou subtração simples, quando rigorosamente é necessário trabalhar com dados ponderados porque o número de pessoas variou e variará de tabela a tabela. Como a nossa análise consiste mais numa aproximação da temática, entendemos que o cálculo simples não comprometerá as conclusões.

- analisamos apenas duas variáveis: a escolaridade e o trabalho, e é certo que existem outras variáveis que interfiram nos valores da qualidade de vida, nos vários domínios, não só no SE. A escolha de poucas variáveis se deve a três razões: o caráter exploratório, pelo menos em grande extensão, da presente análise; optarmos por variáveis de nossa pesquisa, desde que respeitado os dados lógicos ou da literatura; trabalhar com variáveis – como foi o caso da escolaridade e o trabalho, que revelaram influência com diferenças estatisticamente significativas.
- a análise dos próximos parágrafos abordará o grupo de gestantes e a seguir dos idosos, seguindo os mesmos princípios aplicados à análise dos dados, ou seja, buscar identificar a influência dos resultados do grupo específico no resultado geral (Tabela 2). Apoiados no exemplo dos adultos podemos enunciar agora, com maior exatidão que a nossa estratégia de análise consiste em *testar a hipótese de que a diferença entre as duas áreas ocorre no domínio sócio-econômico e é determinada pelo Programa da Saúde da Família. A diferença entre as áreas, com o destaque para o domínio sócio-econômico está descrito na Tabela 2; O que pretendemos é examinar cada um dos três grupos populacionais – é identificar como cada grupo influi no resultado geral* (Tabela 2).

5.2. Gestantes

Isto posto, examinemos o subgrupo de gestantes. A análise de consistência interna, aferida pelo alfa de Cronbach foi de 0,78 para o instrumento como um todo, variando de 0,69 (Domínio Família) a 0,80 (domínio Saúde e Funcionamento)

A correlação item-domínio (corrigido) do domínio sócio-econômico está na Tabela 7.

Nesse domínio, a questão QV22 foi excluída, pois apresentou correlação negativa com outras questões.

Nesta tabela constatamos que a maior correlação item domínio é o com o item 20 do domínio sócio-econômico que pergunta sobre satisfação/valorização da situação sócio-econômica. Lembremos que nos adultos a maior correlação foi com o item 24, "situação financeira".

A comparação da qualidade de vida das duas áreas, não mostrou diferenças estatisticamente significantes nem no total, nem em nenhum dos domínios. Mesmo não havendo diferença estatística cabe registrar que a média em Itaquera (no domínio SE) é discretamente maior (0,21) e a mediana menor (1,47) (Tabela 8).

Tabela 7. Domínio social e econômico.

Scale Scale Corrected
Mean Variance Item- Squared Alpha
if Item if Item Total Multiple if Item
Deleted Deleted Correlation Correlation Deleted

QV13	155,2619	2038,0639	,5036	,7071	,7815
QV14	154,9643	1974,5048	,5853	,6976	,7717
QV18	154,0119	2111,5060	,4258	,4777	,7907
QV19	158,8571	1793,5889	,5651	,5376	,7673
QV20	159,5238	1756,9994	,6838	,5682	,7492
QV21	160,3214	1733,6076	,5235	,4841	,7765
QV23	163,0476	1752,8513	,4536	,4260	,7926
QV24	160,4286	1805,6045	,4926	,4155	,7803

a-crombach = 0,7989

Outro ponto a destacar é o número de gestantes, que é de 79 no total das duas áreas, sendo 46 em São Amaro e 33 em Itaquera, números inferiores a dos adultos que é de 165 (Tabela 4), fator que influi no peso de cada subgrupo na média total (Tabela 2).

Uma das variáveis que analisamos para examinar sua influência na qualidade de vida da gestante foi a escolaridade. Os dados estão na Tabela 8.

Comparação das Áreas com relação a QV das Gestantes

Tabela 8: Resultado das comparações entre as Áreas com relação à QV das Gestantes.

	Área	N	Média	Mediana	Desvio-padrão	Mínimo	Máximo	p-valor Mann-Whitney
IQV Total	Santo Amaro	46	25,90	25,92	2,84	19	30	
	Itaquera	33	25,19	25,67	3,45	16	30	0,421
	Total	79	25,60	25,91	3,11	16	30	
IQV Saúde/ Funcionamento	Santo Amaro	46	26,71	27,30	2,89	19	30	
	Itaquera	33	25,47	26,95	4,13	15	30	0,218
	Total	79	26,19	27,23	3,49	15	30	
IQV Social/ Econômico	Santo Amaro	46	21,40	22,90	6,15	4	30	
	Itaquera	33	21,61	21,43	5,89	11	30	0,952
	Total	79	21,49	22,25	6,01	4	30	
IQV Psicológico /Espiritual	Santo Amaro	46	27,54	29,57	2,99	21	30	
	Itaquera	33	26,54	27,83	3,68	14	30	0,140
	Total	79	27,12	28,29	3,31	14	30	
IQV Família	Santo Amaro	46	28,87	30,00	2,26	24	30	
	Itaquera	33	29,01	30,00	2,13	22	30	0,898
	Total	79	28,93	30,00	2,19	22	30	

Não houve diferença significativa (p>0.05) entre as áreas com relação aos domínios.

Tabela 9: Resultado das comparações da QV com relação à Escolaridade das Gestantes.

Área		Escolaridade	N	Média	Mediana	Desvio-Padrão	Mínimo	Máximo	p-valor Mann-Whitney
Sto. Amaro	IQV Total	Até o 1°grau incompleto	25	25,36	25,33	2,18	22	30	
		1°grau completo ou mais	21	26,55	27,64	3,42	19	30	0,059
		Total	46	25,90	25,92	2,84	19	30	
	IQV Saúde/ Funcionamento	Até o 1°grau incompleto	25	26,45	26,73	2,44	22	30	
		1°grau completo ou mais	21	27,02	28,36	3,39	19	30	0,231
		Total	46	26,71	27,30	2,89	19	30	
	IQV Social/ Econômico	Até o 1°grau incompleto	25	19,99	19,71	5,26	8	30	
		1°grau completo ou mais	21	23,08	24,86	6,82	4	30	0,021*
		Total	46	21,40	22,90	6,15	4	30	
	IQV Psicológico/ Espiritual	Até o 1°grau incompleto	25	27,09	26,57	2,82	23	30	
		1°grau completo ou mais	21	28,08	30,00	3,17	21	30	0,199
		Total	46	27,54	29,57	2,99	21	30	
	IQV Família	Até o 1°grau incompleto	25	28,72	30,00	2,37	24	30	
		1°grau completo ou mais	21	29,05	30,00	2,16	24	30	0,690
		Total	46	28,87	30,00	2,26	24	30	
Itaquera	IQV Total	Até o 1°grau incompleto	19	25,04	25,67	3,61	16	30	
		1°grau completo ou mais	14	25,40	25,73	3,35	19	29	0,855
		Total	33	25,19	25,67	3,45	16	30	
	IQV Saúde/ Funcionamento	Até o 1°grau incompleto	19	25,36	27,05	4,58	15	30	
		1°grau completo ou mais	14	25,62	26,59	3,59	18	30	0,884
		Total	33	25,47	26,95	4,13	15	30	
	IQV Social/ Econômico	Até o 1°grau incompleto	19	20,81	20,57	5,44	11	30	
		1°grau completo ou mais	14	22,71	24,58	6,49	13	30	0,266
		Total	33	21,61	21,43	5,89	11	30	
	IQV Psicológico/ Espiritual	Até o 1°grau incompleto	19	27,05	28,79	3,42	21	30	
		1°grau completo ou mais	14	25,85	26,14	4,03	14	30	0,303
		Total	33	26,54	27,83	3,68	14	30	
	IQV Família	Até o 1°grau incompleto	19	28,91	30,00	2,44	22	30	
		1°grau completo ou mais	14	29,14	30,00	1,70	24	30	0,790
		Total	33	29,01	30,00	2,13	22	30	

* $p<0,05$ (estatisticamente significante)

O único domínio que a escolaridade interferiu foi no sócio-econômico, na área de Santo Amaro, onde as gestantes de maior escolaridade apresentaram um valor médio de qualidade de vida, no domínio SE, mais elevado do que as não escolarizadas. Portanto, em termos de média, a interferência da escolaridade não influi na superioridade da dimensão SE registrada nos resultados totais (Tabela 2).

O grupo das gestantes é um grupo submetido com maior intensidade e continuidade a atenção à saúde, quando comparadas aos adultos.

Essa afirmação não deve ser confundida com a afirmação que a "gestação é uma doença" uma idéia há muito superada. Mas à gestante, num pré-natal adequado, é oferecido uma série de ações e procedimentos preventivos que podem, hipoteticamente, interferir na Qualidade de Vida.

Vimos nas Tabelas 8 e 9 que as gestantes apresentam resultados próximos dos adultos, especialmente no domínio SE.

Mas dada a exposição das gestantes a ações que podemos denominar de preventivas, e algumas curativas, buscamos analisar a possível influência dessas ações na qualidade de vida, sempre partindo de situações em que haja diferenças entre as que receberam procedimentos e as que não receberam procedimentos, na expectativa de identificar efeitos no domínio saúde.

Contrariando as nossas hipóteses, específicas para gestantes, e específicas para dimensão saúde, foram raros os resultados onde as ações do pré-natal interferiram na qualidade de vida.

Uma delas é apresentada na Tabela 10, onde o "preenchimento do cartão de pré-natal" se associa com melhor qualidade de vida no domínio SE em Itaquera. A diferença estatisticamente significativa, é importante (23,44 e 17,6 em Itaquera) mas é necessário notar que as médias totais do domínio SE é de 21,93 em Itaquera e 21,4 em Santo Amaro, não muito diferentes da Tabela 8. O que foi surpreendente para nós, pois esperávamos muitas repercussões na dimensão saúde; é que o preenchimento de "cartão do pré-natal" só teve efeito no domínio SE. Perguntamos – mas é uma especulação e não uma hipótese – se essa interferência possa ter ocorrido via maior segurança da gestante.

Comparação da QV com relação ao Preenchimento do cartão pré-natal (separado por Área)

Tabela 10: Resultado das comparações da QV com o Preenchimento do cartão pré-natal.

Área		Cartão pré-natal preenchido	N	Média	Mediana	Desvio-padrão	Mínimo	Máximo	p-valor Mann-Whitney
Sto. Amaro	IQV Total	não	28	25,81	25,92	2,55	21	30	
		sim	18	26,04	25,51	3,32	19	30	0,796
		Total	46	25,9	25,92	2,84	19	30	
	IQV Saúde/ Funcionamento	não	28	26,73	27,3	2,52	21	30	
		sim	18	26,69	27,55	3,48	19	30	0,659
		Total	46	26,71	27,3	2,89	19	30	
	IQV Social/ Econômico	não	28	20,87	22,9	5,86	8	30	
		sim	18	22,22	22,57	6,67	4	30	0,392
		Total	46	21,4	22,9	6,15	4	30	
	IQV Psicológico/ Espiritual	não	28	27,6	29,14	3,01	21	30	
		sim	18	27,45	30	3,05	23	30	0,885
		Total	46	27,54	29,57	2,99	21	30	
	IQV Família	não	28	29,14	30	1,99	24	30	
		sim	18	28,44	30	2,62	24	30	0,381
		Total	46	28,87	30	2,26	24	30	
Itaquera	IQV Total	não	8	23,72	23,97	3,91	16	28	
		sim	23	26,03	26,7	3,1	19	30	0,125
		Total	31	25,43	26,44	3,41	16	30	
	IQV Saúde/ Funcionamento	não	8	24,25	25,23	5,78	16	30	
		sim	23	26,12	27,05	3,54	15	30	0,635
		Total	31	25,64	27,05	4,2	15	30	
	IQV Social/ Econômico	não	8	17,6	18,44	4,07	11	22	
		sim	23	23,44	26	5,63	13	30	0,017*
		Total	31	21,93	22,25	5,82	11	30	
	IQV Psicológico/ Espiritual	não	8	26,38	27,25	3,47	21	30	
		sim	23	26,98	28,29	3,71	14	30	0,507
		Total	31	26,82	27,93	3,6	14	30	
	IQV Família	não	8	28,75	30	2,82	22	30	
		sim	23	29,27	30	1,67	23	30	0,781
		Total	31	29,14	30	1,99	22	30	

* $p<0,05$ (estatisticamente significante)

Para encerrar a análise do grupo das gestantes ressaltaremos um exemplo de associação esperada por nós e que não se verificou. Seria a associação do número de consultas no pré-natal e qualidade de vida, especialmente no domínio saúde (Tabela 11).

Comparação da QV com relação ao número de consultas (separado por Área)

Tabela 11: Resultado das comparações da QV com o número de consultas das Gestantes.

Área		Nº de consultas no pré-natal	N	Média	Mediana	Desvio padrão	Mínimo	Máximo	p-valor Kruskal-Wallis
Sto. Amaro	IQV Total	1 a 2 consultas	12	26,01	26,03	1,71	23	28	0,973
		3 a 4 consultas	23	25,71	25,93	3,22	19	30	
		5 ou + consultas	11	26,18	25,75	3,18	21	30	
		Total	**46**	**25,9**	**25,92**	**2,84**	**19**	**30**	
	IQV Saúde/ Funcionamento	1 a 2 consultas	12	26,97	27,82	2,37	23	30	0,866
		3 a 4 consultas	23	26,47	27,27	3,09	19	30	
		5 ou + consultas	11	26,93	26,82	3,18	21	30	
		Total	46	26,71	27,3	2,89	19	30	
	IQV Social/ Econômico	1 a 2 consultas	12	20,31	21,35	4,48	13	26	0,538
		3 a 4 consultas	23	21,51	23,93	7,05	4	30	
		5 ou + consultas	11	22,35	22	6,04	14	30	
		Total	46	21,4	22,9	6,15	4	30	
	IQV Psicológico/ Espiritual	1 a 2 consultas	12	28,07	29,57	2,56	23	30	0,815
		3 a 4 consultas	23	27,21	29,14	3,23	21	30	
		5 ou + consultas	11	27,66	30	3,09	21	30	
		Total	46	27,54	29,57	2,99	21	30	
	IQV Família	1 a 2 consultas	12	29,5	30	1,73	24	30	0,276
		3 a 4 consultas	23	28,96	30	2,16	24	30	
		5 ou + consultas	11	28	30	2,83	24	30	
		Total	46	28,87	30	2,26	24	30	
Itaquera	IQV Total	1 a 2 consultas	10	25,58	27,13	3,27	20	29	0,242
		3 a 4 consultas	10	24,2	24,83	2,24	20	27	
		5 ou + consultas	13	25,65	26,79	4,34	16	30	
		Total	33	25,19	25,67	3,45	16	30	
	IQV Saúde/ Funcionamento	1 a 2 consultas	10	25,38	27,58	5,27	15	30	0,513
		3 a 4 consultas	10	24,77	23,6	3,12	20	30	
		5 ou + consultas	13	26,08	26,73	4,06	16	30	
		Total	33	25,47	26,95	4,13	15	30	
	IQV Social/ Econômico	1 a 2 consultas	10	22,33	21,84	4,47	14	29	0,278
		3 a 4 consultas	10	19,45	19,79	4,3	12	26	
		5 ou + consultas	13	22,73	27	7,61	11	30	
		Total	33	21,61	21,43	5,89	11	30	
	IQV Psicológico/ Espiritual	1 a 2 consultas	10	27,72	29,07	2,66	24	30	0,315
		3 a 4 consultas	10	25,84	26,14	3,33	21	30	
		5 ou + consultas	13	26,17	27,83	4,56	14	30	
		Total	33	26,54	27,83	3,68	14	30	
	IQV Família	1 a 2 consultas	10	28,73	30	2,34	23	30	0,517
		3 a 4 consultas	10	29,4	30	1,9	24	30	
		5 ou + consultas	13	28,92	30	2,25	22	30	
		Total	33	29,01	30	2,13	22	30	

5.3. Idosos

O terceiro subgrupo cujos resultados analisaremos é o grupo constituído pelos idosos: o alfa de Cronbach de 0,82 a 0,89 indicando boa consistência interna.

A correlação item-dimensão (Tabela 12) mostrou maior valor na questão 19, item que avalia "satisfação com a vizinhança"(e importância).Trata-se uma mudança radical em relação ao adulto, onde a maior correlação se deu com "finanças". Essa mudança nos parece lógica e reforça nossa análise no tópico 2.2 deste relatório.

Tabela 12. Domínio social e econômico.

	Scale Mean if Item Deleted	Scale Variance if Item Deleted	Corrected Item-Total Correlation	Squared Multiple Correlation	Alpha if Item Deleted
QV13	182,2035	2214,0846	,5827	,6000	,8427
QV14	182,2965	2172,2552	,6257	,5731	,8389
QV18	182,3663	2149,9260	,6258	,4638	,8381
QV19	182,3198	2142,7230	,6564	,6432	,8360
QV20	186,1628	2098,0261	,6135	,4468	,8376
QV21	186,5058	1965,1323	,6106	,5016	,8379
QV22	189,0872	1911,2070	,5767	,4969	,8449
QV23	188,8314	2002,0683	,5133	,3145	,8509
QV24	186,4593	2044,0307	,5900	,4146	,8395

a-crombach = 0,8558

O próximo passo é calcular a qualidade de vida dos idosos, no total e em cada domínio comparando Santo Amaro com Itaquera (Tabela 13).

Comparação das Áreas com relação a QV dos idosos

Tabela 13: Resultado das comparações entre as Áreas com relação a QV dos idosos.

	Área	N	Média	Mediana	Desvio-padrão	Mínimo	Máximo	p-valor Mann-Whitney
IQV Total	Santo Amaro	111	23,84	24,6	3,84	13	30	
	Itaquera	94	25,37	26,44	3,84	7	30	0,001*
	Total	205	24,54	25,35	3,91	7	30	
IQV Saúde/ Funcionamento	Santo Amaro	111	23,29	23,57	4,45	9	30	
	Itaquera	94	24,45	25,39	4,85	9	30	0,014*
	Total	205	23,82	24,86	4,66	9	30	
IQV Social/ Econômico	Santo Amaro	111	21,6	21,33	4,92	8	30	
	Itaquera	94	24,28	24,8	4,77	3	30	<0,001*
	Total	205	22,83	23,25	5,02	3	30	
IQV Psicológico /Espiritual	Santo Amaro	111	26,54	28,29	3,69	15	30	
	Itaquera	94	27,63	29,14	3,95	5	30	0,009*
	Total	205	27,04	28,93	3,84	5	30	
IQV Família	Santo Amaro	109	25,84	28	5,27	0	30	
	Itaquera	94	27,17	28,5	4,48	6	30	0,097
	Total	203	26,46	28	4,95	0	30	

* p<0,05 (estatisticamente significante)

Como se observa, os valores foram todos superiores em Itaquera, sendo a diferença estatisticamente significativa no total, saúde, SE e psicológico/espiritual.

Isso nos enseja as seguintes observações:

a) o IQV total é maior nos idosos de Itaquera , o que é uma conseqüência do fato desta área ter valor superior em 3 dos 4;

b) a qualidade de vida mais elevada no domínio saúde em Itaquera sugere que o PSF tenha influência neste quadro. Lembremos que com as gestantes isso não ocorreu, mas o idoso é um segmento que também é grande consumidor de serviços de saúde, quando tem acesso, é claro;

c) este ponto é o mais importante, e num primeiro momento iremos afirmá-lo para em seguida justificá-lo: na Tabela 2, o único domínio com diferença é o sócio-econômico e com grande chance são os idosos que dão sustentação a essa diferença.

Para justificar, teremos que voltar à Tabela 2 onde a diferença das médias é de 0,99, e nem os adultos (Tabela 4) nem as gestantes (Tabela 8) sustentam essa diferença (aliás, nos adultos o valor da qualidade de vida no domínio SE é ligeiramente superior em Santo Amaro).

Pois bem, SE nos idosos tem uma diferença de 2,68, a favor de Itaquera (superior).

E mais, como a correlação mais importante é com "vizinhança" reforça a *hipótese* do papel do PSF, pois seria mais difícil conectar o trabalho do PSF com "finanças" por exemplo.

Como a dimensão saúde é fundamental na análise do PSF, selecionamos a variável se "o problema limita suas atividades".

Tabela 14: Resultado das comparações da QV com relação ao Problema limita as suas atividades.

Área		Problema limita atividades habituais	N	Média	Mediana	Desvio-padrão	p-valor Mann-Whitney
Santo Amaro	IQV Total	não	49	23,64	24,02	3,69	
		sim	58	23,99	24,72	4,03	0,516
		Total	107	23,83	24,44	3,86	
	IQV Saúde/ Funcionamento	não	49	23,40	24,35	4,56	
		sim	58	23,23	23,31	4,48	0,703
		Total	107	23,31	23,77	4,49	
	IQV Social/ Econômico	não	49	20,93	20,64	4,36	
		sim	58	22,11	21,94	5,30	0,170
		Total	107	21,57	21,17	4,91	
	IQV Psicológico/ Espiritual	não	49	26,11	27,86	3,89	
		sim	58	26,76	28,29	3,55	0,318
		Total	107	26,46	27,86	3,71	
	IQV Família	não	49	25,97	28,00	4,71	
		sim	56	25,88	28,00	5,79	0,764
		Total	105	25,93	28,00	5,29	
Itaquera	IQV Total	não	44	26,34	27,26	3,11	
		sim	45	24,11	25,45	4,23	0,002*
		Total	89	25,21	26,36	3,87	
	IQV Saúde/ Funcionamento	não	44	25,98	27,06	3,61	
		sim	45	22,57	24,39	5,42	0,001*
		Total	89	24,26	25,35	4,90	
	IQV Social/ Econômico	não	44	24,89	25,22	4,32	
		sim	45	23,30	24,75	5,14	0,176
		Total	89	24,09	24,75	4,79	
	IQV Psicológico/ Espiritual	não	44	28,36	29,82	2,51	
		sim	45	26,72	28,93	4,99	0,172
		Total	89	27,53	29,14	4,03	
	IQV Família	não	44	27,29	30,00	4,44	
		sim	45	26,98	28,50	4,74	0,684
		Total	89	27,13	28,50	4,57	

* $p<0,05$ (estatisticamente significante)

Observamos na Tabela 14 que quando o problema não limita as atividades a qualidade de vida é superior em Itaquera, na dimensão saúde e no total.

6. Comentários

Durante a apresentação dos resultados alguns comentários já foram emitidos, de modo que parece-nos oportuno iniciar por uma síntese.

O nosso material sustenta a hipótese da importância do grupo de idosos na configuração da totalidade da amostra, descrita na Tabela 2, onde se destaca a diferença apenas no domínio sócio-econômico.

Na medida que a maior correlação item-dimensão no idoso é o item vizinhança, a dimensão SE na Tabela 2 fica relativizada e o termo sócio-econômico para o domínio assume uma dimensão mais humanizadora, mais compatível com a ação do PSF.

Por tudo isso argumentamos que a nossa estratégia, como explicitado no início do relatório, foi considerar a diferença relatada na Tabela 2 como devida ao PSF. A análise de adultos e gestantes não forneceu elementos para rejeitar a hipótese, e a análise dos idosos reforçou a idéia da importância do PSF. Afinal o idoso não é um "fator" como a escolaridade e sim um cidadão, que até onde se sabe um usuário que se beneficia do PSF.

Como complemento registra-se a importância da dimensão saúde no idoso de Itaquera, o que não ocorreu claramente com os adultos e gestantes.

Para finalizar cabe destacar que não consideramos as conclusões deste trabalho definitivas. Elas são coerentes, mas constituem um tipo de abordagem, uma aproximação, que precisa ser confrontada com outras metodologias; é essencial informar que não apresentamos resultados de variáveis que não mostraram associação, como sexo, idade e optamos em apenas citá-las; e mais, constatamos resultados para nós paradoxais, como receber orientação de pré-natal e ter pior qualidade de vida, o que precisa ser explicado; por fim é necessário articular os nossos resultados com valores normativos do instrumento para melhor interpretar os significados.

Referências Bibliográficas

1. NEMES, M. I. B. *Avaliação em Saúde:* questões para os Programas de DST/AIDS no Brasil. Associação Brasileira Interdisciplinar de AIDS, 2001.

2. HARTZ, Z. M.; CAMACHO, L. A. B. Formação de Recursos Humanos em Epidemiologia. *Cad. Saúde Públ.* 1996; 12 (Supl. 2):13-20.
3. OMS (1989) in CESAR, C. L. G.; TANAKA, O. Y. Inquérito domiciliar como instrumento de avaliação de Serviço de Saúde. *Cad. Saúde Públ.* 1996; 12 (Supl.): 59-70.
4. DONABEDIAN, A. Evaluating the quality of medical care. *Milbank Quarterly* 44: 166-203.
5. RATTNER, D. A epidemiologia na avaliação da qualidade: uma proposta. *Cad. Saúde Públ.* 1996; 12 (Supl. 2): 21-32.
6. HABICHT, J. P.; VICTORA, C. G.; VAUGHAN, J. P. Evaluation designs for adequacy, plausibility and probability of public health programme performance and impact. *International Journal of Epidemiology*. 1999; 28: 10-18.
7. SCHNEIDER, E. C. Measuring mortality outcomes to improve health care: rational use of ratings and rankings. *Med. Care.* 2002; 40 (1): 1-3.
8. JOHNSON, M. L.; GORDON, H. S.; PETERSEN, N.J.; WRAY, N. P.; LAURIE SHROYER, A.; GROVER, F. L.; GERACI, J. M. Effect of Definition of Mortality on Hospital Profiles. *Med. Care.* 2002; 40 (1): 7-16.
9. OSTENFELD, E. Aristotle on the good life and quality of life. In: NORDENFELT, L. Concepts and measurement of quality of life in health care. *Netherlands: Kluwer Academic Publishers*, 1994.
10. ZHAN, L. Quality of life: conceptual and measurement issues *J. Adv. Nurs.* 1992; 17: 795- 800.
11. WOOD-DAUPHINEE, S. Assessing quality of life in clinical research: from where have we come and where we are going? *J. Clin. Epidemiol.* 1999; 52 (4): 355-363.
12. FERRAZ, M. B. Qualidade de vida: conceito e um breve histórico. *Jovem médico.* 1998; 4:219-222.
13. MUSCHENGA, A. W. Quality of life and handcapped people. In: NORDENFELT, L. Concepts and measurement of quality of life in health care. *Netherlands: Kluwer Academic Publishers*, 1994. pp. 181-198.
14. MEEBERG, G. A. Quality of life: a concept analysis. *J. Adv. Nurs.* 1983; 18: 32.
15. FAERSTEIN, E. O debate qualidade de vida e saúde: outros aspectos a considerar. *Ciência & Saúde Coletiva.* 2000; 5(1): 22-24.

16. ROMANO, B. W. Qualidade de vida: teoria e prática. *Rev. Soc. Cardiol.* 1993; 3 (supl A): 6-9.

17. NORDENFELT, L. Concepts and measurement of quality of life in health care. *Netherlands: Kluwer Academic Publishers*, 1994.

18. LISS, P. On need and quality of life. In: NORDENFELT, L. Concepts and measurement of quality of life in health care. *Netherlands: Kluwer Academic Publishers*, 1994: 63-78.

19. OLESON, M. Subjective perceived quality of life. Image. *J. Nurs. Scholars*, 1990; 22(3): 187-90.

20. The WHOQOL Group. What quality of life? *World Health Forum.* 1995; 17(4): 354-356.

21. FERRANS, C. E.; POWERS, M. J. Quality of life index: development and psychometric properties. *Adv. Nurs. Sci* 1985; 8:15-24.

22. FERRANS, C. E.; POWERS, M. J. Psychometric assessment of the Quality of Life Index. *Res. Nurs. Health.* 1992; 5:29-38.

23. PASCHOAL, S. M. P. Qualidade de vida do idoso: elaboração de um instrumento que privilegia sua opinião [dissertação]. São Paulo (SP): Faculdade de Medicina da USP, 2000.

24. KLEINPELL, R. M. Concept analysis of quality of life. *Dimen Crit Care Nurs.*, 1991; 10(4): 223-229.

25. MUSCHENGA, A. M. The relation between concepts of quality of life, health and happiness. *Journal of Medicine and Philosophy*, 1997; 22: 11-8.

26. MINAYO, M. C. S.; HARTZ, Z. M. A.; BUSS, P. M. Qualidade de vida em saúde: um debate necessário. *Ciência & Saúde Coletiva*, 2000; 5(1): 7-31.

27. NOVAES, H. M. D. Epidemiologia e avaliação em serviços de atenção médica: novas tendências na pesquisa. *Cad. Saúde Públ.*, 1996; 12 (Supl. 2): 7-12.

28. PATRICK, D. L.; BERGNER, M. Measurement of Health Status in 1990s. *Annu. Rev. Public. Health*, 1990; 11: 165-83.

29. FITZPATRICK, R.; ALBRECTH, G. The plausibility of quality of life measures in different domains of Health Care. In Nordenfelt Concepts and Measurement of Quality of Life in Health Care. *Netherlands: Kluwer Academic Publishers*, 1994.

30. MCHORNEY, C. A. Health status assessment methods for adults: past accomplishments and future challenges. *Annu. Rev. Public. Health.*, 1990; 20: 309-35.

31. KAPLAN, S. H.; KRAVITZ, R. L.; GREENFIELD, S. A critique of current uses of health status for the assessment of treatment effectiveness and quality of care. *Med. Care,* 2000; 38 (9, Supl. II): II 184- II 194.

32. SMITH, J. L.; ROST, K. M.; NUTTING, P. A.; ELLIOTT, C. E. Resolving disparities in antidepressant treatment and Quality-of-Life outcomes between uninsured and insured primary care patients with depression. *Med. Care.*, 2001; 39 (9): 910-922.

33. HARRISON, M. B.; BROWNE, G. B.; ROBERTS, J.; TUGWELL, P.; GAFNI, A.; GRAHAN, I. D. Quality of life of individuals with heart failure: a randomized trial of the effectiveness of two models of hospital-to-home transition. *Med. Care.*, 2002; 40 (4): 271-282.

34. WARE, J. E.; BAYLISS, M. S.; ROGERS, W. H.; KOSINSKI, M.; TARLOV, A. R. Differences in 4-year health outcomes for elderly and poor, chronically III patients treated in HMO and fee-for-service systems. *JAMA.* 1996; 276 (13): 1039-47.

35. KIMURA, M. Tradução para o português e validação do Quality of Life Index de Ferrans e Powers. São Paulo, 1999. 85 p. Tese (Livre-Docência). Escola de Enfermagem, Universidade de São Paulo.

36. PADILLA, G. V.; FRANK-STROMBORG, M. Single instruments for measuring quality of life. In: FRANK-STROMBORG, M.; OLESON, S. F. *Instruments for clinical health-care research.* 2nd ed., London, Jones & Bartley, 1997. Chap. 9, pp. 114-34.

37. FERRANS, C. E. Development of a conceptual model of quality of life. *Scholarly Inquiry for Nursing Practice;* 10(3): 293-303.

38. FERRANS, C. E.; POWERS, M. Employment potential of hemodialysis patients. *Nursing Research,* 1985(a); 34: 273-77.

39. FLANAGAN, J. Measurement of quality of life: current state of the art. *Arch. Phsysical Med. Reab.*, 1982; 63: 56-9.

40. ARZOUMAN, J. et al. Quality of life of patients with sarcoma post-chemotherapy. *Oncology Nursing Forum;* 18, 889-94.

41. HICKS, F.; LARSON, J.; FERRANS. Quality of life after liver transplant. *Res. Nurs. Health,* 1992; 15:111-19.

42. BRILEY, A.; FERRANS, C. E. Quality of life after coronary angioplasty. *Heart & Lung*, 1993; 22(3): 194-99.

43. FERRANS, C. E.; POWERS, M. J. Quality of life of hemodialysis patients. *Am. Neph. Nurs. Assoc. Journ.* 1993; 20 (5): 575-81.

44. FERRANS, C. E. Quality of life through the eyes of survivors of breast cancer. *Oncology Nursing Forum,* 1994; 21 (10): 1645-51.

45. FERRANS, C. E. Quality of life: conceptual issues. *Seminars in Oncology Nursing,* 1990; 6 (4): 248-54.

46. FERRELL, B. et al. The meaning of quality of life for bone marrow transplant survivors - Part I: the impact of bone marrow transplant on QOL. *Cancer Nurs.*, 1992; 15:153-160.

47. GRANT, M. et al. Measurement of quality of life in bone marrow transplant survivors. *Quality of Life Res.*, 1992; 1: 375-84.

48. MACHADO, R. C. B. R. Validação do Índice de Qualidade de Vida de Ferrans e Powers para a população geral do Município de Londrina. São Paulo, 2000. 95 p. Dissertação (Mestrado). Escola de Enfermagem, Universidade de São Paulo.

49. MENEGUIN, S. Qualidade de vida de pacientes com cardiopatias valvares. São Paulo, 2001. 111 p. Dissertação (Mestrado). Escola de Enfermagem, Universidade de São Paulo.

50. YAMADA, B. A. Qualidade de vida de pessoas com úlceras venosas crônicas. São Paulo, 2001. 175 p. Dissertação (Mestrado). Escola de Enfermagem, Universidade de São Paulo.

51. KAWAKAME, P. M. Qualidade de vida de estudantes de graduação em Enfermagem. São Paulo, 2001. 117 p. Dissertação (Mestrado). Escola de Enfermagem, Universidade de São Paulo.

52. IGLESIAS, R. B. Qualidade de vida de alunos-trabalhadores que cursam a graduação em Enfermagem. São Paulo, 2002. 97p. Dissertação (Mestrado). Escola de Enfermagem, Universidade de São Paulo.

53. AZEVEDO, G. R.; MARCONDES, L. H. M. O.; SILVA, N. P.; KIMURA, M.; SANTOS, V. L. C. G. Qualidade de vida de mulheres portadoras de incontinência urinária de esforço. Trabalho de conclusão do Curso de Especialização em Enfermagem em Estomaterapia, Escola de Enfermagem da USP, 2002.

54. STRAZZIERI, K. C.; GONÇALVES, L. A.; KIMURA, M.; GROSSI, S. A. A.; SANTOS, V. L. C. G. A qualidade de vida de pacientes com Diabetes mellitus tipo 2 em atendimento ambulatorial. *Arquivos Brasileiros de Endocrinologia e Metabologia*, 2003, 47:558.

55. LINO, M. M. Qualidade de vida e satisfação profissional de enfermeiras de Unidades de Terapia Intensiva. São Paulo, 2004. p. 223. Tese (Doutorado) Escola de Enfermagem, Universidade de São Paulo.

A Ação Educativa em um Projeto de Avaliação Assistencial

Capítulo 14

Humanização e Trabalho: razão e sentido na perspectiva Biraghiana*

Gilberto Tadeu Reis da Silva
Luiza Vanz
Vitória Helena Cunha Espósito
Paulo Cobellis Gomes

No novo milênio, observamos no cenário mundial, uma preocupação crescente em dar lugar a novos paradigmas que considerem e valorizem o "ser humano" em sua totalidade. Estas mudanças poderão dar outros rumos a história da humanidade, com reflexo direto no modo e qualidade de vida dos seres humanos.

Neste contexto, a Enfermagem tem um papel preponderante por ser uma profissão que busca promover o bem-estar do ser humano, considerando a sua liberdade, solidariedade, justiça, unicidade e dignidade, que na perspectiva de BIRAGHI são valores cristocêntricos.

A humanização e trabalho como razão e o sentido da Enfermagem, nos reporta ao pensamento de MEDEIROS (1999), de que a realidade humana é constituída de duas determinantes: uma delas mexe

* Tema Oficial da Semana Brasileira de Enfermagem; (Re) lido pela perspectiva dos valores cristocêntricos de Monsenhor Luigi Biraghi (Fundador da Congregação das Irmãs de Santa Marcelina).

com a emoção, que é o pensamento e a alma e a outra é a extensão ou a matéria que tem a ver com a razão. A racionalidade é importante no trabalho da Enfermagem porque vem carregada de informações, conhecimentos e tecnologia. A emoção, a sensibilidade, a instituição e o *"colocar-se no lugar do outro"*, é que fazem com que o trabalho de Enfermagem seja diferente, surpreendente e especial.

Humanizar o trabalho de Enfermagem implica em prestar uma assistência que valorize o ser humano, que leve em conta seus valores, suas necessidades e sua cultura. Implica na capacidade para a saúde e bem-estar social.

A Enfermagem tem como premissa básica o cuidado ao ser humano, na sua totalidade e de acordo com sua natureza, reconhecendo-o como um ser com potencialidades e capacidades para agir e decidir, observando sua individualidade, necessidades, expectativas e realidade (HEIDEGGER, 1999). Desta forma, amplia suas possibilidades para exercer sua autonomia e para transformar o contexto em que vive.

Uma das nuanças da humanização é reconhecer que tanto os trabalhadores da saúde como as pessoas que buscam estes serviços são sujeitos com direitos, sendo que ambos devem assumir um compromisso em que a responsabilidade seja compartilhada. A transformação do modelo direito à informação, uma vez que esta se constitui, no elemento vital para que ocorra uma participação ativa no processo de cuidar.

De acordo com BRUGGEMANN (2001 b) na área de Enfermagem encontramos (ROCKENBACH, 1985) que enfatiza que para humanizar é necessário uma equipe humanizada. Este sentido de humanismo está voltado para as interfaces de família, o que nos reporta aos pensamentos de BIRAGHI (1838-1880) onde referencia que a necessidade de estar mais próximo do alunado garantiria à religiosa educadora esta incumbência.

No entanto, cabe observar que a motivação dos trabalhadores de enfermagem decresce dia-a-dia e a rotatividade em busca de melhores condições de trabalho em outros setores tem aumentado. A rede hospitalar está em constante luta pela sobrevivência e a superespecialização, SILVA (2000), muitas vezes não atende a maioria das necessidades de saúde dos clientes. Assim, persistindo esta situação, infiro que a humanização do cliente e da equipe de enfermagem se torna praticamente inviável. Entretanto, todo esforço é válido quando direcionado ao tempo no qual o cliente está internado, que neste momento, lhe seja dado o carinho, a assistência e o respeito que merece como pessoa humana.

Acreditamos que a base da humanização é a atitude do profissional sim, mesmo em condições precárias é possível desenvolver um trabalho em que as ações dos profissionais de saúde sejam pautadas na preocupação com o respeito, bem-estar e satisfação dos atores envolvidos. O enfermeiro deve implantar a humanização em seu coração antes de implantá-la no seu trabalho.

> *"Humanizar a assistência implica em humanizar os profissionais de saúde, humanizar as pessoas. Depende da atitude, da postura que temos, do modo como interagimos com o outro. O custo da humanização é do tamanho da vontade de cada um"* (ZAMPIERI, 2001 a, p. 76).

Parafraseando BRUGGEMANN (2001 a), acreditamos que as atitudes dos profissionais que integram o mundo do cuidado são fundamentais para a humanização. Atitudes estas, que levam o profissional a estar aberto e disponível ao diálogo, às mudanças, ao compartilhar conhecimentos, à incorporação de novos conhecimentos oriundos de outras disciplinas, ou seja, uma atitude *interdisciplinar*. Neste sentido, os profissionais passam a falar a mesma linguagem, não se contradizem, se complementam; não tomam atitudes opostas e conseqüentemente, todos estes aspectos refletem na qualidade da experiência vivenciada, uma vez que o cliente e a família percebem-se, se sentem mais tranqüilos e seguros. Por outro lado, passa a existir uma "cumplicidade" na equipe, diminui o estresse, amplia possibilidades de sucesso, diminuem e/ou eliminam-se os riscos ocasionados pelas condutas isoladas e descontextualizados. Enfim, a interdisciplinaridade humaniza a equipe e conseqüentemente o trabalho da Enfermagem.

Além da interdisciplinaridade, ZAMPIERI (2001 b) aponta o processo educativo como mais um dos elementos essenciais para a concretização da humanização, pois ele possibilita a valorização de aspectos como sensibilidade, empatia, afetividade, autonomia e dignidade. Contribui para valorizar a auto-estima, autoconfiança e auto-realização. Para SILVA (2001) é um instrumento de transformação de construção e reconstrução da realidade, de posturas e atitudes, tornando o mundo e a história, mais humanos.

Para VALLA & STOTZ, os profissionais de saúde como educadores que são, precisam educar-se continuamente para agirem como facilitadores e mediadores, buscando meios para alertar as condições geradoras de doença, bem como para estimular ações que visem a promoção da saúde. Devem facilitar o acesso do cliente às informações necessárias para que tenha um melhor dimensionamento dos problemas de saúde: ouvindo, refletindo e propondo conjuntamente, respeitando, orientando, conhecendo, compreendendo e amando (ZAMPIERI, 2001).

Para BRUGGEMANN (2001 a) todos os aspectos levantados acerca da humanização, nos remetem à idéia de que a humanização não tem uma "fórmula" que possa ser aplicada. Podemos eliminar rotinas e práticas redutoras e implementar outras, mas estas, também podem se tornar desumanizantes se não forem desenvolvidas respeitando a subjetividade e singularidade dos seres humanos envolvidos.

Segundo BOFF (2001) humanizar no trabalho de Enfermagem consiste no respeito pela pessoa, consideração das diferenças individuais e a promoção ao ***"ser mais"***. O ponto básico na humanização é a comunicação e o relacionamento entre as pessoas, baseados no respeito das próprias individualidades, expressando-se através de gestos de amor, do ouvir o dito e o não dito, do observar, tomando como veículo às técnicas, que só serão humanizantes se houver o envolvimento do profissional junto com o cliente. Para que o cuidado seja humanizado, precisamos considerar os seres humanos (clientes, família e profissionais de saúde) como seres dotados de qualidades e características próprias. E, neste sentido, é primordial criar um clima de respeito, confiança e afeto entre os seres envolvidos (OLIVEIRA, 2001).

Segundo HORTA (apud, OLIVEIRA, 2001, p. 42), para compreendermos a humanização é necessário refletir sobre o que é o *ser*, o *humano*, o *ser humano*, *humanizar* e *humanização*. Se a consciência da humanização não for percebida, sentida, assimilada significativamente por todos nós, cada um de per si, tudo continuará como está e tenderá à maior desumanização. Não adiantarão comissões e/ou grupos de trabalho para humanizar cidades, hospitais, palestras, cursos e outras medidas que têm sido tomadas, se cada um de nós ainda não perceber a si e a seus semelhantes como seres humanos.

Em direção, a humanização pelo trabalho buscamos construir a presente pesquisa alicerçados nos princípios filosóficos e teológicos de Biraghi.

Em direção à humanização pelo trabalho e à pesquisa propriamente dita

Nossas intenções:

- Apreender a existência ou não de possíveis correlações entre o conhecimento teórico posto em sala de aula e as ações práticas no campo de estágio tendo como panorama de fundo os valores humanísticos de Biraghi;

- Capturar nos depoimentos indícios do que ocorre no mundo vida dos acadêmicos e que nos possibilite a compreensão de *"como"* isto se dá na perspectiva interrogada: a humanização pelo trabalho.

Trajetória Metodológica

O presente trabalho, constituiu-se em um estudo qualitativo descritivo e exploratório de natureza fenomenológica.

Formulamos após vários ensaios uma questão que nos pareceu não ser nem tão ampla e nem tão restrita, mas suficiente para dar a direção, o norte, de forma a que pudéssemos apreender nos depoimentos (descrições fenomenológicas), o sentido do proposto, nesta pesquisa, como tema de investigação. Consideramos as descrições como sendo a articulação da inteligibilidade – que se faz no silêncio e na interioridade do ser – e que solicita ser dita ao outro, manifestando-se como linguagem. Dentre as descrições coletadas selecionamos três pela sua representatividade para constarem deste documento.

Procuramos manter durante a investigação, tanto quanto possível, em suspensão (époche) nossos valores, pressuposições e expectativas quanto às possibilidades de estarmos desenvolvendo um trabalho de promoção humana fundamentando nossa ação enquanto instituição confessional nos princípios já anunciados (MARTINS, 1994).

Nessa modalidade de pesquisa qualitativa – a estrutural – com a redução fenomenológica, tal como posta por Husserl e re-visitada por Merleau Ponty.

O estudo foi realizado em uma instituição de Ensino e Serviço Confessional, localizada na Zona Leste do Município de São Paulo, tendo como sujeitos, acadêmicos do 7º semestre do período vespertino, curso de graduação em Enfermagem.

A coleta de dados foi realizada por meio de relato de experiências (descrições fenomenológicas) de alunos frente ao texto que se encerra na proposição norteadora (ESPÓSITO, 1997).

*"Tendo a enfermagem como premissa básica o **cuidado** ao ser humano, na sua totalidade e de acordo com sua natureza, reconhecendo-o como um ser com potencialidades e capacidades para agir e decidir; e observando sua individualidade, necessidades, expectativas e realidade"*: Como você apreende a existência ou não de possíveis correlações entre o conhecimento teórico posto em sala de aula e as ações práticas no campo de estágio?

A partir do texto que contém a questão norteadora foram coletadas as descrições fenomenológicas, das quais apresentamos três, dada sua representatividade.

De acordo com os depoentes do curso de graduação em enfermagem, a correlação da teoria com a prática vivenciada no período de estágio do 7º semestre de 2002 foi o seguinte:

1º discurso

"Período que vivenciei no estágio do 7º semestre, adquiri uma percepção na qual a realidade atual em que vivemos, não condiz na teoria, porque exemplo disso, é ter conteúdos teóricos atualizados e pesquisados, mas que na prática não podemos utilizar determinados métodos inovativos para uma possível transformação; de atitudes que acabam sobrepondo à filosofia e missão da instituição, em que esta já pode se dizer "moldada", não aceitando, nem mesmo com sutileza algumas formulações de projetos que tragam melhoria na assistência e através de estímulo de novos profissionais com uma visão mais ampla de conhecimentos para atuar, no incentivo do saber constante e necessário.

Devemos então, conhecer a teoria, mas que o docente esteja ligado à prática, porque assim, construirá métodos nos quais não venhamos se assim posso dizer, "frustrar" nosso conhecimento e capacidade de utilizá-lo durante o estágio.

Aprendi muito, mas sei que devo ponderar e refletir sempre dependendo de onde eu estiver assistindo ou atuando na futura profissão e não me deixar "moldar", mostrando que com honestidade, clareza e conhecimento posso aprender todos os dias.

Afinal acredito que tudo é válido, pois torna-se uma lição de vida e como você a absorve e daí cada um utiliza da maturidade adquirida, na demonstração das potencialidades construídas de cada ser humano tanto tecnicamente como profissionalmente."

2º discurso

"A correlação se dá a partir das necessidades básicas expressas pelo paciente, correlacionando com o que pode e o que deve ser feito diante de cada situação expressa (vivenciada).

O estágio do 7º semestre, oportunizou-me um olhar para o cuidado e assistência ao paciente por um outro ângulo. O qual me demonstrou um outro tipo de cuidado, no que diz respeito a deixar uma pessoa a mais entrar no horário de visita, o cuidado em manter o estoque de materiais para que não ocorra sua falta, interrompendo ou diante procedimentos importantes, solicitando consertos de objetos de uso diário para a enfermagem enfim."

3º discurso

"Durante boa parte do meu período de estágio eu pude vivenciar esta teoria e aplicá-la nos cuidados que prestei.

Porém houve momentos que devido à grande demanda de cuidados a serem prestados a mesma ficou prejudicada. Mas é fundamental a participação do próprio cliente nos cuidados, pois ninguém mais do que ele sabe quais são as suas necessidades."

A enfermagem humanística engloba muito mais do que a competência técnica, engloba um modo de relacionar-se um em favor do outro, seja do enfermeiro/cliente, seja do enfermeiro/médico/membros da equipe. O ser e o fazer estão intimamente relacionados. Esta relação possibilita à enfermagem a oportunidade para o desenvolvimento do ser humano, torna a existência uma coexistência humana.

O processo de relações de poder dissipa-se através das inter-relações tornadas humanísticas. (ZAGONEL apud, OLIVEIRA, 2001, p. 41).

Tratamento dos dados

Após os discursos serem coletados, fez-se uma leitura geral e após uma re-leitura, foram identificadas pelo pesquisador unidades de significado (redução fenomenológica).

Em seguida, procurou-se identificar as convergências, divergências e idiossincrasias encontradas nos discursos individuais.

Neste trabalho os pesquisadores procuraram manter durante a investigação, tanto quanto possível em suspensão (époche) seus valores, pressuposições e expectativas quanto às possibilidades de estarmos desenvolvendo um trabalho de promoção humana fundamentado pelos princípios humanistas de Biraghi.

A construção dos dados

Tendo sido tratados os dados, chegamos às seguintes categorias abertas:

A primeira categoria que apresentamos é denominada **TENSÕES** resultada das convergências de temáticas encontradas nos três discursos, por exemplo:...Conteúdos teóricos atualizados desvinculados do momento da prática de campo (D[2]1, U.S[3]. A e B);... Grande demanda de pacientes a serem cuidados / cuidados prestados que deixam a desejar (D3, U.S. B e C) e falta de material para prestar cuidados (D2, U.S. C).

POSSIBILIDADE é a segunda categoria por nós descrita, tendo como convergências temáticas as seguintes:...Demonstram outro tipo de cuidado...Possibilitando cuidar por outro ângulo (D3, U.S. A).

Como terceira categoria apresentamos a **INFLEXIBILIDADE**, as convergências temáticas possíveis são:...Atitudes que acabam se sobrepondo à filosofia institucional...(D1, U.S. C);...Docente de alto nível de conhecimento teórico e humanizador, mas que não está vinculada à prática (D1, U.S. C);...Horário imposto e quantidade de visitas (D2, U.S. B).

Não tendo sido constatada divergência, apresenta como idiossincrasias a:...Métodos inovativos para uma possível transformação (D1, U.S. D).

Considerações Finais

De acordo com os depoimentos, podemos inferir que o ser humano é singular, regido por seus valores e merecedor de um cuidado único, digno e humanizado.

O profissional de saúde busca atuar promovendo uma assistência, respeitando as individualidades e necessidades daqueles que recebem cuidados. Para tanto, o cuidado humanizador faz com que o paciente sinta-se importante como um todo, possibilitando atividade interdisciplinar e multiprofissional, na qual o seu significado será concretizado trazendo o verdadeiro sentido do humanizar. O cuidado voltado ao paciente, oferece-lhe respeito, dignidade, fraternidade, cidadania e valorização. Isso só será possível quando os enfermeiros forem capazes de colocar-se na condição do outro (o paciente), aquele que

---

[2] A letra D refere-se a Discurso.

[3] As letras U.S. referem-se a Unidades de Significado.

confia sua vida a alguém e este em sua linguagem de silêncio veste-se do compromisso e do dever de cuidar sendo merecedor de confiança.

A enfermagem humanística engloba muito mais do que competência técnica envolve um modo de relacionar-se com o outro, ou seja, o enfermeiro/cliente, seja o enfermeiro/equipe/médicos. O ser e o fazer estão intimamente relacionados. Esta relação possibilita à enfermagem a oportunidade para o desenvolvimento do ser humano, tornando a existência uma (co) existência.

Colocamos assim a construção, não só de um panorama, mas de um horizonte de possibilidades: a construção através dos tempos de um trabalho humanizador para a enfermagem tendo como proposta os princípios cristocêntricos de Biraghi.

Referências Bibliográficas

BIRAGHI, Luigi. Positivo Super Virtutibus. s. l., s. nº, 1838.

BOFF, Leonardo (2001). Saber cuidar. *Ética do humano – compaixão pela terra*. Petrópolis, R.J.: Vozes.

BRUGGEMANN, Odaléa Maria. Resgatando a história obstétrica para vislumbrar a melodia da humanização. In: OLIVEIRA, Maria Emília; ZAMPIERI, Maria de Fátima Mota; BRUGGEMANN, Odaléa Maria. *A melodia da humanização:* reflexões sobre cuidado durante o processo do nascimento. Florianópolis: Cidade Futura, 2001 a. pp. 23-34.

ESPÓSITO, Vitória Helena Cunha. *O corpo e o mundo percebido:* Uma leitura de Merleau-Ponty. In: BICUDO e ESPÓSITO, SP EDUC, 1997, pp. 125-145.

ESPÓSITO, Vitória Helena C. et alli. A pesquisa qualitativa e o trabalho de formação do educador. In *Linhas de rumo e formação de professores*. Org. José Tavares. Universidade de Aveiro, Portugal, 1993.

ESPÓSITO, Vitória Helena C. et alli. Formação de professores, buscando os sentidos de seu fazer e os saberes que se fazem necessários. *Revista da Faculdade Santa Marcelina,* v. 1, número especial, (2001). São Paulo: Faculdade Santa Marcelina, 2001.

HEIDEGGER. Martins. *Língua da tradição e língua técnica.* Tradução de Mário Botas, Lisboa, Vega, Limitada, 2ª ed., 1999, p. 23.

MARTINS, Joel; BICUDO Maria Aparecida Viggiani. *A pesquisa qualitativa em psicologia:* fundamentos e recursos básicos. 2ª ed. São Paulo: Moraes, 1994.

MEDEIROS, José Rafael de. *O amor renovando o trabalho*. Rio de Janeiro: Vozes, 1999.

MENDES, Isabel Amélia Costa et al. Enfoque humanístico à comunicação em enfermagem: o caso de uma adolescente hospitalizada. *Revista Brasileira de Enfermagem*, Brasília, v. 53, nº 1, pp. 7-13, jan./mar. 2000.

OLIVEIRA, M. E.; ZAMPIERI, M. F. M.; BRUGGEMANN, O. M., *A Melodia da Humanização:* Reflexões sobre o cuidado no processo do nascimento. Florianópolis: Cidade Futura, 2001.

ROCKENBACH, Lúcia Herta. A enfermagem e a humanização do paciente. *Revista Brasileira de Enfermagem*, Brasília. v. 38, nº 1, pp. 49-54, jan./mar. 1985.

SILVA, Gilberto Tadeu Reis da. *Os egressos de uma escola de nível médio de Enfermagem do Município de São Paulo:* repensando a formação profissional. São Paulo, 2000. Dissertação (Mestrado). Universidade de São Paulo – Escola de Enfermagem.

SILVA, Gilberto Tadeu Reis da; VANZ, Luiza. Missão, história e propósitos da Faculdade Santa Marcelina – Campus Itaquera. *FASM em Revista*, São Paulo, v. 1, nº 1, pp. 7-10, 2001.

VALLA, Victor Vicente; STOTZ, Eduardo Navarro. *Educação, saúde e cidadania*. Petrópolis: Vozes, 1994.

Capítulo 15

Pesquisando e Aprendendo

Dulce Maria Rosa Gualda
Roselena Bazilli Bergamasco

A experiência de parceria na elaboração do presente projeto tem como pressuposto principal a criação de novos processos de trabalho, visando a constituição de redes de desenvolvimento do conhecimento e capacitação dos seus atores explícitos: docentes, alunos, pesquisadores e técnicos.

Neste contexto, o presente relato aborda estratégias inovadoras de ensino-aprendizagem que foram adotadas para o treinamento em pesquisa qualitativa, parte integrante da coleta de dados.

A pesquisa qualitativa tem como fundamento a compreensão da vida das pessoas no seu mundo. Alberga uma série de tradições de pesquisa, guardando muita semelhança entre seus métodos, muito embora cada qual tenha suas peculiaridades, dependendo da disciplina de origem, a qual pode ser a filosofia, a antropologia, a psicologia ou a sociologia. O objetivo dessas diversas modalidades de pesquisa é descobrir as características, os padrões e o significado do fenômeno em estudo. O pesquisador entra e permanece no contexto social e utiliza métodos naturais de investigação para observar, documentar, experimentar e aprender sobre as pessoas e seu esquema de referências. O paradigma qualitativo, de modo geral, fornece os pressupostos filosóficos e as diretrizes para se obter dados de pesquisa naturalísticos, humanísticos, significativos e holísticos das pessoas no seu ambiente natural (Leininger, 1990).

Paralelamente, fundamentamos nossa proposta em conceitos de DEMO (1996), para o qual, para formar o profissional moderno, entendido como portador central do processo inovativo, deve-se buscar o aprender a aprender, o saber pensar e não somente fazer funcionar.

Isso inclui condição de avaliar processos complexos, visão geral da situação e evolução, capacidade multidisciplinar e sobretudo formação permanente. Considera que, em educação, a qualidade engloba o aspecto formal e o político. O primeiro representando a habilidade de manejar meios, instrumentos, formas e técnicas, o manejo e produção do conhecimento. O aspecto político é direcionado aos fins, aos valores e aos conteúdos. De forma sintética, significa que a qualidade formal se refere a arte de descobrir enquanto que a qualidade política trata da arte do fazer, o desafio de manejar os instrumentos para fazer história humana.

Para DEMO (1996) a qualidade é questão de competência humana. Implica a consciência crítica e a capacidade de ação, saber e mudar. Nesse sentido, dois são os desafios diante da sociedade: o construir e o participar. O primeiro referindo-se à capacidade de iniciativa, autogestão, proposta, e o segundo à capacidade de inovação para o bem-comum. Neste sentido, educação não é apenas ensino, treinamento, instrução, mas formação, envolvendo o aprender a aprender, o saber pensar para melhor intervir.

Algumas afirmações de MORIN (2000) sobre a educação e o conhecimento, foram consideradas importantes para serem incorporadas.

Com relação a condição humana afirma que deve-se ter sempre em mente que o ser humano é a um só tempo físico, biológico, psíquico, cultural, social e histórico. Esta unidade complexa da natureza humana tem sido totalmente desintegrada na educação por meio das disciplinas, tendo-se tornado impossível aprender o que significa ser humano. Para o autor é preciso restaurá-la para que se torne conhecimento e consciência de sua realidade complexa e de sua identidade comum a todos outros humanos. Assim sendo, a condição humana deve ser objeto essencial do ser humano.

Como vivemos num período de evolução rápida, considera que a educação deva iniciar a preparar as mentes para esperar o inesperado para enfrentá-lo. Por outro lado o conhecimento do conhecimento aparece como uma necessidade primeira, que servirá de preparação para enfrentar riscos permanentes de erros de ilusão que povoam a mente humana. Neste sentido propõe que o ensino seja guiado pelo "princípio da incerteza racional" onde, razão e desrazão, integram qualquer tipo de conhecimento.

Assim sendo, o conhecimento não pode ser considerado uma ferramenta pronta sem que sua natureza seja examinada. Por outro lado, a educação deve estar voltada para a compreensão humana intersubjetiva, que inclui processos de empatia, de identificação e de projeção, enquanto que a compreensão intelectual ou objetiva passa apenas pela inteligibilidade e explicação.

A capacitação para pesquisa qualitativa foi direcionada aos alunos pesquisadores das instituições privadas que iriam participar da coleta de dados, considerando que nenhum deles tinha experiência prévia nessa modalidade de pesquisa e que é parte integrante da coleta de dados do projeto. A estratégia adotada foi a utilização dos próprios passos para a realização da pesquisa qualitativa, considerando os alunos como sujeitos e atores do processo.

Foi realizado o planejamento de um curso de capacitação com um total de 20 horas, divididas em 5 encontros para 27 alunos, participantes de um projeto de pesquisa sobre saúde da família, e que não tinham experiência prévia em pesquisa, que foram selecionados como bolsistas do projeto e que desenvolveriam atividades de coleta de dados.

O curso de Treinamento em Metodologia de Pesquisa Qualitativa abordou os seguintes conteúdos: 1. "Como eu vejo o mundo"; 2. Metodologias Qualitativas; 3. Observação Participante; 4. Entrevista; 5. Análise de Dados Qualitativos.

1. "Como eu vejo o mundo"

No primeiro encontro, foi feita uma rodada de apresentações, pois os alunos não se conheciam. Em seguida, foi apresentado o vídeo "A canção do mundo", e após a apresentação do filme, foram discutidos pontos importantes abordados no mesmo. Os alunos foram então divididos em subgrupos com 5 elementos e convidados a escolher um objeto que expressasse a resposta de cada indivíduo para a pergunta *"Como eu vejo o mundo?"* e escrevê-la numa folha de papel.

A seguir foi solicitado que os elementos de cada subgrupo escolhesse um objeto apresentado pelos membros do grupo e que fosse significativo para todo o grupo em resposta a pergunta *"Como eu vejo o mundo?"*.

Como parte da dinâmica proposta os subgrupos juntaram-se em um grupo maior e escolheram um objeto dentre os escolhidos como representação de cada subgrupo para compor a resposta do grupo maior à pergunta *"Como eu vejo o mundo?"*. Na parte final do encontro, foi efetuada a síntese das reflexões correlacionadas com o vídeo.

2. Metodologias Qualitativas

No segundo encontro a aula foi expositiva com uma introdução à pesquisa qualitativa afirmando-se que esta tem como fundamento a compreensão da vida das pessoas no seu mundo. Discorremos sobre as diversas tradições de pesquisa e estabelecemos algumas relações com as disciplinas de origem, ou seja, a filosofia, a antropologia, a psicologia ou a sociologia. Exploramos o objetivo dessas diversas modalidades de pesquisa e o papel do pesquisador. A introdução às diferentes abordagens qualitativas foram baseadas no quadro a seguir:

Quadro 1. Dimensões para Comparação entre 5 Linhas de Pesquisa Qualitativas

Dimensão	Biografia	Fenomenologia	Teoria Fundamentada nos Dados	Etnografia	Estudo de Caso
Foco	Explora	Busca compreender a essência das experiências sobre um fenômeno	Desenvolve uma teoria fundamentada nos dados do campo	Descreve e interpreta um grupo cultural e social	Desenvolve uma análise aprofundada de um único caso ou de vários casos
Disciplina de origem	Antropologia Literatura História Psicologia Sociologia	Filosofia Psicologia Sociologia	Sociologia	Antropologia cultural Sociologia	Ciência política Sociologia Estudos urbanos Ciências sociais
Coleta de dados	Primariamente entrevistas e documentos	Entrevistas longas com até 10 pessoas	Entrevista com 20 a 30 pessoas para saturar as categorias e detalhar uma teoria	Primariamente observação, entrevistas e tempo prolongado no campo	Fontes múltiplas: documentos arquivos, entrevistas, observações, etc.
Análise dos dados	Estórias Conteúdo histórico	Afirmativas Significados Temas significativos descrição geral da experiência	Codificação aberta Codificação axial Codificação seletiva Matriz condicional	Descrição Análise interpretação	Descrição Temas Assertivas
Forma narrativa	Quadro detalhado da vida individual	Descrição da essência da experiência	Teoria ou modelo teórico	Descrição do comportamento cultural de um grupo ou de um indivíduo	Estudo profundo de um caso ou casos

3. Observação Participante

No terceiro momento, tratou-se do tema observação participante.

Para PEARSALL (1965) a observação participante representa um modo de obter informação, ao mesmo tempo que implica uma série de comportamentos nas situações em que se está envolvido. Assim sendo, o pesquisador se move nos papéis de observador e participante, conforme as condições encontradas no seu dia-a-dia no trabalho de campo.

RAGUCCI (1972) considera que o método de observação-participante permite a entrada e permanência em culturas que possuem estilo de vida diferente devido à condição de marginalidade, pois a presença constante do pesquisador na comunidade e o relacionamento contínuo com os informantes torna possível a observação e a verificação de informações.

De modo geral, os autores concordam que a observação participante representa uma técnica de coleta de dados importante, empreendida em situações especiais e cujo sucesso depende de certos requisitos que a distingue das técnicas convencionais. Tem como pré-requisito a presença constante do observador no contexto observado e a interação face a face.

PEARSALL (1965) afirma que a observação participante representa um caminho indireto para se obter conhecimento sobre crenças, valores, atitudes e outros aspectos intangíveis. Neste caso, a entrevista se torna um outro procedimento de coleta de dados, suplementar e necessário. Esta última representa uma fonte direta de informação sobre os sistemas de conhecimento e de crenças.

Como estratégia de ensino, foi apresentado trechos do filme "Instinto" e em seguida, foi solicitado aos participantes do treinamento que escrevessem os pontos importantes no filme em relação à abordagem do pesquisador.

A seguir houve a explicação dos seguintes tópicos:

- Níveis de participação: observação sem participação, observação propriamente dita, participação-observação.
- Tipos de participação: observação participante direta, observação participante indireta, conduta verbal dos sujeitos, dados verbais obtidos oralmente por técnicas diversas, informes obtidos das anotações do pesquisador.

A seguir, os alunos realizaram um exercício de observação em duplas durante 15 minutos, em local público, nos arredores do local da realização do treinamento. Consideramos importante destacar que o local escolhido para o treinamento de observação compreende uma região próxima a um grande complexo hospitalar na cidade de São Paulo.

Após a realização da observação, os alunos apresentaram em sala de aula os seus relatos e a resposta a questão: "*Como me senti enquanto observador?*"

4. Entrevista

A entrevista não estruturada é considerada a qualitativa por sua própria natureza. Tem como elementos essenciais o objetivo explícito, as explanações, e as questões etnográficas, que são decorrentes do relacionamento complexo com os informantes, e inclui conversações informais e deliberadas, bem como questionamento focalizado desenvolvido para descobrir significados culturais. Inclui também entrevistas com pessoas do grupo, consideradas chave, bem como entrevistas informais com várias pessoas, as quais são denominadas respondentes.

HEYL (2001) afirma que a entrevista tem sido a estratégia básica na coleta de dados etnográficos. Existe uma variedade de formas e uma multiplicidade de usos para a entrevista. Para FONTANA; FREY, (1994) o tipo mais comum é a individual que se processa num intercâmbio verbal face a face, mas atualmente têm sido utilizadas também as entrevistas grupais.

Para HEYL (2001), a entrevista etnográfica inclui os projetos nos quais os pesquisadores têm que estabelecer um relacionamento próximo e de respeito com os entrevistados para que flua uma troca de visões. Tanto a freqüência como o tempo e a qualidade do relacionamento é que distingue uma entrevista etnográfica das demais.

SPRADLEY (1979) identifica três principais tipos de questões que auxiliam a entrevista:

- Questões descritivas, que têm como finalidade expandir a explicação dos participantes e são utilizadas nas diversas fases do estudo. Elas constituem a base da entrevista etnográfica e possibilitam o conhecimento do modo pelo qual as pessoas representam o mundo para si mesma.
- Questões estruturais, que são as que visam compreender não apenas aquilo que as pessoas fazem, mas como organizam aquilo que sabem. Elas não só complementam e expandem os dados descritivos, mas também viabilizam o conhecimento da organização sistemática da cultura.
- Questões de contraste, que são elaboradas com a finalidade de comparar para mostrar as diferenças. Num sistema de significados, os símbolos estão relacionados um ao outro, tanto nas semelhanças como nas diferenças. Questões de contraste focalizam maneiras de como um símbolo difere do outro. Elas são formuladas na medida

em que o pesquisador nota diferenças particulares e na forma em que o informante descreve os símbolos na conversação.

Esses três tipos de questões identificadas por SPRADLEY (1979) são sugestões para a coleta de dados culturais. Isto não implica que tenham que ser utilizadas na seqüência e com igualdade de intensidade. Representam apenas uma diretriz para o desenvolvimento do trabalho etnográfico.

LUDKE; ANDRÉ (1986) afirmam que a entrevista tem uma grande vantagem sobre outras técnicas utilizadas na pesquisa etnográfica, pois permite a captação imediata e corrente da informação desejada, praticamente com qualquer tipo de informante e sobre os mais variados tópicos. Uma entrevista conduzida adequadamente permite o tratamento tanto de assuntos de natureza pessoal, como temas de natureza complexa e escolhas nitidamente individuais. Pode atingir informantes que não seriam atingidos por outros meios de investigação. Enquanto outros instrumentos têm seu destino traçado ao sair das mãos do pesquisador que os elaborou, a entrevista ganha vida ao se iniciar o diálogo, além de permitir correções, esclarecimentos e adaptações, o que a torna sobremaneira eficaz na obtenção das informações desejadas.

Nesta oportunidade foram apresentados trechos de uma edição de um vídeo onde mostrava trechos de interações em entrevista. Solicitou-se que cada um dos participantes apontasse o que havia observado na interação.

Antes de iniciar o exercício da entrevista, o qual estava previsto para este encontro, os alunos receberam orientação sobre o procedimento. Assim foram abordados os tópicos:

- Fatores relacionados ao entrevistado: nível de conhecimento sobre a informação, facilidade de expressão, motivação para participação no estudo, conhecimento do seu papel.
- Fatores relacionados ao pesquisador: experiência, comportamento, utilização adequada de palavras, definição de papéis.
- Fatores ligados à situação: condições gerais do ambiente e equipamentos, tempo de duração da entrevista.

A seguir, foi solicitado que um aluno realizasse o exercício de entrevista. Para isso, contou-se com a colaboração de uma senhora, líder da comunidade e que se propôs a comparecer e participar do treinamento.

A entrevista foi iniciada com uma explicação do propósito do exercício e em seguida foi solicitado que a entrevistada respondesse a seguinte pergunta norteadora: fale-me o que é saúde para você.

Após o término da entrevista, foi solicitado aos alunos que identificassem os acertos e os erros na condução da mesma, além disso, foi reconhecido por eles que o conhecimento próprio do entrevistado sobre as questões abordadas, transcende a questão sócio-econômica.

5. Análise de Dados Qualitativos

A análise de dados qualitativos pode ser feita de várias formas, e existe possibilidade da utilização de métodos compatíveis.

De acordo com a afirmação de LUDKE; ANDRÉ (1986), analisar os dados qualitativos significa "trabalhar" o material obtido no decorrer da pesquisa. Num primeiro momento, implica a organização de todo material dividindo-o em partes, relacionando essas partes e procurando identificar padrões relevantes. Num segundo momento, esses padrões são reavaliados, buscando-se as relações e experiência num nível de abstração mais elevado.

PARSE; COYNE; SMITH (1985), baseada em SPRADLEY (1979), afirma que a coleta e a análise de dados deve se processar simultaneamente, num movimento espiral com aumento crescente de nível de complexidade. Na medida em que o pesquisador caminha pelos diversos estágios, emergem novas dimensões do conhecimento, dando origem a questionamentos que viabilizam a expansão e a verificação dos achados. Este processo continua até que se tenha obtido o significado dos símbolos culturais inerentes à linguagem dos informantes.

A análise deve ocorrer simultaneamente a coleta de dados.

Foram abordados no treinamento os seguintes tópicos em relação a análise de dados qualitativos:

- *Fases da análise:* coleta e documentação dos dados brutos, identificação de descrições e componentes, categorização dos elementos identificados, classificação dos elementos das categorias, identificação de padrões, temas, achados relevantes e formulações teóricas.
- *Passos no processo de análise dos dados:* localizar na experiência relatada, as frases ou afirmativas que relacionam diretamente ao fenômeno em questão; interpretar os significados destas frases como um leitor informado; obter a interpretação dos participantes, se possível; inspecionar os significados para verificar o que eles revelam sobre os aspectos essenciais e recorrentes do fenômeno; elaborar prováveis definições ou afirmativas sobre o fenômeno, com base nos aspectos essenciais e recorrentes identificados.
- *Fases utilizadas na descoberta dos significados na vida dos participantes: processo de indução:* inicia na imersão do contexto; *processo de incubação:* permite a reflexão e o estado de alerta para as nuances do significado

no contexto; *iluminação:* permite a expansão da percepção; *descrição e explicação:* para captar a experiência das pessoas; *elaboração da síntese criativa que inclui o significado e a experiência vivida.*

Como estratégia utilizada para a análise dos dados, os participantes do treinamento, foi fornecida uma entrevista transcrita. Essa atividade foi desenvolvida individualmente, como tarefa. No dia da aula a entrevista foi projetada em multimídia. Foi solicitado que cada participante identificasse na entrevista frases ou afirmativas que haviam sido consideradas como diretamente relacionadas ao fenômeno estudado. Cada qual tinha a oportunidade de apontar as frases que achavam mais significativas. Estas foram sendo destacadas no computador para que todos pudessem visualizar. Quando todos haviam feito suas colocações houve uma negociação sobre esses dados.

A seguir, foi solicitado aos participantes que agrupassem as frases ou experiências afirmativas com base nos temas comuns. Esta atividade também foi utilizando-se o projetor multimídia. A seguir foram mostradas estratégias para o tratamento dos dados.

Avaliação

Ao final da capacitação foi solicitada uma avaliação do curso, utilizando-se um formulário próprio que buscava identificar as experiências de aprendizado na sua totalidade e em cada conteúdo abordado, com a finalidade de aprimoramento para cursos futuros.

Os alunos participantes consideraram na avaliação, que a dinâmica e as estratégias utilizadas no treinamento foram bem planejadas e estruturadas, possibilitando assim, a compreensão e a aplicação dos conceitos de pesquisa qualitativa. Um dos conteúdos e a estratégia utilizada mais bem avaliados foi a observação participante. Alguns alunos apontaram que dificilmente observavam as coisas, as pessoas e o contexto a sua volta e que este exercício ofereceu esta oportunidade, como podemos notar nos depoimentos a seguir:

> *"Para mim todas as etapas do treinamento foram importantes, mas, a que mais marcou foi a aula sobre observação participante, pois nunca tinha parado para pensar como podemos descobrir várias coisas, apenas se pararmos um minuto que seja e observarmos ao nosso*

redor. Na minha opinião, este ponto foi o mais marcante, pois serviu como uma lição de vida".

"Pude aprender o que é pesquisa qualitativa, como entrevistar, como abordar... Também aprendi a diferenciar o conhecimento científico do conhecimento de "vida" (isso eu vou levar para o resto da vida)."

O treinamento foi pensado para suprir as necessidades dos alunos na coleta de dados qualitativos que fazia parte do projeto. Mas, o que se observou é que foi importante na coleta de dados quantitativos, também, no momento da abordagem dos participantes.

Referências Bibliográficas

DEMO, P. *Educação e qualidade.* Campinas: Papirus; 1996.

FONTANA, A.; FREY, J. Interviewing: the art of science. In: DENZIN, N. K.; LINCOLN, Y. S. *Handbook of qualitative research.* London: Sage, 1994. p. 361.

HEYL, B. S. Ethnographic interviewing. In: ATKINSON, P. et al. Handbook of ethnography. London: Sage, 2001, pp. 369-83.

LUDKE, M.; ANDRÉ, M. E. D. *A pesquisa em educação: abordagens qualitativas.* São Paulo: EPU, 1986.

MORIN, E. Sete saberes necessários à educação do futuro. São Paulo: Cortez/UNESCO, 2000.

LEININGER, M. M. Ethnomethods: the philosophic and epistemic base to explicate transcultural nursing knowledge. J. Transcult. Nurs 1990; 1 (2): 40-51.

PARSE, R. R.; COYNE, A. B.; SMITH, M. J. Nursing research qualitative methods. Bowie, Brady Communications, 1985. The ethnographic method., pp. 69-78.

PEARSALL, M. Participant-observation as role and method in behavioral research. *Nurs. Res.* 1965; 14 (1): 37-48.

RAGUCCI, A. T. The ethnographic approach and nursing research. *Nurs. Res.*, 1972: 21 (6): 485-93.

SPRADLEY, J. The ethnographic interview. New York: Holt Renehart and Winston, 1979.

Capítulo 16

Vivência dos Alunos da UNISA no Trabalho de Campo na Zona Sul de São Paulo

Patrícia da Silva Vicente
Patrícia Tello Fonseca
Patrícia de Oliveira Santos
Evelin Cristiane Ribas
Juliana Monique dos Santos
Merielle Santos da Silva
Hogla Cardozo Murai

"Unir três Universidades com trajetórias tão diversas como se propõe neste projeto, criar a inédita oportunidade de trabalho e desenvolvimento científico igualitárias para alunos das diferentes instituições, ultrapassa os limites delineados nos objetivos da pesquisa – avança na direção da redução das distâncias que os separam enquanto depositários da confiança em suas potencialidades atuais e no desenvolvimento de suas competências futuras." (Dra. Tamara I. Cianciarullo)

A frase que abre este capítulo, de autoria da coordenadora do projeto de pesquisa no qual tivemos a oportunidade de atuar como bolsistas, resume parte da vivência que passa a ser descrita.

A inserção das bolsistas no projeto teve início com a seleção, cujos critérios foram o desempenho acadêmico avaliado pelo histórico escolar, ter participado anteriormente de estágio extracurricular e ter disponibilidade de tempo para o trabalho de campo.

O projeto foi disponibilizado em sua íntegra para estudo dos bolsistas em suas instituições de origem e a discussão detalhada dos objetivos e metodologia da pesquisa antecederam o treinamento para aplicação dos instrumentos de coleta dos dados.

O treinamento foi teórico-prático, com participação de uma líder comunitária voluntária para demonstração da técnica de entrevista e incluindo atividade desenvolvida em via pública, garantindo aos treinandos a desenvoltura necessária para a abordagem futura de usuários da rede pública em seus domicílios e nas unidades de saúde.

Após revisão final dos instrumentos de coleta de dados, os bolsistas foram treinados para coleta, participando, na ocasião, da revisão do manual de instruções para aplicação dos mesmos. No mesmo período foram treinados para inserção dos dados no programa de processamento eletrônico de modo a conhecer a lógica do programa, as rotinas para entrada e consistência de dados.

Após os treinamentos os alunos receberam senhas individuais para acesso à entrada de dados no programa. Começava, afinal, a fase de coleta de dados.

Esta fase teve início com o reconhecimento das unidades de referência para o projeto de pesquisa e respectivas áreas de abrangência. A seguir, foi realizado, com acompanhamento do orientador, o sorteio da amostra nas planilhas de registro de atendimento diário da UBS, no período de janeiro a junho de 2003.

A seleção dos elementos amostrais foi concluída com o levantamento dos prontuários dos pacientes sorteados na etapa anterior, para anotação do endereço de residência. Nesta etapa foram consultados cerca de 450 prontuários para seleção inicial e posteriormente outros 320 para substituição de elementos amostrais. Estes endereços foram registrados em planilhas por grupo de interesse, criança, gestante e idosos, digitados, verificada coincidência de endereços entre os grupos, localizados no guia de ruas de São Paulo e plotados em mapa da região (Figura 1).

A partir dele, foram definidos trajetos a serem percorridos, foram realizados alguns trajetos para estimativa de tempo necessário e elaboração de cronograma de trabalho do campo.

Figura 1. Identificação dos endereços para a primeira etapa do inquérito domiciliar no Distrito Administrativo Cidade Dutra, SP, 2003.

As entrevistas foram realizadas no período de julho a dezembro de 2003. Nas duas primeiras semanas de trabalho de campo pudemos descobrir que esta atividade nos reservara surpresas, nem sempre agradáveis. Entendemos que compartilhar as dificuldades enfrentadas poderá auxiliar outros pesquisadores em seu planejamento, razão pela qual relacionamos aquelas que mais chamaram nossa atenção.

Na fase preparatória nos deparamos com dados incompletos e ou incorretos no registro de endereços dos pacientes nos prontuários que dificultaram a seleção da população a ser entrevistada e a ilegibilidade dos registros em grande parte dos prontuários.

Com o início das visitas domiciliares descobrimos que o mapa preparado com antecedência de pouco nos serviria. Os endereços eram de difícil acesso pelas características geográficas da região que é acidentada, por vezes íngreme, e freqüentemente palco de tiroteios e cercos policiais.

Como em outras áreas de violência urbana, a população se protege no silêncio e não fornece informações que identifique moradores ou localização de suas casas. Muitas pessoas também são conhecidas por seus apelidos e nós as procurávamos por seus nomes verdadeiros, registrados nos prontuários.

Pode-se ainda destacar a dificuldade para completar o número de elementos da amostra de gestantes face ao reduzido número de clientes deste grupo que atendessem as especificações previstas de tempo de gestação, e acompanhamento na unidade. Quando encontradas, muitas não portavam o cartão da gestante, uma das condições necessárias à sua inclusão no estudo. Além disso, este grupo em particular, apresentou grande número de recusas de resposta. Foi observado que a solicitação de assinatura do termo de consentimento livre e esclarecido as fazia recuar do aceite anterior, constituindo este fato num indicador da fragilização deste grupo e evidente medo de "perder direitos". No decorrer do projeto a amostra de gestantes foi reduzida à metade, cabendo entrevistar apenas 50 pessoas deste grupo.

As dificuldades relatadas resultaram em atraso na coleta de dados, tornando necessária a repetida substituição de elementos da amostra não encontrados e conseqüente alteração do plano inicial de trabalho de campo. Estas alterações, por sua vez, desencadearam significativo aumento de tempo e de despesas de deslocamento.

As idas aos domicílios foram iniciadas no mês de julho, nas férias escolares e talvez por isso, encontramos muitos grupos de adolescentes e jovens desocupados nas ruas. Em algumas ocasiões fomos alvo de investidas verbais desrespeitosas e de grande poder de intimidação por parte destes grupos. Este foi o principal motivo que levou a uma decisão conjunta com os supervisores e orientadores da pesquisa de mudar a estratégia de abordagem da amostra selecionada.

A partir da terceira semana as entrevistas passaram a ser realizadas nas dependências da unidade básica, por ocasião do atendimento agendado de cada pessoa. Na unidade, fomos acolhidos com simpatia e tivemos uma área destinada a nossa atividade de modo a garantir o sigilo necessário para os entrevistados se manifestarem.

Nas ocasiões em tivemos sucesso nas visitas domiciliares fomos bem acolhidas e percebemos que as pessoas tinham necessidade em nos relatar seus problemas pessoais, embora muitas vezes, ao nos apresentarmos, tivessem resistido em nos atender e participar do projeto. No decorrer da entrevista criava-se um vínculo que as colocava à vontade, inclusive despreocupando-as em relação ao tempo de duração do inquérito. As crianças ao nos verem em suas casas, nos tratavam como se fôssemos da família, nos mostrando seus objetos e buscando nosso colo. Esta confiança foi também manifestada por uma moradora de uma das ruas em que realizávamos a pesquisa, que nos procurou pedindo intervenção junto a uma família na qual o pai era portador de problemas psiquiátricos e na ausência da esposa espancava o filho menor.

No período em que o preenchimento dos questionários ocorreu na unidade básica, muitos pacientes apresentavam reclamações, outros alegavam que não iriam responder porque o questionário era extenso, outros queriam desistir na metade. Diversas vezes os entrevistados diziam que já haviam respondido a determinadas questões por achar que estávamos repetindo a mesma pergunta, principalmente, quando aplicávamos os instrumentos de avaliação da qualidade de vida e do Apgar da família.

Com relação ao termo de consentimento a grande maioria dos usuários assinava sem ler e alguns não queriam assiná-lo por medo de perder seus benefícios. Um dos entrevistados pediu para levar uma cópia do documento.

A reflexão sobre as dificuldades enfrentadas nos mostrou que o trabalho de pesquisa não vai ficando mais fácil com o passar do tempo; ao contrário, parece tornar-se mais desgastante, exigindo mais atenção e rigor para manter a fidedignidade dos dados.

As instituições envolvidas nesse projeto de pesquisa investiram em nós e o resultado parcial deste trabalho foi divulgado no Simpósio "Saúde da Família: avaliação da nova estratégia assistencial no cenário das políticas públicas", realizado em outubro de 2003, em que a vivência dos bolsistas na coleta de dados foi apresentada numa mesa redonda. A mesma experiência foi apresentada na forma de pôster no 6º Congresso de Iniciação Científica da UNISA em novembro do mesmo ano, tendo seu resumo publicado nos anais do evento.

As dificuldades enfrentadas nos ensinaram que pesquisar é mais do que levantar dados, investigar, estudar. É também persistir, insistir, acreditar, compreender as limitações e antever possibilidades. É também abrir caminhos novos e descobrir aquilo que não se esperava. É principalmente aproveitar todas as oportunidades e crescer.

Capítulo 17

Projeto Interinstitucional de Avaliação da Estratégia Assistencial do Programa Saúde da Família: vivência de acadêmicas e profissionais da Faculdade Santa Marcelina

Aline Ferreira Maciel
Cristina Yang Wang
Gislaine Cardoso Alves
Íris Mendes Campos de Araújo
Luciana Alessandra de Morais Abdalla
Silvia Regina Fescher Failde
Viviane Bozolan Porto
Gilberto Tadeu Reis da Silva

O presente capítulo vem relatar desde a seleção dos candidatos à monitoria de um Projeto de Políticas Públicas que pretende avaliar a estratégia assistencial do Programam Saúde da Família, até a vivência de acadêmicas e profissionais que colaboraram na coleta de dados na Unidade Básica de Saúde com a implantação do Programa Saúde da Família (UBS/PSF) A. E. Carvalho.

A seleção das monitoras deu-se no dia 28/09/2001 por meio de redação seguida de entrevista, sendo selecionadas 10 alunas da

Faculdade Santa Marcelina dos 1º, 2º e 3º anos do Curso de Graduação em Enfermagem.

No desenvolvimento desta pesquisa houve vários encontros, dos quais alguns merecem destaque, dentre eles foi um Curso de Pesquisa Qualitativa desenvolvido no ano de 2002, cuja relevância esteve centrada em um aprendizado. Seu desenvolvimento foi fruto de publicação, mas a prática deu-se com a presença de uma convidada pela FASM, que é líder comunitária daquela unidade e, nessa oportunidade vários questionamentos e dúvidas foram sendo dirimidos.

Outro aspecto, de extrema relevância desenvolvido durante a nossa formação de graduandos foi a possibilidade de construir o conceito de trabalho com famílias e o nosso entendimento, hoje, é que nessa trajetória buscamos compreender o sistema de funcionamento familiar e a aplicação do modelo clínico centrado nas pessoas daquela família. Essa relação é construída em vários momentos das visitas domiciliares, quando as agentes comunitárias conjuntamente conosco exploraram a dinâmica familiar de várias formas e ações de saúde. Pudemos então compreender os universos familiares e dessa maneira criar estratégias diferentes nos contatos, em função das microáreas por nós estudadas. O ponto culminante dessa ação por nós desenvolvida é o cadastro da família, pois permitiu-nos um retrato real daquele contexto que, se bem explorado, resultará em um marco referencial das evoluções e mutações daquela família. Em outras famílias, observamos o desenvolvimento de doenças e a evolução de quadro clínico agudo e/ou graves.

O nosso olhar foi só técnico?!

O trabalho em saúde da família, nesta proposta de atenção primária, permitiu-nos situações que evoluíram para a criação de vínculos com a família e consecutivamente com seus familiares; esta proximidade, este estar junto, este viver junto foi sem dúvida preponderante para nossa aceitação para ver, intervir e investigar esta prática construída na perspectiva ação-reação-ação.

Durante o ano de 2002, vários encontros ocorreram sendo alguns focados no desenvolvimento do trabalho em família, mas, principalmente para o desenvolvimento dos instrumentos de coleta de dados.

O modelo de atenção primária que desenvolve o trabalho de saúde da família considera esta como a célula primordial de nossa atuação.

Assim, as práticas e técnicas utilizadas para o desenvolvimento do trabalho devem e aqui o são, baseadas na realidade do A.E. Carvalho, cuja construção solidifica-se num fazer consistente que evidencia a significativa melhoria dos indicadores sociais e de saúde nestas comunidades. A reboque temos três resultados (principalmente) alcançados, o de que o investimento público na proposta do PSF em parceria com Organizações Sociais de Saúde é o primeiro fator relevante; a satisfação da comunidade local com a forma de atendimento da equipe, do serviço e dos insumos e acreditamos o nosso, enquanto equipe, que executa a proposta e mostra resultados quase imediatos.

Nossa participação se fazia necessária cada vez mais efetiva, tendo em vista que nós, monitores, seríamos os principais envolvidos nos procedimentos de coleta de dados. Para isto, foram desenvolvidos vários testes *"piloto"* do instrumental para que se pudesse avaliar de maneira mais fácil a realidade dos envolvidos, retratando melhor o contexto vivenciado.

O projeto teve períodos de turbulência, dentre eles, 2 (dois) merecem destaque: a morosidade na liberação dos recursos financeiros e/ para as bolsas de iniciação científica e o corte de cinco monitores.

Desenvolver este projeto interinstitucional era de grande relevância e para tanto cabe esclarecer que a FASM desde o início do projeto até 2002 assumiu um valor de bolsa de R$ 300,00 para cada um dos 10 (dez) bolsistas. A subsistência de bolsistas estava atrelada aos recursos destinados à FAPESP para esta finalidade. Com a comunicação da Fundação Paulista de fomento às pesquisas sobre o corte de recursos destinados aos subsídios acadêmicos, tomou-se a decisão de continuar somente com metade do número de bolsistas.

No período de fevereiro a junho, tivemos novas reuniões e oficinas de trabalho, além das já planejadas, visando à exposição dos objetivos, para definir os instrumentos utilizados e maneiras de operacionalizar a coleta de dados, em função da necessidade de se proceder a mudanças de áreas, microáreas devido a fechamentos, alterações organizacionais e de pessoal que dificultaram a consolidação das estratégias de execução do Projeto, tendo em vista que no processo de municipalização em São Paulo houve mudanças significativas, pois as atividades anteriormente eram desenvolvidas numa estrutura criada e em constante aperfeiçoamento do Santa Marcelina, que além das questões administrativas, dava suporte nos insumos e nos serviços de apoio, tendo uma Coordenação Técnica que proporcionava suporte e mantinha um programa de Educação Continuada com os profissionais das unidades.

Mas diante das dificuldades e na certeza de que a adversidade possibilitaria a continuidade das ações, neste procedimento, os agentes comunitários foram imprescindíveis, pois nas áreas de riscos seus olhares e compreensões da realidade eram indiscutivelmente um recurso comunitário dentro de regiões de violência, drogas, roubos e tiroteios. Diante do exposto, iniciamos a coleta de dados a partir da 2º quinzena de junho.

Vivenciamos dificuldades desde o primeiro dia, para coletar os dados, pois tivemos de verificar prontuários na tentativa de realizar o sorteio das famílias. Percebemos que esse método não seria adequado; então recebemos auxílio da Profa. Dra. Káthia de Carvalho Cunha e do Prof. Leandro Augusto de Souza, ambos docentes da FASM que juntamente com as ACS fizeram o sorteio das famílias por microáreas. Enquanto isso, nós já aplicávamos aos usuários o instrumento 1.2 (formulário de avaliação do usuário). Apesar da UBS estar todos os dias com um fluxo de usuários muito alto, poucos pertenciam ao nosso público-alvo, o que dificultava cada vez mais a realização da coleta. E quando encontrávamos um usuário do PSF, na maioria das vezes não respondiam por temer a perda da consulta.

Ao iniciarmos a coleta externa, fomos orientados para sairmos em dupla ou trio com as Agentes Comunitárias de Saúde – ACS, responsável por cada microárea. Uma das dificuldades vivenciadas foi conciliar os horários das agentes com o das famílias. O horário estabelecido para iniciar as atividades todos os dias foi após as 10:30 min. O horário de intervalo para o almoço era por volta das 12 horas, assim, retornava-se para as microáreas após as 14 horas. Cabe esclarecer que algumas das funcionárias da UBS, no período da tarde, não retornavam à visita domiciliar, pois afirmavam terem de desenvolver outras atividades na unidade. Após algumas visitas com as agentes, e nos sentindo seguras, tomamos a iniciativa de irmos sozinhas, pois já conhecíamos as microáreas e as famílias já haviam sido avisadas pelas agentes.

Cada par ou trio de acadêmicas ficaram responsáveis por uma microárea para agilizar a coleta de um maior número de instrumentos. Evidenciamos o contraste social, onde na mesma rua existem barracos e casas de classe média.

A experiência deste projeto possibilitou o autoconhecimento de cada monitora, como também a necessidade de relacionar a teoria com a prática, nas questões clínicas, mas, sobretudo na construção de um processo terapêutico que foi buscado a cada instante. O respeito à realidade e crenças do paciente pelo profissional possibilitam uma interação mais profícua. É importante a relação estabelecida, tendo como ponto de vista, o respeito às crenças e valores individuais e da família que visitamos.

Outro aspecto interessante a ser mencionado seria quanto à elaboração dos formulários, pois nossas percepções da dificuldade durante a aplicação dos instrumentos foram as que apresentamos em seguida:

- Extensos e cansativos
- Perguntas repetitivas e/ou muito semelhantes
- Termos técnicos de difícil compreensão para leigos
- Muitas alternativas de respostas
- Perguntas não pertinentes à realidade vivenciada
- Perguntas de difícil compreensão

Apesar de todas as dificuldades encontradas, as nossas facilidades frente a conhecimentos teóricos prévios permitiram que em momentos distintos e quase imperceptíveis utilizássemos a estratégia de prestar atenção ao máximo de informações que a comunidade, de forma geral, nos indicou. Entendemos que a valorização de fatos ou episódios importantes poderia ser uma forma velada de compreender as lideranças, as linhas de poder, o posicionamento e as regras estabelecidas e assim, compreender a hierarquização social para desenvolver habilidades na comunicação.

Observamos e ouvimos de uma parcela dos usuários que a unidade atinge em parte seus objetivos, tendo em vista que a UBS/PSF tem profissional. Contudo, raras foram as vezes que os moradores das microáreas receberam visita domiciliar de auxiliares de enfermagem, enfermeiros, e tampouco do médico. Mostraram-se indignados com a demora extrema dos resultados dos exames de laboratório coletados naquela unidade.

Este livro foi impresso na
Del Rey Indústria Gráfica
Rua Geraldo Antônio de Oliveira, 88
Inconfidentes - Contagem - MG
CEP. 32260-200 - Fone: **(31) 3369-9400**